민족사관고 20년사 별책
세계를 품안에

민족사관고등학교 20년사 편찬위원회	
위 원 장	윤정일 교장
부위원장	나종욱 부교장, 최관영 부교장
위 원	최경종 행정실장
	이창규 법인사무국장
	엄세용 교사, 성헌제 교사, 안상준 교사, 오병문 교사, 이청

세계를 품안에
민족사관고 20년사 별책

초판 1쇄   발행일 2015년 10월 5일

지은이   민족사관고등학교 20년사 편찬위원회
펴낸이   최경종
디자인   은디자인
펴낸곳   도서출판 민사고
등록번호   제2010-1호
주소   25268 강원도 횡성군 안흥면 봉화로 800
전화   070-4742-0123
팩스   033-342-7642
홈페이지   www.minsago.com

ⓒ민사고, 2015

ISBN   978-89-92526-28-9   03370

■본서의 내용과 편집 체재의 무단 전재 및 복제를 금합니다.
■가격은 표지 뒷면에 있습니다.

민족사관고 20년사 별책
1996~2016

세계를 품안에

민사고

머리말

민족사관고등학교의
발전과 성장과정을 담았습니다

　지도자 양성을 목표로 하는 민족사관고등학교는 설립된 지 20년 만에 대한민국의 모든 학부모가 선망하는 꿈의 고등학교로 성장 발전하여 명품교육의 대명사로 불리면서 세계 초일류 고등학교들과 어깨를 나란히 하게 되었다. 정치, 경제, 문화, 사회 등 제반 제약조건 속에서 이렇게 단기간 내에 일류 학교로 발전한 것은 기적이라고 할 수 있으며, 이러한 예는 세계 어느 나라에도 없다. 교육기관에 대한 평가는 일반적으로 졸업생들의 상급학교 진학이나 사회 진출로서 대변되고 있는데, 민사고는 국내 대학은 물론 외국 명문대학 입학률에 있어서 타 학교의 추종을 불허할 정도로 탁월한 실적을 쌓아 왔다.

　본교 출신 노벨상 수상자 동상 좌대를 15개 마련해 놓고, 입학생 30명 전원을 장학생으로 선발하고, 교원들에게 공립학교 교원 보수의 2배를 지급하면서 의욕적으로 출발한 민사고는 국가가 외환위기에 처함과 동시에 존폐의 위기를 맞기도 하였다. 정부로부터 일체의 재정 지원을 받지 않는 민사고는 학교의 모기업체인 파스퇴르유업(주)이 부도가 나서 타 회사에 매각되면서 재정난에 직면하게 되었다. 그러나 고사 직전에 있는 학교를 살려야겠다는 교직원들의 단결된 힘과 학부모들과 학생들의 학교에 대한 신뢰, 그리고 역대 학교장들의 헌신적인 학교경영 등에 힘입어 민사고는 역경을 극복하고 회생하였다.

이제 민사고는 아무리 거센 비바람이 불어도 절대로 흔들리지 않을 정도로 굳건하게 뿌리를 내린 약관 20세의 청장년이 되었다. 학교 설립 20주년을 맞이하여 민사고는 학교 발전의 발자취를 일목요연하게 볼 수 있는 《민족사관고등학교 20년사》를 마련하는 한편 민사고 설립과 발전에 깊이 관여했던 교직원들과 이 학교에 자녀를 보냈던 학부모들과 졸업생들의 이야기를 엮어서 《세계를 품안에》라는 책을 별책으로 출판한다. 이 책에는 《민족사관고등학교 20년사》에 실리지 못한 뒷이야기나 자신이 경험하고 느꼈던 감정이나 생각이 자유롭게 기술되어 있다. 《민족사관고등학교 20년사》가 사진 중심의 보는 책이라면 《세계를 품안에》는 서술적인 이야기 중심의 읽는 책이라고 할 수 있다.

이 책은 4부로 구성되어 있다. 제1부에는 설립자 최명재 선생이 학교를 설립하게 된 동기와 목적을 상세하게 기술함과 동시에 이규철 초대 교장, 이돈희 5대 교장, 그리고 윤정일 현 교장의 학교경영 철학과 학교 발전을 위한 주요 추진 과제를 다루었다. 제2부에는 개교 당시의 김형섭 교감과 엄세용 선생의 글, 황형주 선생의 글, 전동성 선생의 글, 나종욱 선생의 글, 김명순 선생의 글, 최관영 선생의 글, 그리고 윤인로 학부모의 이야기와 졸업생들의 좌담 내용을 실었다. 제3부에는 학생활동을 중심으로 성헌제 전 학생부장과 도서관의 김동명 선생의 글을 실었다. 그리고 제4부는 졸업생 김지홍, 변익주, 이상준, 김해영, 최찬영, 은빛, 황소희, 김주원, 남우찬의 글을 실었다.

이렇듯 학교 설립 20주년을 기념하는 책자를 발간하는 까닭은 지난날 학교 발전과 성장의 과정을 자체적으로 기록하고 평가·반성하여, 2050년까지 향후 30년간 어떤 방향으로 어떻게 발전해야 할 것인가를 설계하는 데 필요한 기본 자료로 활용하기 위함이다. 지난날의 성취와 결과에 만족하여 안주하기보다는 불확실한 미래를 학교 나름으로 예측하고, 이에 대한 철저한 대비를 하여 지난 20년보다 높은 결실을 기대할 수 있는 방안을 강구하고자 하는 것이다. 교내에 나무 한 그루를 심더라도 100년 혹은 500년을 내다보고 심듯이 학교교육도 장기적인 전망을 가지고 계획적으로 준비하고 추진해야 할 것이다.

이 책의 출판을 위하여 바쁜 시간을 할애하여 20년사 출판을 기획하고 총괄해 온 민족사관고등학교 20년사 편찬위원회 위원 여러분과 원고 집필 방향과 필자를 선정하는 등 실무를 담당해 온 20년사 편찬실 관계자 여러분의 노고를 치하하며, 특히 원고 수합과 편집·교정 등의 과정에서 전문적인 노력을 헌신적으로 경주해 준 전 민사고 법인사무국장 이청 작가에게 심심한 감사를 드리며, 아울러 출판을 담당한 민사고출판사 직원 여러분에게도 감사를 표한다.

윤 정 일
민족사관고등학교 교장
민족사관고 20년사 편찬위원장

차례

머리말　　　　　　　　　　　　　　　　　　　　004

/ 첫 번째 이야기 /

황무지를 개간하는 농부의 마음으로

01　교육(敎育)이 살 길이다 _ 최명재　　　　　　013
02　교육의 지평(地平)을 넓히다 _ 이규철　　　　023
03　나는 선생이고 싶었다 _ 이돈희　　　　　　　043
04　꿈의 고등학교를 명품교육의 장(場)으로 _ 윤정일　　089

/ 두 번째 이야기 /

우리는 끊임없이 진화한다

01　살아 있는 것은 변화를 두려워하지 않는다 _ 엄세용　　137
02　불모지에서 이룩한 영재교육의 보루(堡壘) _ 김형섭　　147
03　'해바라기' 박혜선 선생님 _ 황형주　　　　　181
04　진화하는 영재교육 프로그램 _ 전동성　　　　193
05　민사고에서의 3년 _ 나종욱　　　　　　　　　203
06　학생자치위원회에서 무엇을 배우나 _ 김명순　　231
07　민사고에서 있었던 일들(開校 前後의 自畵像) _ 최관영　　245
08　우리는 정신의 귀족이다(졸업생 좌담회) _ 박대식 외　　279
09　엄마도 함께 울었다 _ 윤인로　　　　　　　299

/ 세 번째 이야기 /

민사고만의 아주 특별한 심신수련 소양교육

| 01 | 교육의 근간은 체육이다 _ 성헌제 | 321 |
| 02 | 만경도서관과 독서교육 _ 김동명 | 349 |

/ 네 번째 이야기 /

내 삶의 주인이 되어 더 넓은 세상을 보라

01	하고 싶은 학문과 현실 사이에서 _ 김지홍	379
02	인생은 도전의 연속이다 _ 변익주	383
03	민사고 교육의 정체성과 '싸가지' 있는 엘리트 _ 이상준	387
04	시험지를 들고 운동장에서 울었다 _ 김해영	393
05	뮤지션이 되고 싶었던 이단아 _ 최찬영	397
06	민사고의 가장 큰 장점은 '자유'였다 _ 은빛	401
07	모교의 선생님으로 돌아오다 _ 황소희	407
08	미답(未踏)의 길을 갈 때 힘이 되어준 모교 _ 김주원	413
09	기숙사 침대 모서리에 덧댄 판자의 내력 _ 남우찬	417

/ 첫 번째 이야기 /

황무지를 개간하는 농부의 마음으로

01 **교육(敎育)이 살 길이다**
    최명재 | 설립자, 제4대 교장, 학교법인 민족사관학원 이사장

02 **교육의 지평(地平)을 넓히다**
    이규철 | 초대 교장

03 **나는 선생이고 싶었다**
    이돈희 | 제5대 교장

04 **꿈의 고등학교를 명품교육의 장(場)으로**
    윤정일 | 제6대 교장, 민족사관고 20년사 편찬위원장

우리의 선조들은 세계를 이끌어갈 만한 원대한 지표를 가지고 있었으니
'홍익인간'과 '실사구시'의 사상이 그것이다.

01

교육(敎育)이 살 길이다

최명재
설립자, 제4대 교장,
학교법인 민족사관학원 이사장

　우리가 만들고 있는 현대의 한국 문화를 속 깊이 들여다보면 두 갈래의 큰 흐름을 감지하게 된다. 하나는 서양 문명을 무조건 따르고 흉내 내는 경향이다. 이런 현상은 근대의 서세동점(西勢東漸) 이래 동양 문화가 세계화하고 현대화하는 결정적 동기가 된 것은 숨길 수 없는 사실이다. 다른 하나는 서양 문명(합리주의를 근간으로 하는)의 황혼녘에 동양, 특히 극동 아시아의 문명과 문화가 새로운 세계의 주도권을 쥐게 될 것이라는 근거 없는 낙관론 위에 서 있는 '새 시대 주역론(主役論)'이다. 우리 역사가 세계사의 중심에 서 있었으며 인류 문화의 발상지이자 원류가 곧 한민족(韓民族)이었다는 재야 사학자들의 주장도 여기에 포함된다. 나는 이 문제를 두고 선악을 가리어 판별할 능력도 없고 그러고 싶지도 않다.

　내 생각은 지난 과거에 있는 것이 아니라 현재와 미래에 있다. 현재를 올곧게 세우고 미래를 풍요롭게 하려면 과거를 바로 세워야 한다는 말은 진실이다. 그러나 '과거를 바로 세우려는 사람들' 대부분이 자기주장에 함몰되어 '미래의 건설'에는 힘이 미치지 못하는 것을 보고 나는 후자(後者)의 대열에 서기로 했다. '미래를 건설하는' 첩경은 정치와 경제 건설에 있는 것이 아니라 교육에 달려 있는 것이다. 대한민국의 미래를 알고 싶은가? 오늘 우리가 어떤 방식으로 아이들을 기르고 가르치고 있는가를 살펴보면 그 대답은 간단하게 나온다.

　내가 만약 종교 지도자였다면(신흥 종교를 포함하여) "이 세계는 하나이며 인류는 한 가족이니 서로 사랑하고 한 톨의 쌀이라도 나누어 먹어야 한다"고 역설했을 것이다. 그러나 나는 행인지 불행인지 종교 지도자가 아니라 상과대학을 나온 평범한 '장사꾼'이었다. 상업의 세계에서는 1+1은 2가 아니라 3이 되어야 정답이다. 종교에서는 그 답이 10이 되기도 하고 100이 되기도 한다. (물고기 두 마리와 빵 몇 조각으로 5천 명을 먹이고도 여남은 광주리가 남았다는 얘기는 기업의 세계에서는 가당치 않다.) 1+1=3이라는 수식에서 1은 이윤이다. 이 이윤의 발생 과정을 추적한 마르크스와 엥겔스는 《자본론》이라는 거창한 책에서 '잉여 이익론'을 주창했지만 내가 생각하기에 그 1의 이윤은 순전히 기업인의 '땀과 창의력의 값'이다. 나는 상대를 중퇴하고 은행원으로 취직했으나 월급쟁이의 한정된 울타리를 스스로 깨고 나와 택시 운전대를 잡았다. 여기서부터 나는 1+1은 2가 아니라 3이라는 것을 입증하기 위하여 나름대로 피나는 노력을 했다. 남이 잠잘 때 나는 깨어 있었고, 남이 쉴 때 나의 택시는 손님을 싣고 달렸다. 이란에 가서 원유 채취용 장비를 수송할 때도 유럽(영국)의 회사와 그 직원들이 12일에 주파했던 파리-테헤란의 거리를 나의 수송단은 8일에 주파했다. 그렇게 하여 남은 4일의 시간을 인도에 가서 값싼 감자 등 농산물을 싣고 와서 테헤란 시장의 물가를 요동치게 만들었다. 이렇게 하여 번 돈을 들고 귀국하여 강원도 횡성 산록에 목장을 차렸고, 거기서 생산되는 원유(原乳)로 '진짜 우유'를 만들기 위해 파스퇴르유업(주)을 차렸다. 파스퇴르유업이 생산한 저온살균우유를 소비자에게 알리기까지 기존 유업계(乳業界)의 훼방과 '죽이기 작전'은 내 영혼에 상상하기도 싫은 상흔을 남겼다.

관료세계와 기존 업체들이 유착하여 전방위로 나를 압박하였으나 시장(市場)의 도움으로 나는 살았고 기업은 해마다 두 배씩 매출이 신장됐다. 이때쯤 머물지 않는 내 마음은 평생에 걸쳐 하고 싶었던 일을 비로소 생각하게 되었다. 우리가 지닌 최고의 자산인 인재(人材)의 양성과 개발을 통해 나라와 민족을 창성케 함으로써 지금까지 빚을 져 왔던 인류 문명에 기여하겠다는 야심찬 계획을 실천하려는 것이었다.

나는 마음속으로 '세계는 앞으로 국경 없는 한 덩어리의 거대한 경쟁터가 될 것이다. 국가는 민족 또는 종족 단위로 통합되거나 분할될 것이다. 그런 무한경쟁의 세계에서 우리 민족이 살아남으려면 우선 잘살아야 하고 다른 민족 또는 국가의 신세를 지거나 핍박 받는 위치에 서지 말아야 한다. 그렇게 하는 것이 지구촌의 일원으로서 임무와 본분을 다하는 길이다'라고 생각했고, 그 생각을 실천에 옮기는 길 또한 교육이라는 결론에 이르렀다. 다행히 우리의 선조들은 세계를 이끌어갈 만한 원대한 지표를 가지고 있었으니 '홍익인간(弘益人間)'과 '실사구시(實事求是)'의 사상이 그것이다. 이 두 마디 말 속에는 우리 민족이 존립해야 하는 당위성과 함께 혼란에 빠진 세계를 이끌어갈 소명이 함축되어 있다. 내가 민족사관고등학교를 세우자 일각에서는 나를 '국수주의적인 민족주의자'라는 편협한 골짜기에 몰아넣으려는 경향을 보이기도 했으나, 내 생각의 지평은 이처럼 원대한 인류 차

원으로 폭을 넓혀놓고 있었다. 오해 없기를 바라는 마음에서 미리 밝혀두는 바이다.

1970년대 중반, 팔레비 왕조의 이란에서 수송업을 하던 나는 중동 여러 나라와 유럽 등지를 부지런히 돌아다니며 서구문명의 힘의 정수(精髓)를 찾아내려고 노력하고 있었다. 인류 문명의 발상지인 중국과 인도, 메소포타미아와 나일강 유역을 여행할 때나, 서구문명의 남상(濫觴)인 그리스와 로마의 옛 자취 앞에서 멀리 아시아의 끝자락에 붙어 있는 내 나라를 생각할 때는 언제나 코허리가 시큰했다. 이미 세계는 울타리를 허물고 한 덩어리가 되어 가고 있었다. 유럽에서 볼 때 한국이라는 나라는 봄날의 긴 잠에서 깨어나지 못하고 있는 한 마리 강아지와 같은 모습이었다.

서울에서 중동으로 가는 비행기는 언제나 우리 근로자들로 가득했다. 더러는 북아프리카의 대서양 어업전진기지로 가는 원양어선 선원들도 있었다. 그 전에는 독일로 가는 광부들과 간호사들이 이 비행기를 탔을 것이다. 베트남전이 미국의 패퇴로 기울어가자 '포스트 베트남'의 일자리를 찾아 나선 한국의 건설업체들이 중동전쟁 이후의 제1차 석유파동으로 검은 달러를 주체하지 못하고 각종 개발경쟁을 벌이고 있던 중동으로 파고들었고, 그 바람에 1970년대 중·후반의 한국은 중동 밀물시대였다. 석유부국 이란에도 한국의 건설업자를 선두로 온갖 장사치들과 사기꾼까지 몰려들어 오일달러를 벌기 위해 성시(盛市)를 이루고 있었다.

그만하면 한국인이 세계를 누빈다고 할 수도 있을 것이다. 그러나 속을 들여다보면 그게 아니었다. 우리는 여전히 가난한 막노동꾼이었다. 건설공사에서도 값비싼 설계비와 감리비는 미국, 영국, 일본 사람들이 가져가고 한국의 업체들은 몸으로 때우는 막일만 해내고 있을 뿐이었다. 이런 식으로 살아서는 미래가 없었다. 나는 어금니를 깨물었다. 지구촌 전체가 하나의 덩어리가 되어 생존 게임을 벌이는 시대에 우리가 살아남기 위해서는, 살아남아도 떳떳하고 당당하게 살아남기 위해서는 이런 식으로는 안 된다는 생각이 내 머릿속을 가득 채우고 있었다.

누가 무슨 말을 해도 현대는 서양문명의 시대이다. 그 핵심은 과학이다. 그러므로 현대문명의 중심부에는 유럽과 미국 등 서양 사회가 있고, 그 주변부에 아시아와 다른 대륙들이 허겁지겁 뒤따르고 있는 모습이다. 이런 주변부 문명의 굴레에서 벗어나지 못하면 우리에게는 미래가 없다.

주변부 문명의 굴레에서 벗어나기 위해서는 어떻게 해야 할까. 국가와 민족의 미래를 여는 확실한 수단은 교육뿐이었다. 지금까지의 교육이 초근목피의 가난에서 벗어나고 전체주의 정치체제를 유지하기 위하여 주력했다면 앞으로의 교육은 세계 시민으로서 당당하게 어깨를 겨루는 실력을 배양하는 것이어야 할 것이다.

나는 처음부터 선생이 되고 싶었다. 대가족을 먹이기 위해 은행원을 택했고, 택시 운전사를 거쳐 외국에까지 나가 수송업을 하면서도 '교육에 몸 바치고 싶다'는 생각에는 변함이 없었다. 다만 선생으로 교단에 서기에는 늦었으므로 학교를 설립하고 운영하는 것이 보다 확실하고 효과적인 길이라고 생각했다.

다 아는 바와 같이 외국에서 제대로 돈을 벌려면 잠을 마음껏 잘 수도 없고 먹고 싶은 대로 먹을 수도 없다. 인간으로서의 기본적인 욕구를 잠재우고 땀 흘려 일하지 않으면 살얼음 같은 경쟁 속에서 탈락하거나 '겉으로 남고 속으로 밑지는' 기이한 현상이 일어나는 것이다. 나는 그 살벌한 생존의 전장에서도 늘 마음 깊은 곳은 '교육입국'이라는 지상(至上)의 명제에 닻을 내리고 있었다. 그 때문에 유럽 여러 나라를 여행할 때마다 그 나라의 최고

교육기관, 즉 학교를 방문하는 것이 일상적인 일이 돼버렸다.

　　1977년으로 기억된다. 그해 가을 나는 일단의 이란인 여행객들과 함께 유럽 여행길에 올랐다. 일행이 영국에 도착했을 때 나는 여행사의 정해진 스케줄에서 벗어나 혼자 이튼스쿨을 찾았다. 세계적 명문 고등학교의 대명사인 이튼스쿨. 옥스퍼드와 케임브리지 같은 유서 깊은 대학들보다 영국을 대제국으로 밀어올린 인재 양성소의 역할을 다한 이 학교가 보고 싶었던 것이다.

　　템스강을 끼고 윈저성과 마주보고 있는 이튼 학교의 가을은 고색창연한 전통의 색깔과 자연이 어우러져 신비한 감동을 주었다. 노블레스 오블리주의 산실, 귀족계층의 아들들이지만 제2차 세계대전 때는 이 학교 출신 청년들이 가장 먼저 지원하여 많은 수가 전장에서 산화했다는 사실의 근거를 알고 싶었다. 20명의 역대 영국 수상(首相)을 배출했고, 워털루전투를 승리로 이끈 웰링턴 장군과 트라팔가르 해전을 승리로 이끈 넬슨 제독의 모교라는 점을 알고는 옷깃이 절로 여며졌다. 나폴레옹을 역사의 저편으로 보내버린 힘이 이 학교에서 만들어진 셈이었다. 이 학교의 어디에서 그런 힘이 나오는지, 우리는 왜 이런 학교가 없는지 궁금했다.

　　마침 그날, 이튼 학교의 교정에서는 성대한 행사가 열리고 있었다. 학생들은 교복을 단정하게 입고 엄숙한 표정으로 도열해 있었다. 개교기념일인가? 알아보니 이 학교 출신인 넬슨 제독의 전승기념일이었다.

　　세월을 거슬러 1803년의 대서양. 그해 영국은 아미앵 평화협정을 깨고 프랑스에 대해 선전포고를 했다. 그러자 나폴레옹은 등 뒤의 비수와 같던 영국을 제압하기 위하여 영국 본토 침략을 서두른다. 두 나라 군대의 일차적 전장은 바다였다. 영국 함대의 사령관은 넬슨 제독, 프랑스와 스페인의 연합함대 사령관은 빌뇌브 제독이었다.

1805년 10월 21일, 두 함대는 지브롤터해협 남쪽에서 조우했다. 영국 함대가 지중해로 나가려는 프랑스 함대의 길목을 막은 것이었다. 유럽의 운명이 판가름 나는 중요한 해전이었다. 넬슨은 치밀한 작전계획에 따라 적을 분산시킨 후 격파하는 전술을 구사하였고, 상대적으로 진술이 엉성하고 통일된 작전을 구사하지 못한 프랑스와 스페인의 연합함대는 대패했다.

정오부터 시작된 전투는 오후 2시가 되자 영국군의 승리로 기울어지기 시작했다. 프랑스 기함 뷔상토르호가 항복하였고, 사령관 빌뇌브 제독은 포로가 되었다. 그러나 혼전 중에 프랑스의 전함 르두타블호의 돛대에 있던 저격병의 탄환이 기함의 갑판에서 진두지휘하고 있던 사령관 넬슨을 쓰러뜨렸다. 치명상이었다. 오후 4시 30분, 넬슨은 "나는 임무를 다했다. 신에게 감사한다"는 말을 남기고 운명했다. 이 날을 기리기 위해 그의 모교인 이튼 스쿨의 운동장에 후배 학생들이 도열해 있었던 것이다.

여기서 내가 넬슨의 공적과 전사 장면을 상세하게 묘사한 까닭은 말할 것도 없이 충무공 이순신 장군과 비교하기 위해서다. 두 사람을 직접 비교하는 것은 호사가의 어리석은 짓이다. 그들이 당면했던 역사적 상황이 달랐고, 모국인 영국과 대한민국의 문화적 풍토가 달랐기 때문이다. 넬슨의 영국은 나폴레옹의 유럽 제패를 저지하고 곧장 '해가 지지 않는 나라'가 되었으나 충무공의 조선은 임진왜란의 모진 고난을 당하고서도 나라의 힘을 기르지 못하고 36년간 일제에 복속되는 비운을 자초했다.

그 후(제2차 세계대전 후) 신생 한국은 세계사에 유례를 찾기 어려울 정도로 약진하여 경제대국의 반열에 올라섰다. 그 원인을 두고 나라 안팎에서 많은 연구가 있었다. 다양한 원인을 찾을 수 있겠으나 나는 한마디로 '교

육의 힘'이라고 생각한다. 알다시피 남한은 천연자원의 빈국이다. 가진 것이라고는 '사람'뿐이다. 사람을 생산적인 일꾼으로 성장시키는 것은 '교육'이다. 우리나라의 교육열은 가히 세계 최고 수준으로 알려져 있다. 일부에서는 '치맛바람'이니 '입시지옥'이니 하여 그 바람을 부정적으로 보는 경향도 있지만 우리 경제를 여기까지 끌어올린 원동력은 지하에 묻힌 '검은 황금(석유)'이 아니라 우리 한 사람 한 사람이 지닌 자기 향상의 열정이었다.

일부에서는 충무공 이순신에 대한 우리 사회의 이상 열기(2014년 영화 〈명량〉이 1700만여 명의 관객을 끌어 모은 것은 분명 이상 징후이다)를 '박정희가 만들어낸 영웅 만들기'였다고 비판한다. 아산의 현충사가 박정희 시대에 만들어진 것이 사실이고 광화문 네거리에서 서울을 굽어보고 있는 충무공의 동상도 이 시기에 제작된 것이 맞다. 이처럼 한 시대의 역사 공동체가 요구하는 인물상(영웅상)이 있기 마련이고 영웅담에는 약간의 과장과 분식이 있다는 것도 인정한다. 그러나 동시에 우리는 이순신이 육필로 기록한 〈난중일기〉와 서애 유성룡의 〈징비록〉이 지니고 있는 진실을 부정하지 못한다.

최근 북한의 체제에 염증을 느끼고 목숨 걸고 탈북하는 사람들이 늘어나고 있다. 탈북자들 대부분이 충무공에 대해 알지 못하는 것을 보고 우리는 충격을 받는다. 북한에서는 충무공에 대해 남한처럼 자세히 열정을 가지고 가르치지 않았기 때문이다. 그 대신 북에서는 김경서(金景瑞) 장군을 미화하여 임진왜란의 영웅으로 떠받드는 경향이 있다고 한다. 김경서 장군은 임진왜란 때 왜병의 대동강 도하를 저지하고 명나라 장수 이여송을 도와 평양성 탈환에 공을 세운 장군이었다. 임진왜란 후 명나라가 후금을 치기 위해 조선 정부에 원병을 요청하자 조선 정부는 강홍립을 원수로 삼고 김경서를 부원수로 삼아 출정케 했다. 전투 중 강홍립이 후금에 투항하자 함께 투항하여 포로가 된 김경서는 적정을 염탐하여 조선 정부에 몰래 보내오다가 발각되어 진중에서 처형된다.

넬슨이건 김경서건 충무공이 '백의종군(白衣從軍)'한 애국정신의 발뒤꿈치에도 따르지 못한다는 것이 내 생각이다. 동서고금을 통해 군인의 자긍심은 계급장으로 표현된다. 어제까지 군을 통솔하던 사령관에게 무관의 졸병이 되어 같은 부대에 종군하도록 명령한다는 것은 그 군인더러 죽으라는 말과 같다. 충무공은 그 참담한 처지를 참고 견디었다. 조국을 사랑하는 깊은 마음이 없고서는 흉내도 내지 못할 일이었다. 마찬가지로 다산 정약용 선생은 유배지의 적막한 생활 속에서도 불굴의 의지로 집필과 연구를 계속하여 이 땅의 지식인들이 가야 할 길을 밝히 보여주었다. 내가 이들 두 사람의 역사 인물을 우리 학교가 길러내고자 하는 이상적 인물상으로 내세운 까닭이 여기 있다.

교원은 권력을 위해 일하지 않으며, 재산이나 명예를 위해 일하지도 않는다.
오직 자라는 아이들을 키우고 그들의 꿈이 자라는 것을 지켜보는 보람으로 살아가는 사람들이다.

02
교육의 지평(地平)을 넓히다

이규철
초대 교장

치열했던 삶의 발자취

1950년 한여름, 포성이 점점 가까이 들리는 피난길 길목에서 나는 어느 날 갑자기 총을 들고 전장(戰場)에 동원되어 갔다. 그때 내 나이 15세 10개월의 중학교 4학년(지금의 고1), 나는 초연이 자욱한 전쟁터에서 죽음의 고비를 수없이 넘기면서 아비규환의 고지를 헤매며 살았다. 조명탄이 대낮같이 밝혀 주는 전쟁의 한복판에서, 포탄이 펑펑 터지고 총알이 비 오듯 하는 산곡(山谷)에서, 죽음을 등에 지고 신의 가호만을 빌며 싸웠다. 또 맹수같이 눈을 부라리는 적에게 추호의 두려움도 없이 육신을 날려 돌격했다.

지금 나는 그렇게 싸웠던 것에 대해 후회한다. 기대했던 만큼의 보상을 받지 못해서가 아니라 단지 이데올로기의 대립 때문에 동족의 가슴에 총을

거눈 것이 한스러웠고, 그보다 더한 것은 국민의 의무인 군대마저 거부했던 사람들이 피 흘려 찾은 이 땅에서 권력과 금력을 틀어쥐고 온갖 사욕을 채우고 있는 현실에 환멸을 느꼈기 때문이었다.

전장에서 돌아온 나는 학업을 계속했고 그 후 주로 사학(私學)에서 교편을 잡았지만 한곳에 오래 머물러 있지는 않았다. 내가 지긋이 한 학교에 오래 붙어 있지 못한 것은 새로운 세계에 대한 호기심, 새 길을 닦는 성취감, 끝없는 도전의식과 같은 '청년정신'이 있어 한평생 앞만 보고 달려왔기 때문이었다. 흐르는 물이 흐름을 멈추고 고이면 웅덩이가 된다. 내 삶은 웅덩이가 아니라 흐르는 강물 같은 것이어야 한다고 믿었다.

그리하여 나는 외진 시골 마을에서 농사꾼 아이들의 벗이 되어 소박한 웃음을 같이했고, 성당과 교회의 종소리가 울려 퍼지는 교정에서 소녀들과 기도하기도 했다. 또 큰 배의 우렁찬 고동소리를 따라 바다 사나이들과 힘을 다해 파도를 넘기도 했고 공장지대 한복판에 뛰어들어 공원들의 자녀들과 어깨동무로 달리기도 했다. 북적거리는 시장 바닥의 딸들과 어우러져 그들의 꿈을 키웠고, 깊은 산속에 들어가 무명옷 걸치고 참선하는 소년들의 잔잔한 숨결에서 내일 이 땅의 모습을 보기도 했으며, 삐걱거리는 열차 바퀴소리를 들으며 쓸쓸히 산모퉁이를 돌아가기도 했다.

신설학교(新設學校) 초대(初代) 교장의 역할

나는 이렇게 44년 동안 자리를 옮겨가며 교직생활을 했다. 그 사이 아내의 생일도, 우리 부부의 소중한 결혼기념일도 잊고 살았다. 아내가 호사스러운 꿈을 가진 여인이었다면 불만이 많았을 것이다. 나는 부모님에게도 불효막심한 자식이었다. 어릴 때는 그토록 가지 말라고 붙드시는 손길을 뿌리치고 죽음의 전장에 뛰어들어 걱정을 끼쳤고, 나이 들어서는 아버님이 위독하다는 전갈을 받고도 학교 업무에 매달려 있다가 부음을 받고서야 달려가는 한을 남겼다.

33세에 교감이 되고 35세에 교장이 된 것은 내가 잘나서 그리 된 것이 아니었고, 혈연이나 학연 같은 연줄이 있어서도 아니었다. 그저 맡은 일을 부지런히 하다 보니 그런 자리가 내게 주어진 것이었다. 교장을 30년이나 했지만 대부분 신설 학교의 초대 교장을 지냈다.

교원은 권력을 위해 일하지 않으며, 재산이나 명예를 위해 일하지도 않는다. 오직 자라는 아이들을 키우고 그들의 꿈이 자라는 것을 지켜보는 보람으로 살아가는 사람들이다. 따라서 책상 앞에 앉아 도장이나 찍고 학교나 관리하는 교장은 내 성미에 맞지 않았다. 그보다는 학생들과 더불어 생활하면서 그들의 존경을 받으면서 사는 평교사가 더 큰 보람을 느낄 수 있는 진정한 교육자라고 생각한다. 그러므로 나는 교장으로만 거의 다 보낸 나의 교직생활에 대해서도 스스로 불만스럽다. 아이들과 더 가까이 살지 못했기 때문이다.

나는 늘 설레는 마음으로 새벽을 맞이한다. 4시 반이면 아침밥을 먹고 5시 반이면 어김없이 수위실에 닿는다. 새벽마다 학교에 들어설 때 뿌연 안개가 산허리를 두르고 있는 모습에 무한한 평화를 느끼기도 했고, 아이들의 순박한 아침 인사에 살아 있는 보람을 느끼기도 했다.

최명재(崔明在) 스타일의 신문광고

1994년 11월 24일 새벽, 나는 부산의 경혜여고(耕慧女高) 교장실에서 망연자실(茫然自失)해 있었다. 학교가 어려움에 봉착해 있었고, 교장으로서의 내 위상도 흔들리고 있다는 사실을 알았기 때문이었다. 즉 이 학교는 열심히 뛰는 교육자보다 재력을 튼튼하게 해줄 인사가 필요했던 것이다. 새로운

도약의 기회였다. 그러나 언제나 그랬듯이 나는 앞으로 어떻게 해야겠다는 계획이나 복안은 없었다. 그러던 차에 문득 조선일보에 대문짝만하게 실린 광고가 눈에 들어왔다. "민족사관고등학교에 모실 교장선생님을 초빙합니다"라는 제목의 광고였다. 광고 문구는 이 광고를 낸 최명재 회장의 성격을 그대로 반영하여 직접적이고 구체적이었다. 첫 부분에는 큰 회사 사장보다 더 좋은 파격적인 대우를 하겠다는 내용이 구체적으로 나열되어 있었고, 제출해야 하는 서류는 이력서, 자기소개서, 자기평가서, 민족사관의식을 심어주는 방안, 속성 수월성 교육에 대한 방안, 특별지도를 위한 교육방안, 그리고 교사 선발의 방법 등을 요구하고 있었다. 끝부분에는 학교에 대한 설명회가 언제 있다는 사실이 명시되어 있었다.

이와 똑같은 광고는 같은 날 다른 신문에도 나와 있었고 동아일보에는 12월 2일자에 실렸다. 일찍이 보지 못했던 타입의 광고였다. 그 때문에 파스퇴르우유를 선전하는 광고와 함께 최명재 회장의 이런 식의 광고는 많은 사람들을 매료시켰고, 덩달아 화젯거리였다.

1994년 12월 17일 토요일, 나는 경부선 열차편으로 서울로 향했다. 민족사관고등학교 교장 초빙에 관한 설명회에 참석하기 위해서였다. 서초구에 있는 예술의 전당에 들어서니 500여 명의 교장 후보들이 먼저 와서 자리 잡고 있었다.

기골이 장대한 파스퇴르유업의 최명재 회장이 학교의 설립 배경과 창학 이념, 그리고 학교의 건축 현황과 교원 조직, 교육 방향 등에 대해 소상하게 설명했다. 그의 말은 미사여구를 쓰지 않으면서도 박력이 있고 감동적이었다. 말을 잘하는 편이었다.

"30년 전 영국의 이튼스쿨을 방문했을 때 우리나라에는 왜 이런 영재교육기관이 없을까 생각하고 가슴이 아팠다"고 학교 설립의 꿈을 가지게 된 동기를 설명했다. 그는 '민족 지도자의 양성'이라는 큰 그림을 마음속에 간직하고 있었다. "민족사관고등학교를 통해 이순신(李舜臣) 장군과 정약용(丁若鏞) 선생 같은 진정한 민족 지도자를 배출해 내고 싶다"고도 했다. 또 최 회장은 기업(파스퇴르유업)의 이윤을 고스란히 학교에 바치는 것은 물론, 자신의 재산도 남김없이 학교에 헌납한 무소유의 경지에서 학교 사랑이 극치에 이르러 학교와 더불어 죽음도 각오할 만큼 그 의지 또한 강인해 보이는 사람이었다. 그는 민족사관고등학교 교육을 한마디로 '민족주체성 교육과 수월성 영재교육으로 각계각층의 지도자를 양성하는 것이 목적'이라고 밝혔다.

강원도 횡성군 안흥면 소사리, 덕고산 자락 38만 평의 대지 위에 500억여 원을 들여 최고의 시설과 최적의 교육환경을 조성한다는 목표로 현재 공사를 진행하고 있다고 했다. 전통 양식으로 우아하게 지은 인문사회의 연구실 겸 교육실인 충무관(忠武館)과 앞으로 세울 자연과학의 연구실 겸 교육실인 다산관(茶山館), 그리고 99간의 전통한옥으로 전통 음악과 기(氣), 선(禪)의 수행 도장인 민족교육관, 콘도미니엄 형으로 지어질 부모와 자식(학생)의 만남의 집인 가정교육관, 숙식과 안식을 제공할 생활교육관(기숙사), 그 밖에 체육교육관, 자동화된 소강당, 골프연습장, 국제2종 육상경기장, 잔디축구장, 테니스, 농구, 배구, 탁구, 배드민턴, 당구, 국궁, 헬스, 수영장, 천체 관측 망원경을 비롯한 각종 과학기자재와 자료제시기 등의 교단 선진화 시설, 가야금 등 전통 악기가 구비되고 학생 1인당 1대의 최신형 개인 컴퓨터도 지급한다고 했다.

교사의 수는 학생 수와 동수로 채용하고, 보수는 수업이 많은 도구과목 교사에게는 다른 일반 고등학교 수준의 3배, 그 외 과목 선생님에게는 2배로 지급한다고 했다. 신입생 모집은 특차로 하되 중학교 3년 동안의 성적이

상위 1% 이내에 들어가는 학생 중에서 네 차례의 전형을 거쳐 선발할 계획이며, 첫 해의 학생 수는 한 학급 10명씩 세 학급 30명으로 하고 학비는 전원 장학생으로 선발할 계획이라고 밝혔다.

끝으로 최 회장은 부연했다.

"학교가 전범(典範)으로 삼고자 하는 인물은 국난 극복의 상징인 이 충무공과 애민정신과 실사구시(實事求是) 정신의 상징인 다산 정약용 선생입니다. 오늘날 우리나라가 겪는 전반적인 국가 위기는 이 같은 훌륭한 지도자를 양성하지 못한 반면 자신의 과오를 인정하지 않고 책임을 다하지 않는 비굴한 지도자만을 키워 온 교육에 큰 원인이 있습니다. 그러므로 교육의 힘과 책임은 실로 막대하고 중합니다. 우리 민족사관고등학교에서는 잘못된 교육의 현실을 과감하게 바로잡아 우리 국가와 민족을 밝은 미래로 이끌어 나가는 현명하고 책임성 있는 각계의 지도자를 양성해 나갈 것입니다."

최 회장이 말을 맺자 이어서 참석자들이 궁금했던 문제들을 질의의 형식으로 꺼내놓았다. 그리하여 장장 5시간에 걸친 학교 설명회가 모두 끝났다. 설명하는 측이나 듣고 질의하는 측이나 뜨거운 관심을 보여주었다. 민족사관고등학교는 이처럼 전 국민의 뜨거운 관심 속에서 출범하였다.

용기 있는 도전

교장 초빙설명회를 다녀온 나는, 민족사관고등학교가 나의 예상을 깨고 우리 교육이 꿈만 꾸어 오던 일들을 현실로 만들고 있다는 사실에 놀랐다. 그리고 무디고 어리석은 내가 감히 그런 학교의 교장 자리를 넘보았다는 사실이 자괴(自愧)스럽고 한편으로 허망하기도 했다. 그러던 어느 날 한 친구의 전화를 받았다.

"민사고 서류 준비는 잘하고 있냐?"

"나 같은 사람이, 뭐…."

"야, 이 친구야. 지원자격 b항 못 봤냐? 책상에 앉아 있기보다는 현장을 좋아하는 사람이라고 돼 있잖냐. 그건 바로 자네 같은 사람을 두고 하는 말 아닌가."

"나를 무슨 공사판의 감독쯤으로 아나?"

"자네는 평생 꼭두새벽부터 뛰어온 사람 아니냐. 내가 알기로는 창설 학교의 초대 교장으로만 대여섯 번, 아니냐?"

전화를 끊고 나서 생각하니 슬그머니 오기가 생겼다. '그래, 새로운 도전이다. 민사고가 기존 우리나라의 교육을 갈아엎는 학교라면 내가 못할 것 없는 일 아니냐' 하는 생각이었다. 다음 날 나는 서둘러 서류를 만들기 시작했다. 생소하고 낯선 논문을 쓰는 일로 애를 먹었다. 겨우 요구하고 있는 서류를 다 맞추어 들고 서울행 비행기를 탔다. 서울 청량리 밖에는 파스퇴르 유업의 지사사무실이 있었고, 최명재 회장의 집무실도 서울 사무소 한 옆에 있었다. 나는 그해 12월 31일(일요일) 12시 마감시간 5초를 남겨놓고 겨우 서류 봉투를 디밀었다. 접수하는 아가씨에게 지원자의 수를 물으니 "모르긴 하지만 약 200명은 될 것"이라고 했다.

며칠 후 서울에서 면접 통지가 왔다. 면접관은 이름만 대면 알 수 있는 교육계의 원로 두 분과 최 회장, 이렇게 셋이었다. 면접은 무려 3시간이나 걸렸다. 거의 끝나갈 무렵 최 회장이 "민족사관고등학교에 세우게 되는 가정교육관의 효율적 운영방안에 대한 리포트를 작성하여 내일 새벽 6시 20분까지 팩스로 보내 달라"고 요청했다.

나는 오후 3시발 부산행 비행기를 타고 경혜여고 교장실로 돌아왔다. 밤새 몰두한 끝에 새벽 5시가 되어서야 최 회장이 요청한 논문이 완성되었으므로 그것을 팩스로 전송했다. 그로부터 며칠 후 나는 '합격'의 기쁜 소식

을 받았다. 그와 함께 당장 내일부터 서울에 와서 근무해 달라는 전언도 있었다. 마침 겨울방학 때인지라 현재 근무하는 학교에 지장이 없었기 때문에 나는 당장 서울로 올라가 민족사관고등학교의 개교 준비 작업에 돌입했다. 내가 정식으로 민족사관고등학교 교장으로 부임한 것은 1995년 3월 1일이었고, 그로부터 만 2년이 지난 1997년 2월 28일 날짜로 몸이 아파 하차했다.

나의 첫 근무는 학교가 있는 횡성 산골이 아닌 서울에서 작업을 진행했다. 숙소는 서울의 한 호텔이었다(숙식은 파스퇴르유업 측에서 제공했다). 호텔에서 잠을 자고 나면 나는 으레 인근의 해장국집에서 해장국으로 아침밥을 먹었다. 새벽에 문을 여는 집은 해장국집밖에 없는지라 부득이한 선택이었다. 새벽 4시 정도였는데도 그 집은 항상 젊은이들로 붐볐다. 나는 내심 감탄했다. 젊은이들이 이처럼 부지런한 사회는 뭔가 일을 내고 말리라. 그러나 알고 보니 그 젊은이들은 인근의 나이트클럽에서 밤새 땀 흘리며 노닥거리다가 새벽같이 출출한 배를 달래러 나온 무리들이었다. 즉 사회 발전에 별 도움이 안 되는 인간들, 아무리 많아도 쓸모가 없는 쭉정이 같은 존재들이었다. 나는 그들 틈에 끼어 주로 순댓국으로 아침을 때웠다. 그리고 5시에는 사무실로 나갔다. 선생님들 초빙 서류가 산더미처럼 쌓여 나를 기다리고 있었다. 그 서류들을 분류하고 일람표를 만드는 일에만 꼬박 닷새가 걸렸다. 서류전형을 통과한 분들을 여러 날에 걸쳐 면접한 결과 모두 7명의 선생님을 개교준비위원으로 뽑았다.

개교(開校) 준비

이런 과정을 거쳐 개교준비위원으로 뽑힌 선생님들은 교육과정의 편성, 교육계획서 작성, 교실의 배치, 교구와 기자재 준비, 학교 홍보, 신입생 모집계획 등으로 업무를 분장하여 바쁜 나날을 보냈다.

당초의 계획으로는 속진제(速進制)를 도입하기로 했다. 학력이 우수하고 인성, 적성, 체력이 좋은 학생들을 선발하여 일반 고교 3년 과정을 2년 만에 이수케 하여 조기에 졸업시키려고 했던 것이다. 우리의 조기졸업 계획은 당시 문교부의 정책 담당자들의 뜻에 맞는 듯했으나 장관이 두 차례 바뀌면서 1995년 하반기에 이르자 '재학생의 성적 상위 1% 이내 학생을 대상으로 학교별로 설치되는 평가위원회가 학부모와 학생의 동의를 얻어 시행한다'고 결정함으로써 민사고의 조기 진급 및 조기졸업 계획의 의미를 희석시키고 말았다. 문교부의 이 같은 규정은 학교별 차이를 무시하고 모든 학교의 학력을 동일선상에 놓고 고려한 고교평준화정책의 산물이므로 민사고로서는 있으나마나한 규정이었다. 그 까닭은 분명했다. 민사고는 이미 응시자격에서 중학교 3개 학년의 성적이 상위 1% 이내에 들어야 한다는 규정에 의거하여 선발한 우수한 학생 집단이기 때문에 다른 일반 고교와 같은 선상에서 경쟁하게 한다는 것 자체가 불합리한 발상이었다. 그러나 어찌 되었든 문교당국이 마련한 불합리한 조기졸업제를 극복하는 돌파구를 찾지 않으면 안 되었다.

그 돌파구가 KAIST(한국과학기술원)에 입학하는 길이었다. 당시 카이스트는 국내 대학들 중 유일하게 영재성이 있는 학생이면 고교 2학년을 수료해도 전형을 거쳐 입학할 수 있는 길을 열어놓고 있었다(오늘날에는 이 같은 제도를 도입하는 대학이 늘었다). 다른 한편으로 유학반을 편성하여 국내 대학에 연연하지 않고 외국의 세계적인 대학으로 진출하는 길도 돌파구의 하나로 이때 이미 모색되었다. 1학년 때 SAT 1을 1300점까지 딸 수 있게 교육 받고 2학년 때부터 SAT 2의 영어와 수학 부분을 특별히 공부하면 미국의 사립 명문대학에 진학하는 것은 어렵지 않을 것 같았다. 다만 학생들을 이 정도 차원 높은 수준으로 가르치기 위해서는 교사의 질을 높여야 하

는 것이 문제였다. 교사의 질을 높이는 방법은 부단한 연찬(研鑽) 외에는 없었다. 학교는 자체 연수와 한국교육개발원의 영재교육팀에 의한 연수를 실시하여 이 문제를 해결하려 했으나 어려움이 많았다.

선입견(先入見)과 고정관념(固定觀念)과의 전쟁

최명재 회장은 가끔 "학생들을 가르치는 일은 쉽다. 그러나 부모와 선생을 가르치는 것이 가장 어려운 일"이라고 한탄했다. 학부모의 머릿속에 자리 잡고 있는 일류대학병과 '학교는 이런 곳'이라는 선생님들의 고정관념을 흔들어 부수는 일은 어려운 일 중에서도 어려운 일이었다. 선생님들도 개인적으로 볼 때는 모두 자질이 뛰어나고 훌륭한 분들이었으나 그들에게도 '선생은 이렇게 가르치고 학생은 이렇게 공부해야 한다'는 우리 사회에서 형성된 관습적인 모형이 미리 마련되어 있었다. 따라서 최 회장이 "아니다, 전에는 그렇게 가르쳤는지 모르겠으나 여기서는 이렇게 가르쳐 달라"고 하면 "교육에 대해 뭘 모르는 양반이 선생들을 가르치려 든다"고 반발했다. 그들은 기회 있을 때마다 "전에 있던 학교에서는 이렇게 했다"는 말을 했다. 그런 말을 들을 때마다 최 회장은 "그럼 그 학교로 돌아가시라"고 윽박질렀다.

부모들의 선입견은 무서울 정도로 완강했다. 1학년 신입생 30명은 전원 장학생으로 선발한 국내 최고의 인재들이었다. 그들을 신생 학교에 입학시킨 부모들은 "학교가 내 아이를 어떻게 가르치는지 지켜보겠다"는 자세로 기회 있을 때마다 교육의 모든 문제에 간섭하려 들었다. 그들 눈에 비친 최 회장은 '교육의 문외한'이었다. 그 말은 맞다. 최 회장은 교감 교장 자격증이 없었다. 대학에서 교직과목을 배우지도 않았다. 한마디로 선생이 아닌 사업가였다. 그런 사람이 학교를 만들어놓고 교육마저 마음대로 하겠다고 나서니 "그래서는 안 됩니다. 이렇게 가르쳐 주십시오" 하고 나서기 시작한 것이었다. 부모들은 아이들이 서울대 법대나 의과대학에 가려면 고개를 옆으로 돌릴 틈도 없는데 선(禪)이니 국궁(國弓)이니 태권도에 시간을 낭비할 틈이 없다고 주장했다. "그런 교육을 계속 강요하면 이 학교를 떠나겠다"고 강하게 나왔다. "그럼 떠나라, 당신 같은 사람의 아들을 가르치고 싶지 않다"는 최 회장의 소신이 맞서자 결국 교실이 무너지기 시작했다. 1학년 30명 중에서 한 학기가 지나고 여름방학 이후에 학교로 돌아온 학생은 20명, 그중에서 다시 가을까지 전학한 학생을 포함하여 19명이 빠지고 11명만 남았다.

고집에 가까운 소신이 학교를 살리다

다른 사람 같았으면 그 정도에서 학교 운영을 포기했을 것이다. 그러나 천하의 최명재 회장은 포기하지 않았다. 포기하지 않을 뿐만 아니라 더 적극적으로 '민사고 세우기'에 매달렸다. 개교 이듬해인 1997년 IMF 사태로 모기업인 파스퇴르유업이 부도를 내고 쓰러졌는데도 학교를 반석 위에 올려놓겠다는 그의 소신은 조금도 퇴색하지 않고 흔들리지도 않았다. 그런 고집에 가까운 소신이 한국 교육의 판도를 바꾸었고 교육의 질을 단숨에 세계적 차원으로 끌어올리는 원동력이 된 것이다.

최명재 회장은 기인(奇人)이었다. 이는 당시 K신문의 부장이 내게 한 말이었다. "최 회장님은 기인이라고 표현할 수밖에 없군요" 하고. 나는 최 회장이 기인이 아니라 이 나라 대부분의 기업인들이 나가야 할 길을 앞장서서 걸어간 사람이라고 생각했다. 그가 좀 별나게 보인 것은 그의 행적과 생각을 따르지 못하는 다른 기업인들이 붙여준 이름일 뿐이었다. 여기쯤에서 '천하의 기인' 최명재 회장이 나를 선택한 이유가 어디 있었을까, 나도 늘 궁금했으므로 밝혀 둘 필요가 있겠다.

나는 부산의 경혜여고 초대 교장으로 재직 중에 민사고 교장 모집에 응하여 선발되었다는 사실을 앞에서 밝힌 바 있다. 내가 경혜여고에 부임할 무렵 우리나라 교육 정책은 어떻게 된 일인지 "학생들에게 야간 자율학습을 시키지 말라"고 강요하고 있었다. 나는 이 정책이 잘못된 정책이며 고등학교의 존재 이유를 스스로 부정하는 이율배반적 처사임을 간파하고 학교 체육관에 커튼을 치고 3학년 학생 전체를 대상으로 야간 자율학습을 실시했다. 그 결과는 놀라웠다. 이듬해 입시에서 무려 15~20명의 서울대 합격자가 나온 것이었다. 서울대 말고도 많은 명문 대학에 아이들이 합격했다. 당연히 소문이 나고 조사가 실시됐다. 나는 부산시 교육감에게 불려가 조사를 받고 징계위에 회부되어 견책을 당했다. 이 사실을 민사고 지원 사유에 썼다. 숨겼다가 나중에 들통 나면 창피한 일이라 미리 밝힌 것인데 나중에 알고 보니 최 회장이 그 대목에서 무릎을 쳤다고 들었다. "자신을 희생하면서 학교와 학생을 위하는 정신이 좋다"는 이유였다. 나는 이미 민사고 교장으로 오기 전에 정주영 현대그룹 회장이 야심차게 만든 울산의 현대공고 교장을 맡은 일이 있었다. 그 무렵 정주영 회장은 현대공고를 설립해 놓고 입학식에서 언명하기를 "아시아 최고의 학교를 만들겠다"고 했다. 그의 꿈은 아시아든 세계든 '최고'가 되는 것이었다. 토목과 조선, 그리고 자동차 산업에서 거둔 승리에 고무되어 있던 그는 무엇이든 하면 된다는 신념을 가지고 있었는데 교육은 일반 기업과 다르다는 점을 미처 몰랐던 것 같다. 정 회장은 때마침 열린 전국교육감회의에 나가 교육감들에게 "교장 할 사람을 한 명씩 추천해 달라"고 했다. 교육감들이 추천해 온 인물들을 만나 보았으나 정 회장의 마음에 들지 않았다. 수소문 끝에 회사 전무를 나에게 보냈다. 전무는 합리적인 사람이었다. 그는 "우리 회장님이 시켜서 왔다"고 말하고 "선생님의 교육관을 알고 싶다"고 했다. "내 교육관은 애국적 기능인을 양성하는 것"이라고 대답했다. 얼마 후 정 회장을 만났다. 그는 작업복 차림이었는데 대뜸 이렇게 물었다.

"당신 월급이 얼마요?"

나는 생각해 보았다. 내 월급이 얼마였더라? 알 수 없었다.

"모릅니다."

"이 사람이, 월급쟁이가 자기 월급이 얼만지도 몰라? 정말이오?"

나는 다시 한 번 곰곰이 생각해 보았으나 역시 알 수 없었다.

"정말 모릅니다."

정 회장이 반색을 하며 부사장(?)을 부르더니 지시했다.

"부사장, 이 교장선생님에게 월급을 다른 학교 교장보다 두 배로 드리도록 하고 35평 아파트와 백화점에 가서 백만 원 이하로 사인만 하면 무엇이든 매입 가능한 카드를 지급하시오."

정 회장과의 만남은 12월 31일이었는데 바로 그 다음 날인 1월 1일부터 근무하도록 발령이 났다. 학교는 이미 문을 열었으나 나는 초대 교장과 다름이 없는 위상이었다. 초대 교장의 역할은 매우 중요하다. 학교의 방향이 정해지고 기틀이 마련되는 시기이기 때문이다. 나는 '초대 교장 전문'이라 할 정도로 그 어려운 역할을 많이 맡았는데 내가 초대 교장으로 가서 근무한 학교의 설립자(대개는 이사장)들은 하나같이 주관이 강하고 교육에 대한 생각이 확고한 사람들이었다. 그럴 수밖에 없는 것이 사업가가 어느 날 학교를 설립하여 교육가로 변신하기 위해서는 자신의 재산과 삶을 던져 넣는 결단이 필요한 일이기 때문이다. 그런데도 대부분의 이사장들은 "학교 교육은 교장이 알아서 하라"고 맡겨놓고 출근도 하지 않았다. 교장이나 교사들에게 방해가 될까봐 조심하는 눈치였다. 그러나 뒤에서 끊임없이 교수나 전문가들을 찾아다니며 자문을 구하여 때로는 엉뚱한 지시를 보내오는

경우도 있었다. 정주영 회장은 강한 교육관을 가지고 있었다. 특히 '아시아 최고 학교를 만들겠다'는 그의 집념은 가끔 비교육적인 처사를 낳았고 학교 교장도 자신이 경영하는 기업의 사장 부리듯 하니 견딜 수가 없었다. 나는 곧장 '바지 사장' 노릇을 그만두기로 하고 경혜여고로 돌아왔다. 민사고 교장 모집 광고를 본 것은 그 무렵이었다.

민사고에 와서 보니 설립자 최명재 회장의 타입은 내가 알고 있던 설립자 이사장들과 정반대였다. 그는 이란에서 벌어온 돈으로 파스퇴르유업을 설립하고 이어서 파스퇴르유업이 정상 궤도에 오르자 곧 필생의 사업인 학교 설립에 돌입했다. 기업에 전념하지 못한 때문이었을까, IMF 사태의 거센 물결에 휩쓸려 파스퇴르유업은 끝내 부도의 나락으로 떨어졌으나 학교를 지키겠다는 그의 신념은 굴하지 않았다. 바로 이 대목에서 나는 최 회장이 기업인이 아니라 교육자라는 사실을 알았다. 그는 학교를 설립한 이유가 분명했고, 어떤 아이들을 모아 어떻게 가르치겠다는 복안이 서 있었다. 그것은 미답의 길을 걷는 거인의 발자취였다. 누군가 가야 할 길이었다. 그 길을 두려움 없이 걷는 거인을 보면서 나는 고생인 줄도 모르고 피땀을 쏟아 부었다.

교사의 연찬, 연수도 중요하지만 그보다 먼저 질 높은 교사를 초빙하는 것이 가장 좋은 방법이었다. 교사는 열정이 있어야 하고 풍부한 전문 지식을 갖추어야 한다. 게다가 민사고의 교사가 되려면 학생 못지않은 경쟁을 뚫어야 했다. 까다로운 임용 절차를 거쳐 임용되면 우선 기간제교사로 채용되고, 기간제교사로 근무하는 동안 민사고의 창학 이념과 교육 목적에 동의하고 이를 실천에 옮기기 위한 능력이 있다고 판단되면 그때 가서야 비로소 종신 교사로 임용했다.

세계 최고의 학교를 향한 첫걸음

1996년 3월 1일, 눈발[春雪]이 휘날리는 덕고산 자락에 북소리와 대금이 은은하게 울렸다. 3.1절 77주년을 맞아 민족사관고등학교가 마침내 문을 열었다. 두루마기 한복을 차려입은 학생들이 교가를 목청껏 불러 '세계 최고의 학교'가 걸음마를 떼놓는 소식을 알렸다. 민사고에는 공휴일이 없었다. 여기에는 학교가 자리 잡은 강원도 횡성 산골의 지리적 여건이 반영된 결과였다. 당시 서울에서 강원도 동해로 연결되는 간선도로는 왕복 2차선의 영동고속도로가 유일했는데 이 도로가 여름 휴가철, 가을의 단풍놀이, 겨울의 스키 등 행락철마다 밀려드는 자동차로 포화상태를 이루어 주차장을 방불케 했다. 도로 여건이 그러했으므로 그런 도로를 이용하여 주말에 서울로 돌아간다는 것이 시간의 낭비일 뿐 아무 의미가 없었다. 이에 어느 선생님이 동학(東學)의 관례를 차용하여 반공일인 토요일은 지일(地日)로 명명하고 일요일은 천일(天日)로 명명했다. 이로써 연중무휴의 담금질 같은 강행군이 시작된 것이다.

학생들은 전원 기숙사에서 먹고 자면서 쳇바퀴 돌듯 학교 캠퍼스 안에서 오갔다. 이미 입학식을 하기 전에 겨울방학을 통해 신입생 전원을 불러들여 생활관(기숙사)에서의 규칙에 대한 훈련이 있었으나 새벽 5시 기상 음악 소리를 듣고 자리에서 벌떡 일어나는 아이가 없었다. 밤늦은 시각까지 공부했던 아이들은 그 때문에 새벽잠이 많아 기상 음악소리에 맞추어 일어나지 못한 것이다. 그러나 약 두 달이 지나자 비로소 기상 음악 소리에 맞추어 전원 기상하게 되었다.

학생들의 하루는 문안인사[昏定晨省]와 함께 시작됐다. 혼정신성(昏定晨省)은 사가에 있을 때는 부모님에게 아침저녁으로 문안하는 전통적인 예에서 비롯된 것으로 효(孝)를 만행(萬行)의 근본으로 여겨 온 유학(儒學)의 도

에서 따온 것이다(성리학의 기본인 소학에서는 쇄소응대(灑掃應對), 즉 아침에 일어나 마당에 물뿌리고 청소하며 어른이 부르면 큰 소리로 대답하고 달려간다는 한마디로 압축된다). 부모 대신 숙직교사에게 (숙직을 폐지한 뒤부터는 사감선생님에게) 큰절로 문안인사를 드리는 것으로 일과가 시작되고 다음은 체육관으로 자리를 옮겨 단전호흡과 태권도 중 한 가지를 택일케 하여 수행자와 같이 심신을 단련시키도록 했다. 오전 일과가 끝나면 점심을 먹은 후 40분간 낮잠을 자고 오후 일과에 들어갔다.

수업은 철저하게 학생 중심으로 진행됐다. 학생에게 교사 선택권을 주어 학생으로 하여금 배우고 싶은 교사를 선택하여 연구실로 찾아가 가르침을 받도록 했다. 예를 들어 영어과목 교사가 12명이라면 그 가운데 학생이 선호하는 영어교사 세 분을 써내도록 했다. 그 세 분 가운데 한 분이 그 학생의 영어교과 담당교사가 되었다. 세 분을 써내게 하는 것은 그 학생의 영어과 학습능력에 따라 학교에서 세 분 중 한 분을 지정해 주기 위해서였다.

정규수업이 끝나면 탐구학습이 있었다. 교사가 정규교과와 관련이 있는 독특한 주제를 공개하면 학생은 자기 적성에 맞는 주제를 선택하여 그 교사로부터 탐구수업을 받도록 하는 것이었다. 이것은 학생이 원하는 주제를 깊이 있게 공부함으로써 창의력과 전문성을 기르기 위한 것이었다.

수업 형태는 한 교실에 3명 내지 5명의 소수 학생으로 이루어지고 토의와 토론식 수업 및 실험실습 위주로 진행했다. 또 매일 2시간 이상이 소요되는 과제를 부과했다. 그 과제의 해결을 위한 관련 도서도 함께 안내해 주어 학생들로 하여금 학습 방향의 설정과 학습 내용의 연구에 도움을 주었다.

하루 일과를 모두 마치는 밤 11시 30분이 되면 숙직 선생님에게 큰절로 저녁 문안인사를 올린다. 이때 선생님으로부터 훈화를 듣고 하루 일과를 반성하며 우리 민족 고유의 효 정신을 되새기도록 했다.

시행착오(試行錯誤)

개교와 동시에 실시한 학생의 성적별 기숙사 방 배정이 시행착오를 일으킨 일도 있었다. 기숙사를 민사고에서는 생활교육관이라 이름하는데 그런 이름을 붙인 데는 그만한 이유가 있었다. 일반학교의 기숙사와는 달리 온돌방에 1인용 고급 침대가 있었고 옆에는 세면대와 화장실을 두었으며 한쪽에는 공부방이 있었다.

기숙사의 방은 성적순으로 배치되기 때문에 3개월마다 바뀌는 경우도 있었다. 이렇게 성적에 따라 방을 배치하는 이유는 민사고에 재학하는 한 긴장을 풀지 말고 공부해야 한다는 무언의 주의와 경고의 의미가 있었고, 아울러 자신의 능력을 스스로 인정하면서 보다 나은 자아 발달을 촉구해 보자는 뜻도 담겨져 있었다.

그러나 학생들과 부모들은 종래의 고정관념을 깨지 못해서인지 성적순 방 배정에 큰 갈등을 겪게 되어 결국 학교가 이 문제를 수정하는 쪽으로 가닥을 잡아 나갔다. 학생들은 대체로 지쳐 있었다. 어느 날 새벽 6시경 기(氣) 수련을 지도하는 시간에 작은 사고가 하나 일어났다. 학생들은 잠에서 덜 깬 상태로 도장(道場)에 나오기는 했으나 기 수련을 하는 대신 그 자리에 모두 벌렁 드러누워 버린 것이었다. 기를 지도하는 강사 선생님은 학생들 모습이 애처로웠던지 드러누워 버린 학생들을 깨우지 않고 그대로 놔두었다. 그날따라 최 회장이 기 수련장을 방문했다가 이 광경을 보았다. 기 수련 담당 선생님이 해고된 것은 물론이었다.

개교를 전후하여 몇 분의 선생님이 학교를 떠난 일도 있었다. 그분들은 평소 최 회장이 깊이 신임했던 사람들인데 안타까운 일이었다. 우리 교직원들도 연일 계속되는 과중한 업무와 긴장으로 지쳐 있었다. 세수하고 얼굴 한 번 느긋하게 볼 시간이 없을 정도였다. 항상 새로운 일거리가 밀려오

고 언제나 무거운 짐이 어깨를 짓눌렀다. 우리는 이러한 각박한 일상 속에 자신을 던진 채 살아가고 있었다. 하루 평균 300여 명의 사람들이 민사고를 방문했다. 영재교육의 산실이자 한국 최고의 교육환경을 눈으로 확인하기 위해서였다.

이 가운데서 나의 건강이 서서히 무너지고 있었다. 퇴근하지 않고 학교에서 잠을 청하기를 여러 달, 예순이 넘은 나이를 생각하지 않고 무리하게 달려온 데 대한 보상(?)이었다. 나는 민사고에서 근무한 지 2년 만에 과로로 쓰러졌다. 그리하여 서울 중앙병원(현 아산병원)에서 2~3개월 치료를 받게 되었다.

설립자(設立者)의 이상(理想)을 좇아

병상에 누워 있자니 최 회장이 하던 말이 떠올랐다. 내가 민사고에 부임한 지 한 달쯤 되던 어느 날 최 회장이 이런 말을 했다.

"외국의 어느 대학에 가 보니 그 학교의 설립자와 초대 총장의 동상이 서 있고, 그 동상 아래 두 사람이 나란히 걸어간 발자국이 있어 매우 인상적이었습니다."

또 내가 입원해 있는 병실로 찾아와 혼잣말처럼 이런 말도 했다.

"교장선생님은 죽어서 학교에 묻혀야 하는데…."

나는 최 회장이 하던 말의 의미를 곱씹어 보았다. 그리고 연상(聯想)해 보았다. 민사고의 3만 평에 이르는 운동장과 운동장에 독야청청한 자세로 서 있는 소나무들, 그 소나무 양옆에 누워 있는 두 개의 무덤, 그 무덤 앞에 돌로 새긴 비석, 비석에는 이런 비문이 보였다.

"여기 오른편은 이 학교를 세운 설립자이고 왼편은 그분의 이상을 좇아 따랐던 초대 교장이 누워 있다. … 이분들의 육신은 여기 묻혔어도 두 분의 넋은 언제나 민사고의 주변을 떠나지 않으니….”

그러나 꿈이었다.

내가 서울의 중앙병원에 입원해 있을 때 부산의 J교육감이 중등과장을 시켜 병원으로 찾아왔다.

"얼마 전 사상에 D여고가 문을 열었습니다. 그런데 이사장이라는 분이 교장을 무시하고 학교를 제멋대로 운영하는 바람에 교원 85명 중 45명이 전교조에 가입하여 재단을 불신하고 학생을 선동하는 바람에 동요가 심하여 조용할 날이 없어 골치가 아픕니다. 선생님께서 교장으로 부임하여 문제를 해결해 주십사 하는 교육감님의 바람입니다."

"아픈 사람보고 골치 아픈 학교를 맡으라는 얘기요?"

"교장실에 앉아 계시기만 하면 됩니다."

나는 병문안 차 찾아온 최 회장에게 전말을 얘기해 주었다.

"노동조합이라? 학교가 노조에 휘둘리면 안 되지. 나도 잘나가던 회사가 노조 때문에 큰 곤욕을 치른 적이 있어 아는데, 학교는 그래서는 안 되지. 그런 일이라면 보내줄 수 있으니 가서 해결하세요."

시원한 해답이었다. 그래서 민사고를 떠났다.(후일담이지만 D여고에 간 나는 그 이전에는 부산의 명문대학에도 합격하지 못하여 아득하게 쳐다만 보고 있던 것을 서울대학교에 연평균 10여 명씩 입학시키는 '명문'으로 발돋움하도록 했다. 내가 퇴임한 이후 그 학교에 사고가 일어나 학생들 다수가 다쳤다는 소식에 지금도 가슴이 아프다.)

그 후 오랜 세월이 흘렀다. 민사고는 어느새 성년이 되어 20년의 역사를 되새기려 한다. 여기서 공부하는 아이들아, 잊지 말기 바란다. 여러분은 덕고산의 한 줌 흙이 되어 누워 있는 영혼을 딛고 서 있다는 사실을.

영재교육을 국가적 차원의 과제로 끌어올려야 한다는 최 회장의 주장은 일리가 있었다.

03
나는 선생이고 싶었다

이돈희
제5대 교장

설립자 최명재 회장과의 만남

내가 최명재 회장을 처음 만난 것은 1996년, 그해 민족사관고등학교가 개교했으니 민사고의 개교를 기회로 처음 만난 셈이었다. 그보다 한 해 앞인 1995년부터 나는 정부의 교육개혁위원회(교개위) 위원장으로 교육의 틀을 원점에서 검토하여 바꾸는 중심 역할을 하고 있었다(김영삼정권의 교개위 활동에 대해서는 긍정적인 평가와 부정적인 평가가 대립되어 있다). 최명재 회장은 나를 찾기 이전에 이미 미국에서 교육학을 전공한 조석희 박사를 비롯한 두어 명의 교육학자들로부터 학교 설립에 따른 제반 문제를 자문받고 있었다. 교육개혁위원회는 영재교육을 적극 도입하는 문제를 연구하기 위해 특임본부를 두고 연구를 진행해 오고 있었는데 조석희 박사도 그중

의 일원이었던 것으로 기억된다. 조 박사가 최명재 회장에게 "교개위원장을 만나보고 연구과제를 부탁해 보는 것이 어떻겠느냐?"고 제안하자 최명재 회장은 그 말이 옳다고 판단하고 곧 나를 찾아왔다. 민사고 개교를 앞둔 1996년 정월이었다. 민사고의 설립에 대해서는 이미 신문, 잡지 등을 통해 널리 알려져 있는 일이었다.

"지금 내가 영재학교를 설립하고자 합니다. 학교의 운영은 물론이고 제도상의 문제, 무엇을 어떻게 가르치느냐의 문제 등 모든 것에 대한 국내의 경험과 지식이 축적돼 있지 않기 때문에 미답의 길을 가고 있습니다. 교개위에서 도와주시기 바랍니다."

"그렇지 않아도 교개위 내부에 영재교육 특위를 두고 연구를 해 오고 있던 중입니다. 미답의 길을 개척하는 회장님의 용기를 경하합니다. 물론 도와드리겠습니다."

최 회장은 만족하여 "영재학교의 운영과 커리큘럼, 학생 선발 등에 대한 구체적인 방안의 연구를 행해 줄 것"을 요청하면서 연구비로 8천만 원을 내놓았다. 이 연구비로 연구한 보고서가 교개위 관련 자료 속에 남아 있을 것으로 생각된다.

1996년 3월 1일, 개교 및 입학식

첫 대면한 지 얼마 안 있어 민족사관고등학교 개교 및 제1기생 입학식을 겸하여 거행하기로 했으니 참석해 달라는 초청장이 오고 조 박사 등을 통해 확인 전화도 있었다. 날짜는 1996년 3월 1일이었다. 허구한 날을 두고 3.1절 공휴일에 개교식을 거행하겠다는 데는 최 회장 나름의 숨은 동기가 있었다. 학교를 설립하고 운영하려는 그의 자세는 독립운동의 연장이었고, 아울러 국가 건설(nation building)의 비장한 각오가 서려 있었다. 나는 그렇지 않아도 민사고에 한 번 방문할 기회를 갖고 싶었다. 마침 초청해 주었으니 구경도 할 겸 당시 왕복 2차선 도로라 교통체증이 심각한 영동고속도로를 달려 찾아갔다.

민사고의 입학식은 그 자체가 뉴스일 정도로 파격이었다. 전원 장학생으로 선발된 30명의 신입생들은 김정 두루마기에 사각모를 쓴 차림이었고, 37만 평의 드넓은 부지 위에 띄엄띄엄 세워진 캠퍼스는 아직 미완이어서 군데군데 파헤친 산허리는 붉은 황토의 속살이 드러나 있었다. 나는 이날 예기치 않게 축사를 부탁 받고 즉흥적인 축사를 했다. 물론 민사고의 발전을 기원하는 덕담이었다.

입학식을 치른 후 얼마 지나지 않아 최 회장이 두 번째로 나를 찾아왔다. "학교 문을 열기는 했으나 모든 것이 미완의 상태"라고 그는 솔직하게 밝혔다.

"교개위 원장님을 중심으로 학계의 제자들로 민사고 교육의 자문교수단을 구성하여 주로 유럽에 있는 영재학교들을 돌아보고 민사고의 방향을 마련해 주십사" 하는 것이 그의 요청이었다. 자문교수단으로는 서울대학교 교육학과 교수를 중심으로 서울대 안팎에서 구하되, 예의 조석희 박사와 박성익, 이성진 교수 등을 꼽았다. 듣고 보니 영재교육에 깊은 연구를 행한 분들이어서 나는 찬동했다.

민사고의 교육 방향을 위한 자문교수단 결성

'민사고 교육을 위한 자문교수단'은 곧 유럽으로 날아갔다. 우리는 먼저 폴란드의 코페르니쿠스고등학교를 방문했다. 이 학교는 노벨상에 대비하는 물리교육 프로그램을 시행하고 있는 것으로 알려져 있었기 때문이었다. 노벨상을 목표로 청년들에게 가르치고 있는 물리학 프로그램이 어떤 것인지

현장에서 확인하려는 것이 목적이었다. 바르샤바에 있는 그 학교에서 물리학 부문의 토론대회를 운영하고 있는 담당교수를 만나 깊이 있는 의견을 나누고 이스라엘에 가서 국가 건설과 영재교육의 필요성에 관한 연구를 살펴보고 각급 학교에서 시행하고 있는 영재교육 프로그램을 살펴보았다.

이스라엘에서는 특히 영재교육을 대학에 진학한 이후에도 지속적으로 실시할 수 있는지, 있다면 그 방법은 무엇인지 집중적으로 살펴보았다. 폴란드와 이스라엘 방문으로 얻은 영재교육의 실제에 관한 것들은 민사고의 교육을 점검해 보고 방향을 수정 보완하는 데 적극 활용된 것은 물론이다.

자문교수단은 해외 시찰에서 돌아온 즉시 민사고를 방문했다. '그러면 민사고는 어떤가?' 하는 의문을 내놓고 대답을 찾기 위해서였다. 저녁 무렵에 학교에 도착한 우리는 음악과 수학, 두 과목의 수업을 참관했다.

먼저 음악시간. 교사는 학생 3~4명을 앉혀놓고 어떤 노래를 가르치고 있었다. 전 세계를 통틀어 학생 대 교사의 비율이 가장 낮은 학교답게 소수정예 교육의 장점을 마음껏 누리는 수업시간이었다. 그러나 우리는 실망했다. 학생의 수가 3~4명으로 소수정예라는 것 말고는 가르치는 내용과 방식이 일반 고교와 다를 것이 없었기 때문이었다. 수업이 매우 단조롭게 느껴진 것은 그 때문이었다.

수학을 가르치는 교실에도 학생은 3~4명이었다. 교사는 이렇게 적은 수의 학생들 앞에서 수학의 원리를 가르치는데 그 방법이 학생 30~40명을 모아놓고 가르치는 일반 교실과 다름이 없었다. 말하자면 소수의 학생들로 교실을 운영하면서도 소수 반에 어울리는 토론과 작업 등 특별한 방법이 시행되지 않고 있었다.

선생님들의 방은 모두 대학의 교수 연구실처럼 독자적인 방을 가지고 있었고 그 방에 학생들이 찾아가 배우는 방식이었다. 최 회장이 직접 교실을 안내하며 설명했다. 어느 교실에는 책상 3개가 부챗살처럼 가운데 선생님 자리를 향하여 배치돼 있었다. 최 회장이 자랑스럽게 설명했다.

"여기 이 자리는 1등이 앉는 자립니다. 1주일 후에 시험을 쳐서 성적순에 따라 학생들의 자리는 완전히 바뀝니다."

그때가 6월 하순이었던 것으로 기억하는데 3월 1일 개교했으니 개교 후 약 4개월이 흐른 뒤였다. 우리는 최 회장을 비롯하여 교사들을 모두 내보내고 학생들만 모두(전교생 30명) 모아놓고 마주앉았다. 우리 중의 어느 한 분이 물었다.

"얼마 안 있으면 여름방학을 맞아 여러분들은 그리운 집으로 가게 된다. 집에 가면 후배들이 여러분에게 질문할 것이다. 그때 여러분들 중 후배들에게 이 학교에 들어와서 함께 공부하자고 권할 사람은 조용히 손을 들어보라."

30명 중 단 2명만 손을 들었다. "왜 권하지 않겠다고 생각하느냐?"고 묻기도 민망할 정도였다.

그 후 설립자인 최명재 회장과 학부모들 사이에 갈등이 깊어져서 티격태격한다는 얘기가 들렸다. 1996년 개교 첫 해에 전국에서 선발하여 전원 장학생으로 입학한 30명의 학생들 중 그해 여름방학이 지나고 가을까지 19명이 전학 또는 퇴학하고 11명만 남았다. 11명 중에서도 4명이 2학년을 수료하고 조기졸업하여 카이스트에 진학했으므로 3년차에는 7명만 남아 졸업했을 뿐이었다. 웬만한 사람은 이 정도면 학교 문을 닫았을 것이지만 최명재 회장은 여기서 좌절하지 않았다.

학부모들은 이 학교 개교 첫 해에 사랑하는 아들들(첫 해는 남학생만 입학시켰다)을 입학시켜 놓고 보니 내신등급에서 결정적으로 불리한 학교라는 사실을 알았다. 서울대학교에 들어가기 위해서는 내신등급에서 밀리면

안 되기 때문에 학부모나 학생들은 신경이 날카로워져 있었다. 그런 판에 커리큘럼을 나타내는 시간표는 걸핏하면 바뀌었다. 이 학교에 커리큘럼이 존재하기나 하느냐고 부모들은 시비를 걸었다. 게다가 대학 입시 공부와는 전혀 무관한 선(禪)을 한다거나 태권도, 검도 따위를 매일 가르치니 고등학교를 대학 가는 징검다리쯤으로 알고 있던 부모나 학생들은 견디지 못하고 나가버린 것이었다.

이 무렵 최 회장은 "머리 좋은 학생들 가르치는 것은 쉽다. 그러나 학부모와 선생들을 가르치기는 정말 어렵다"는 말을 자주 하고 다녔다. 학부모들은 고등학교 교육을 대학 입시를 위해 존재하는 것으로 알고 있었고, 선생님들에게 "이렇게 가르쳐 보라"고 하면 "전에 있던 학교에서는 그렇게 하지 않았다"는 말이 자연스럽게 튀어 나왔다. "그럼 전에 있던 그 학교에 도로 돌아가라"고 할 수밖에 없는 실정이었다. 이런 소식을 들은 자문교수단 중 일부는 다른 의견을 내놓았다.

"학생 전원을 장학생으로 뽑은 것이 잘못이었는지도 모른다. 사람들은 공짜로 공부를 시켜주면 '나의 귀하고 똑똑한 자식을 뭔지 모르는 당신네 학교에 입학시켜 줬으니 무엇을 어떻게 가르치는지 감시하고 시비할 권리가 있다'고 착각하게 된다. 교육비를 수익자 부담으로 운영하면 들인 돈이 아까워서라도 학교 교육에 순응하지 않을까."

이 이야기를 들은 최 회장이 "옳다"고 무릎을 쳤다. 그리하여 2기 신입생부터는 '전원 장학생'이 아닌 수익자 부담으로 학비를 내고 공부하게 되었다. 오비이락으로 그해에 국가부도 사태, 우리가 흔히 IMF 사태라고 부르는 변란이 발생하여 민사고의 재정적 후견 기업인 파스퇴르유업이 부도를 내고 말았다. 학비를 수익자 부담으로 선회한 것은 마치 그런 사태를 내다보기나 했던 것처럼 시의적절한 조치가 되고 말았다.

국제고등학교 설립을 꿈꾸다

나는 교개위원장으로 있는 동안 핀란드, 노르웨이, 스웨덴 등 북유럽 3개국의 직업기술교육 실태를 시찰하기 위해 북유럽으로 갔던 일이 있었다. 마침 핀란드 대사로 이인호 교수가 가 있었다. 평소 서로 학문을 존중하여 잘 아는 사이였기 때문에 대사관저에 초청 받아 저녁을 함께 하였다. 저녁을 먹으면서 이 대사가 이런 말을 했다.

"헬싱키에 있는 어느 고등학교는 미국 코네티컷 주에 있는 어느 사립고등학교와 자매결연을 맺고 교육 프로그램과 학생들도 교환하면서 교육의 질을 높이고 있다는 말을 들었다."

그때는 이 말을 흘려듣고 있었다. 귀국 후 최 회장을 만났다. 우리는 '자문교수단' 결성 이후 한두 달에 한 번씩 만나고 있었다. 보통은 최 회장이 학교와 관련하여 문제를 들고 오는 편이었다. 이날도 마찬가지였다.

"민족사관고등학교는 본격적인 영재교육 기관입니다. 정부 차원에서도 영재교육의 필요성을 인식하고 교개위 내에 영재교육을 연구하는 특임본부를 두고 있지 않습니까. 그래서 드리는 말씀입니다. 위원장님께서 마침 한국교육개발원의 원장으로 재임 중이시니 우리 학교를 한국교육개발원의 영재교육 연수학교로 지정하심이 어떻겠습니까?"

영재교육을 국가적 차원의 과제로 끌어올려야 한다는 최 회장의 주장은 일리가 있었다. 그러나 혼자서 결정할 일은 아니었다. 나는 최 회장에게 "연구해 보겠습니다" 해놓고 한국교육개발원의 부서장 회의 때 이 문제를 안건으로 상정했다. 다들 찬성이었다. 그리하여 민족사관고등학교는 한국교육개발원의 영재교육 연구 지정학교로 정해졌다. 이 학교의 교육 프로그램을 마련하고 평가하여 국가의 영재교육 방향을 결정하는 자료로 활용할 수 있게 된 것이었다. 최 회장(민족사관고등학교 설립자, 학교법인 민족사

관학원의 이사장)이 이 문제와 관련하여 의논 차 방문했을 때 나는 지나는 말로 핀란드 대사관에서 들은 얘기를 꺼냈다. 최 회장은 즉석에서 관심을 보였다.

"그분(이인호 대사) 연락처를 말씀해 주십시오."

나는 팩스로 이인호 대사에게 "미국의 고등학교와 연락할 방법을 알려 달라"고 요청했다. 이 대사는 바쁜 일정 속에서도 내가 요청한 문제에 대해 성실한 답변과 자료를 보내주었다. 여기서 최 회장의 머릿속에 '국제학교 설립'의 밑그림이 자리 잡았다고 한다. 얼마 후 최 회장의 초청으로 학교에 가 보니 이미 '국제학교 설립 계획'은 상당한 깊이로 구체화되고 있었다. 그는 현재 민사고가 자리 잡고 있는 산등성이 너머에 있는 국제학교 부지를 보여주었다. 이 땅은 원래 최 회장이 이란에서 수송 회사를 경영하여 번 돈으로 귀국 후 낙농업자로 변신하여 목장 부지로 매입했던 약 70만 평의 임야 중 절반은 파스퇴르유업의 공장 부지로 사용하고, 학교 설립용으로 남겨 놓은 절반의 부지 중 민사고를 설립하고도 남은 땅의 일부였다. 이 땅(민사고를 포함하여)이 어느 정도의 넓이인가를 가늠하기 위해서는 연세대학교의 부지가 5만여 평이고 건국대학교가 18만 평이라는 사실에 대비하여 상상하면 된다. 나중에 알게 된 일이지만 그는 이 땅에 국제학교를 비롯하여 과학기술전문대학을 설립하려는 꿈도 아울러 꾸고 있었다. 말하자면 '한국의 MIT'를 만들어 횡성 산골을 과학 교육의 중심지로 만들려는 꿈이었다. 이 모든 꿈은 IMF 사태가 물거품으로 만들고 말았다. 한국 경제를 밑뿌리에서부터 흔들어버린 IMF 사태가 아니었더라면 오늘날 한국 교육의 지평선은 크게 달라졌을 것이다. 그리고 그 달라진 형상을 기획하고 실현한 장본인은 국가나 정부가 아니라 최명재라는, 특별한 상상력과 추진력을 겸비한 한 개인의 꿈이 바탕이 되었을 것으로 나는 확신한다. 그의 '국제고등학교 설립'

의 꿈은 무산되었으나 꿈 자체가 아예 사라진 것이 아니라 뒷날 민족사관고등학교 '국제반' 운영으로 일부는 실현되었다.

두 가지의 커다란 변화

내가 한국교육개발원장직에서 물러나 학교(서울대학교 사범대학)로 돌아와 있었던 1998년과 99년 한동안 최 회장과의 만남은 뜸해졌다. 이 사이에 민족사관고등학교는 IMF로 인한 폐교의 위기를 슬기롭게 넘기고 새로운 의지와 각오로 출범하고 있었다. 그때를 한마디로 하자면 "민사고는 세계 800등의 서울대학교에 연연하지 않고 세계 정상의 학교에 바로 보낸다"는 말로 압축될 것이다. 이 슬로건은 민사고 초기의 정체성을 확립하는 데 큰 도움이 되었다. 우선 최 회장은 서울대학교로 상징되는 국내 명문대학 입시에 연연하지 않는다는 말로 서울대 입시에 전력투구해 온 학부모와 학생들의 요구를 정면돌파해 나갔다. 그리고 이러한 전략은 민사고를 세계적인 학교로 만들고 이 학교 졸업생을 국제적 경쟁력을 갖춘 지도자로 양성하겠다는 그의 설립 목표와도 일치했다.

내가 학교로 돌아와 있을 때 김대중 대통령 정권은 나를 교육 현장에 머물게 하지 않고 다시 '새교육공동체위원회' 위원장의 소임을 맡겼다. 영재교육이 우리나라 교육의 한 돌파구일 수도 있다고 생각해 오던 나는 새교육공동체위원회에 참여한 선생님들과 함께 강원도 횡성 산골에 묻혀 있는 민족사관고등학교를 방문했다. 영재교육에 대해 탁상에서 왈가왈부할 것이 아니라 현장에서 직접 보고 문제점을 도출하자는 뜻에서였다. 개교 초기에 가 보고 2년 만이었다. 그동안 학교는 분명 달라져 있었다. '변화'는 좋은 의미일 수도 있고 나쁜 의미의 변화도 있기 마련이다. 민사고가 바로 그랬다. 두 가지의 큰 변화가 눈에 들어왔다.

첫 번째 변화는 선생님들의 연구실이 없어지고 일반학교처럼 커다란 교무실에 모여 있는 것이었다. 선생님들에게 각자의 연구실을 배정하여 독립된 공간에서 연구하고 가르치게 했던 데는 분명 이유가 있었을 것이지만 얼마간 지나면서 살펴보니 좋은 점보다는 나쁜 점이 더 많다고 판단하여 교무실로 죄다 모아놓은 것이었다. 그 이유야 어디에 있든 간에 이는 분명 민사고 교육의 후퇴였다.

두 번째 변화는 바로 영어상용정책의 강렬한 추진이었다. 영어상용정책(EOP : English Only Polish)이란 국어와 국사 시간을 제외한 모든 과목을 영어로 가르치고 일상생활에서도 영어만 사용해야 한다는 규칙이었다. 이를 어길 경우에는 강력한 벌점을 받아야 하고 벌점이 누적될 때는 유급 또는 퇴학까지 강한 규제가 따랐다. 어느 선생님이 말했다.

"영어상용정책이 강제로 시행되자 학교 전체가 침묵의 학교(Silent School)로 변해 버렸습니다."

가장 중요한 것은 '영어로 수업이 가능할까?' 하는 의문이었다. 수업이란 지식을 전달하는 것인데 지식 전달자와 피전달자가 언어라는 매개체를 자유자재하게 다룰 수 있어야 한다는 전제조건이 따른다. 그런데 모국어가 아닌 영어로 그게 가능할까? 하는 의문이었다. 우리는 무작위로 어느 교실에 들어가 보았다. 생물시간이었던 것 같은데 앞서 밝힌 의문이 기우(杞憂)로 느껴질 정도로 훌륭하게 수업을 진행하고 있었다. 해당 교사의 능력이 출중한 까닭인지도 모르는 일이었으므로 다른 과목의 교실에도 들러 보았으나 비슷했다. 교사와 학생 모두 이 정도의 수준이면 영어로 수업을 해도 되겠다 하는 안도감이 들었다. 내가 미국에서 대학 다닐 때 학비를 벌기 위해 조교(T.A) 노릇을 한 일이 있었다. 교수가 2시간 강의하고 내가 1시간 강의하는 시간 배정이었다. 그때 했던 강의보다 민사고 선생님들의 강의 수준이 높았다. 모두들 "저 정도면 영어 수업도 가능하다"는 평가였다. 그러나 여전히 마음 한구석에 '뭔가 부족하다'는 상실감을 어쩌지 못했다.

그날 나는 학교를 둘러보며 많은 생각을 했다. 민족사관고등학교는 마치 화가의 눈앞에 펼쳐진 백지와 같았다. 지금까지 우리 교육의 질곡으로 여겼던 여러 문제들, 예컨대 '콩나물 교실'과 같은 현실적 벽을 단숨에 허물어버렸다. 그런 벽을 허물고 깨끗한 백지를 펼쳐놓은 것과 같았다. 이 백지 위에 마음껏 그림을 그리고 싶은 강한 충동을 느낀 것이 나만은 아니었다.

이렇게 기초가 잘 닦여 있는 학생들을 전국에서 골고루 모아놓기도 어려운 일이었다. 웬만한 대학에서도 하기 어려운 일이었다. '아깝다!' 나는 속으로 탄식했다. 이 아이들에게는 무엇을 가르치려고 애를 쓰기보다는 마당을 만들고 멍석을 깔아주는 노력이 필요하다. 오전에는 공통과목을 집중하여 가르치고 오후에는 교사들로 하여금 프로그램을 제시하게 하고 학생들이 교사가 제시한 프로그램을 선택하여 수업을 받게 하면 어떨까. 요컨대 학생들이 가진 능력과 취향에 따른 공부를 하도록 하고 싶었다. 우수한 학생만 모아놓았다고 해서 영재학교가 되는 것은 아니다. 영재학교다운 교육 프로그램을 가져야만 비로소 영재학교가 되는 것이다. 나는 내 생각을 최 회장에게 털어놓았다. 나는 그냥 내 생각, 즉 의견을 피력했을 뿐이었다. 그래놓고 몇 달 뒤에 학교를 방문해 보니 국제학교 설립과 학생의 교과 선택 자율권 부여 및 교사의 연구실 부활 등이 모두 이루어져 있었다. 교사들을 하나의 공간, 즉 교무실이라는 공간에 모아놓은 변화에 대해서도 최 회장에게 물어보았다.

"전에 와 보니 선생님들이 자기 연구실을 가지고 학생들이 연구실에 찾아가 수업 받는 학교였는데 지금은 일반학교처럼 모여 있군요. 왜 그랬습니까?"

"선생님들에게 개별적으로 연구실을 주었더니 연구실에서 자고 있었습니다."

"졸리면 자야지요. 자도록 내버려두세요. 졸음이 와서 흐리멍덩한 머리로 총명한 학생들을 어떻게 가르치겠습니까. 선생님들에게 연구실을 되돌려주는 게 좋겠습니다."

그 자리에서는 가타부타 대답이 없었다. 그러나 뒤에 가 보니 선생님들은 모두 원래처럼 각자의 연구실에 돌아가 있었다. '영어상용'은 단숨에 언론을 통해 마치 민사고의 정체성인 양 홍보되었기 때문에 되돌릴 수 없는 처지였다. 미리 얘기지만 그 뒤 여러 대학과 일부 고등학교에서 '영어상용' 또는 '영어수업'을 선진교육인 양 내세우는 학교가 늘어나는 것을 보고 나는 속으로 '저건 아닌데' 하고 걱정했다. 지금도 그 학교들이 '영어수업'을 계속하고 있는지 궁금하다. 학생의 선택권을 넓혀준 것도 원래의 의도와는 달리 심각한 부작용이 노정되고 있었다.

학생들의 선택권이란 이런 것이다. 매월 초에 선생님들은 자신이 집중하여 가르칠 내용(교육 프로그램)을 제시한다. 그것을 보고 학생들은 대학처럼 수강신청서를 낸다. 여기서 문제가 발생했다. 이른바 인기 교사에게는 수강신청이 몰렸으나 인기 없는 교사에게는 수강 신청자가 한 명도 없는 이상한 일이 벌어진 것이다. 그 선생님 개인의 소외감도 문제지만 학생을 가르치지도 않고 비싼 월급 받아가는 선생을 곱게 보아줄 수도 없는 일이니 그게 더 큰일이었다. 실제로 어느 선생님은 수업을 한 시간도 하지 않고 1년여를 버틴 일도 있었다. 선생님도 괴롭고 학교 당국도 괴로우며 학생들 또한 괴롭지 않을 수 없는 일이었다. 내 발상은 학생들이 지닌 잠재적 소질을 드러내어 극대화하려는 것이었는데 '문제 교사'를 왕따시키고 축출하는 수단으로 악용될 가능성도 있었다.

교육의 정체성을 확립하라

뭐니 뭐니 해도 민족사관고등학교의 가장 큰 문제는 학교 재정의 불확실성이었다. 내가 교장으로 가기 전후였으니 1998~1999년경이었던 것 같다. 최명재라는 개인의 천재적인 발상과 의지로 출범하고 운영되어 온 민사고는 첫발을 내디딘 이듬해에 IMF 사태가 폭풍처럼 몰려와 후건기업이었던 파스퇴르유업을 부도의 늪에 던져 넣었다. 절체절명(絶體絶命)의 위기였다. 그 위기를 학부모와 교사들이 희생을 감수하면서 극복하였고, 최 회장은 잠시 경영 일선에서 물러났다가 금융계의 화의 요청으로 경영 일선에 복귀하였다. 그러나 혼신의 힘을 다하였으나 파스퇴르유업은 끝내 부도 이전의 상태로 회복하는 데는 실패했고, 기업 화의 상태를 벗어나지 못하고 한국야쿠르트에 경영권을 넘기게 된다. 물론 이것은 훗날의 이야기다. 기업 경영(파스퇴르유업)이 예전 같지 못하니 학교경영도 예전 같지 못했다. 서울대학교 사범대학 학장이었던 윤정일(尹正一 : 현 민사고 교장) 교수가 중심이 되어 재정난을 겪고 있는 학교 재정을 정상화하는 길을 모색하기도 했다. 당시 학교 정상화 방안 연구의 중심이었던 윤정일 교수가 내 뒤를 이어 민사고 교장의 중책을 맡은 것은 결자해지(結者解之)의 차원에서 당연한 귀결이었다. 바로 그 윤 교수가 어느 날 전화로 말했다.

"선생님, 민사고 교장을 맡아 보시지요."

나는 그 말을 진지하게 귀 기울이지 않았다. 마침 나는 교육부장관직에서 물러나 있던 참이었으나 민사고 교장직은 내 생각 밖이었다. 오히려 학교 발전 계획을 세우고 그 방안을 연구한 장본인은 윤 교수 자신인데, 민사고 교장으로 가서 학교를 튼튼한 반석 위에 올려놓아야 할 적임자는 바로 윤 교수라고 생각하고 있었다.

어느 날 전갈이 왔다. 민사고 재단 이사장직에 있던 정금화(鄭錦花) 씨

와 민사고 교감이던 박하식(현 삼성고등학교 교장) 선생이 삼성동의 인터컨티넨탈호텔 커피숍에서 만나잔다는 전갈이었다. 약속시간에 나가보니 두 사람이 먼저 나와 있었다. 예상했던 대로 두 사람은 나에게 "교장을 맡아 달라"고 했다. 두 사람의 의견은 이랬다. 민사고는 두 방면에서 위기를 맞고 있다. 하나는 교육의 정체성이며 다른 하나는 재정적인 문제이다. 두 가지를 한꺼번에 해결할 수 있다면 좋겠으나 굳이 우선순위를 매기자면 학교 교육의 정체성을 세우고 위상을 확실하게 하는 것이 먼저다. 한마디로 하자면 대한민국에 민사고가 필요하다는 것을 누구나 알 수 있도록 만들어 달라는 것이었다. 그 역할을 내가 맡아 달라는 얘기였다. 정 이사장으로부터 정식 제안을 들은 나의 느낌은 '올 것이 왔다'는 것이었다. 민사고 설립을 위해 자문교수단을 이끌었고, 그 뒤로도 민사고의 오늘이 있기까지 여러 방식으로 의견을 전달했고, 그때마다 최 회장은 내 생각을 교육 현장에 반영해 주었으므로 이제 "당신이 직접 와서 만들어 보라"는 제안인 셈이었다.

사실 지금까지 민사고에는 몇 사람의 교장이 역임했었다. 그러나 누가 교장직에 있든 실질적인 교장은 최명재 회장이었다. 학교의 건물을 짓고 배치하는 문제부터 무엇을 어떻게 가르치느냐 하는 문제에 이르기까지 모두 그의 머릿속에서 나왔다. 그 때문에 일부 학부모들이 "교육 전문가도 아닌 사람이 커리큘럼에 손을 대는 것을 좌시할 수 없다"며 반발을 했던 것이다. 그런 반발과 안팎의 비판에 피곤했음일까, 교육 전문가에게 학교 교육을 맡겨버리고 재단만 운영하겠다는 제안이었다. 민사고 설립 이후 최초로 교육 전문가에게 학교 교육을 맡기려는 중대한 결심을 하게 된 것이다. 학교법인도 마찬가지였다. 법인 이사장에 누가 앉아 있든 실질적인 이사장은 최명재 그 사람이었다.

학교법인 쪽에서 교장 영입 의사를 정식으로 밝히고 내가 승낙을 하지도 않았는데 정 이사장이 가지고 있는 휴대전화가 울렸다. 최 회장의 성격을 아는 나는 그 전화가 누구에게서 온 것인지 짐작할 수 있었다. 전화기를 귀에 댄 정 이사장이 "아직 얘기 중입니다" 하고 보고했다. 아마도 "승낙했느냐?"고 물었을 것이다. 그런 모습을 보고 나는 대답했다. "내가 맡아보겠습니다." 내 대답은 곧장 휴대전화로 최 회장에게 전달됐다. 내가 제5대 민사고 교장이 된 전말은 그와 같았다. 2003년 8월 초순이었다.

나는 선생이고 싶었다

교장으로 부임하기 전에 나는 지인들에게 이 사실을 알리고 의견을 물어보았다. 어떤 이는 "맡지 말라"고 적극 말렸고 어떤 이는 "해볼 만한 일입니다" 하고 적극 찬동하여 의견이 두 쪽으로 갈라졌다. 내 후배인데 한국일보 논설위원인 젊은 사람이 있었다. 그에게도 의견을 묻다보니 언론에 공개될 처지가 되고 말았다. 나는 한국일보가 앞서 보도하지 못하도록 부탁을 해놓았고, 한국일보에 있던 후배는 내 부탁을 그대로 지켜주었다. 그러나 어찌하다 보니 조선일보 기자가 나의 민사고 교장 내락을 알고 확인 취재 후 다른 신문에 한발 앞서 보도해 버렸다. 이 일 때문에 나는 두고두고 한국일보에 빚진 기분이었다. 조선일보에 보도된 후 나는 더 감추어 둘 이유가 없었으므로 이 사실을 공개해 버렸다. 많은 신문, 방송의 기자들이 "(교육부장관을 한 사람이) 왜 고등학교 교장으로 가느냐?"고 물었다. 그 당시로서는 교육부장관을 역임하고 고등학교 교장으로 가는 것이 격에 맞지 않는다고 생각했을 법한 일이었다. 나는 대답했다.

"나는 선생이 되려고 사범대학에 갔다. 그러나 사범대학을 나와 선생의 길을 가지 않고 교육학자가 되었다. 학자라는 것은 과학자가 연구실과 실험실

을 드나들며 연구하는 것과 같다. 그 대상이 교육일 뿐 과학의 다른 분야와 다를 것이 없었다. 고등학교 선생은 진짜 선생이다. 평생 연구실에서 교육을 연구해 온 내가 일선 교사로 나서겠다는데 무슨 이유가 있어야 하느냐?"

최 회장은 나에게 몇 가지 부탁 겸 결심을 전했다.

첫째, 학생들에게 교복을 입힐 것인지 말 것인지 교장이 재량껏 해라.

둘째, 교육에 관한 한 모든 권한과 책임을 교장이 맡아서 져라. 나는 재단 운영만 맡을 뿐 교육에 대해서는 일체 간여하지 않겠다, 등이었다.

자신이 만들고 싶은 학교를 만들었고, 그 학교를 제대로 만드는 일에 남은 인생을 다 걸었던 그가 어느 날 갑자기 "학교는 교육 전문가에게 맡기겠다"고 결심한 이유를 나는 알지 못한다. 최 회장의 꿈은 민족사관고등학교의 교장직을 맡아 명실상부(名實相符) 마음대로(?) 교육을 해 보는 것이었다. 그런 꿈은 이루어졌다. 민족사관고등학교는 울산의 현대고등학교, 포항제철고등학교, 광양의 제철고등학교, 그리고 부산의 해운대고등학교 및 전주의 상산고등학교와 함께 자립형 사립고등학교 시범학교로 지정되어 시범 운영기간에 돌입해 있었다. 자립형 사립고등학교는 교장을 교장 자격증이 없는 일반인 중에서도 영입할 수 있도록 허용하고 있었다. 이런 제도적 틈을 타서 최 회장은 제4대 교장으로 스스로 취임했던 것인데 자신이 교장으로 나서보니 학교가 뜻대로 되지 않았는지 피로감이 역력해 보였다. 재임 중 사고로 몸을 다쳐 더 이상 교장 역할을 감당하기 어려운 형편이기도 했다. 이런저런 사정이 복합적으로 겹쳐 민사고 교육이 처음으로 교육 전문가인 나에게 넘어오게 된 것이었다. 최 회장은 그보다 더 극적인 반전(反轉)의 결심도 할 수 있는 분이었으므로 나는 그의 결심이 가져올 긍정적 결과를 얻기 위해 노력하기로 생각을 모았다. 한편으로 최 회장의 뜻이 고마웠고, 또 한편으로 그에 상응하는 책임감도 느꼈던 것이다.

대한민국의 자긍심을 상징하는 교복

나는 부임하자마자 교복 문제부터 해결하기로 했다. 민사고 교복은 국내외에 신선한 충격이었다. 남녀 학생이 모두 곱게 한복을 차려 입고 위에다 두루마기를 입혀 놓으면 조선시대 한 폭의 그림에서 걸어 나온 듯 아름다웠다. 그것만으로도 사람들의 눈을 즐겁게 했는데 머리에 정자관(程子冠)을 쓰면 더 우아했다. 복장만으로도 이 학교가 지키려는 가치가 무엇인지 한눈에 알아볼 수 있었다. 그러나 불편했다. 우리 고유의 복장은 조선시대까지는 그 사회와 생활에 어울리는 복장이었으나 한층 다이나믹해진 현대인의 생활복으로는 어울리지 않았다. 물론 정장 한복은 애국조회가 있는 월요일에만 입었고 나머지 날은 간편복(개량한복)을 입고 공부했다. 머리에 쓰는 모자도 원래는 갓을 쓰도록 했으나 갓은 속에 탕건을 받쳐야 하는 등 불편한 점이 너무나 많아 정자관으로 교체키로 한 것이었다. 그러나 선생님들은 여전히 행사 때는 갓을 쓰도록 했는데 미국인 존슨 선생이 갓을 쓴 모습은 큰 항아리 위에 작은 뚜껑을 얹어놓은 것 같았고 독일인 간제 선생이 커다란 덩치 위에 갓을 올려놓아 건들거리는 모습은 웃음을 자아냈다. 학생들도 처음에는 이 복장이 어색하여 서울 시내의 대형서점에 단체로 책을 구하러 나갈 때도 교복을 착용케 하자 몇몇 학생은 울었다고 한다. 그러나 차츰 사람들이 "아, 민사고 학생!" 하고 알아보고 특히 대학입학시험장에 그 옷을 입고 나가면 다른 학생들이 경탄의 눈으로 바라보기도 하고 심지어 면접 교수들까지 그 복장을 보고 자세를 바로하게 되니 아이들은 그 복장을 자랑스럽게 여기기 시작했다. 특히 미국 같은 이질적 문화의 나라에서 한 대학에 민사고 출신이 몇 명 있을 때 그 대학의 축제 때 민사고 복장을 하고 나오면 큰 인기를 끈다는 전설 같은 이야기가 회자되고부터 민사고 복장은 특정 고등학교를 상징하는 복장을 넘어 대한민국의 자긍심을 상징

하는 복장으로 인식되기에 이르렀다.

　이 복장, 즉 교복을 어떻게 할 것인가 하는 문제를 놓고 교사회의에 부쳐보았더니 찬반으로 나뉘어 좀처럼 결론이 나지 않았다. 그렇다면 이 문제를 '학생들 스스로 결정하게 하자' 하는 생각이 들어 나는 곧 교복을 폐지할 것인가, 유지할 것인가 하는 문제를 놓고 학생들이 투표로 결정하게 했다. 투표의 결과를 보고 선생들도 놀랐다. 모자는 정체불명인데다 불편하니 쓰지 말자는 데로 의견이 모아졌으나 교복은 그대로 입었으면 좋겠다는 것이었다. 민사고를 상징하는 그 유명한 교복은 이렇게 하여 학생들 스스로의 선택에 의해 계속 존립하게 되었다. 최명재 회장이 나에게 '교육'을 맡기면서 제시한 조건 중에 '교복을 마음대로 해도 좋다'고 했으나 결과는 '교복 존립'으로 나타났으니 최 회장으로서도 기분이 나쁘지 않았을 것이다. 민사고의 교복을 두고 조선시대의 복장을 재현한 것도 아니고 개량한복도 아닌 일본 제국 강압시대의 대학생 복장 같다느니 하여 폄훼하는 사람도 있으나 민사고의 복장은 민사고 복장일 뿐 다른 어떤 것도 아니라는 것을 알았으면 좋겠다. 즉 '민사고 스타일'일 뿐이다.

'영어상용화' 정착을 위한 고민들

다음은 '영어상용'이었다. 나는 서둘지 않았다. 모든 변화는 변화하는 주체가 의식하지 못하는 사이에 저항 없이 변화해야 한다. 이것이 내가 변화를 가져오는 방식이었다. 급진적이고 의식적인 변화는 자칫 저항과 역작용을 불러올 수 있다. 나는 서울대학교에 재직할 때도 그랬고, 한국교육개발원장으로 한국 교육의 변화를 모색할 때도 이 같은 원칙을 버리지 않았다. 민족사관고등학교에서도 마찬가지였다. '영어상용'이 잘되고 있는지 억지로 따르느라 부작용은 없는지 주의 깊게 살펴보았다. 학생들은 EOP가 강제규범이었으므로 억지든 자발적이든 표면상으로는 지켜지고 있었다. 이런 EOP를 통해 학생들이 얻는 것은 무엇이고 잃는 것은 무엇인가? 따져보았다.

문제는 선생님들이었다. 교사회의를 영어로 진행하니 회의장은 침묵이 지배하고 있었다. 반대로 우리말로 진행하는 교무회의에서는 활발한 의견 개진이 있었다. 외국인 교사가 영어로 말을 하면 영어 교사가 통역을 하여 동료 교사들에게 전해주고 있었다. 얼른 보기에는 학생들은 영어라는 언어 환경 속에서 불편 없이 살고 있으나 정작 어른인 선생님들이 적응에 애를 먹는 것처럼 보였다. 그러나 그게 아니었다. 학생들이 떼를 지어 등교하고 하교하는 길에 섞여서 걸어보면 자연 그들이 재잘거리며 떠드는 소리가 귀에 들어오는데 그 수준이 국내 정상급의 고등학교 학생들의 대화치고는 유치했다. 영어로 하다 보니 그렇게 될 수밖에 없었다. 얼마 동안 학생과 선생님들의 언어 사용 현황을 살펴본 다음 나는 다음과 같은 몇 가지 사실을 발견했다.

(1) 어린애들을 대상으로 연구한 결과에 의하면, 어린아이들은 언어환경의 수준이 낮으면 낮은 데로 동화된다고 한다. 학생들 중에는 외교관 자녀 또는 부모가 교환교수로 해외에 오래 머물러 그 나라의 언어를 원어민 수준으로 구사하는 아이들도 있는 반면 영어 교과서를 읽듯 더듬거리고 구사하는 어휘도 극히 제한적인 아이들도 있었다. 이런 아이들이 함께 모여 일상생활을 영어로 해나가다 보면 자연 통용되는 영어의 수준이 낮아질 수밖에 없는 것이다. 한국식 영어를 '콩글리시'라 하는 것처럼 민사고식 영어인 '밍글리시'가 생겨나고 있었다. 즉 민사고 특유의 영어 분위기가 만들어지고 있었다. 이런 분위기가 고착되어 하나의 민사고 문화를 형성하면 얻는 것보다 잃는 것이 훨씬 크리라고 예측됐다. 다시 말해 영어상용을 기계적으로

답습하다가 자칫 되엉적(退嬰的)인 베이비 톡(baby talk)이 범람하게 될 우려가 있었다. 이것은 영어상용의 목적에서 아득하게 멀어지는 결과이다.

(2) 고등학교 시절은 고급 사고(思考)를 하는 시기이다. 어느 평론가의 말처럼 "일생을 통해 추구할 주제를 20대나 그 이전부터 갖는 사람은 행복하다"는 말이 사실이라면 영재의 경우 대개는 이 나이에 일생 추구할 학문적 과제나 세계와 우주에 대한 의문을 가질 수 있다. 사고의 수준이 높아짐에 따라 어휘도 고급화되는 것이 이 무렵이다. 이런 중요한 시기에 모국어를 사용치 못하게 하면 우리말을 폭넓고 깊이 있게 발달시키지 못한다. 당연히 사고도 제약을 받게 된다. 영재가 더 이상 창조의 기능을 발휘하지 못하고 좌초할 가능성이 있는 것이다.

(3) 교사와 학생 간의 소통 문제이다. 학문적으로 깊이 있는 문제를 묻거나 답하면서 함께 성장하는 울타리가 학교인데, 양자의 소통 매개체인 언어가 충족하지 못할 때 과연 바람직한 지적, 도덕적인 소통이 이루어지겠는가. 또 선생은 학생을 칭찬만 하는 것이 아니라 꾸중하고 나무라기도 한다. 야단을 칠 때야말로 언어의 깊이가 무한해야 한다. 그래야 감정적 교감으로 끝나는 꾸중을 넘어설 수 있다. 과연 민사고의 교사와 학생들은 어떠한가?

이런 문제점들을 나열해 놓고 나는 깊은 고뇌에 빠졌다. 이런 역기능 또는 문제점을 보완할 방법은 없을까? 나의 일차적인 관심은 거기에 있었다. 오랜 고심 끝에 나는 영어상용을 다소 완화해야 한다는 결론에 이르렀다. 영어를 상용하는 목적은 글로벌 리더로서 활약할 자질을 기르기 위함이었다. '대한민국은 좁다. 넓은 세계로 나가 마음껏 꿈을 펼쳐라'는 뜻에서 세계로 나가는 데 가장 큰 장애물인 언어의 문제를 학교 재학 중에 밀어내 주겠다는 생각에서 강제한 규칙이었다. 이런 영어상용의 목적을 이루면서도 모국어를 통한 사고의 깊이와 어휘력 배양을 함께 도모하는 길은 없을까? '언어에는 왕도(王道)가 없다'는 말이 진실이라면 두 개의 언어를 함께 사용하는 것밖에는 길이 없었다.

먼저 모국어를 통해 사고를 깊게 하고 어휘력을 발달시키기 위한 조치로서 영어상용을 토요일과 일요일 이틀에 한하여 해제해 주었다. 이때 아이들은 모국어로 번역된 전문 서적들을 게걸스럽게 읽고 자신의 생각을 원고지에 옮겨 담았다. 교사와 학생의 '상담'에도 영어를 쓰지 않아도 된다는 유보조치를 단행했다. 그러자 아이들과 선생님의 사이가 예전처럼 가깝게 회복되었다. 토요일과 일요일이 되면 교내 전체가 시끄러울 정도로 깊은 한담이 오갔다. 나는 여기서 한발 더 나아갔다. 선생님들이 가르치다가 어려운 어휘가 나오면, 도저히 영어로 말하기 어려울 때는 모국어로 가르쳐도 좋다고 했다. 그러자 꽉 막혀 있던 교실의 공기가 한결 부드러워졌다. 그렇다고 영어상용을 포기한 것은 아니었다. 토요일과 일요일을 제외한 나머지 날에는 수업(국어, 국사를 제외한 전 과목)과 일상생활에서 영어상용의 규칙을 엄격하게 지켜야 하고 예외를 두지 않았다. 각종 시험 출제와 답안 작성, 그리고 토론과 발표도 영어로만 진행했다. 그러자 교사와 학생 모두 영어의 수준을 높이려는 노력을 하기 시작하는 것이 눈에 보였다.

학생 선발은 교육의 시작이다

그 다음으로 해결해야 할 문제는 학생 선발 문제였다. 이는 문제라기보다 민족사관고등학교가 영재교육관으로 존립하느냐 일반 고등학교와 마찬가지로 평준화의 덫에 걸려 넘어지느냐 하는 학교 존립의 문제와 직결되어 있는 것이었다. 민족사관고등학교를 두고 부정적으로 보는 이야기 중에는 이 학생 선발의 자율성을 두고 특혜라는 주장과 맞물려 있었다. 즉 민사고가

특별히 무슨 영재 프로그램을 가진 학교가 아니라 뛰어난 학생을 전국단위로 선발할 수 있게 해준 교육법의 예외 조치가 만들어낸 학교일 뿐이라는 비판이 있었다. 이 말을 뒤집어보면 전국에서 똑똑한 아이만 뽑을 수 있으면 누구나 영재교육을 할 수 있다는 말이 된다. 이는 민사고를 끌어내려 평준화의 대열에 묻어버리려는 측의 억지 논리다.

학생 선발은 교육의 시작이다. 정확하게 말하면 학교의 시작이다. 민사고가 평준화 지역의 일반 고등학교처럼 학생을 배정 받는다면 영재교육을 할 수 없다. 영재가 아닌 아이들을 모아놓고 영재교육을 실시하는 것은 교육이 아니다. 그러나 천편일률적인 방법으로 학과 성적만으로 아이들의 우열을 가려 뽑아놓고 영재를 선발했다고 할 수 있을까? 옛날에 하던 방식대로 지필고사를 쳐서 성적순으로 선발하면 영재 선발 방식으로 충분할까? 부정적이었다. 그럼 영재란 무엇이며 어떻게 해야 숨은 능력의 보유자를 가려낼 수 있을까? 지금까지 인류는 이 문제를 놓고 고심을 거듭해 왔으나 뚜렷한 방법이 없는 것이 사실이다. 에디슨이 학교 공부를 게을리 했다면 지필고사로 그를 뽑게 될 가능성은 전혀 없다. 다른 무슨 방법이 있는 것도 아니다. 그러나 영재를 뽑는 왕도가 없다고 하여 손 놓고 있는 것은 아니다. 이 시대가 요구하는 인간상, 지금 이 시기에 민사고가 원하는 미래의 지도자상을 그려놓고 거기에 근접해 있는 중학교 졸업생을 가려내려는 것이 민사고 나름의 영재 선발 방식인 것이다.

민족사관고등학교는 학생의 능력을 여러 방면에서 측정하여 우수한 학생을 놓치는 우를 범하지 않기 위하여 다양한 선발 기준을 적용하였다. 첫째는 수학이었다. 수학은 물리, 화학 등 자연과학을 연구하고 공부하는 데 바탕이 되는 학문이다. 따라서 수학에 대한 기초가 튼튼하고 이해력이 풍부한 학생을 선발해야 민사고의 교육 프로그램을 따라갈 수 있다고 판단하고 해마다 중학생을 대상으로 민사고에서 치르는 수학경시대회 성적을 반영토록 했다.

수학과 함께 논리적 능력을 측정하는 방법으로 중학생을 대상으로 하는 토론대회를 개최하고 이 대회에서 동상 이상의 성적을 거둔 학생들은 입학사정에 그 성적을 일정 부분 반영토록 했다.

수학과 토론만으로 영재성을 측정하는 도구로 충분한가? 아니라는 판단이었다. 그래서 도입한 것이 '영재판별검사'였다. 한국교육개발원과 서울대학교, 그리고 영재교육 전문가들이 이 '영재판별검사' 구축에 참여했다. 토플 점수도 성적에 반영했다. 입학하자마자 영어상용을 해야 하므로 영어에 대한 깊은 소양은 필수였다.

마지막으로 체력을 보았다. '체력은 국력'이라는 슬로건이 있었다. 맞는 말이었다. 마찬가지로 체력은 학문의 기초가 된다. 미국의 고등학교에서는 학교 수업의 3분의 1을 운동에 할애한다. 학문은 장거리 경주이며 인생이라는 장거리 경주에서 체력이 받쳐주지 못하면 중도에 지쳐버리거나 낙오하기 때문이다. 창백한 천재는 발붙일 자리가 없다. 우리나라에서도 일찍부터 체력 양성을 교육의 중요한 기틀로 제시해 왔으나 일선 학교에서는 그것을 깔아뭉개고 1분 1초라도 내신과 수능시험 성적 올리는 데 사활을 걸고 가르친다. 그러니 아직도 우리나라의 영재는 창백한 천재들일 경우가 많다. 이 천재들이 서울대학교를 비롯한 국내 대학에 진학할 경우에는 아직 경쟁력이 있다고 하겠다. 그러나 그가 미국이나 유럽의 대학에 가서 그쪽의 영재들과 함께 공부할 경우에는 체력의 고갈로 경쟁력이 없다는 것을 금방 깨닫게 될 것이다. 장애인은 별도로 하고 보통사람이면서 체력이 약한 것은 중고등학교에서 잘못 가르친 결과이다. 그런 아이들은 외국의 대학에 가면 학업을 따라가기가 힘이 든다. 그러므로 민사고는 선발과정에서부터 일정

한 체력의 소유자여야 하고, 고등학교 재학 중에도 체육 프로그램을 충실하게 이수해 줄 것을 요구한다. 민사고의 체력 검사가 뭐 중뿔난 테스트 방법을 사용하는 것은 아니었다. 운동장을 달리되 일정 거리를 일정 시간 안에 들어오는 학생에 한하여 입학을 허가하는 전통적인 시험 방법을 적용했다.

원목(原木)을 가려내기 위한 입학 전형

민사고 입학 전형은 여름이나 봄에 시작하여(수학경시대회) 마지막 체력 측정까지 마치려면 겨울에 접어들 무렵이었다. 3~4번의 시험과정을 거쳐야 끝나는 길고 어려운 과정이었다. 그런 과정을 거쳐 천하의 영재를 가려 뽑았으나 그래도 말썽이 생겼다. 먼저 민사고가 과외공부를 조장한다는 비난으로부터 자유로울 수가 없었다. 이런 주장이 나온 배경은 이렇다. 중학교에서는 토론을 정식 교과목으로 가르치지 않았다. 그러나 민사고에 들어가기 위해서는 토론을 배우지 않으면 안 되었다. 아이들과 부모들은 '원하는 것은 무엇이든 다 가르쳐 주는' 강남의 학원가를 기웃거리게 되었다. "민사고에 들어가려면 내가 써 준 자기소개서를 반드시 제출해야 한다"고 선전하여 거액을 챙기는 사람도 있었고 민사고 대비 토론을 가르친다는 간판을 걸고 성업 중인 학원도 여럿이었다. 그러니 민사고가 사교육 시장을 부추긴다는 말이 나올 수밖에 없었다.

학교는 이듬해 입시요강을 시행 10개월 전에 공고하도록 의무화해 놓았다. 내년도 입시를 대비하는 아이들이 도중에 바뀐 입시요강을 보고 우왕좌왕하지 않도록 하는 배려이다. 민사고도 이런 규제에서 예외일 수가 없다. 그러나 사설 학원들이 '민사고 반'을 만들어놓고 최고 학교로 진학하고 싶은 우수한 아이들을 공부시키고 있다는 현실을 알기 때문에 나를 비롯하여 민사고에 재직하는 선생님들은 '학원에서 만들어진 영재'가 아닌 '원목(原木)'을 구하고 싶은 욕망이 있기 마련이다. 그러므로 지난해의 입시요강을 올해도 그대로 답습하지 않고 변화를 주고 싶어 한다. 물론 목표는 아이들을 혼란케 하려는 것이 아니라 사설 학원들을 더 이상 따라오지 못하도록 내빼려는 욕심의 발로이다. 그러나 바뀐 입시요강을 발표해 놓고 희희낙락하는 것은 극히 짧은 순간에 지나지 않는다. 학원들은 어느새 민사고의 새로운 전형방법을 연구하고 대비책을 마련하여 수강생을 모집, 강의를 시작하기 때문이다. 이처럼 학교와 사교육 학원은 마치 쫓고 쫓기는 토끼처럼 끝도 없는 경주를 하고 있는 것이다. 민사고의 입시요강이 자주 바뀐다는 불만이 있다는 것을 나는 알고 있었다. 그 이면에는 교육부의 정책이 조석 변개하는 까닭도 있지만 한편으로는 사설 학원들을 의식하지 않을 수 없는 고충도 있었음을 밝혀두는 바이다.

민사고는 私教育의 온상인가

김진표 교육부장관이 국회에 가서 의원들의 질의에 답변하는 과정에 "교육개발원의 연구에 따르면 민족사관고등학교 학생들은 월 130만 원의 사교육비를 쓰고 있다고 한다"는 발언을 했다. 그 발언을 전해 듣고 그게 사실이면 이런 학교를 존속시켜야 하나 하는 마음으로 자체조사를 실시했다. 그랬더니 평소 서울과 거리가 멀어 사교육은 불가능하다고 믿었던 내 마음이 일부나마 틀렸음을 발견하게 되었다.

민사고 아이들은 평소에는 방과 후 서울까지 나가 학원 공부를 한다는 것이 불가능하다. 다만 방학을 이용하여 자신이 뒤처진다고 생각하는 (특히 영어) 과목을 따라잡거나 보충하기 위하여 사교육을 받는데 그 비용이 평균 130만 원이 맞았다. 방학 때 한두 번 130만 원을 지출하는 것과 매월 130만 원을 쓰는 것은 하늘과 땅의 차이가 난다. 이는 단순한 명예훼손을 지나 교

육 관료들의 뇌리에 박힌 민사고에 대한 잘못된 인식이 그 바탕이라는 점을 감안하여 나는 기자들을 초청하여 장관 발언의 허구성을 질타했다. 그리고 "책상 앞에 앉아 부하 직원이 써주는 대로 읽지만 말고 이 학교에 직접 와서 보고 말하라"고 했다. 그러자 다음 날 동아일보에는 '공식초청'이라는 제목의 글이 실렸다. 장관의 이 같은 발언은 국, 공립과 사립학교를 구분하고 차별하는 잘못된 발상에서 비롯된 것이었다. 교육부장관은 국, 공립뿐만 아니라 사립학교까지 자기 책임 아래에 두고 발전시킬 의무가 있는 법인데 장관을 비롯한 교육 관료들 일부가 이를 잘못 알고 있는 데서 나온 해프닝이었다.

지역편중 현상과 지역할당제

사교육비에 대한 유언비어성 발언은 해프닝으로 치부하여 시간이 흐르면 해결될 일이었다. 그러나 아무리 시간이 흘러도 해결되지 않는 아픈 상처가 곪아가고 있었으니, 지역편중 현상이 그것이었다. 내가 교장으로 부임한 이듬해인 2004년에는 서울 강남, 분당, 일산 등 이른바 수도권 학생의 비중이 약 60% 정도였는데 다음 해인 2005년에는 70%로 뛰어올랐고, 2006년에는 80%가 되어 해마다 10%씩 상향 조정되는 기막힌 일이 벌어졌다. 어느 지역 사람이 많으면 대수냐, 뭘 그리 걱정하느냐 하고 모르는 사람들은 "걱정도 팔자"라고 핀잔을 주었으나 나는 이 현상 때문에 잠을 이루지 못하는 날이 많았다. 민사고의 설립 목적이 전국에서 미래 지도자감을 물색하여 양성한다는 것인데 이런 현상은 그 목표에 정반대로 가는 조짐이었기 때문이었다. 게다가 강남이니 분당, 일산 같은 수도권 신도시들은 학원이 밀집한 곳으로 '영재를 만들어 보내는 곳'으로 알려져 있었다. 학원이 만들어 보내는 영재를 데리고 학교를 운영할 필요가 과연 있을까, 이것은 학교의 정체성의 문제인 동시에 국가적으로도 인재의 양성 방식에 빨간불이 켜졌음을 의미하는 중대한 일이었다.

　나는 이 문제를 시급하게 바로잡아야 한다고 생각했다. 교사회의 때 이 문제의 해결방법을 제안했다. 이른바 '지역할당제'가 그것이었다. 지역할당제는 신입생의 50%는 종전대로 자기경쟁을 통해 선발하고 나머지 50%는 지역의 시, 도별로 인구수에 비례하여 선발한다는 것이었다. 이 할당제가 언론을 통해 공개되자 "진일보한 방식으로 민사고의 고뇌가 엿보인다"는 보도와 "그래봤자 서울, 경기 등 수도권의 편중현상은 여전할 것"이라는 양극단의 보도 경향을 드러냈다. 나는 이번 일을 계기로 국내 언론의 민사고에 대한 호감도를 나름대로 점검할 기회를 얻었다. 언론(특히 신문) 중에는 민사고가 어떤 일을 하든 무조건 매도하여 '귀족학교'임을 증명하는 신문이 있는가 하면, 경쟁과 자율을 교육에 도입한 민사고를 적극 지지하는 신문의 두 가지가 있었다. 전자는 정치적으로 진보 성향의 신문들이었고, 후자는 보수 성향의 자유주의적인 신문들이었다.

　부족한 대로 '지역할당제'는 신입생의 지역편중 현상을 어느 정도 완화시키는 데 기여하였다. 내가 부임한 그 이듬해인 2004년의 수도권 점유율은 60%였으나 이후 해마다 10%씩 증가한 현상은 앞에서 살펴보았다. 이런 걱정스러운 현상은 내가 학교를 떠나기 전인 2009년에는 다시 60%대로 복귀했다. 지역할당제가 학생들의 수준을 저하시킬지도 모른다는 우려가 있었다. 예상했던 대로 초기에는 잠깐 그런 경향이 보였다. 그러나 곧 회복되어 지역할당제 실시 이전의 수준을 유지하게 되었다.

　걱정스러운 것은 지역편중 현상만은 아니었다. 소득 수준에서도 저소득층의 자녀들이 거의 보이지 않고 주로 중산층 이상의 수도권에 거주하는 전문직 종사자들이 학부모 직업의 대종을 이루고 있었다. 교육을 자본주의 사회에서 '신분상승의 사다리'라고 한다면 저소득층은 이 신분 상승의 사다리

에 접근도 하지 못하고 있는 셈이었다. 이런 현상은 재학생들의 다양한 교우 경험을 제한시키고 폭넓은 시각으로 세상을 보는 눈을 갖지 못하게 하는 등의 부작용이 너무 크기 때문에 시정할 필요가 있었다. 교육적인 의미 말고도 사회적으로 이미 민사고를 '귀족학교'라는 이름으로 매도하는 분위기가 만연한데 이런 경향(지역편중 현상)이 심화되어 간다면 학교는 마침내 지역과 계급의 울타리에 갇히게 될 것이었다.

그 돌파구를 모색하다가 나는 장학생제도에서 그 해답을 찾기로 했다. 민족사관고등학교의 입시제도 등 학교의 근간을 흔들지 않고 소리 없이 지역편중과 소득불균형의 두 마리 토끼를 한꺼번에 잡는 돌파구로서 장학제도를 활용해 보기로 했다. 여기서 나온 것이 덕고장학생제도이다. 덕고(德高)란 학교가 자리 잡은 산의 이름이 덕고산(德高山)인데다 그 뜻이 범상치 않아 우리가 하고자 하는 장학사업과 무관하지 않다는 생각에서 따온 이름이었다. 이 이름을 내놓자 선생님들과 학교법인 관계자들이 모두 "좋다"고 하였으므로 새로 만드는 장학제도의 이름을 덕고장학회, 그 수혜자들을 덕고장학생으로 부르기로 하였다.

민족사관고등학교를 비롯한 6개의 자립형 사립고의 존립 근거인 〈자립형 사립고등학교 시범운영 방안〉(2001년 8월)에 따르면 자립형 사립고등학교는 전체 학생의 20%에게 장학금을 지급하도록 규정하고 있었다. 이 규정에 따라 '민족장학금' 등 몇 가지 명칭의 장학금제도가 있었다. 대부분의 장학금이 성적 평가에 따라 장학금을 지급하는 제도였다. 대구의 한 학부모가 개설한 '민족장학금'은 '불우한 환경의 급우에게 지급한다'는 조건이었으나 정작 지급해야 할 '불우한 영재'는 입학하지도 못한 채로 소외돼 있어 혜택이 미치지 못하고 있었다. 저소득층의 영재를 선발하는 방법이 없을까, 고심하다가 덕고장학생 발상이 튀어나온 것이었다. 계획은 이랬다.

먼저 장학제도의 수혜자인 학생의 인적자원은 무한할 것이라고 나는 믿고 있었다. 교육학자로서 지나친 낙관론인지는 모르겠으나 어쨌든 나는 "아직도 개천에서 용이 난다"고 믿는 편이었다. "요즘은 개천에서 용이 나지 않는다. 개천이라는 얕은 물속에는 용이 살 수 없기 때문이다." 이 말은 제법 그럴듯해 보이지만 자식에 대한 기대를 접으면서 토해내는 부모들의 자위하는 목소리일 뿐이다. 그들은 자본주의 체제의 교육이 돈을 들인 만큼 거두는 게임이라고 애써 자위하지만 교육은 게임의 논리로 풀 수 없는 거대한 수수께끼와 같다. 에디슨을 보라. 그가 사교육을 받아 그 많은 발명품을 세상에 내놓았다는 말을 들어본 적이 없다. 강남의 8학군에서 김대중, 노무현 같은 대통령을 배출할 수 있을까? 그들은 서울 강남과 같은 수심 깊은 강물이 아니라 시골의 작은 개천에서 놀던 어종이다.

조건이 있었다. 장학생은 반드시 중소도시 이하의 지방 출신일 것, 가능하면 농어촌 출신이 더욱 좋다. 그리고 부모 두 사람의 연평균 소득이 4인 가족 기준 최저생계비의 2배를 넘지 않을 것 등이었다. 한마디로 가난한 시골 출신의 영재들에게 민사고 교육을 받을 기회를 주자는 것이었다. 장학생의 선발은 중학교 2학년 말에 시행하여 중학교 3학년 1년 동안 민사고 선생님이 1대 1로 도맡아 아이를 민사고에 진학하여 수학(修學)할 수 있도록 능력을 배양한다는 계획이었다. 이들에게 선발에 따른 특혜는 주지 않기로 했다. 즉 이 아이들은 1년간의 집중 관리를 받은 후 민사고가 시행하는 선발시험에 아무런 특혜 없이 합격해야 비로소 민사고 학생이 되는 것이며 장학생으로서의 혜택도 아울러 받을 수가 있었다. 장학생이 되려면 이중의 선발시험을 치러야 했으므로 아이들에게는 조금 미안했지만 그 정도의 관문을 통과해야 한다는 규정은 엄격하게 지킬 필요가 있었다.

전국 방방곡곡의 시골 중학교에는 뛰어난 준재들이 있을 것으로 믿고 그

다음은 누가 이들에게 장학금을 줄 것인가 하는 문제를 해결해야만 했다. 물론 재단(학교법인 민족사관학원)에서는 더 이상 학교에 투자할 여력이 없었다. 학교 밖에서 독지가를 찾아야 했다. 그 무렵 민사고의 교육비는 신입생(1학년) 1년간 약 2천만 원(가야금, 검도 장비 등 각종 개인 휴대용 기자재, 교복, 수학여행비 등 포함), 2~3학년 각각 1천500만 원으로 줄잡아 3년간 5천만 원이 소요되었다. 따라서 3년간 총 5천만 원을 투자할 여력을 갖추고 동시에 영재 한 명을 기른다는 남다른 애정의 소유자가 필요했다.

그러나 그런 교육 독지가는 쉽게 나오지 않았다. 광고를 통해 알리는 방법이 있기는 했지만 광고비 부담이 문제였다. 궁여지책으로 학교 홈페이지를 통해 고지했으나 그걸 보고 "내가 학생 한 명을 지원하겠다"고 선뜻 나서주는 독지가는 없었다. 스폰서가 정해져야 그에 맞추어 학생을 선발할 수 있기 때문에 날짜가 다가오자 나는 조바심이 났다. 아쉬우면 주변 사람들의 신세를 지게 된다. 나는 우선 군에서 같이 근무했던 친구가 안산공단에서 중소기업을 경영하고 있다는 사실을 떠올렸다. 그에게 연락하여 사정을 설명하고 "스폰서가 돼 달라"고 요청하자 친구는 흔쾌하게 수락했다. 초등학교부터 중고등학교, 대학교에 이르기까지 동기생들 중에 기업하는 친구들을 찾아내어 연락했다. 그래도 계획했던 숫자가 채워지지 않아 대구로 달려가 전에 민사고 학부모회장을 역임한 중소기업 사장을 방문, 한 명을 떠넘기고 횡성군수에게도 찾아가 "우리 학교가 횡성군에 있지만 개교 이후 지금까지 횡성군 출신 학생이 단 한 명도 없었다. 이는 수치스러운 일이니 이 기회에 장학생 한 명을 군 차원에서 지원해 달라"고 요청했다. 그러자 횡성군은 관내에서 종합병원이나 기업을 경영하는 사람들 5명을 불러모아 속칭 '횡성군 덕고장학생 지원 협의회'를 구성하고 공동출연으로 장학생 한 명을 지원하게 되었다.

이렇게 하여 첫해에 덕고장학생 6명을 선발할 수 있게 되었으므로 대구, 경북지역과 횡성군, 그리고 수도권 등에서 6명을 선발하여 집중 지도했으나 그들 중 1명이 민사고 선발시험에 불합격했으므로 첫 해에는 5명이 입학했다. 그 다음 해에도 5명이 민사고 교복을 입었다. 전교생 150명인 학교에서 덕고장학생이 차지하는 비중이 컸다.

나는 그들의 학업 성취를 관심 깊게 살펴보았다. 일부 선생님들이 부정적인 반응을 보였다. "덕고장학생들 때문에 수업 내용과 진도에 차질이 생기고 있다"에서부터 "덕고장학생들의 영어실력이 낮아 EOP(영어상용)에 차질이 발생하고 있다"는 불평도 있었고, "아이들이 밤을 새워 노력해도 일반 학생들을 따라가지 못한다. 결국 덕고장학생들은 내신성적에서 일반 학생들의 등급을 올려주는 역할이나 하게 될 것"이라는 결정적인 증언도 있었다. 나는 속으로 "이 아이들의 일생이 여기서 끝나는 것은 아니지 않느냐. 좀 더 멀리 보자"고 생각했으나 선생님들의 부정적인 생각에 반론을 제기할 수는 없었다. 이러는 사이에 나의 교장 임기가 끝났으므로 후임인 윤정일 선생님에게 바톤을 넘기고 물러났다. 다른 모든 문제에 앞서 덕고장학생 제도를 정착시키지 못한 채로 후임에게 떠넘기고 온 일이 가슴 아픈 일이었다. 걱정했던 대로 내가 떠난 후 덕고장학생제도는 폐지되고 말았다. 새로운 스폰서 구하기가 어려운데다 장학생 선발에 따른 교육 체제가 갖추어져 있지 않았기 때문이었다. 이 장학생제도는 민사고의 부정적인 이미지를 바꿀 수 있는 호재였으나 시행과정에서 발생하는 여러 문제들을 예측하고 대처하지 못하여 단명하게 끝나고 말았던 것이다.

IR(Individual Research)

민사고 아이들은 아침 07시에 체육관에 모여 태권도나 검도로 하루를 시작

힌다. 그러기 위해서는 적어도 06시에는 일어나야 한다. 운동이 끝나고 나면 아침밥을 먹고 서둘러 등교하여 08시부터 수업이 시작된다. 보통 오후 2~3시경에 수업이 끝난다. 끝난 후에도 숙제를 위한 공부는 계속되고 저녁이면 낮에 충전해 놓았던 랜턴을 몰래 켜놓고 새벽까지 공부하는 녀석들도 있다. 숨 쉴 틈도 없이 공부만 하는 그들은 '공부하는 기계'와 같았다. 자기 꿈을 실현하기 위해 생각할 겨를도 없었다. 아무리 고등학교가 대학에 가기 위한 예비 학습의 장이라 하더라도 이건 '옳지 않다'고 판단했다. 나는 아이들에게 '자율'을 더 주기로 했다. 우리 아이들에게는 아무리 자율을 확대하여 주더라도 시간을 낭비하지는 않을 것이라는 확신이 내게는 있었다. 나는 일부 학부모 중에 우려하는 목소리가 있을 것이고 선생님들 중에도 반대하는 분들이 있을 거라고 예상하면서도 자율의 확대를 강행했다. 방과 후 2시간 동안을 아이들에게 완전히 맡겨버리자는 생각이었다. '그 시간에 동아리 활동을 해도 좋고 극단적으로 숙소에 돌아가 잠을 자도 좋다. 너희들이 알아서 선택하고 그 책임도 너희들에게 있다'고 했다. 예상대로 학부모와 일부 선생님들 사이에서 우려의 목소리가 나왔으나 아이들은 환호하며 반겼다.

　이 시간을 좀 더 알차게 보낼 필요가 있었다. 나는 선생님들에게 정규 교과에 없는 연구 과제를 미리 제시하게 하고 이 과제에 흥미와 관심을 갖는 학생들이 지원하여 연구를 진행하도록 했다. 이렇게 하여 많은 강좌가 개설되고 아이들은 자신이 원하는 강좌에 등록하여 관심 분야의 공부를 심화시켜 나갔다. '공부기계'에서 해방되고 관심 분야를 심화시킬 기회가 주어지니 학생들 사이에 생기가 돌았다. 학생들과 선생님의 요구에 따라 어떤 강좌는 정규과목으로 채택되었고 최근에는 IR을 벤치마킹하기 위하여 학교를 방문하는 사례도 있다고 한다.

AP는 만능이 아니다

나는 민사고 교장으로 부임할 때까지만 해도 AP에 관해 잘 모르고 있었다. 교장으로 부임하여 파악해 보니 해외 대학 진출을 꿈꾸는 많은 학생들이 AP 공부를 하고 있었다. '해외의 대학'이라 했으나 주로 미국에서 시행하고 있는 대학과 고등학교 교육의 연계를 위한 제도였다. 대학에서 배우는 교양과목 중 일부를 고등학교 재학 중 이를 이수하여 학점을 취득해 놓으면 나중에 대학에 가서도 그 학점을 인정해 주는 제도였다. 미국식 '선행학습'이었다.

알고 보니 한국의 고등학교와 학생들, 그리고 부모들 사이에도 AP에 관한 오해가 있었다. 내가 알아보니 미국의 대학들은 AP를 대학입학전형에 참고하고 있지 않았으나 한국의 학생들 사이에는 "AP 이수과목이 많을수록 입학시험에 유리하다"는 속설이 퍼져 있었다. 그러나 하버드대학의 경우 AP를 여러 과목 이수하여 학점을 취득한 아이는 떨어졌고, AP를 한 과목도 이수하지 않은 아이가 붙은 사례가 있었다. 민사고 학생들 중에는 3학년 초에 이미 AP 다섯 과목을 이수하여 학점을 따놓은 아이도 있었고 미국의 대학을 겨냥하는 유학반 아이들 대부분이 AP 공부를 하고 있었다.

나는 학생들에게 "미국의 대학들은 AP 이수를 대학의 수학능력(修學能力)과 관련하여 참고자료로 쓰고 있는 것은 사실이나 대학의 합격 여부를 가르는 결정요인으로 활용하고 있지는 않다. 그러므로 여러분은 AP 공부를 대학 입시 차원에서 공부하지 마라. 입시에 필요한 다른 공부를 충분하게 해놓고도 여유가 있으면 그때 AP를 하라"고 역설했으나 이미 공부를 시작한 아이들까지 말릴 수는 없었다. 그러나 민사고 재학생 중에 AP 8과목을 이수하여 AP를 주관하는 칼리지보드로부터 학점을 인정받았다는 사실에는 아연할 수밖에 없었다. 다른 자리에서 이 이야기가 화제로 올랐을 때는 특히 민망했다.

　　AP와 관련하여 민사고는 '거시경제학'과 '미시경제학', 그리고 '통계학' 등 4과목에서 세계에서 가장 우수한 학교로 평가 받고 있었다. 이로 말미암아 민사고가 세계적 수준의 학교로 알려진 것도 사실이다. 칼리지보드가 매기는 등위에서 민사고는 늘 아시아 최고의 학교로 자리매김해 왔다. 해마다 미국 동부의 아이비리그 중심대학들의 입학처 직원들이 한국으로 날아와 횡성 산골의 이 학교에서 학교 설명회를 개최하는 이유가 거기 있었다.

副校長制 도입

나는 평소에 교감(校監)이라는 일본식 직함보다 부교장(副校長)이라는 말을 선호해 왔다. 민사고의 교감은 학생 선발과 캠프 운영이라는 민사고 고유의 업무 말고도 일반 학사업무까지 도맡아 그 중압감이 매우 큰 편이었다. 나는 이 교감직을 부교장제로 하되 명칭만 바꿀 것이 아니라 양부교장제로 하여 혼자서 감당하기 어려운 업무를 둘로 나누기로 하였다. 학교의 업무는 학사업무와 학생 지도로 크게 나뉜다. 그래서 부교장의 직책을 둘로 나누어 학사부교장과 기획부교장으로 양립화시켰다. 그렇게 업무를 분리했더니 부교장들이 자기 업무에 관하여 전문화되는 경향을 보이는 긍정적인 면이 있는가 하면 역할 분담을 놓고 부교장 간에 갈등을 보이는 바람직하지 못한 면도 있었다.

學生自治共和制 실시

학생자치회는 자치조직의 권한이 분리돼야 비로소 권력 분립에 따른 자치가 가능하다. 즉 3권분립이 명실상부하게 이루어져야 하는 것이다. 학생자치회를 공화체제로 운영하여 학교를 민주시민의 자질을 함양하는 실질적인 교육의 장으로 만들 수는 없을까. 혼자 궁리하다가 묘수가 떠오르지 않아 사회 선생인 이영상 선생님에게 이 문제를 연구해 보도록 부탁했다. 이 선생님의 연구 결과 현재의 학생자치회 조직에서 의회와 사법기관을 추가로 분리 독립시켜 의회와 의장제를 신설하고 기존의 학생법정을 사법기구에서 관장토록 한다는 개혁안을 마련하고 그대로 실시하였다.

학생법정을 사법기구에서 관장토록 하면서 이번 기회에 싸릿대로 종아리를 때리는 체벌 말고 다른 방법이 없을까, 궁리해 보았다. 이 문제를 학생들 스스로 결정토록 했더니(교복에 이어 두 번째로 학생 투표에 부쳤다) '체벌을 받겠다'는 쪽으로 결말이 났다. 학생들 입장에서는 학생법정의 심리 결과 '사역' 등의 벌이 가해질 때는 아까운 시간을 사역으로 뺏기게 되므로 차라리 체벌을 받고 말겠다는 심정이었을 것이다. 그러나 여학생들이 종아리를 싸릿대로 맞아 시퍼렇게 멍든 자국을 보는 안타까운 마음은 모든 선생님들이 공통으로 느끼는 심정이었다. 이 문제를 교무회의에 올려 '좋은 생각'을 요구하자 한문 선생인 황형주 선생님이 "싸릿대로 종아리를 때리는 체벌 대신에 〈명심보감(明心寶鑑)〉을 베껴 쓰게 하자"고 제안하여 모든 선생님들의 찬동으로 실시하게 되었다. 이때부터 민사고 아이들은 잘못을 범하여 학생법정에서 벌을 받게 되면 〈명심보감〉을 필사(筆寫)해야 하므로 모르긴 몰라도 일부 학생들은 〈명심보감〉을 달달 외고 있을 것이다.

영어상용정책(EOP)의 완화

영어상용(英語常用)은 민족사관고등학교의 정체성과 맞물려 트레이드마크처럼 인식되고 있었다. 민사고 개교 이후 많은 대학과 고교에서 '영어상용 따라하기'를 시도했으나 그 결과에 대해서는 과문한 탓인지 듣지 못하였다.

영어상용은 두 갈래로 이루어진다. 하나는 수업을 영어로 진행하는 것이고 다른 하나는 일상생활에서 영어만 사용하는 것이다. 민사고 외의 학

교들이 영어상용에 실패했다면 그 원인은 아마 강의는 영어로 하되 일상생활에서는 영어지옥에서 해방되는 이중적인 언어사용 때문일 것으로 생각된다. 민사고에서도 국어와 국사 등 모국어 사용이 불가피한 과목에 한해서는 국어 사용을 허용하고 있다. 그러나 일상생활에서는 영어만 쓰도록 엄격하게 제한하고 있다(위반할 경우 학생법정에 서게 된다). 내가 교장으로 부임하여 영어상용정책을 다소 완화한 사실은 앞에서 이미 밝힌 그대로다. 다만 여기서 보탤 것은 아침 조례 때의 영어 스피치에 대해서다.

매주 월요일마다 애국조회를 하게 돼 있었다. 이때는 선생님 중 한 분이 단상에 올라 영어로 연설을 하는데 가만히 들어보니 그 내용이 아주 부실했다. 나는 선생님들로 하여금 편하게 한국어로 연설하도록 했다. 그랬더니 내용이 충실해지는 것이었다. 그 이후 선생님들의 스피치는 한국어로 하도록 했고 학생들의 스피치는 교육적 차원에서 영어로 하도록 존속시켰다.

3 無學校

(1) 無監督시험

민사고 아이들이 장차 어떤 분야에서 이 나라의 지도자가 될 인물들이라면 자기 양심에 대한 책임을 지는 당당한 태도가 몸에 배어 있어야 한다고 생각했다. 무감독시험은 일찍이 인천의 제물포고등학교가 시험해 본 일이 있었고 스탠포드대학도 실시하고 있다고 들었다. 세상에는 헤아릴 수 없이 많은 학교가 있지만 이렇게 무감독시험을 치르고 있는 학교가 드문 것은 이것을 실시하기가 그만큼 어렵고 미묘하기 때문이다. 교내의 각종 시험에 무감독제도를 실시하겠다고 하자 뜻밖에도 학생들 일부가 반대의사를 분명히 했다. 선생님들 중에도 반대하는 사람이 있었다. 나도 갑자기 이를 전면 실시하는 데는 무리가 있을 것임을 예측했다. 그러나 "무리인 줄 알지만 지금 시행하지 않으면 영원히 시행하지 못한다"는 말에 반대하던 사람들도 다들 "양심을 걸고 해 보겠다"고 물러섰다. 이것은 양심의 문제이기도 했으나 한편으로 자존심의 문제이기도 했다. 나는 민사고 학생들의 자존심을 부추겼다. "너희들은 미래 우리 사회의 동량들이다. 스스로를 믿고 동료를 믿어야 한다. 자존(自尊), 자강(自强)하지 않은 지도자를 사회는 원치 않는다. 자신을 믿지 못하면서 어떻게 남을 믿고 남의 믿음을 얻겠느냐?"

그래도 불안하여 시험을 앞두고 전체 학생을 강당에 모아놓고 '선서(宣誓)'를 하게 했다. 전체적인 선서에 이어 모든 학생이 개별적으로 선서에 서명하는 의식도 치렀다. 초기라서 이런 번잡한 의식이 필요했으나 차츰 익숙해지면 폐지해도 좋을 절차들이었다. 그러나 막상 무감독시험을 실시해 보니 우려했던 일들이 사실로 드러났다. 몇몇 학생들이 커닝의 유혹을 이기지 못하는 바람에 다른 학생들이 '시험의 공정성'에 대한 회의를 제기하고 나섰다. 선생님 일부도 종래 '감시하던' 습속을 버리지 못하고 시험지를 배분한 후 연구실로 돌아가지 않고 복도에서 서성거리다가 교실에서 수상한 기미가 보이면 달려갔으니 아이들이 '무감독시험'에 대한 자긍심을 느낄 수가 없었다. 그러나 이런 옥의 티를 제거하고 민사고 학생으로서의 최고 자긍심인 '무감독시험'은 차츰 정착되어 갔다. 나중에는 남의 감시를 받으며 시험을 치르는 일반적인 행태가 거추장스럽게 느껴질 정도에 이른 것이다.

(2) 無系列

개교 당시의 민사고는 남자고등학교였다. 설립자는 여자고등학교인 '사임당고등학교' 설립 계획을 따로 가지고 있었다. 그러나 고등학교 하나를 추가로 설립하기가 어렵다는 여러 이유가 발생하자 끝내 그 꿈을 접고 민사고를 남녀공학으로 운영하게 되었다. 여학생을 받기 시작한 것이 1997년,

제2기 신입생 때부터였는데 이 해 입학한 여학생은 겨우 4명이었다. '겨우 4명'이었지만 무시해도 좋을 숫자는 아니었다. 기숙사도 달랐고, 교복도 달랐으며, 가야금 구입 등 교육 프로그램에 따른 교육 기자재도 달랐다. 학사 일정 전체가 이중으로 짜여졌다. 이처럼 남자고등학교에 여학생을 동참시키는 것은 '다 된 밥상에 숟가락 올려놓는 격'이 아니라 한 울타리 안에 두 개의 고등학교를 운영하는 것과 같았다. 처음에는 4명이던 여학생의 수가 차츰 늘어나더니 몇 년 안 가 남녀학생의 수가 동수(同數)로 고정되었다. 이는 입학사정 때 일부러 남녀의 비율을 동수로 하겠다고 의식한 사람이 아무도 없었는데도 자연스럽게 형성된 결과였다. 기준에 따라 뽑아놓고 보니 우연히도 남녀 동수로 나왔고, 이 같은 현상이 몇 년째 계속되었을 뿐이었다. 이를 두고 어느 선생님은 '천명(天命)'이라 했으나 내가 보기에 눈에 보이지 않는 자연의 섭리가 교육 현장에 발현된 결과였다. '자연의 섭리'는 변화하고 발전한다. 그때는 남녀 동수로 신비할 정도의 균형을 유지했지만 이 균형이 언제 깨어져 남자, 혹은 여자가 앞설지 모르는 것이다.

남녀의 수적인 균형과 함께 또 하나 균형을 이룬 것은 진학 대상에 따른 구분에서도 비슷한 경향을 보인 것이다. 즉 민사고는 입학 때부터 국내 대학 진학을 목표로 하는 민족반과 해외 대학 진학을 목표로 하는 국제반으로 나누어 입학하고 교육과정도 양 계열이 조금씩 다르게 운영해 왔다. 다행스러운 것은 양 계열의 숫자가 75대 75로 기막힌 균형을 이룬 것이었다. 이 균형은 국제 계열의 우세로 기울어질 가능성이 많았다.

나는 이제 막 중학교를 졸업하고 상위 학교에 진학하는 청소년들이 미리 대학을 선택하는 것이 시기상조일 뿐만 아니라(학생 자신의 선택보다 부모의 선택이기 때문에) 교육적으로도 옳지 않다고 생각했다. 어느 대학에 진학할 것인가, 평생 무엇을 연구할 것인가를 정하는 문제는 고등학교를 다닌 후에 결정해도 늦지 않은데 고등학교 입학하면서 미리 다 정해 놓는 것은 옳지 않다고 본 것이다. 대학의 선택은 학문의 선택이며 자신이 롤모델로 하거나 사숙해 온 교수 밑에서 연구하고 싶은 열망에 의하여 선택한다. 중학교를 갓 졸업하는 아이들이 과연 이런 동기로 대학을 결정하는가?

나는 숙고 끝에 이 학교의 계열별 모집에 문제가 있다고 판단했다. 그리하여 신입생들이 입학할 때는 계열 구분 없이 뽑도록 했다. 나의 교장 계약기간은 2006년 7월이 만기였으나 후임 선임 문제로 이임이 다소 지연되어 이듬해인 2007년 3월에야 후임에게 임무를 넘기고 나오게 되었다. 즉 2007년의 제12기 신입생부터 계열 없이 통합 선발해 놓고 물러났던 것이다.

(3) 無學年

현행 교육법상 각급 학교의 학년제는 인위적인 구분이다. 예를 들어 초등학교 6년, 중학교 3년, 고등학교 3년, 대학교 4년이 소요된다고 누가 정했으며 이를 모든 인간에게 일률적으로 정하는 것이 과연 교육적인가? 하는 의문이 생길 수 있다. 어떤 사람은 위의 16년이나 소요되는 긴 시간을 단 5년 만에 마칠 수도 있을 것이며 어떤 사람은 보통 16년 걸리는 학습 내용을 25년이 가도 다 마치지 못하는 경우도 있을 것이다. 이런 인간 개별적인 능력을 무시하고 학년이라는 테두리 안에 묶어 같은 교육과정으로 가르치는 것이 현재의 학교이다. 적어도 민사고에서는 이런 틀에 박힌 교육이 이루어져서는 안 된다는 것이 교육학계의 공통적인 생각이었다. 따라서 이 문제는 윤정일 현 교장이 서울사대 교육학과에 재직하던 중 수행했던 '민족사관고등학교 장기발전계획'이라는 연구 보고서에서도 도출되었던 문제였다.

현실은 이렇다. 여기 중학교를 졸업하고 고등학교에 입학하는 신입생 집단이 있다. 이들은 개인적 능력이나 학업에 대한 관심도와 관련 없이 고

등학교 1학년 같은 반에 수용되어 같은 강의를 듣고 공부한다. 그런데 반년쯤 지나고 보니 이들의 학업 성취도는 엄청난 차이가 난다. 특히 영어, 수학 등의 도구과목에서 그 차이가 두드러진다. 어떤 아이는 1년에 걸쳐 배워야 할 내용을 반년도 안 되어 해치우지만 어떤 아이는 1년이 다 가도 이해하지 못하고 다시 반복하여 배워야 할 정도다. 이런 아이들을 뒤섞어 2학년에 올려놓고 다시 새로운 내용을 가르치는 것이 현행 학교라는 곳이다. 1학년을 마치고 시험을 쳐본 결과 90점 받은 아이는 앞에서 이끌어야 하고 60점 받은 아이는 뒤에서 돌보아야 하는데, 이들을 똑같은 선상에 놓고 다시 경쟁시키는 것이 학년제의 치명적인 결함이다. 먼저 가는 놈은 앞이 막혀 나가지 못하고 뒤처지는 놈은 멀리 뒤처진 사실을 발견하고 절망하지만 누구도 손을 내밀어 끌어주지 않는다. 2학년이 되어 새로운 경쟁이 시작되었기 때문이다.

'능력에 맞게 가르친다'는 것은 교육의 오랜 꿈이다. 민사고야말로 그 꿈을 실현시키는 마당이 아닐까. 그거야말로 민주사회가 이루어야 할 진정한 평등의 실현일 것이다. 내용은 간단하다. 고등학교에 갓 들어온 아이의 영어 실력을 살펴본 결과 대학수학능력을 갖춘 것이 판명되었다. 이런 아이보고 고등학교 1학년 교실에서 다른 아이들과 같은 교육을 받게 하는 것이 옳은가 하는 의문이 생긴다. 고등학교 1학년이지만 어떤 과목에서 뛰어나다면 3학년 강의를 들을 수 있어야 하는 것이다. 그 아이가 3학년이 되면 대학 수준의 강의가 필요한데 우리 학교 선생님의 실력이 미치지 못할 경우 가까운 대학에서 교수를 초빙하더라도 아이의 수준에 맞는 강의를 해 주는 것이 학교가 지닌 사명이자 도리이기도 하다.

이 제도의 본령은 학업 지진아, 즉 뒤처진 아이들을 돌보아 경쟁 마당으로 보내자는 것이다. 일부에서 오해하듯 잘난 아이들을 위한 것이 아니다.

앞서가는 아이들은 그 페이스대로 갈 수 있게 교육이라는 이름으로 둘러쳐 놓은 장벽을 허물어주고 뒤처진 아이들은 학교가 끌어안고 특별한 프로그램으로 관리하자는 것이다.

학년제와 함께 현행 우리나라의 학년제가 글로벌시대에 맞지 않아 문제가 되고 있다. 지금은 모든 학교의 신학기가 3월에 시작된다. 3월 신학기에 맞추어 대부분의 강의는 12월에 거의 끝나고 1월과 2월 두 달을 어영부영 보내고 있었다. 민사고 학부모의 입장에서 보면 비싼 기숙사비를 지불하고 한 달 또는 그 이상을 학교에서 허비하는 셈이다. 이런 시간의 낭비를 줄이기 위하여 겨울방학이 끝나는 2월부터 신학기가 시작되도록 조치했다. 그리고 여름방학까지 길어진 시간을 쪼개어 서머세션(summer session)을 추가했더니 한층 타이트한 학사운영이 가능하게 되었다.

민사고의 꿈은 대한민국의 꿈이다

나는 언론 인터뷰나 각종 세미나에 참석했을 때나 한결같이 다음 같은 주장을 해 왔다.

"지금 국내에 자립형 사립고등학교는 통틀어 6개 학교로 몇 되지 않는다. 그러나 이들 학교는 별종의 학교는 아니다. 자립형 사립고는 별종의 특별한 학교가 아니라 모든 사립고등학교가 자립형이어야 한다. 말하자면 자립형 사립고는 사립고 본연의 모습으로 모든 사학이 목표로 삼아야 할 전형이다. 지금의 일반 사학은 기형적이다. 재정적으로 국가의 보조를 받으면서 프로그램의 특징도 없는 무색무취의 입시준비기관으로 연명하고 있는 것이 대부분 사립고의 모습이다. 사학은 당연히 자립형이어야 한다. 따라서 민사고는 사립학교 본연의 모습일 뿐 특별한 학교는 아니라고 생각한다."

반론도 만만치 않았다.

"현존하는 자립형 사립고들은 모두 엘리트교육을 표방하고 있다. 자립형 사립고들이 엘리트교육을 표방하고 있는 한 모든 사립고의 전형이 아니라 특수한 교육기관임을 자인하는 것 아닌가."

"엘리트교육을 표방하는 것은 자립형 사립고의 자율성을 입증하는 사례이다. 모든 자사고가 엘리트교육을 표방하는 것은 아니다. 개중에는 포철(광양제철 포함)과 울산의 현대그룹 자녀들을 더 좋은 환경에서 공부시키기 위해 설립된 학교도 있다. 다만 지금 출발 단계이므로 엘리트교육을 표방하고 있으나 전국의 사립고들이 모두 자립형이 되면 몇 학교가 엘리트교육을 독점하는 일이 가능하겠는가. 설혹 그것이 가능하다 해도 그것은 해당 학교의 특수성에 따른 것일 뿐 규제의 대상일 수는 없다고 생각한다."

돌이켜보면 나는 자립형 사립고와 남다른 인연이 있었다. 김영삼 대통령의 문민정부(1993~1998) 시절 정부에는 '교육개혁심의위원회'(약칭 교개위)가 있었다. 나는 이 교개위의 제1소위(小委) 위원장을 맡아 있었다. 제1소위는 초·중·고등학교 교육을 관장하고 있었는데 여기서 자립형 사립고의 설립안이 제안되었다. 사실상 내가 제안한 것이었다. 교개위를 만들기 전인 1994~1995년경 나는 교육심의회 의장직을 맡아 있었는데 이때 학교운영위원회와 함께 자립형 사립고에 대해서도 연구 과제의 하나로 설정되어 연구가 진행되고 있었다. 사립학교는 설립취지에 맞게 운영할 수 있도록 사립으로 돌려줘야 한다는 것이 내 생각이었다. 그 중에서도 자립 가능한 학교를 가려내어 국가의 감독으로부터 완전히 자유로울 수는 없으나 최대한 자율권을 주는 것이 좋다고 생각했다. 대통령에게 보고할 때도 같은 주장을 담았다.

1999년, 김대중 대통령의 집권기간에도 교개위와 비슷한 새교육공동체위원회가 구성되었는데 나는 그 위원장의 소임을 맡았다. 1999년 8월경으로 기억된다. 새교육공동체 1기를 마감하며 대통령에게 보고하는 자리에서 나는 '자립형 사립고의 설립 필요성'을 역설했다. 그 자리에서 대통령은 '좋다'는 답을 주었다. 그러나 연구팀을 구성하여 여러 가지 파급될 문제를 검토하고 실현할 구체적인 안을 마련하기까지에는 많은 시간이 소요되었다.

2000년 나는 교육부장관으로 자리를 옮겼다. 첫 기자회견에서 기자들은 "자립형 사립고 설립을 건의할 거냐?"고 물었다. 나는 "추진하겠다"고 대답했는데 이튿날 어느 신문은 톱기사로 "자립형 사립고 설립 추진"이라는 제목을 달았다. 그러나 내가 장관으로 재직 중에는 자립형 사립고가 설립되지 않았다. 그만큼 준비 기간이 필요했기 때문이고 최명재 같은 교육가가 앞장서지 않았기 때문이었다. 내 후임으로 교육부총리가 된 한완상 장관 때 이 과제는 공식적으로 실현되었다. 지금도 민사고 충무관 앞뜰에는 한완상 교육부총리가 학교를 방문하여 기념으로 심은 나무(향나무)가 잘 자라고 있다. 그러고 보면 나는 정부기관에서 자립형 사립고의 이론적 기반을 구축해 놓고 정부에서 나온 이후 그 학교들 중에서도 대표적인 학교인 민사고의 교장으로 온 것이니 내가 던진 공을 내가 받았다는 말이 어울릴 것이다.

여기서 한 가지 짚고 넘어가야 할 문제가 있다. 정부 교육정책의 근간을 이루어 온 고교평준화정책과 민사고의 관계에 대해서다. 이와 관련하여 사람들은 흔히 이런 질문을 자주 했다.

"민사고는 평준화정책에 역행하는 학교인데 김대중, 노무현 정권 동안 이른바 '잃어버린 10년'의 좌파정권에서 고생하시지 않았습니까?"

으레 고생했을 것이라 짐작하고 위로하기 위해 하는 말이었다. 사실은 정반대였다. 급진적 좌경 교육정책의 산실로 알려졌던 전교조도 민사고의 존립 자체를 흔들거나 의문을 제기하지 않았다. 학생 선발에서 지역할당제를 실시하고 덕고장학생제도로 가난한 지방 출신에게 혜택을 주는 등 입

막음이 주효했던 것일까, 아프게 때리는 사람이 없었다. 태풍의 핵은 고요하다고 한다. 민사고는 평준화정책이라는 거대한 태풍의 한가운데서 불안한 평화를 누리고 있었다. 이 같은 평화를 가져온 결정적 요인은 당시 민사고 아이들이 하버드, MIT, 예일, 스탠포드 등 이른바 아이비리그의 명문대에 진학하여 국내외의 찬탄의 대상이 되고 있었고, 물리, 화학 등 과학의 각 분야에서 개최한 국제 올림피아드에서 금상을 획득하는 일이 흔한데다 국내에서 개최한 각종 국제 행사에 학생들이 통역 등 진행요원으로 참가하여 좋은 평판을 얻는 등 국가적으로 꼭 필요한 학교라는 이미지를 강하게 심어준 데도 원인이 있었을 것이다.

정작 위기는 보수정권이라는 이명박 대통령 집권기에 구조적으로 다가왔다. 이 정권에서 교육정책을 입안하고 시행한 장본인은 이주호 교육부장관이었다. 이 장관은 고교평준화정책을 깨부수고 싶어 했다. 전국에 자율형 고등학교를 100군데 만들겠다는 선거공약이 갖는 의미는 '평준화의 파괴'였다. 이명박정권 교육정책의 핵심은 '자율형 사립고 100개 설립'이라는 대선 공약에 나타난 그대로 앞서가던 자립형 사립고를 끌어내려 자율형의 범주 안에 구겨 넣고 뒤따르던 학교들을 자율형이라는 테두리에 묶어세운다는 것이었다. 민사고를 비롯한 6개의 자립형 사립고가 이 정책 추진에 따라 자율형 사립고라는 새로운 이름을 얻었다. 문제는 이름이 자립형이냐 자율형이냐에 있는 것이 아니라 교육 또는 학교의 운영 목표에 대한 인식, 즉 철학에 있었다.

현대 국가의 공교육체계는 당연히 국민교육이어야 하고 국민교육은 평등교육이어야 한다. 이는 어떤 이유로도 바꿀 수 없는 원칙이다. 이는 민주사회를 지향하는 국가관을 바탕으로 형성된 철학이기도 하다.

그러나 국가를 생성, 발전하는 생물체로 볼 때 평등 원칙의 공교육체계만으로는 국가가 필요로 하는 인재(지도자 포함)를 필요충분하게 공급할 수가 없다. 체육, 미술, 음악 등 예체능 분야의 특수목적고가 먼저 설립된 까닭이 그것이다. 뒤를 이어 과학 분야의 특수목적고가 신설되었고, 그 뒤에 외국어 전문학교가 설립되었으며 인문학을 가르치는 일반계 특수목적고는 가장 늦게 출범하였다. 민사고가 그 대표적인 케이스였다. 이렇게 볼 때 민사고의 설립은 최명재 회장이라는 개성 있는 교육 독지가에 의해 설립되었으나 국가적으로 볼 때 인재 양성을 위해 꼭 필요한 교육기관을 개인이 대신하여 설립해 준 격이었다. 그러므로 민사고를 '귀족학교'라 부르며 비아냥거리거나 평등교육의 이념에 역행한다 하여 타도의 대상으로 삼는 것은 어리석은 일이다. 오히려 우리 국가가 진실로 미래 발전을 위해 노력하고 투자하는 공동체라면 이런 학교를 적극 배양하고 지원해야 할 것이다. 평준화는 공교육의 기본 원칙이기는 하지만 이를 기계적으로 인식하고 적용하려는 편협한 발상도 평준화 원칙을 저상(沮喪)하는 행위임을 알아야 할 것이다.

겉으로 보기에는 학생들이 미국의 명문대학으로 진학하니 학교 행정체제가 완벽하게 확립된 것 같으나, 그렇지 못하였다.

04
꿈의 고등학교를 명품교육의 장(場)으로

윤정일
제6대 교장

1. 민사고 교장 부임 동기

정년 다음 날 민사고 교장 취임

서울대학교에서 2월 28일에 대학 전체로 하는 정년퇴임 행사를 모두 마치고 다음 날 민사고 교장 취임식에 참석하기 위하여 저녁 늦게 횡성으로 향했다. 교장 숙소인 기숙사에 도착한 시간은 자정을 훨씬 넘긴 시간이라서 이미 기숙사 정문도 잠겨 있었다. 기숙사 사감을 불러서 내일 아침에 교장 취임식에 참석하려고 왔으니 문을 열어 달라고 하여 간단한 짐을 풀고 잠을 청했다. 누워서 생각해 보니 교수로 정년퇴임을 했다는 것이 실감이 나지 않는다. 당장 내일 아침에는 학교장 취임식을 하고, 3.1절 행사 겸 개교기

념일 행사 겸 입학식을 한꺼번에 거행해야 하니 정년퇴임의 아쉬움을 느낄 겨를이 없었다. 이러한 사정을 잘 아는 동료 교수 한 분이 공식석상에서 "윤 교수님은 정년을 한 것이 아니라 민족사관고등학교로 전근을 하셨다"고 표현하였다. 정년퇴임식 다음 날 새로운 직장에서 취임식을 갖게 되니 전근이라는 말이 틀린 것은 아닌 듯싶다.

2008년 3월 1일 날, 민족사관고등학교는 무척이나 바쁜 하루였으며, 그 가운데 내가 있었다. 이돈희 전 교장의 퇴임식과 새 교장의 취임식, 3.1절 기념식, 개교 기념식, 그리고 신입생 입학식을 차례로 하게 되니 정신이 없었다. 대학 풍토와는 전혀 다른 고등학교에 와서 학교를 경영하게 되었다는 생각만 해도 마음이 설레고 기대에 부풀게 된다. 생각해 보면 나는 한참을 돌아서 이곳에 와 있는 기분이다. 사범학교를 졸업하고 대부분의 친구들이 초등학교 교사를 하고, 몇몇 친구가 중등학교 교사를 할 때 나는 대학으로 진학하였고, 내친김에 석사학위를 받고 외국 유학을 하여 박사학위를 받았다. 친구들이 초등학교나 중등학교 교장을 할 때 나는 대학에서 학장을 하였다. 이제야 친구들이 거쳐 간 길을 늦게 밟게 된 것이다. 오랫동안 연구소와 대학에서 근무를 하였지만 고등학교가 낯설지는 않다. 그 이유는 사범학교와 사범대학을 졸업했기 때문이며, 사범대학 학장으로서 부속초등학교, 부속중학교, 부속여자중학교, 부속고등학교를 관장하고, 실제로 부속학교를 자주 방문한 경험이 있기 때문이다.

민족사관고등학교 교장으로 오게 된 연유는 이러하다. 최명재 회장(당시 파스퇴르유업 회장)이 민사고를 설립한 후에 공과대학을 설립하려고 하는데 자문을 해 달라고 하였다. 아마도 민사고가 잘 운영되고 있으니 공과대학을 설립하면 더욱 좋을 것이라는 막연한 기대를 가지고 있었던 것 같다. 민사고 뒷산에 신설하고자 하는 대학의 설계도를 한 뭉치 가지고 와서 회의에 참석한 교수들에게 열심히 설명을 했고, 그 의지가 대단히 강했다. 대학 설립 계획이 아주 구체적이었고, 설계도가 거의 완벽했다. 참석자의 대부분이 긍정적인 반응을 보였으나 나는 정면으로 반대 의사를 표명했다.

의욕적으로 교육 사업을 확장하고자 하는 데 대하여 격려하고 힘을 보태주지는 못할망정 적극적으로 반대하는 데는 그만한 이유가 있었다. 첫째는 학생 수를 추정해 보면 2000년 이후에는 고등학교 졸업자보다 대학 입학 정원이 많게 되어 입학 정원을 채우지 못하고 재정적인 어려움에 직면하는 대학이 속출하게 될 것이다. 몇 년 전에 지방에 설립한 Y공과대학의 경우에 학생 정원을 충원하지 못하여 재정적인 어려움을 겪고 있다. 둘째는 고등학교를 최근에 신설하여 막 걸음마를 배우고 있는 상황이므로 고등학교 운영에 총력을 집중해야 하는데, 대학 신설에 인적·물적 자원을 투자한다는 것은 굉장한 위험부담이 된다. 따라서 섣불리 대학 설립에 착수한다면 현재의 고등학교도 제대로 운영할 수 없는 지경에 도달할 것이라고 강력하게 설득했다. 의욕에 차서 자신만만하게 회의장에 왔던 최 회장이 한풀 꺾인 것처럼 보였고, 대학 설립 의지를 어느 정도 접는 것같이 보였다. 최 회장에 대한 나의 자문이 옳다는 것이 바로 IMF 위기 때 확인되었다. 만일 당시에 나마저 공과대학을 설립하면 성공할 것이라고 최 회장의 뜻에 찬동했더라면 공과대학 건설 계획은 그대로 착수되었을 것이며, 민사고도 건설 중인 대학도 엄청난 타격을 받았을 것이다.

우리 사회가 IMF 위기를 어느 정도 극복할 즈음에 최 회장은 나에게 민족사관고등학교 발전방안을 연구해 달라고 하였다. 아마도 IMF 금융위기를 경험하면서 내가 공과대학 설립에 관하여 올바른 자문을 해주었다고 판단한 듯싶다. 나는 최 회장의 부탁을 기꺼이 수락하고 민사고 발전방안을 연

구하여 그 결과를 〈민족사관고등학교 발전방안에 관한 자문연구〉(2004년) 라는 보고서로 제출하였다. 이 자문 연구 보고서에는 33가지 과제를 제안하였는데, 그중에 하나가 바로 "국적, 인종 등을 초월하여 교육 및 영재교육에 관한 투철한 의식을 소유하고 경영자로서의 리더십을 갖춘 자를 교장으로 초빙할 것"이다. 그리고 최 회장을 만나서 민족사관고등학교를 세계적인 학교로 발전시키기 위해서는 유명한 외국 학자나 저명한 국내 인사를 학교장으로 초빙해야 한다는 것을 강조하였다. 그랬더니 외국인보다는 내국인을 추천해 달라고 하였다. 그래서 교육부장관을 역임한 이돈희 교수를 민사고 교장으로 추천하게 되었고, 이 교장의 임기가 끝나면서 내가 서울대학교에서 정년을 하게 되니 민사고에서 나에게 학교장직을 제시하게 되었던 것이다. 이처럼 나는 아무런 관계없이 민사고 교장직을 수락한 것은 아니다.

학교 운영의 기본 입장

민사고 교장으로서 학교를 어떻게 운영할 것인지에 대한 교육철학과 향후의 계획이 비교적 구체적으로 기술된 학교장 취임사를 그대로 전재한다.

> 존경하는 최명재 이사장님,
> 내외귀빈 여러분, 학부모 여러분, 교직원과 학생 여러분!
> 저는 이돈희 교장선생님의 뒤를 이어 세계적인 명문 사립고등학교인 민족사관고등학교의 6대 교장으로 취임하게 된 것을 큰 영광으로 생각합니다. 세계 유명대학들이 인정하는 고등학교의 교장으로 선임되었다는 기쁨과 함께 한편으로는 선임 교장선생님들이 이루어 놓은 찬란한 업적과 성과를 계승·발전시켜야 할 것이라는 무거운 책임감을

느끼게 됩니다.

민사고의 역사는 10여 년에 지나지 않지만 그 명성은 100여 년의 역사를 가지고 있는 학교들을 훨씬 능가하고 있습니다. 민사고는 명품교육의 대명사이고, 대한민국 학부모 모두가 선망하는 학교라는 것을 잘 알고 있습니다. 이는 설립자이신 최명재 이사장님의 교육에 대한 남다른 애착과 미래를 정확히 예측하는 선견지명이 있었기 때문이며, 학교 발전을 위한 헌신적인 노력이 있었기 때문입니다. 또한 선임 교장선생님들의 투철한 교육관과 교직원 여러분들의 교육에 대한 열정이 조화를 이루었기에 가능했다고 봅니다.

존경하는 내외귀빈 여러분!

그동안 민사고는 민족교육에 바탕을 두고 세계를 지향하는 영재교육기관으로서 한국교육의 선두주자의 역할을 충실히 수행하였습니다. 교원 1인당 학생 수, 교원의 질적 수준, 각종 국제 올림피아드에서의 우수한 성적, 국내외 명문대학 입학률 등에서 타의 추종을 불허하는 명실상부한 명문학교로 자리매김을 하였습니다. 자타가 공인하는 최고의 영재교육기관으로 성장·발전하였습니다.

21세기 사회는 지식기반사회, 개방화·세계화사회, 평생학습사회, 인간존중사회로 특징 지워지고 있습니다. 지식기반사회는 창조적 지식의 창출·확산·공유·활용이 일반화되는 사회로서, 지식이 다른 어떤 생산요소보다 큰 부가가치를 창출하는 사회입니다. 그러므로 지식기반사회에서는 창조적 지식의 창출 및 활용이 그 사회의 경제적, 사회적, 문화적 풍요를 결정하게 됩니다. 창출되는 새로운 지식들이 불과 수초 만에 전 세계로 전파되고, 그 전파된 지식들이 인간의 경험, 가치관, 통찰, 또는 새로운 지식들과 결합하여 순식간에 더 창의적이

고 가치 있는 지식으로 전환되는 시대입니다.

개방화·세계화는 선택의 문제가 아니라 필연적인 추세입니다. 21세기의 세계는 경쟁과 협력의 시대로 변화되고 있습니다. 냉전종식과 WTO 체제의 출범, FTA 협정으로 국가 간의 교역과 투자를 가로막던 장벽들이 사라지고, 하나의 세계시장 속에서 무한 경쟁하는 시대로 진입하였습니다. 이런 상황에서 지구상의 모든 사람들은 지구촌의 공동운명체로서 국가와 민족을 위한 경쟁보다는 쾌적한 지구촌을 건설하고, 그 속에서 보람된 생활을 영위하기 위하여 상호 협력해야 할 필요성이 강력하게 대두되고 있습니다.

지식·정보의 폭발적 증가와 정보통신 기술의 급속한 발전은 평생학습 체제로의 전환을 요구하고 있습니다. 평생학습은 변화하는 직업 세계에 적응할 수 있는 능력을 갖추어 줄 필요성뿐만 아니라 인간의 앎에 대한 욕구를 충족시켜 줌으로써 삶의 질을 향상시키는 데에도 공헌합니다.

현대사회의 산업화·과학화로 빚어진 인간소외나 인간경시에 대한 반성으로 21세기는 인간존중 의식을 강조하는 사회로 변화하고 있습니다. 인간존중의 윤리의식은 인간의 존엄성을 인식하고 인격을 존중하는 태도로 표현됩니다. 인간존중 의식은 개개 구성원의 존재가치와 존엄성을 귀히 여기는 정신, 즉 인간중심 사상이며 복지사회를 구현하는 데 있어서 바탕이 되는 정신이라고 할 수 있습니다.

내외귀빈 여러분!

민사고 설립 이래 현재까지의 발전과정은 세 단계로 구분해 볼 수 있습니다. 설립부터 2002년까지는 '기반 구축기', 2003년부터 2007년까지를 '위기 극복 안정화기'라고 한다면, 2008년부터는 '성장 도약기'

라고 할 수 있을 것입니다. 21세기 사회 변화에 부합하고, 사회 변화를 선도하기 위하여 민사고는 현재까지보다 더 많은 노력을 경주해야 할 것입니다. 더욱이 새 정부의 교육정책이 '자율과 경쟁'을 표방하고 있으므로 다른 사립학교들이 민사고를 벤치마킹하면서 민사고와 경쟁하기 위하여 집중적인 투자와 노력을 할 것입니다. 따라서 민사고는 현재의 위치를 계속 유지·발전시키기 위해서 일대 전환점을 마련해야 할 것입니다.

학교의 발전은 학교장 혼자의 힘으로 되지 않고 학교법인, 교직원과 학생, 학부모들의 총체적 노력으로 이루어진다는 사실을 잘 알고 있습니다. 그럼에도 불구하고 신임 학교장으로서의 학교경영 철학 혹은 학교경영의 기본입장과 소신의 일단을 밝히는 것은 필요하다고 봅니다.

학교장의 역할은 교사들이 수업을 잘 할 수 있도록 인적·물적 제 조건을 정비·보완하는 것입니다. 따라서 보다 효율적인 민족주체성 교육과 보다 합리적인 영재교육이 실현될 수 있도록 모든 노력을 경주할 것입니다. 행정이론과 실제적 경험을 바탕으로 주어진 여건에 안주하기보다는 학교의 성장·발전을 위하여 부단히 개선책을 강구할 것입니다. 특히 다음과 같은 과제에 학교경영의 우선순위를 부여할 것입니다.

첫째는 교육의 수월성 추구입니다. 수월성 추구는 영재교육기관인 민사고가 지속적으로 추구해야 할 가치이며 목표라고 할 수 있습니다. 모든 학생이 자신의 잠재능력을 최대한으로 개발하여 자아를 실현할 수 있도록 새로운 교육내용과 방법을 부단히 연구·개발할 것입니다.

둘째는 교육의 국제경쟁력 제고입니다. 우리 학생들의 활동무대가

국내로부터 세계로 확대되고 있으므로 Global Standard에 부합하는 교육 프로그램을 제공하고, 외국 교육기관과의 교류·협력을 보다 강화할 것입니다.

셋째는 학교경영의 민주화·효율화입니다. 주요 의사결정에 모든 구성원의 참여기회를 대폭적으로 확대하고, 구성원의 의견을 최대한으로 수렴하여 모두가 만족할 수 있는 경영전략을 택할 것입니다.

넷째는 교육여건의 개선입니다. 교육의 질은 교사의 질을 능가할 수 없으므로 교사의 질적 수준을 향상시킬 수 있는 방안을 모색하고, 교육시설을 확충하고 현대화할 것입니다. 이를 위하여 학교재정의 자립기반을 구축하고, 재정을 효율적으로 운영할 수 있는 방안을 강구할 것입니다.

역사는 하루아침에 이루어지지 않지만 "꿈은 이루어진다"는 것을 굳게 믿고 학교 발전을 위하여 헌신하고 봉사할 각오로 학교장직을 수행하겠습니다. 여러분의 적극적인 협력과 지원을 부탁드립니다.

감사합니다.

2. 성과와 과제

학교행정체제 확립

나는 학교장 취임사에서 학교 설립 이후 2002년까지를 기반 구축기, 2003년부터 2007년까지를 위기 극복 안정화기, 2008년부터 성장 도약기라고 명명하였다. 기반 구축기에는 학교 설립을 위하여 각종 인허가를 관계기관으로부터 받고, 우수한 교사를 채용하고, 우수한 학생을 유치하기 위하여 다양한 유인체제를 도입하는 등의 활동이 학교 설립자를 중심으로 추진되었다. 이는 학교 설립 후 6년간 4명의 학교장이 임명된 것으로 미루어 짐작할 수 있다. 위기 극복 안정화기에는 IMF 금융위기 때 학교의 모기업인 파스퇴르 유업(주)이 부도를 맞으면서 학교가 존폐 위기에 처하게 되었고, 국가적으로 금융위기를 슬기롭게 탈출하면서 학교도 자연히 위기를 잘 관리하고 안정을 지향하는 정책을 추진하게 된 기간이었다. 그러나 학교 설립과 개교에 온갖 노력을 경주하다가 곧바로 모기업이 부도를 맞게 되어서 학교행정체제를 정비할 시간이 없었다. 겉으로 보기에는 학생들이 미국의 명문대학으로 진학하고, 서울대학교 등 국내의 우수대학으로 진학을 하므로 학교행정체제가 완벽하게 확립된 것으로 생각할 수 있으나 그렇지 못하였다.

학교행정체제를 정립하기 위해서 나는 우선 학교 운영의 근간인 학교 헌장, 학칙, 학생생활 규정 등을 정비하는 일에 착수하였다. 그동안은 학교 규정집이 없이 개별 규정들이 여기저기 흩어져 있었으며, 교사들이나 직원들이 어떤 규정이 있는지, 그리고 언제 어떻게 변경되었는지를 알 수가 없었다. 그래서 여기저기 흩어져 있는 규정들을 수합하고, 현실에 부합되지 않는 조문을 수정·보완하고, 불필요한 규정을 과감히 폐기하고, 아직 제정되지 않은 규정은 새로 만들고, 규정 간에 상충되는 부분을 조정하고, 규정 양식에 어긋나는 규정을 바로 정정하는 등의 작업을 지속적으로 추진하여 2009년 3월에 민족사관고등학교의 학교 규정집을 처음으로 간행하게 되었다. 이 규정집을 모든 교직원에게 배부하여 업무를 처리할 때 언제나 참조할 수 있도록 하였으며, 그 후 변경되는 내용을 반영하고, 신규로 제정되는 규정을 첨가하여 거의 매년 학교 규정집을 발간하였다. 학교 규정은 학교의 모든 구성원들에게 학교의 발전 방향을 제시하고, 학교를 투명하게 운영하기 위한 지침서인 것이다.

　학교 설립이념과 교육목표를 실현하기 위하여 조직 이론에 근거하여 학교 조직을 전면적으로 개편하였다. 학교 조직의 근간을 학사부교장 산하에 교무부와 진학상담부를 두고, 기획부교장 산하에 학생부와 교육기획부를 설치하는 것으로 하였다. 교무부는 6개 학과와 도서관을 관장하고, 진학상담부는 국내 진학 및 국제 진학과 상담업무를 관장하고, 학생부는 각 반 Advisor, 생활지도 및 특별활동 지도, 보건실과 기숙사를 관장하고, 교육기획부는 전략기획, 입학관리, 국제협력 및 대외 홍보활동을 관장토록 하였다. 그리고 각 부서장, 실장, 수석교사 등의 보직은 2년간 수행함을 원칙으로 하고, 가능한 한 순환 근무할 수 있도록 하였다. 이와 같은 맥락에서 부교장의 임기도 2년을 원칙으로 하고 순환하여 보직을 맡도록 하였다. 종래에는 부교장만이 임기가 정해져 있지 않아서 한번 부교장은 교장이 될 때까지 혹은 정년을 할 때까지 부교장으로 근무하게 되어서 다른 교사들이 부교장직을 맡을 수 있는 기회가 제약되는 것을 시정하기 위한 것이었다. 아마도 공립·사립학교를 막론하고 우리나라에서 부교장직을 임기제로 전환한 것은 민사고가 처음일 것이다.

　또한 학교의 의사결정 기구와 과정을 합리적으로 개편하였다. 의사결정의 최소단위는 학과별 회의로서 학과의 수석교사가 회의를 주재하도록 하고, 학기당 학과별로 2회 정도 함께 식사를 할 수 있는 예산도 편성하였다. 다음 단계의 회의는 학과 수석교사, 각 부서의 부장, 각 학년의 대표 Advisor, 교장단이 참여하는 부서장 회의이다. 부서장 회의에서는 전체 교사회의에 상정할 중요 안건을 사전 심의하고, 전체 교사회의에서 심의해야 할 정도의 중대 안건이 아닌 보통의 안건을 심의 의결한다. 학교의 대부분의 사항이 부서장회의에서 결정된다고 할 수 있다. 학교의 최고 의사결정 기구는 전체 교사회의로서 중요 안건은 반드시 교사회의의 의결을 거치도록 하였다. 그리고 협의 기구로 행정협의회를 두었는데, 구성원은 교장단 및 부장, 행정실장, 학교법인 사무국장이며, 주로 학교의 주요 사안에 대하여 상호 정보를 공유하고 협조하는 기능을 수행한다.

그간 합의된 기준이나 통일성 없이 편리한 대로 사용되어 온 영문 명칭(부서명, 사무실명, 보직명)을 통일하였다. 이 통일안은 학교의 조직표를 바탕으로 하되, 현재 사회에서 보편적으로 사용되고 있는 영문 명칭을 많이 참고하였다. 확정된 영문 명칭은 영문 홈페이지, 학교 동영상은 물론 Official Letter의 직함, 그리고 Business Card의 영문 표기에도 적용할 수 있도록 하였다. 그리고 학교에서 추진하는 사업에 있어서 모든 사업체 선정은 공개 경쟁을 원칙으로 하였다. 교복, 운동복, 앨범은 물론 Vision Trip을 담당할 여행사도 공개경쟁을 통해서 결정되도록 하였다.

지덕체에서 체덕지(體德智)로

학교 교육은 체덕지를 균형 있게 겸비한 인간을 기르는 것을 목표로 하고 있다. 체육, 덕육, 지육의 세 가지 학교 교육목표 중 가장 중요한 것은 체육이다. 왜냐하면 건강은 지식보다 중요하고 덕성보다도 중요한 기본적인 요건이기 때문이다. '건강한 신체에 건전한 정신이 깃든다'거나 '체력은 국력'이라는 말, 그리고 '돈을 잃으면 조금 잃는 것이요, 명예를 잃으면 많이 잃는 것이요, 건강을 잃으면 모두 다 잃는다'라는 금언들은 동서고금을 통해 변하지 않는 진리이기 때문이다.

입학시험에서 체육 실기시험으로 4km 달리기를 부과하고, 전교생이 하루 일과를 태권도, 검도, 조깅 등 아침운동으로 시작하는가 하면, (강원)도민체전에 전교생의 1/4 정도가 선수로 참여하고 전교생 460명이 응원에 참여하는 학교가 민족사관고등학교이다. 대부분의 학생들이 태권도나 검도

에서 1단 이상이 실력을 가지고 졸업을 하며, 단체응원을 통해 애교심과 단결심을 함양하고 있다. 민사고에서 체육활동은 교양선택이나 주변적인 활동이 아니라 필수과목이며 핵심적인 활동이다. 왜냐하면 지도자가 두뇌는 빌릴 수 있으나 건강은 빌릴 수 없기 때문이다. 운동을 잘하는 학생이 공부도 잘하기 때문이기도 하다.

민사고에서는 전 교직원과 학생들에게 심폐기능소생술(CPR) 습득을 의무화하고, 졸업요건으로 100m 이상 수영을 부과하고 있다. 지도자는 위급한 상황에 처한 사람의 생명을 구할 수 있어야 하며, 물에 빠졌을 때 자신이 살아나야 함은 물론 다른 사람도 구조할 수 있는 능력이 있어야 하기 때문이다. 하버드대학교의 Widener Memorial Library는 Titanic호에 승선했다가 사망한 Harry Elkins Widener라는 하버드 대학생을 기리는 뜻에서 그의 어머니의 기부로 건축된 것이다. 그녀는 자신의 아들이 수영을 못해서 죽었다고 생각하고 도서관 건축비를 출연하면서 세 가지 조건을 제시했는데, 그중의 하나가 바로 '모든 하버드생들에게 수영 테스트를 실시할 것'이었다.

민사고는 봄철에는 교내 체육대회를 개최하여 학생과 교사가 함께 어울려 운동하는 장을 마련하고, 가을에는 조부모님, 부모님, 아들딸과 함께하는 삼대(三代) 민속체육대회를 개최하여 대가족이 재미있게 어울릴 수 있는 기회를 마련하고 있다. 또한 겨울철에는 모든 학생을 대상으로 스키와 스노보드를 교육시키고 있다. 매주 수요일 오후는 Sports Club Day로 정해서 전체 학생과 교직원이 자신이 선호하는 운동 종목을 택해서 심신을 연마하고 있다. 학교 내의 80여 개 동아리 중에 축구, 농구, 배구, 국궁, 승마, 수영, 골프 등 체육 관련 동아리가 15개나 되며 매우 활성화되어 있다.

옛날에는 형제자매가 많았고, 단독주택 위주의 생활이었기 때문에 거리에서 혹은 골목에서 동네 친구들끼리 운동하는 것이 자연스러웠다. 또 학교마다 가을운동회나 체육대회를 예외 없이 개최하였고, 대학입시에 체력장 제도도 있어 일상생활에서나 학교에서 체육이 상당히 강조되었었다. 그러나 현재는 하나만 낳아서 잘 기르자고 하고, 아파트 위주의 생활을 하기 때문에 동네 운동 팀이 사라지고, 특히 학교에서마저 입시 위주의 교육으로 체육을 소홀히 하여 청소년의 건강은 물론 국민건강이 계속 악화되고 있다.

 체육이나 운동은 민주시민이 구비해야 할 기본 덕목인 협동심, 준법정신, 정의감 등을 배양하는 데 핵심적인 역할을 하며, 개인의 성장과 발전에 필요한 도전의식, 성취감과 만족감을 제공해 준다. 외국의 일류 고등학교들이 오후 2, 3시 이후에는 자신이 선호하는 체육활동에 전념토록 하고 있으며, 유명대학들이 입시전형에서 체육활동을 중시하는 것은 바로 이와 같은 이유이다.

※ 윤정일, 〈운동 잘하는 아이가 공부도 잘한다〉〈스포츠는 세상을 바꾸는 힘이다〉(국민체육진흥공단, 2011. 7. 7.). pp. 54~57 내용 요약

지역사회와의 유대관계 강화

국내 최고의 고등학교, 세계 일류 고등학교를 지향하는 민사고는 설립 이래로 지역사회와는 무관한 학교로서 마치 바다 속의 섬과 같은 존재로 있어 왔다. 따라서 지역사회와의 관계가 대단히 소원하였고, 지역사회 발전을 위한 활동에 소극적이었으며, 민사고 역시 지역사회로부터의 협력과 지원을 별로 받지 못했다. 나는 서울대학교에서의 대학과 지역사회의 협력 증진의 경험을 살려서 민사고에서도 지역사회와의 관계 개선을 위하여 다양한 활동과 사업을 전개하였다. 그 첫째가 학생과 교직원의 주소지를 안흥면(강원도 횡성군)으로 이전한 것이다. 주민등록법 제6조 제1항에 "시장·군수 또는 구청장은 30일 이상 거주할 목적으로 그 관할 구역에 주소나 거소

(이하 "거주지"라 한다)를 가진 자(이하 "주민"이라 한다)를 이 법의 규정에 따라 등록하여야 한다"고 규정되어 있다. 이 법에 따라서 내가 먼저 주소지를 안흥면으로 옮기고, 학생과 교직원들도 주소지를 이전토록 하였다. 면 단위에서 주민의 수가 감소하거나 1년에 한두 명의 신생아가 탄생하는데, 연간 160여 명씩 학생들의 주소지를 안흥면으로 옮겨서 현재는 470여 명 학생 전원이 안흥면민이 되었다. 내가 세대주로 되어 있기 때문에 나는 대한민국에서 가장 큰 가족을 거느린 세대주가 된 셈이다.

강원도민체전에 민사고 운동선수들이 적극적으로 참여하여 횡성군이 도민체전에서 종합 1위를 하는 데 일조하고 있으며, 횡성군에서 개최되는 각종 체육대회에 민사고의 체육시설을 개방하고 있으며 인근 초, 중등학교나 지역 주민들에게도 운동장을 개방하고 있다. 매년 개최되는 도민체전에는 100여 명 이상의 학생들이 선수로 참가하고 있다. 학생들이 참가하는 종목은 검도, 농구, 배구, 야구, 승마, 조정, 수중, 수구 등 다양한 종목이다. 학교에서는 응원단을 조직하여 예선에는 1학년이 응원단으로 참가하고, 준결승과 결승에는 각각 2학년과 3학년이 참가토록 하여 결과적으로 전교생을 도민체전에 참가시키고 있다. 이처럼 도민체전에 학생들을 적극적으로 참가시키는 이유는 '체력은 지도자가 구비해야 할 가장 중요한 조건'이기 때문이며, 체육활동 참여를 통해 애교심과 단결심을 함양하고, 나아가서 지역사회 발전에 기여하기 위함이다.

민사고 학생들이 강원도 지역 주민들을 위한 자원봉사 활동에 적극적으로 참여할 수 있도록 행정적·재정적 지원을 하고 있다. 횡성군이 주최한 세계스노보드대회에 민사고 학생 50여 명이 통역 및 진행 요원으로 활동하였고, 2010년 춘천 월드레저 경기대회에도 민사고 학생들이 통역 요원으로 봉사하였다. 안흥 찐빵축제에서 사물놀이와 가야금 공연을 하고, 지역의 불우

독거노인을 초청하여 위로 잔치를 하고, 장애를 가진 초·중등학생을 위한 또래상담 및 학습도우미 활동을 하고, 지역 복지시설에 찾아가 봉사활동을 하고, 횡성군 청소년 문화 사업에도 학교 동아리들이 지속적으로 참여해 왔다. 나는 횡성군 내 초등학교와 중학교 교장들에게 민사고 학생들의 학습지도가 필요하다면 언제든 봉사차원에서 학생들을 보내겠다고 약속한 바 있다. 최근에 우리 학생들이 학습지도를 나가고 있는 학교가 10여 개나 된다. 면온초등학교의 경우에는 학생 수가 감소하여 폐교 직전이었는데 우리 학생들이 영어와 수학을 지도하기 시작하면서 도시지역으로부터 학생들이 유학을 와서 120여 명으로 증가되었다고 주요 일간지에 보도된 바 있다. 주말을 이용하여 민사고를 방문하는 방문객 수는 약 2만 명인데, 공식적인 방문객에 대하여는 봉사학생들이 팀을 만들어서 학교 투어를 안내하고 있다.

민사고는 안흥면과 횡성군의 경제에 직간접적으로 영향을 주고 있다. 우선 민사고 학생과 교직원 500여 명이 안흥면으로 주소지를 이전함에 따라 횡성군은 연간 약 6억 원의 지방재정 교부금을 추가로 지원받게 되었다. 지역의 인구가 1명이 증가될 때 중앙으로부터 지원받을 수 있는 금액이 약 120만 원이기 때문에 추가지원이 6억 원으로 추정된다. 민사고 학부모들이 신입생 예비소집, 졸업식, 성년의 날 행사, 학부모회의, 입학시험, 3대 민속체육대회, 민사고 GLPS 캠프 등 정기적인 학교 행사에 참가하는 수가 약 9,100명이나 되고, 외부인들의 공식, 비공식적인 학교 방문자 수가 2만 명이 되므로 이들이 횡성군 관내에 주는 경제적 유발효과는 대단히 크다. 또한 민사고 학생과 학부모는 전국에서 오며, 민사고를 벤치마킹하기 위해 오는 방문객 역시 전국에서 오는데다 상당수는 외국에서 오므로 횡성군을 직간접으로 홍보하는 비물질적·비가시적 효과는 물질적·가시적인 수익보다 크다고 할 수 있다.

고속도로 휴게소에서 승하차

민사고는 도시와 멀리 떨어져 산속에 위치한 완전 기숙형 학교이므로 화재, 집단 식중독, 교통사고의 세 가지에 대한 대책이 주기적으로 점검되어야 한다. 내가 교장으로 와서 제일 먼저 관심을 가지고 집중적으로 체크한 것이 바로 이 세 가지였다. 우선 학교가 직영하고 있는 식당의 경우에 위생이 철저하지 못해서 식중독이 1건이라도 발생하게 되면 역학조사를 위해서 1주일간 식당을 닫아야 하므로 학교 전체가 휴교를 할 수밖에 없는 것이다. 그래서 민사고는 학생들에게 외부 음식의 반입을 철저히 금지시키고 있으며, 학부모들에게도 이 사항을 반복적으로 주지시키고 있다. 나는 시간이 날 때마다 영양사에게 최고의 식자재를 사용할 것을 강조하고, 위생에 만전을 기하도록 부탁을 하였다. 민사고 식당은 학생들 간에도 학부모들 간에도 좋은 평을 받고 있다. SBS 방송사에서도 민사고 식당을 집중적으로 취재해서 방송한 적이 있다. 왜 민사고 식당을 선택해서 취재를 하느냐고 물었더니 우리나라에 유명한 식당이 세 개가 있는데, 첫째는 청와대 식당이고, 둘째는 국회 식당이고, 셋째가 민사고 식당이라는 대답이었다.

민사고는 목재를 위주로 한 한옥 스타일이라서 유난히 화재에 취약하다. 특히 민족교육관은 99간 전체가 화재에 약한 목조 한옥이며, 고층 기숙사에 전교생을 수용하고 있으므로 화재에 대한 특별대책이 필요하다. 더욱 중요한 문제는 가장 가깝다는 횡성소방서와 둔내소방서에서 아무리 빨리 출동해도 20분 이상 걸린다는 것이다. 따라서 소방서를 믿기보다는 자체적으로 화재를 진압할 수 있는 소방시설을 갖출 필요가 있다고 판단하였다. 그래서 소방서장을 초청하여 학교의 화재방지 시스템을 종합적으로 점검하고, 학생을 대상으로 소방 훈련을 시켜 줄 것을 부탁하였다. 소방서장의 점검 결과에 따라서 필요한 요소요소에 소화기를 배치하였고, 어떠한 화재시에도 전교생이 기숙사에서 혹은 강의실에서 무사히 탈출할 수 있도록 화재 대피훈련을 정례화하였다.

민사고는 개교 이래로 매월 마지막 금요일은 귀가일로 정해서 학생들을 단체 귀가시켜 왔다. 학생 수가 적을 때는 동원되는 버스의 수가 몇 대 되지 않았겠지만 학생 수가 460명이 넘으니 동원되는 버스가 14대 정도가 되었다. 학교장으로 부임한 첫 달의 마지막 주 금요일에 기숙사 앞에서 14대의 버스에 학생을 태워서 부산, 광주 등 전국 각지의 도시로 수송하는 모습을 보고는 걱정이 태산 같았다. 만일에 한 대라도 사고가 생긴다면 대형 사고가 되는데 이를 어떻게 할 것인가 하는 걱정으로 밤잠을 이룰 수가 없었다. 버스가 목적지에 다 도착해서 학생들을 무사히 귀가시켰다는 보고를 사감으로부터 들을 때까지, 그리고 일요일 저녁 9시에 다시 사감으로부터 모든 학생이 무사히 귀교했다는 소식을 들을 때까지 마음이 불안하기 짝이 없었다. 그래서 학교가 주도해서 시행하는 단체 귀가제도를 개선할 생각을 하게 되었다.

오랫동안 시행하던 제도를 변경한다는 것이 쉽지는 않을 것으로 판단하였지만 단체 귀가 시 발생할 수 있는 대형 교통사고는 예방해야 한다는 생각이 강했다. 그래서 생각한 것이 학교가 주도하는 단체 귀가 제도를 없애고, 대신에 학교에서 원주 버스터미널까지 셔틀버스를 운행하고, 고속버스 휴게소인 횡성휴게소에서 고속버스를 타고 내릴 수 있도록 해달라고 국토해양부에 민원을 제출하자는 것이었다. 학교가 버스를 제공하여 귀가하는 제도를 없애는 데 대하여 학생이나 학부모의 저항이 대단히 컸다. 버스로 귀가 및 귀교시켜 주는 제도를 믿고 민사고에 진학했는데, 이 제도를 갑자기 없애면 어떻게 하라는 것이냐며 기득권을 주장하며 강하게 반발하였다. 내 대답은 국내나 외국이나 어떤 학교도 학교가 버스를 제공하여 단체 귀가

시키는 예가 없으며, 예상되는 대형 교통사고를 사전에 예방하기 위한 것으로, 학교는 대신에 원주 버스터미널까지 셔틀버스를 운행하여 학생들의 귀가와 귀교에 지장이 없도록 하는 한편, 횡성휴게소에서 고속버스를 승하차할 수 있도록 추진하겠다고 하였다.

위험부담을 최소화하기 위하여 계란을 한 바구니에 담지 않고 주식을 한 곳에 투자하지 않듯이 대형버스로 학생을 정기적으로 귀가시키지 않겠다는 것이 내 주장이었다. 학부모들도 내 설명에 동감을 하면서 추석 명절과 설 명절만은 버스를 제공해 달라고 했다. 그래서 명절 때 2회와 스승의 날에 모교의 스승을 찾아뵙고 인사를 하도록 3회 제공하는 것으로 합의를 하였다. 한편 주말에 원주 버스터미널까지 셔틀버스를 한동안 운행을 하면서 국토해양부에 확인해 본 결과 민사고의 요구를 수용해서 실험적으로 횡성과 또 다른 한 곳을 정해서 고속버스 휴게소에서 승하차하는 환승제도를 실시해 보겠다는 것이다. 국토해양부에 이러한 요청을 하고자 할 때 대부분의 주변 사람들이 실현 불가능할 것이라고 반대 의견을 제시하였다. 그러나 나는 미리부터 불가능하다고 예단하는 것은 잘못이니 민원을 제기하라고 하면서 민원으로 보낼 내용까지 내가 직접 만들어 주었다. 그 핵심 내용은 "민사고 학생들이 귀가할 때 원주 버스터미널까지 자동차로 30분이 걸리는데, 횡성 고속버스 휴게소까지는 정문에서 걸어서 10분 정도이다. 따라서 횡성 고속버스 휴게소에서 타고 내릴 수 있도록 조치해 주면 좋겠다"는 것이었다.

국토해양부에서는 이 건의에 따라 실험적으로 실시한 결과 고속버스 휴게소에서 승하차하는 데 아무런 문제가 없고 주민들이나 이용객들로부터 호평을 받았다면서 전국적으로 확대 실시하겠다고 하였다. 물론 학생들이 귀가하고 귀교를 할 때 고속버스를 이용하는 것이 학교에서 제공하는 버스를 이용하는 것보다 불편할 것이다. 그러나 대형 사고를 예방한다는 측면에서 보면 잘된 일이라고 할 수 있다.

교원평가를 반영한 Incentive 제도 도입

민사고는 과거 수년 동안 매학기 말에 학생들에 의한 강의 평가를 실시해 왔다. 평가 방법은 정량적인 방법과 자유롭게 의견을 기술하게 하는 정성적인 방법을 함께 썼다. 그러나 그 결과는 학교운영 개선에 반영하거나 본인에게 피드백(Feedback)하여 자신이 반성토록 하지도 않았다. 그래서 교원평가를 다양한 방법으로 실시하고, 그 결과를 교원보수에 적극 반영할 목적으로 "민족사관고등학교 교원업적주의 보수제도 도입방안 연구"를 외부 전문가에게 용역 의뢰하여 연구 보고서를 출판하였다(2009년 3월). 연구내용과 연구결과를 중심으로 민사고 교사 전체를 대상으로 정책토론회를 개최하고 찬반 토론을 할 수 있도록 하였다. 그리고 2010년 2월부터 본격적으로 Incentive System을 도입·운영할 목적으로 교원업적주의 보수제도 평가관련 규정과 시행세칙을 제정하였다. 평가영역은 자질 및 태도 평가영역과 근무실적 및 근무수행능력 평가영역으로 구분하고, 평가자는 학생, 동료교사, 수석교사, 대표 어드바이저, 부장, 교장단으로 하였다.

Incentive Pay(장려금 제도)는 교사 직무수행의 성과를 장려금 결정의 기준으로 삼아 열심히 일하는 경쟁력 있는 교원에게 금전적인 보상을 함으로써, 보다 적극적으로 교수학습 방법을 개선하여 수업의 질적 수준을 개선하려는 동기와 의욕을 고취하고자 하는 것이었다. 열심히 가르치고 일하는 교사가 우대 받는 학교풍토를 조성하기 위한 것이다. 처음에는 평가 결과 열등한 교사의 보수를 삭감하여 우수한 교사에게 Incentive로 주는 것으로 오해하고 반대하는 교사들이 있었다. 그러나 교사의 현행 보수를 그대로 유지

하면서 별도의 예산을 마련하여 우수한 교사에게 Incentive로 주는 것이라고 이해시켜서 모든 교사의 합의를 이끌어 냈다. 그래서 학교는 1억 원의 예산을 별도로 확보하여 8,000만 원은 교사들에게, 2,000만 원은 행정직원들에게 평가 결과에 따라서 차등적으로 Incentive를 지급하게 되었다.

매학기 교원 평가 결과는 본인에게 전달되는데, 여기에는 자신이 전체 교사 중 몇 %에 속하는지를 알 수 있게 순위를 %로 제시하고, 학생들이 자유롭게 기술한 평가를 가감 없이 그대로 전달하였다. 그리고 평가에서 낮은 점수를 받은 교사에게는 의무적으로 수업 컨설팅을 받도록 하였다. 수업 컨설팅은 서울대학교 교수학습개발센터(CTL)의 협력을 받아 진행되고 있는데, 교사가 자신의 수업을 녹화해서 서울대학교에 보내면 CTL의 수업 컨설팅 전문가가 이를 분석한 후 그 결과를 가지고 수업을 한 교사와 만나서 지도 조언을 하는 식으로 하고 있다. 또한 평가에서 낮은 점수를 받은 교사에 대하여 교장단이 수업을 직접 참관하여 지도 조언을 하기도 한다. 업적주의 보수제도와는 별도로 Probation 기간 중에 있는 신규채용 교사와 계약제 교사의 경우에는 정기적으로 교장단이 강의를 참관하여 평가하고, 학과 수석 교사와 학과 교사들의 평가를 근거로 재계약 여부를 결정하게 된다. 반면에 평가에서 우수한 성적을 받은 교사에게는 전체 교사를 대상으로 연구수업을 하거나 자신만의 특별한 교수방법을 공개토록 함으로써 수업의 내용과 방법 개선을 위한 풍토를 조성하고, 교내장학과 동료장학이 자연적으로 이루어지도록 했다.

타기관과의 MOU 체결

민족사관고등학교는 1996년 개교 이래 학교 발전의 기반을 조성하는 데 심혈을 기울이느라 외부 기관과의 협력관계를 체결하고 인적교류를 추진할 여력이 없었다. 그래서 2008년까지 자매결연을 하고 교류를 실시한 기관이 세 곳에 불과했다. 1997년 10월 9일에 공군 제8 전투비행단과 자매결연을 하고, 2006년 11월 8일에 몽골의 Secondary School No. 2 of Kharkhorin과의 자매결연, 2007년 3월 20일에 해군 문무대왕함과의 자매결연을 한 것이 전부였다. 그래서 나는 학교장 취임사에서 우리 학생들의 활동무대가 국내로부터 세계로 확대되고 있으므로 Global Standard에 부합하는 교육 프로그램을 제공하고, 외국 교육기관과의 교류·협력을 보다 강화하겠다고 하였다.

제일 먼저 MOU를 체결한 것은 싱가포르의 명문학교인 Raffles Institute였다. 2009년 5월에 서명한 협정은 양교 간 교류협력을 핵심으로 한 것이었으며, 그 후에 양교의 학생과 교사가 교차 방문하여 상호 이해를 증진하기도 하였다. 2010년에는 미국의 Phillips Exeter Academy, Choate Rosemary Hall, Lawrenceville School과 캐나다의 Havergal College, Bishop Strachan School을 방문하여 교류협력을 위한 MOU협정을 제안하였으며, 특히 캐나다의 Havergal College는 나의 제안에 찬동하여 방문 당일에 우리 학교와의 MOU를 체결한 바 있다. 2011년에는 영국의 유명 사립고등학교인 Eton College, Tonbridge School, Radley Colledge, Benenden School, St Paul's School을 방문하여 상호 이해와 협력을 제안하였다.

외국 학교와의 교류·협력만이 아니라 국내의 교육기관과도 교류·협력이 필요했다. 특히 민사고가 위치한 강원도의 학교들과도 MOU를 체결할 필요성이 있어서 강원도 교육청을 설득하여 강원도 내 특수한 성격을 지닌 세 학교인 민사고, 강원과학고, 강원외국어고등학교와의 3자간 교육 교류협력을 체결하였고, 한국과학영재학교와는 체육교류를 제안하여 2011년 6월에 제1회 체육교류전을 개최하였다. 또한 2012년에는 본교와 강원도청 간 "동해안권 경제자유구역 개발을 위한 MOU"를 체결하였으며, 제3기갑

여단과도 MOU를 체결하였다. 또한 2013년에는 세계 태권도의 요람으로서 태권도 발전에 중추적 역할을 수행하는 태권도원과 MOU를 체결하였다. 민사고는 공군, 해군과는 오래 전에 자매결연을 하였고, 육군과도 MOU를 체결하게 되어 이제는 육·해·공의 삼군과 결연을 맺은 셈이었다.

민사고가 그간 이룩한 교육성과와 적극적이고도 능동적인 국제 교류·협력정책은 외국의 명문학교들로부터 높은 평가를 받아 2012년 4월에 민사고는 세계 명문학교의 집합체인 G-20 High School의 정식회원으로 가입하게 되는 성취를 이뤘다.

여학생 기숙사 완공

민족사관고등학교는 남녀공학의 완전 기숙형 사립학교로서 학생 수용 능력을 확충하기 위하여 1996년부터 남·여 기숙사를 신축하던 중 IMF 외환위기를 맞게 되었다. 이때 학교 설립자가 운영하던 파스퇴르유업이 부도로 매각됨으로써 부득이 남학생 기숙사만을 2000년에 완공하여 남녀학생이 층을 달리하여 함께 사용해 오고 있다. 여학생 기숙사는 1998년에 5층까지 골조 공사만 마친 상태에서 현재까지 14년간 방치된 상태이다. 이로 인하여 청소년기에 있는 학생들의 생활지도 및 면학 분위기 조성에 많은 어려움을 겪고 있으며, 학생 수용 능력의 한계로 규모의 경제를 실현할 수 없을 뿐만 아니라 입시에서 어느 한 성별의 우수한 학생이 많아도 수용인원의 한계에 직면하여 우수학생을 탈락시킬 수밖에 없는 상황이었다. 특히 학교 교문을 들어오면서 공사가 중단된 흉물스러운 모습을 보게 되면 마치 민사고 전체가 활기를 잃고 퇴보하는 것 같은 인상을 받게 된다. 그리고 공사 중단된 건물을 더 이상 방치하게 되면 건물의 안전성에도 문제가 발생하게 되어 건물을 철거해야 할 것이고, 만일에 건물을 철거하게 되면 그간의 매몰 경비를 포기해야 하는 것이다.

따라서 나는 공사가 중단된 여학생 기숙사를 철거하기보다는 빠른 시일 내에 완공해야 할 필요가 있다고 판단하고, 이를 완공하기 위한 계획을 수립하였다. 제일 중요한 것은 기숙사 완공을 위해서 우선 학교가 자구적인 노력을 기울이고 그 결과를 가지고 학부모들로부터 기부금을 모금하고, 그리고 지방자치단체와 중앙정부에 지원을 요청하는 전략을 수립했다. 그래서 제일 먼저 착수한 것이 법인 사무국에 기부금 확보 전담인력(Fund-raiser)을 확보하고, 교직원을 대상으로 한 기부금 모금을 실시했다. 민사고의 교사들은 당초에 공립학교 교사 봉급의 2배를 받고 있었는데 IMF 외환위기 때 몇 달씩 봉급을 받지 못했고, 외환위기 후에는 공립학교 교사 봉급의 1.5배로 감액되었다. 이처럼 가까운 과거에 이미 봉급을 받지 못했거나 감액이 되었는데 다시 매달 여학생 기숙사 완공을 위한 기부금을 내 달라고 하니 쉽게 동의를 얻기 힘들었다. 그러나 여학생 기숙사 완공의 필요성을 재차 강조하고, 교직원이 먼저 기부금을 내야 학부모나 정부에 대하여 지원을 요청할 수 있다고 설득하여 전 교직원이 2년간 매달 봉급에서 일정율의 금액을 기부금으로 공제하는 데 서명하게 되었다.

한편 강원도청과 강원도 교육청에 대하여도 여학생 기숙사 완공을 위한 재정 지원을 지속적으로 요청하고, 청와대 교육문화 수석에게도 여학생 기숙사 완공의 필요성을 설명하면서 지원을 요청하였다. 이러한 재정 지원 요청에 대하여 강원도청은 2005년 3월과 2009년 4월 두 차례에 걸쳐 기숙사 완공 사업비 총액의 20~25%를 지원하겠다는 약속의 공문을 보내온 바 있다. 그리고 교육과학기술부에 대하여도 "지방자치단체가 재정지원을 약속하였는데 중앙 정부에서도 지원을 해주어야 하는 것이 도리가 아니냐"고

수차례에 걸쳐서 설명과 설득을 하였다. 또 학부모를 대상으로 기부금을 모금하기 위하여 민족사관고등학교 후원 음악회를 개최하기도 하였다.

이와 같은 다양한 활동을 전개한 결과 교직원으로부터 1억 4천만 원을 모금했고, 후원음악회를 통해 학부모로부터 3억 원을 확보하였으며, 2011년 7월 1일에 교육과학기술부로부터 지방교육재정특별교부금 21억 원을 확보하는 성과를 올렸다. 그러나 두 차례에 걸쳐서 기숙사 공사비의 일정률을 지원하겠다고 공문으로 약속한 강원도청은 평창 동계올림픽 준비에 필요한 예산이 부족하다는 이유로 예산 지원에 대하여 소극적이었다. 그래서 2012년 3월에 다시 강원도 지사를 만나서 재정지원을 재차 요청하였다. 이 자리에서 지사는 도교육청과 협의해서 지원을 모색하는 한편 기금으로부터의 지원이나 후원기업을 연결해 주는 등의 구체적인 방안을 강구토록 함께 동석한 도청 관계자에게 분명히 지시하였다. 그러나 시간이 지나도 지사의 약속과 지시가 이행되지 않아서 민사고는 기존에 확보한 예산만으로 기숙사를 완공할 계획을 세웠다.

교육과학기술부로부터 지원받은 지방교육재정특별교부금은 2년 내에 집행하지 못하면 반환해야 하므로 부득이 예산의 범위 내에서 기숙사 완공 사업을 추진할 수밖에 없었다. 따라서 당초에 계획했던 8층까지의 완공을 수정하여 5층까지 중간 마무리를 하고 나머지는 향후에 예산을 확보하게 되면 8층까지 완공하기로 하였다.

공사를 재개하기 위하여 우선 14년간 방치되었던 골조공사의 안전진단을 철저히 하고, 5층까지 중간 마무리를 위한 설계를 다시 하고, 입찰공고를 하여 사업자를 선정하고 계약을 체결하였다. 이 사업을 추진하는 과정에서 건설공사 경험자가 없는 단위학교가 학교 건물을 증축하거나 신축한다는 것이 얼마나 힘든 일인지를 체험하였다.

3. 교육당국에 대한 기대와 건의

사학의 자율권 보장

우리나라 사학은 근대교육의 발전과정에서 신교육 도입의 선구적 역할을 수행하였으며, 일제 때에는 민족의 자주성 고취와 항일 독립운동의 구심점이 되었다. 해방 이후 교육인구가 양적으로 확대되고, 교육에 대한 사회적 수요가 크게 팽창하는 과정에서 사학은 교육수요의 상당 부분을 충족시킴으로써 공공재정의 부족을 보충하고 중등교육의 기초 확립에 크게 이바지하였다. 또한 산업화 과정에서 사학은 산업기술 개발의 주도적 역할을 담당할 지도층과 전문기술 인력의 주공급원으로서의 기능을 수행해 왔다.

이러한 사학이 설립자 부담원칙 때문에 정부의 지원 대상에서 제외되는 반면에 평준화 정책에 묶여서 학교운영의 자율권을 상실한 채 점차 고사되는 상황에 처해 있다. 따라서 사학이 사학 본연의 특성을 신장하면서 외국의 사학들과 자유로운 경쟁을 할 수 있도록 사학에 대한 각종 규제와 통제를 철폐하고, 공립학교와 동등한 수준의 정부 지원을 받을 수 있도록 하는 다음과 같은 특단의 조치가 있어야 한다.

첫째는 단위학교 책임경영제가 교육 현장에 뿌리내릴 수 있도록 해야 한다. 학교교육의 특성화, 다양화를 조장하고 학교교육의 질적 수준을 향상시키기 위해서는 교육운영의 자율권을 단위학교에 부여하여야 한다. 개별학교가 자율역량을 충분히 발휘하여야 교육의 성과를 극대화할 수 있고, 학교운영이 공개되어야 열린교육사회가 구축될 수 있다. 이를 위해 학생선발, 인사, 재정, 교육과정 등에 대한 권한을 단위학교장에게 보다 확대 부여하여 단위학교의 형편과 특성에 적합한 학교경영이 이뤄지도록 해야 한다. 학생과 학부모에게 학교 선택권을 부여하여 수요자 측면에서 학교를 평가

하고, 단위학교의 교육효과를 짐검하고 학교교육의 질적 개선을 지원하기 위한 학교 평가체제를 확립해야 한다.

교육의 민주화, 자율화, 효율화를 위해서는 중앙정부의 교육에 관한 책임과 권한을 대폭적으로 지방 교육행정기관으로 이양하여야 하며, 지방 교육행정기관은 단위학교로 책임과 권한을 이양해야 한다. 교육행정기관에 귀속되어 있던 학교교육과 운영에 관한 중요한 권한을 단위학교에 위임하여 학교 구성원들이 자율적으로 단위학교에 필요한 결정을 하고 그에 따라 운영하며 결과에 대해 책임을 지게 해야 한다. 학생과 가장 가까이 있는 사람들이 가장 적절한 의사결정을 할 수 있으며, 변화는 단위학교의 구성원이 주인의식을 가질 때 잘 일어나고, 주인의식은 단위학교 구성원들이 학교경영에 대한 의사결정 권한을 가질 때 가능하기 때문이다.

둘째는 사학에 대하여 학교운영의 자율권을 보장해 주어야 한다. 학교가 학생들의 다양한 요구에 부응하기 위해서는 중앙에서 정한 표준에 따라 수행되는 획일적인 교육 대신에 개별 교육기관이 스스로 목표를 정하고 자율적으로 경영할 수 있어야 한다. 따라서 학교교육의 다양화와 자율화는 선진 교육의 기본 조건이라 할 수 있다. 학교 자율화는 세계적인 추세이며 자율화의 영역은 교육과정 편성 및 운영, 교원인사, 학교운영 등 광범하며, 그 핵심은 학교장과 단위학교의 자율성을 확대하는 반면에 학교의 책무성을 보장하기 위해 주기별 평가를 의무화하고 책무성에 기초한 계약 갱신으로 교육의 질을 관리하는 것이다.

학교 자율화 정책은 교육규제를 철폐하여 교육의 자율과 자치의 밑바탕을 마련하고 학교교육의 다양화를 유도하는 규제완화론, 교육행정의 지방분권을 통해 지역주민의 교육에 대한 참여를 확대하고 지역의 특성에 적합한 교육정책을 실시하는 지방교육자치론, 학교교육 운영에 관한 중요한 권한을 단위학교에 위임하여 학교 구성원들이 자율적으로 필요한 결정을 하고 그 결과에 대해 책임을 지게 하는 단위학교 책임경영론에 근거를 두고 있다.

학교 자율화 정책은 중앙 주도의 정책과 달리 학교가 요청하는 다양한 자율활동을 지원하는 정책이 되어야 하며, 학교로부터 출발하는 정책이 되어야 하지 위에서 만들어져 학교로 내려오는 지시적 정책이 되어서는 안 된다. 교육기본법 제5조 제1항에서는 학교운영의 자율성은 존중된다고 규정하고 있으나 그간 교육과학기술부는 정책 추진에 있어서 지나치게 상세한 가이드라인을 제시하는 경향이 있고, 시·도교육청은 지역적 특수성을 반영하지 못하는 수동성에 머물고, 교육지원청은 학교와 시·도교육청 간의 가교 역할을 하는 데 미흡하였다.

본래 사학은 건학이념을 실현하기 위하여 설립된 학교로서 정부로부터 사학의 특수성과 독자성을 인정받고, 학교운영에 관하여 포괄적인 자율권을 부여 받은 학교이다. 특히 학생이 학교 선택권을 행사할 수 있고, 학교는 학생을 선발할 수 있는 권한을 갖는 학교이다. 따라서 사학에 대하여는 정부의 학교자율화 추진 정책의 기조 위에서 사학이 독자성과 야생조직으로서의 특성(학생의 학교선택권과 학교의 학생선발권)을 살릴 수 있도록 학교 운영 전반에 걸쳐 자율권을 대폭 확대 부여해야 할 것이다.

학생 선발의 자율권 보장

민족사관고등학교는 교육인적자원부의 〈자립형 사립고 시범운영 지침〉(2001년 10월)에 의거하여 2002년부터 2010년 6월까지 8년 10개월간 자립형 사립고등학교로 운영하여 왔다. 자립형 사립고 시범운영 지침의 주요 골자는 대체로 다음과 같다.

- 자립형 사립고 시범학교는 학교 실성에 부합하는 학교헌장을 제정하고 헌장에 따라 자율적으로 학교를 운영한다.
- 신입생 선발은 전기에 전국단위로 학교가 자율적으로 선발하되 지필고사는 금지한다(논술은 제외).
- 교육과정은 국민공통교육과정 56단위는 필수로 하고, 그 이외의 교육과정은 각 학교에서 자율적으로 편성 운영한다.
- 법인전입금은 학생납입금의 25%로 한다. 즉, 학생납입금 대 법인전입금 비율을 8:2로 한다. 학교의 목적지정 특별사업에 대하여는 시·도 교육청이 재정적인 지원을 할 수 있다.
- 학생납입금은 당해 지역 일반계 고교의 학생납입금액의 3배 이내로 한다.
- 학생장학금은 전체 학생의 15% 이상에게 의무적으로 지급한다.

이와 같은 자립형 사립고 시범학교 전제 조건을 수용하고 민사고를 포함한 6개의 사립학교는 자체의 헌장에 따라 성공적으로 자립형 시범학교를 운영해 왔다. 자립형 사립고 시범학교 운영에 대한 평가 연구에서 한국교육개발원은 시범학교가 성공적으로 운영되었으며, 학교 현장에 많은 변화를 가져왔으므로 보다 확대할 것을 정부에 건의하게 되었다. 이명박 정부(2008~2013년)는 대선 공약에서 약속한 대로 고교체제를 개편하면서 민사고를 포함한 자립형 사립고 시범학교를 자율형 사립학교에 포함시키게 되었다. 고교체제 개편과 학교 자율화를 위한 초·중등교육법 시행령 개정안이 2010년 6월 22일 국무회의에서 의결되어 같은 해 6월 25일에 공포됨에 따라 민사고는 2010년 6월 30일에 자립형 사립고에서 자율형 사립고로 전환하게 되었다.

그러나 기존의 자립형 사립고는 개정된 초·중등교육법 시행령의 부칙 제5조(자립형 사립고등학교 시범 운영기간 종료에 따른 경과 조치)에 의거하여 자립형 사립고 운영 시의 기득권을 모두 인정받았다. 부칙 제5조는 "이 영 시행 당시 시범운영 중인 자립형 사립고등학교로서 이 영 시행 후 자율형 사립고등학교로 지정을 받은 학교의 장은 자율형 사립고등학교로 계속 지정되는 한 제81조 및 제82조에도 불구하고 학생의 지원에 의하여 필기고사 외의 방법으로 학생을 선발할 수 있다"고 규정하고 있다. 보다 구체적으로 보면 기존의 자립형 사립고는 전국단위에서 전기에 학생을 선발하되 학생 지원에 의하여 필기고사 외의 방법으로 학교장 자율로 선발하며, 사회적 배려자 선발 및 장학금 비율은 학교에서 자율적으로 결정하고, 학생 납입금은 시·도교육청 조례로 정하고, 법인전입금을 학생 납입금의 20%로 해야 한다는 것이다.

이처럼 자립형 사립고로서 자율형으로 전환한 학교에 대하여는 학생 선발에 있어서 필기고사 외에는 학교장에게 포괄적으로 자율권을 부과하였다. 민사고는 교과부의 권고사항을 존중하는 의미에서 예년 실시해 오던 영재판별검사를 중단함은 물론 스펙, 수상실적, 어학인증 성적, 경시대회 성적 등을 받지 않았다. 그럼에도 불구하고 교육과학기술부는 민사고가 입시에서 영어면접을 했다고 하여 2010년 11월 15일과 2011년 2월 15일의 2회에 걸쳐 교과부의 자기주도 학습전형 지침과 매뉴얼을 위반했다고 보도 자료를 내는 등 부당하게 사학의 학생 선발권을 침해하였다. 교과부 지침이나 매뉴얼은 대통령령인 시행령보다 상위법이 아니며, 하위법과 상위법이 상충되는 경우에는 상위법을 따라야 하는 것이 법 시행의 상식이다. 이를 감안하여 향후에는 정부가 법적으로 보장된 자율형 사립학교의 학생 선발 자율권을 침해하는 일이 없어야 할 것이다.

민사고가 영어면접을 해야 하는 이유는 여러 가지가 있다. 우선 민사고는 설립 이래 현재까지 영어상용정책(EOP : English Only Policy)을 강력히 실천하여 학생들이 외국 대학이나 국제무대에서 언어의 제약 없이 활동할 수 있도록 교육시켜 왔다. 대부분의 교재(국어, 국사, 예술체육 제외)가 영어로 된 것을 사용하며, 강의도 영어로 하고, 중간시험이나 기말고사를 영어로 출제하고 영어로 답하도록 하여 왔다. 또한 학교에서 하는 모든 공식행사(애국조회, 입학식, 졸업식 등)를 영어로 진행하고 있으며, 학교의 일상생활에서 학생들 간에 대화를 영어로만 할 수 있고, 이를 위반하여 적발되면 학생법정에서 재판을 받고 벌점을 받게 된다. 이러한 영어상용정책을 보다 효율적으로 실천할 수 있도록 외국인 교사를 영어과에만 배치하지 않고 사회과, 수학과, 과학과 등에도 채용하였으며, 향후에 외국인 교사가 차지하는 비율이 30% 정도가 될 수 있도록 할 계획을 가지고 있다. 이러한 상황에서 민사고가 영어 면접 없이 내신성적과 학생들이 제출한 학업계획서나 교사 혹은 학교장의 추천서만을 가지고 학생을 선발한다면 민사고는 독자성과 특수성을 포기하게 되는 결과를 맞게 될 것이다.

공립·사립학교 간 형평 지원

헌법에서 차별금지를 규정하고, 교육기회 균등을 보장하고 있음에도 불구하고 사립학교 학생들은 국공립학교 학생들에 비하여 심한 차별을 받고, 균등한 교육기회를 보장 받지 못하고 있다. 헌법 제11조 제1항은 "모든 국민은 법 앞에 평등하다. 누구든지 성별, 종교 또는 사회적 신분에 의하여 정치적, 경제적, 사회적, 문화적 생활의 모든 영역에 있어서 차별을 받지 아니한다"고 규정하고 있고, 헌법 제31조 제1항은 "모든 국민은 능력에 따라 균등하게 교육을 받을 권리를 가진다"고 하였다.

이와 같은 헌법정신을 구현하기 위하여 교육기본법에서는 보다 구체적으로 학습권, 교육의 기회균등 보장, 사립학교 육성을 규정하고 있다. 즉, 교육기본법 제3조는 "모든 국민은 평생에 걸쳐 학습하고, 능력과 적성에 따라 교육 받을 권리를 가진다"고 하였고, 제4조는 "모든 국민은 성별, 종교, 신념, 인종, 사회적 신분, 경제적 지위, 또는 신체적 조건 등을 이유로 교육에서 차별을 받지 않으며, 국가와 지방자치단체는 학습자가 평등하게 교육을 받을 수 있도록 지역 간의 교원 수급 등 교육여건 격차를 최소화하는 시책을 마련하여 시행하여야 한다"고 규정하였다. 특히 교육기본법 제25조에서 "국가와 지방자치단체는 사립학교를 지원, 육성하여야 하며, 사립학교의 다양하고 특성 있는 설립 목적이 존중되도록 하여야 한다"고 규정하였다. 그럼에도 불구하고 정부는 설립자 부담원칙 혹은 학생 선발권 부여를 이유로 사학에 대하여는 차별적으로 지원하거나 전혀 지원하지 않고 있다.

헌법과 교육기본법에서 차별 금지와 교육기회 균등 보장을 규정하고 있음에도 불구하고 2009년에 공립고등학교 학생 1인당 연간 교육비는 664만 7천 원인 데 비하여 사립고등학교 학생 1인당 연간 교육비는 548만 7천 원에 불과하여 그 차이가 116만 원이나 된다. 2009년에 공립고등학교 학생은 정부(교육과학기술부 및 시·도교육청)로부터 연간 503만 9천 원을 지원받는 데 비하여, 사립고등학교 학생은 정부로부터 연간 283만 6천 원을 지원받고 있어 그 차액이 무려 220만 3천 원에 이르렀다.

특히 교육인적자원부의 〈자립형 사립고 시범운영지침〉(2001년 10월)에 의거하여 2002년부터 2010년 2월까지 8년 6개월간 자립형 사립고등학교로 운영해 온 학교들은 시범운영 기간의 만료와 초·중등교육법 시행령 개정에 따라 자율형 사립고등학교로 전환하였다. 이 학교들은 전국단위에서 전기에 학생을 선발한다는 이유로 시·도교육청의 재정결함 보조 대상학교에

서 제외시켰다. 즉, 학생 선발의 자율권을 부여하는 대신에 사학에 대한 재정 지원을 하지 않는다는 것이다. 뿐만 아니라 법적으로는 사립학교의 특수목적사업에 대하여는 시·도교육청이 재정 지원을 할 수 있음에도 불구하고 자율형 사립학교라는 이유로 전혀 재정적인 지원을 하지 않았다.

민족사관고등학교는 설립자가 개인이라는 이유로, 자립형 사립고등학교라는 이유로, 자율형 사립고등학교라는 이유로 1996년에 학교가 설립된 이래 중앙정부나 지방자치단체 혹은 도교육청으로부터 전혀 재정적 지원을 받지 못하였다. 따라서 민사고 학생들의 입장에서 보면 심한 차별대우를 받은 것이며, 민사고 학부모의 입장에서 보면 자신들이 납부한 세금, 특히 교육세가 자신들의 자녀에게는 지원되지 않고 자녀들이 다니지 않는 타 국공립고등학교의 학생들에게 지원된 셈이다. 사립고등학교에 대하여 차등적으로 재정을 지원하거나 전혀 재정 지원을 하지 않는 현행의 교육재정 지원 방식은 헌법정신에 정면 배치되고, 교육기본법을 위반한 것이라고 할 수 있다. 따라서 정부는 교육비지불보증제도(voucher system)를 도입하여 사립학교 학생들에게도 국공립학교 학생들에게 지원하는 수준과 동등한 수준의 지원을 해야 할 것이다.

세계적인 고교 육성

국제무대에서 한국의 정치, 경제, 문화, 예술 등 다양한 분야의 위상에 비추어 볼 때 한국은 세계적 수준의 대학(World Class University)을 육성할 필요가 있듯이 중등교육에 있어서도 의도적으로 세계적 수준의 고등학교를 육성할 필요가 있다. 다른 나라의 일류 대학, 일류 고등학교만 바라볼 것이 아니라 우리나라도 선진국의 위상에 걸맞게 일류 학교를 육성해야 한다. 세계 여러 나라에 있어서 명문 고등학교는 대체로 공립학교가 아닌 사립학교이다. 이는 공립학교의 경우에는 정부의 직접적인 통제와 감독을 받지만 사립학교의 경우에는 정부에서 지원은 하되 통제를 하지 않고 자율적인 운영을 보장하고 있기 때문이다.

중학교 추첨입학제 실시 이후 고교 진학을 위한 중학생들의 입시 경쟁이 치열해지고 과도한 사교육비가 지출되는 것을 방지하기 위하여 1974년에 도입된 고교평준화 제도는 그간 어느 정도 성과가 있었으나 평준화 정책 추진과정에서 부작용도 많이 나타났다. 특히 평준화 정책을 사학에까지 무리하게 적용시켜서 명문사학이 모두 자취를 감추고, 사학이 독자성과 특수성을 상실하게 되었다.

외국에서는 평준화 정책을 실시할 경우 공립학교에만 적용하고, 사립학교는 건학이념에 따라서 독자적으로 운영할 수 있도록 평준화 정책을 적용하지 않고 있다. 국영 기업체보다는 민간 기업체가 더 잘 운영되는 까닭은 민간 기업에 대하여는 정부가 간섭을 하지 않기 때문이다. 따라서 교육에서도 사학을 평준화의 테두리에서 풀어주어 사학이 자율과 경쟁의 바탕에서 성장, 발전할 수 있도록 해야 한다.

4. 국가 교육목표 실현을 위한 민사고의 기여

차별화된 민사고의 교육과정

민족사관고등학교는 민족정신과 세계적인 안목을 구비한 창의적이고 세계화된 헌신적인 지도자(Creative, Global, Servant Leader)를 양성하는 영재교육기관이다. 이를 위하여 민족의식 함양 교육, 전통적 가치의 계승발전, 전통문화의 체득 구현으로 한국인으로서의 정체성과 자부심을 갖게 하고, 국

제적 언어구사 능력과 표준을 습득케 하여 세계적 경쟁력을 제고시키며, 수월성 교육을 통해 각자의 잠재능력과 창의력을 최대한으로 발휘토록 하고 있다.

민사고는 1996년 개교 이래 완전 기숙학교에 부합하는 독특한 교육과정을 개발·운영하고, 교육의 질적 수준을 보장할 수 있는 교육내용과 방법을 개발·적용하고 있다. 소질과 적성에 따른 자기주도적 교육과정, 무학년 무계열 교육과정, 교과별 독립 건물제, 3학기제, 3-Step Education, EOP, 소수 정예 토론식 수업, 삼권분립의 학생자치공화제, 민족6품제 등이 그 대표적인 예다. 또한 교사 1인당 학생 수 6명, 교원의 90% 이상이 석·박사 학위 소지, AP과목 개설, AP, SAT, ACT 테스트 센터로 지정, 스포츠 활동 강화, 예절교육 및 봉사활동 강조 등도 민사고 교육의 특징이라고 할 수 있다.

이러한 독특한 교육내용과 방법으로 민사고는 짧은 학교 역사에도 불구하고 명품교육의 대명사, 꿈의 고등학교, 세계 초일류 학교로 자리매김하였다. 현재까지 1,760여 명의 졸업생을 배출하였는데, 그중 반 정도는 서울대, 연세대, 고려대 등 국내 명문대학으로 진학하였으며, 나머지는 주로 Harvard, Yale, Stanford 등 Ivy League 대학으로 진학하였다. 또한 많은 학생들이 물리, 화학, 생물, 수학 등 각종 국제 올림피아드에서 금, 은, 동상 등을 수상하였으며, AP 7개 과목에서 세계 최우수학교로 선정된 바 있다. 특히 2012년 4월에는 세계 명문고교들의 조직인 G-20 High School의 회원학교로 가입되었다.

민사고는 우선 외형적인 면에서 타 학교와 큰 차이가 난다. 우리나라 학교의 전형적인 형태는 성냥갑처럼 길쭉하게 생긴 건물 앞에 운동장이 있는 것이 대부분인데 민사고는 한옥 형태의 건물들이 넓은 대지 위에 여기저기 흩어져서 캠퍼스를 형성하고 있다. 특히 일반학교들의 규모가 3,000평 내지 4,000평인 데 비하여 민사고는 385,000평으로서 일반학교의 100~130배에 달한다. 이런 면에서 민사고는 초·중등학교에 대한 일반적인 고정관념을 일시에 불식시킨다. 학교의 규모나 형태뿐만 아니라 개교 이래 이동식 수업을 하고 있으며, 무학년·무계열·무감독의 3무교육을 하고 있고, 학생 중심의 자율선택 교육과정을 개발·운영하고 있으며, 강의와 일상생활에서 영어상용을 의무화하는 EOP제도를 시행하고 있으며, 인성교육을 강화하고 있다. 민사고는 이러한 독특한 제도와 프로그램을 도입·운영함으로써 한국 중등교육 발전을 선도하고, 국가 교육목표 실현에 직접적으로 기여하고 있다. 매년 민사고 방문객 수가 평균 2만 명(공식적·비공식적 방문자 각각 1만 명)에 달한다는 것은 민사고가 한국 교육 발전에 얼마나 큰 영향을 미치고 있는지를 간접적으로 말해 준다.

이동식 수업

민사고는 개교 이래 전 교과에 걸쳐 수업이 이동식으로 전개되고 있다. 일반 공립학교에서 흔히 볼 수 있는 30~40명의 학생을 수용할 수 있는 교실이 없고 대신에 교사들의 연구실이 있다. 마치 대학 교수들의 연구실처럼 교사들은 자신의 연구실에 연구 자료나 교수학습 자료를 비치하고 연구와 강의에 용이하게 활용하고 있다. 이처럼 이동식 수업이 가능한 것은 학교를 설립할 때부터 소규모 강의를 염두에 두고 학교를 설계하였기 때문이다. 물론 수강학생 수가 많을 경우에는 대형 강의를 할 수 있도록 다양한 규모의 공동 강의실을 구비하고 있다. 대학원 수업처럼 교사의 연구실에서 수업을 할 수 있는 가장 중요한 이유는 학급 규모와 강의 규모가 작기 때문이다. 민사고의 학급 규모는 15명인데, 이는 행정반이라고 불려진다. 학급의 담임교사는 Advisor라고 호칭되며, 15명의 학생에 대한 모든 행정업무와 학생

생활지도, 학부모와의 관계 등을 Advisor가 책임지고 있다. 일반 공립학교의 담임교사 역할을 Advisor가 하고 있다. 행정반과는 별도로 수업반이 있는데, 수업반의 규모는 1명부터 70명, 80명 등 다양하며, 평균 규모는 10명 정도이다.

최소 강의 규모를 5명으로 규정하고 있지만 매학기마다 부득이한 경우에 5명 미만의 강의가 다수 개설되고 있다. 특수한 교과의 경우에 학생이 대학에 진학하는 데 필수적인 교과인 것으로 확인되면 학생 1명, 혹은 2~3명을 대상으로 하는 강의도 개설을 하게 된다. 특히 정규 교과 이외의 IR(Individual Research) 교과의 경우에는 IPI(Individually Prescribed Instruction)가 이뤄지므로 교사와 학생이 1:1의 강의를 하게 된다. 민사고 교사들의 주당 평균 수업시간은 16시간이지만 주요 보직교사의 경우에는 10시간 정도이고, 일반교사의 경우는 대부분이 16시간을 초과하고 있다.

강의실의 책상 배치는 대부분의 경우 토론식 수업이 가능하도록 'ㄷ자', 'ㅁ자' 혹은 원탁형으로 배치하고 있다. 교사가 일방적으로 강의하고 학생은 수동적으로 듣는 식의 교수학습 방법을 탈피하여 교사와 학생 간에, 그리고 학생들 간에 상호 작용과 토론이 활발히 전개될 수 있도록 하였다. 미국의 Phillips Exter Academy에서 개발한 Harkness Method와 유사한 교육방법이 가능토록 한 것이다. Harkness Method란 타원형 테이블에 학생 12명과 교사 1명이 둘러앉아 개인지도 식으로 혹은 회의 식으로 수업을 하는 것을 말하는데, 미국의 기숙형 사립학교나 대학에서 많이 활용하고 있는 방법이다. 우리나라의 경우에는 대학원 수업에서 이러한 수업방식을 많이 채택하고 있다.

민사고는 정부가 역점을 두어 추진하고 있는 교과교실제를 넘어서 교과별 독립건물제를 계획하고 추진하고 있다. 현재 충무관은 행정부서와 사회과 교사들이 함께 사용하고 있고, 다산관은 수학과와 과학과 교사들이 사용하고 있으며, 영어교육관에는 외국어과 교사들이 사용하고 있다. 99간의 민족교육관은 국어과, 체육과, 음악과 교사들이 각각 별도의 건물을 사용하고 있다. 따라서 향후 천문대를 갖춘 과학교육관을 신축하고, Master Plan대로 종합교육관을 신설하게 되면 민사고는 계획했던 대로 교과별 독립건물을 운영할 수 있게 된다. 이러한 교과별 독립건물제는 중등학교 캠퍼스 설계의 새로운 이정표를 제시하게 될 것이다.

무학년, 무계열, 무감독의 3무교육

고등학교에서 학년과 계열을 구분하지 않고 교육시키고, 시험감독 없이 시험을 본다면 상당히 의아하게 생각할 것이다. 그러나 대학에서는 교양과목이나 선택과목의 경우 대부분 학년 구분 없이, 그리고 계열 구분 없이 자유롭게 선택할 수 있도록 하고 있다. 민사고에서도 교육과정을 운영함에 있어서 상당히 많은 교과를 학년 구분 없이 선택 수강할 수 있도록 하고 있다. 자신의 필요에 따라서, 적성과 진로에 따라서, 자신의 교육과정을 설계할 수 있도록 하고 있다. 교과목에 따라서는 3개 학년이 혼재하여 수강하기도 하고, 2개 학년이 수강하기도 한다. 따라서 교육과정 운영 특성상 학교단위의 행사는 별 어려움이 없으나 학년단위의 행사를 추진하는 데는 어려움이 있기 때문에 학년단위의 행사는 주로 주말에 진행되도록 하고 있다.

일반 고등학교에는 인문반과 자연반의 두 개 계열이 있지만 민사고에는 4개의 계열이 있는 셈이었다. 국내반과 국제반이 있고, 인문계와 자연계가 있다. 민사고에서 국제반을 운영하게 된 연유는 이러하다. 민사고는 개교 당시에 입학 정원이 30명이었으며, 전원이 장학생으로서 입학금과 수업료, 기숙사비 등 납입금 전액이 무료였다. 또한 우수 교원을 확보하기 위하

여 교원의 보수도 일반 공립학교 교원 봉급의 2배를 지급하였고, 영재교육을 실시하기 위하여 교원당 학생 수도 1대 4 이하를 유지하였다. 민사고에서 이런 방식으로 우수한 인재를 양성했는데 졸업생 수가 너무 적어서 학생들의 내신성적이 낮게 평가됨으로 인하여 국내 일류대학에 지원서도 낼 수 없었다. 그래서 민사고가 택한 것이 국제반을 만들어 직접 외국의 명문대학으로 진학시키자는 것이었다. 민사고에서는 국내반과 국제반, 인문계열과 자연계열의 선택을 가능한 한 뒤로 미루고 왔다. 물론 미리 결정해서 각각에 부합하는 교육을 시키면 보다 효율적일 수도 있겠으나 가능한 한 학생들에게 자신의 진로를 올바르게 탐색할 수 있는 기회를 충분히 보장해 주려고 하기 때문이다. 인문계 교과목도 자연계 교과목도 스스로 공부해 보고 자신의 적성과 진로를 택하도록 한다. 그리고 국내 대학과 외국 대학 중 어느 쪽을 택할 것인가도 충분히 생각하고 경험할 기회를 준다. 따라서 저학년에서는 무계열로 운영하고, 3학년에 가서 인문과 자연, 국내와 국제로 구분하고, 국제반의 경우에는 일반적으로 외국인 교사를 Advisor로 배정한다.

무감독 자율시험제는 학생들이 지도자로서의 인성을 함양하고, 학습의 결과를 양심에 따라 공정하게 평가 받도록 하기 위한 제도로서 중간고사와 기말고사에 적용한다. 시험이 시작되는 주일의 애국조회와 시험 첫날 1교시에 학생들은 다음과 같은 자율시험 선서를 한다.

"On my honor, as a proud KMLA student, I pledge to take the unsupervised examination with integrity as expected from an honorable leader of the nation and the world."

미래의 지도자가 될 학생으로서 양심에 따라 행동하고, 감독자의 유무에 관계없이 정해진 규칙을 준수하는 태도와 습관을 체득하도록 하고 있다.

학생 중심의 교육과정

매학기마다 학생들로부터 강의 개설 요구 과목을 조사하고, 교사들이 개설할 수 있는 강의 과목을 조사해서 개설과목과 수강학생 수를 확정하게 된다. 즉 학생 중심의 선택교과를 다양하게 개설하여 학생들의 요구를 충족시켜 주고 있는 것이다. 그렇다고 해서 정형화된 교육과정이 없다는 것은 아니다. 각 교과에서 정한 필수교과가 있고, 그 외의 선택교과의 경우에는 학생의 필요에 따라서 언제나 가변적이라는 것이다. 다양한 영재 양성을 목표로 하고 있는 민사고가 다양한 교육과정을 개발·운영하는 것은 당연하다고 할 것이다. 재학생이나 학부모를 대상으로 학교에 대한 만족도를 조사해 보면 교육과정에 대한 만족도가 가장 높다. 입학 지원자에게 민사고에 지원하게 된 동기를 물어보면 한결같이 "학생의 요구를 반영한 다양한 수준별 교육과정을 운영하기 때문"이라고 답한다.

민사고는 학생들의 소질과 적성을 대단히 중시하고 있다. 학교 교훈에서도 "민족주체성 교육으로 내일의 밝은 조국을 … 출세하기 위한 공부를 하지 말고 학문을 위한 공부를 하자. 출세를 위한 진로를 택하지 말고 소질과 적성에 맞는 진로를 택하자. 이것이 나의 진정한 행복이고 내일의 밝은 조국이다"라고 하여 소질과 적성을 강조하고 있다. "소질과 적성에 맞는 진로를 택하자"라는 교훈을 구체적으로 실현하기 위한 것이 바로 다양한 수준별 교육과정과 자율선택 교육과정이다. 강의와 실험이 병행된 수업, 개인연구와 탐구수업, 특정 주제 중심의 과제연구 또는 탐구 현장학습 등의 다양한 방식과 다양한 수준의 수업을 구성·운영하고 있다.

자율선택 교육과정에는 적성과 진로에 따른 선택교과, 개인연구(IR), 그리고 창의적 체험활동이 있다. 적성과 진로에 따른 선택교과는 대부분이 학생들의 요구를 반영한 심화 중심의 교육과정이다. 창의적 문제해결력, 비

판적 사고력, 합리적 의사결정 능력 등을 함양할 수 있도록 폭넓고 깊이 있는 심화과정의 수업을 운영하며, 학생들에게 보다 질 높은 교육을 제공하기 위하여 AP과정 수업도 개설하고 있다. IR은 정규교과에서 개설할 수 없는 다양한 종류의 교과를 개설하여 학생들의 다양한 지적 호기심을 만족시킴은 물론 학생들의 장래 진로와 관련하여 다양한 경험과 과정을 이수할 수 있도록 하기 위한 것이다. 따라서 IR은 교사와 학생이 한 주제를 가지고 집중적으로 연구하고, 정규수업에서 해결하지 못한 학습내용을 교사 혹은 학생 간의 도움을 받아 해결하게 하는 등 학생에게 맞춤형 학습기회를 제공하고 자기주도적인 학습을 할 수 있도록 한다. 창의 체험활동은 과거의 특별활동의 영역을 확대한 것으로서 자율활동, 봉사활동, 동아리 활동, 진로활동 등으로 구성·운영하고 있는데 전체 학생과 교사의 참여를 의무화하고 있다.

학생 중심의 교육과정을 합리적으로 운영하기 위해서는 교사들의 강의 계획서가 구체적으로 작성되어서 웹사이트에 탑재되어야 한다. 학생들은 이 강의 계획서를 보고 어떤 강의를 수강할 것인지를 결정하게 된다. 따라서 강의 계획서를 수강신청 기간 이전에 작성하여 웹사이트에 탑재하도록 하고 있으며, 강의 계획서는 규정에서 제시한 양식을 준수토록 하고 있다. 강의 계획서에 포함되어야 하는 사항은 교과목 개요, 평가방식, 교과서 혹은 참고도서, 과제물, 그리고 주당 수업계획 등이다.

영어상용정책(EOP : English Only Policy)

민사고는 민족주체성과 세계적인 안목을 구비한 Global Leader 양성이라는 교육 목표를 실현하기 위하여 영어상용정책을 학교 개교 이래 지속적으로 실시하고 있다. 민사고의 영어상용정책은 일반적인 개념의 English Zone과는 달리 교내 전 구역에서 영어상용을 요구하고 있다는 점에서 타 학교의 유사한 정책과 차별화된다. 영어상용정책을 추진하는 이유는 도구로서의 언어인 영어를 완벽하게 습득케 하려는 데에 목적이 있으며, Global Leader로서 갖추어야 할 국제적 언어구사 능력과 표준을 체득할 수 있도록 하기 위함이다. 영어상용정책은 교수학습의 장에서 영어상용과 일상생활에서의 영어상용의 두 가지를 포함하고 있다.

우선 교수학습의 장에서의 영어상용정책을 보면 국어, 국사, 예술·체육을 제외한 모든 교과는 영어로 가르치는 것을 원칙으로 하되 단계별 전략에 맞추어 진행하고 있다. 1단계에서는 우리말을 주로 사용하고, 영어를 보조어로 사용하고, 2단계에서는 영어를 주로 사용하고, 우리말을 보조어로 사용하고, 3단계에서는 영어로만 수업을 진행한다. 수업에서 사용하는 교재의 대부분은 영어 교재이며, 중간고사와 기말고사도 영어로 출제하고 영어로 답하도록 권장하고 있다. 특히 중요한 것은 외국인 교사를 영어과에만 배치하지 않고 각 과에 배치하고 있다는 것이다. 장기적으로는 전체 교사의 30% 정도를 외국인 교사로 확보하고, 외국 학생을 적극 유치하여 교수학습의 장에서 EOP가 자연스럽게 실천되도록 할 계획이다.

일상생활에서는 오전 6시부터 오후 6시까지 학교 전 지역에서 영어상용정책을 지키도록 의무화하였으며, 오후 6시 이후 기숙사 내에서는 EOP가 권장 사항으로 되어 있다. 학교의 모든 행사는 학생자치회에서 영어로 진행하며, 교내 행정 전산망을 통한 주요 공지사항은 영문과 한글을 병기하고, 교사회의에서 우리말로 진행되는 내용은 동시통역을 하여 외국인 교사들의 불편을 해소하고 있다. 이렇게 학생들이 영어를 상용함으로써 국제회의나 학술대회에서 자신 있게 자신의 의견을 피력함은 물론 외국 학생들과 자유롭게 토론을 진행할 수 있다. 특히 외국 대학으로 진학한 경우에 쉽게 외

국생활에 적응하고 아무런 어려움 없이 강의를 수강할 수 있기 때문에 현재까지 민사고 출신은 한 명의 낙오자도 없다.

민족의 고유한 전통, 가치관, 문화를 계승 발전시키면서 동시에 외국의 다양한 문명과 문화를 받아들이고 Global Leader가 구비해야 할 의사소통의 도구로서 영어를 강조한다는 것이 그리 쉬운 일은 아니다. 더구나 일상생활에서 영어를 상용화하도록 하고 위반할 경우에 벌점을 부과하는 것이 민족주체성 교육과 어떻게 합치하는지 설명하기가 어렵다. 어떤 의미에서는 이 두 가지 정책이 정면으로 충돌한다고 할 수 있다. 민족주체성 교육은 그 나름으로 가치 있는 것이며, 영어상용정책 역시 그 나름대로 의미 있는 것임에는 틀림없다. 그러나 이 두 가지를 함께 추진할 때 논리성을 확립하기가 힘들다. 이것은 민사고가 지속적으로 연구 검토하여 해결해야 할 과제이기도 하다.

인성교육 강화

학교교육의 목표는 미래의 가치 있는 삶을 영위하는 데 필수 요건인 지식, 인성, 체력을 균형 있게 구비토록 하는 전인교육에 있다. 그러나 학교 현장에서는 상급학교 입시에 얽매여 지식만이 강조되고, 인성과 체력을 강화하는 프로그램은 실종된 지 오래이다. 예로부터 선비는 육예(六藝)를 갖추어야 한다고 했다. 육예란 예악사어서수(禮樂射御書數)를 말한다. 이는 중국 역사상 최초의 학교를 만들어 스스로 교장과 교사의 소임을 다했던 공자가 학생들에게 가르치기 위해 마련한 최초의 커리큘럼에 해당한다. 알려진 바와 같이 공자가 길러내고자 했던 이상적인 인간상은 군자(君子)였다. 우리나라의 선비가 이에 해당할 것이다. 교육자가 기르고자 하는 이상적 인간상은 시대와 공간에 따라 다르고 육예의 내용도 달라질 수밖에 없다. 그런

데 그 근본에 있어서는 공자 시대와 오늘날에도 변함이 없다. 군자 또는 선비를 오늘날의 인물에 대입하자면 교양인(지식인), 또는 지도자를 말한다. 즉 지도자가 구비해야 할 제1의 덕목이 예절이고, 그 다음이 풍류와 스포츠이며, 마지막이 지혜라는 골격에서는 공자 시대나 현대나 다름이 없다는 뜻이다.

우리 사회가 요구하는 지도자의 양성을 목적으로 하는 민사고는 체력과 인성을 강조하고 있다. 지도자가 지혜는 빌릴 수 있으나, 체력과 덕성은 빌릴 수 없기 때문이다. 그동안 민사고는 지속적으로 체육활동을 조장하고 지원하여 학생들의 체력을 단련시켜 왔으며, 음악·미술 등 예술활동과 예절교육을 통해 학생들의 정서를 함양하고, 생활을 보다 풍요롭게 하고자 노력하였다.

민사고는 대학입시에서 완전히 자유로울 수는 없으나 비교적 초연하게 내 갈 길을 가는 학교이다. 대학입시와는 거리가 먼 체육과 음악, 미술을 지나치다 싶을 정도로 강조하는 것이 좋은 사례이다. 때문에 일부 학생들은 "우리 학교는 민족사관체육고등학교다"라고 풍자하기도 한다. 매년 개최하는 민족사관고등학교 음악회를 준비하는 과정에서 심심치 않게 "음악회가 대학입시와 무슨 관계가 있느냐"는 이야기가 들려왔다. 체육과 음악은 분명히 대학입시와 아무런 관계가 없다. 그러나 정서를 순화하고 사회성을 함양하는 등 인성교육에 긍정적인 영향을 미치고, 지도자에게 필수적인 체력과 덕성을 향상시켜 준다는 확신을 가지고 체육과 예술을 강조해 왔고 앞으로도 그럴 것이다.

민사고는 전인교육, 특히 인성교육을 위하여 다양한 제도와 프로그램을 도입·운영하고 있다. 우선 한복을 교복으로 하여 한복 입기를 생활화하고 있다. 한복은 우리의 고유한 전통을 계승 발전시킨다는 의미도 있지만 한복

의 은은한 색상과 모나지 않은 둥근 선은 알게 모르게 올바른 인격 형성에 긍정적으로 작용하고 있다. 인사는 예절의 출발이기 때문에 신입생들에게 예비교육 기간을 통해 전통 예절을 교육시키고, 이어서 관련 교과 시간에 〈명심보감〉, 〈소학〉, 〈논어〉 등을 가르침으로써 도덕의 중요성을 가르치고 원만한 인격을 도야케 한다. 매일 혼정신성(昏定晨省)을 통해 부모님에 대한 효심을 기르고 귀가 시에 이를 실천하도록 지도한다. 특히 3학년 학생들에게 성년례를 행하여 길러준 부모님께 감사한 마음을 갖도록 하고 동시에 성인으로서의 책임 있는 행동을 하도록 지도한다. 또한 상점제도와 벌점제도를 시행하여 학생 스스로가 자신의 행동을 자율적으로 통제하도록 한다. 이 모든 노력의 결과 민사고 학생들은 가장 인사를 잘하고 예절바른 학생이라는 평가를 받게 된 것이다. 이는 덕성과 인격의 외면적인 상태이고 내면적으로는 더 고매한 인격의 소유자로 길러내고자 하는 것이 학교의 궁극적인 목표임은 말할 필요도 없다.

민사고는 학생 상담의 중요성을 반영하여 학교 조직에 진학·상담부를 설치하여 대학진학과 상담업무를 관장토록 하고 있다. 이 부서에는 진로 및 진학 상담교사와는 별도로 상담 전문교사와 심리교사가 있어서 학생들의 부적응, 고민, 인간관계 등에 대하여 전문적이고 폭넓은 서비스를 제공하고 있다. 그뿐만 아니라 전 교사의 상담교사화를 추진하고 있다. Advisor의 상담활동은 교수활동 못지않게 중요하다는 인식하에 전 교사를 대상으로 상담에 관한 Workshop을 수시로 개최한다. 특히 민사고에는 수석입학이나 수석졸업이라는 용어가 없다. 물론 점수를 계산해 보면 수석입학생이나 수석졸업생을 알 수 있겠지만 이에 대하여는 관심이 없다. 졸업 때 수상자를 결정함에 있어서 중요한 것은 3년간의 교과 성적이 아니라 3년간 타의 모범이 되는 행동을 했느냐이다. 수상자는 수상자 선정위원회에서 심층적인 논의와 투표를 통해 결정한다. 이러한 수상자 결정 방식은 지도자 양성을 목표로 하고 있는 민사고가 인성을 얼마나 강조하는지를 단적으로 말해주고 있다.

/ 두 번째 이야기 /

우리는 끊임없이 진화한다

01   살아 있는 것은 변화를 두려워하지 않는다
       엄세용 | 전 기획부교장, 영어

02   불모지에서 이룩한 영재교육의 보루(堡壘)
       김형섭 | 초대 교감, 수학

03   '해바라기' 박혜선 선생님
       황형주 | 전 학사부교장, 한문

04   진화하는 영재교육 프로그램
       전동성 | 교사, 물리

05   민사고에서의 3년
       나종욱 | 학사담당 부교장, 생물

06   학생자치위원회에서 무엇을 배우나
       김명순 | 학생부장, 체육

07   민사고에서 있었던 일들(開校 前後의 自畵像)
       최관영 | 기획부교장, 국어

08   우리는 정신의 귀족이다(졸업생 좌담회)
       박대식 외

09   엄마도 함께 울었다
       윤인로 | 학부모, 민족고사랑회 제5대 회장

민사고에 오기로 결심한 이유는 최명재 회장의 "나는 장사꾼입니다"라는 말 때문일 것이다.

01
살아 있는 것은 변화를 두려워하지 않는다

엄세용
전 기획부교장, 영어

　마감일을 바라보면 늘 마음 한편이 뻑뻑했다. 써야 할 것이 있는데 써지지 않는 답답함에 늘 뒤 마려운 강아지처럼 엉거주춤했다. '잘 써야 한다'는 생각이 너무 많아 한 자 쓰기가 어려웠다. '잘 써야 한다'가 아니라 '있는 것을 쓰자'라는 생각으로 시작하니 조금 수월해졌다. 나는 글을 잘 쓰는 재주는 갖고 있지 않다. 그래서 민사고에서 지낸 20년을 돌아보는 시간을 갖고, 내가 알고 있는 것을 쓰려고 한다.

나는 장사꾼입니다
　민사고에 오기로 결심한 이유는 설립자 최명재 회장의 "나는 장사꾼입니다"라는 말 때문일 것이다. 사학 설립자들이 근엄한 교육자인 척하면서,

사실은 장사꾼보다 더한 장사꾼처럼 치부를 하는 일이 많았던 1994년이었다. 학교를 설립한다는 사람이, 서울 예술의 전당에 모인 민사고 교사에 응모하려는 수백 명의 사람들에게, 당당하게 "나는 장사꾼입니다"라고 선언한 것은 신선한 충격이었다. '돈은 내가 벌 테니 너희들은 교육에 전념해라'라는 것이 "나는 장사꾼입니다"의 속뜻이었다고 생각했다.

설립자의 '장사꾼'이라는 말에 마음을 굳히고, '속성-수월성 교육 방법론'이라는 제목의 짧은 글과 함께 지원서를 제출하였다. 1995년 1월에 서울 중화동 파스퇴르유업 서울 사무소 2층에서 '장사꾼' 설립자와의 면담을 거쳐, '민사고 설립 준비위원회'의 일원으로 민사고에서의 생활을 시작했다. 그때의 설립자는, 우리 민화 속에서 비정상적으로 크게 그려진 호랑이 눈 같은 왕방울 눈을 부라리던 모습으로 기억된다. 그 '눈'이 늘 나를 지켜보고 있다.

민사고는 그렇게 교육이 뭔지 잘 모르는, 그러나 나라의 미래를 책임질 지도자를 기르는 교육이 필요하다는 생각을 가진 '장사꾼'이 세운 학교다. 교육을 몰랐기에, 아니 당시에 교육이라고 여겨지는 것들을 신뢰할 수 없었기에, 처음부터 모든 것을 새롭게 세워야만 했던 학교이다. 기존의 틀에 박힌 교육이 그 수명을 다했다고 판단하여, 새로운 시대를 담당할 지도자를 위한 교육의 틀을 만들어야 했다. 설립에 참여한 교사들조차 기존의 것을 버리고 새로운 것을 만들고 검토하고 배워야 했다. 민사고의 모든 프로그램들은 원칙적으로 교사들이 먼저 실천해 보고 나서 도입된 것들이다. 이런 과정에서 안정성을 갖춘 익숙한 것들을 버리고, 불안하고 실험적인 것들 속에서 생활해야 했던 교사, 학생, 학부모들은 끊임없는 갈등과 고민으로 하루하루를 지냈다.

개교 초기에 학교를 알리기 위한 많은 방법이 도입되었다. 중학교 교장

선생님들을 초청하여 1박 2일 세미나를 하는 행사를 했었다. 민사고에 관심 있는 학부모와 학생들을 위해 견학 프로그램을 운영하기도 했었다. 그리고 재학생 학부모들을 대상으로 정기적으로 회의를 열어 학교의 교육 정책을 알렸다. 교직원 회의는 거의 매일 열렸고 자주 밤을 새워 진행되었다. 모든 일은 새로웠고, 새로운 것에 대한 불편함, 두려움과 불안이 모든 사람들에게 있었다. 거의 모든 회의에 설립자가 참여하였고, 학교의 교육 정책과 방향에 대해, 설립자는 가슴 깊은 곳에서 울려 나오는 우렁찬 소리로 설명하고, 이해하지 못하고 따르려하지 않는 사람들을 질타하였다. 호통치는 '장사꾼' 설립자의 목소리가 늘 주위를 맴돌았다.

민사고에서 아이들과 함께한 지 20년이 되었다. 강산이 두 번 바뀌는 시간 동안 강원도 횡성 소사리에서 지냈다. 수없이 많은 제도를 도입하여 시행하고, 그 결과를 검토하여 수정하는 일이 끊임없이 계속되었다. 수많은 자금과 인원이 동원되었다. 필요한 자금은 설립자가 운영하던 파스퇴르유업의 이익금에서 우선적으로 배정되었고, 필요한 인원은 법적 제한을 넘어서 필요한 모든 분야에 배치되었다. 든든한 '장사꾼'을 빽으로 둔 우리는 돈 걱정 없이, 아이들을 교육하기에 바람직하다고 생각되는 모든 제도와 시설들을 검토하고, 체험하고, 도입하였다. 그동안 천생 '장사꾼'인 설립자는 학교에 과다하게 자금을 쏟아 부어, 운영하던 기업 파스퇴르유업의 유동성 위기를 극복하지 못하고 사업을 접고 말았다. 그러나 '장사꾼' 설립자가 '장사꾼'의 역할을 다하지 못해도, 민사고에 그의 정신만은 온전히 남아, '교육에 전념'하는 선생님들이 '나라를 위해 봉사하는 사람'인 지도자를 육성하기 위해 혼신의 노력을 다하고 있다.

20년 전 민사고에 지원하면서 작성한 서류를 다시 꺼내 본다.

오늘날 많은 사회적 병리현상들이, 평준화 교육으로 인한 하향평준화와 대학입시제도의 구조적 불합리에 기인한다는 면에서, 이제는 무언가 커다란 변화가 있어야 할 때라고 생각합니다. …(중략)… 변화를 선도하는 학생들을 올바른 방향으로 인도하고자 민족사관고등학교에 지원합니다.

'변화가 필요하고 변화를 선도하는 아이들과 공부하고 싶다'라는 이유로 민사고에서 공부하기 시작했다. 지난 20년간 처음의 이 생각은 변하지 않았고 앞으로도 변하지 않을 것이다. 언제나 변화가 필요하고 변화를 선도하는 학생들이 필요하다. 변하지 않으면 성장을 멈추고, 뒤처지고 결국은 고사한다. 궁극에 이르면 변해야 한다. 한 단계가 끝나면 다른 단계로 나아가야 한다. 전 단계에 머물러 있어서는 발전을 이룰 수 없다. 민사고의 끊임없는 변화와 그에 대응하는 나의 변화는 피할 수 없는 운명이다.

지난 20년 동안 많은 선생님들이 민사고를 거쳐 다른 곳으로 퍼져 나갔다. 많은 경우 처음의 기대와는 다른 학교의 모습 때문에 학교를 떠나갔다. 민사고의 변화된 모습에 실망하거나, 변화의 방향에 동의하지 못하거나, 변화의 방법에 거부감을 느끼거나, 또는 변화의 주체로 기능하기를 주저해서였을 것이다. 강산이 변하고 민사고가 변했어도, 나는 아직도 민사고에서 공부하고 있다. 지금의 민사고의 모습, 변화의 방향과 방법이 나의 기대와 100% 일치해서는 아니다. 아직도 민사고에서 공부하는 이유는 민사고가 살아 있기 때문이다.

민사고는 겉과 속이 다른 학교이다. 민사고가 줄 것이라고 여겨지는 것들을, 민사고는 기대했던 그대로 주지는 않는다. 사람들이 생각하는 민사고는, 그들이 알고 있다고 생각하는 민사고이다. 사람들은 보고 싶은 민사고를 그리고, 그것이 민사고라고 믿는다. 그리고 그렇게 알고 있는 민사고와 보고 싶은 민사고가, 그들이 갖고 싶은 것을 줄 것이라고 또 굳게 믿는다. 그러나 그렇게 보여진 민사고는 실제의 민사고와는 다르다. 민사고는 화석처럼 굳어진 모습을 하고 있는 박제의 학교가 아니다. 밖에서 알고 있는 민사고의 모습은 민사고 안에 들어와 보면 이미 달라져 있다. 민사고는 매일매일 아니 매순간 살아남기 위하여, 그리고 더 나아지기 위하여 치열하게 노력하는 하나의 유기체이다. 그래서 민사고의 보이는 모습과 실제 운영되는 모습은 다르다.

20년 전에 잠을 설치며, 수없이 많은 토론과 체험을 통해 만들고, 도입하여 실천했던 프로그램들 중 현재까지 남아 있는 것은 많지 않다. 20년 전의 민사고의 모습은 이제 없다. 강산이 바뀌는 세월 동안, 민사고는 성장하고 발전하고 변화했다. 지난 20년간 민사고는 세간의 주목을 한 몸에 받으며 많은 변화를 선도했고 그에 따른 많은 성과를 이루어냈다. 민사고가 도입한 많은 제도들은 다른 학교들의 교육 프로그램에 영향을 주었고 일부는 그들의 학교에 도입되었다. 민사고의 교육을 경험한 많은 선생님들이 각 학교에 퍼져 나가서 민사고에서의 교육 방법을 전파하였다. 그리고 민사고의 지도자 교육을 받은 졸업생들은 국내외 각 대학에서 교육받고, 서서히 사회에 발걸음을 내딛으면서, 국내외 각계각층에서 자신의 역량을 펼칠 준비를 하고 있다.

민사고는 끊임없이 진화한다

지금의 민사고는 20년 전의 민사고가 아니다. 지금의 민사고는 어제의 민사고가 아니다. 민사고는 항상 현재에 최적화된 모습으로 미래를 대비하여 살아가는 하나의 생물이다. 민사고는 하나의 유기체로, 구성원 모두가 안

과 밖의 환경에 민감하게 반응하면서 살아간다. 민사고를 살아 움직이게 만드는 것은, 민사고를 구성하는 사람들의 변화에 적응하는 능력이다. 그래서 구성원들은 교직원이든 학생이든 학부모든, 늘 새로운 것에 직면한다. 10년 전의 것을 때로는 1년 전의 것을 지금 적용할 수 없다. 상황이 변화했다면 새로운 것을 가지고 살아가야 한다.

민사고가 지난 20년간 도입한 새로운 제도들 중 많은 것이 현재 사라졌다. 남아 있는 것들은 처음의 모습에서 상당히 변하였다. 민사고는 늘 새로운 것을 만들고, 적용하고 그리고 버린다. 어떤 면에서 '민사고만의 것'이라는 것은 없다. 많은 학교에서 그간 '민사고만의 것'이라는 것을 도입하여 시행하고 있기 때문이다. 지난 20년간 민사고가 이룬 많은 업적들은 지나간 일이다. 그때의 업적은 그때에 가장 필요한 일이었고 민사고가 잘 할 수 있는 일이었다. 지금 그 업적의 자랑스러움에 눈부셔할 이유는 없다. 그러다 장님이 된다. 지난 일은 잊어야 한다. 다만 그 제도가 현재도 유효하다면 현재에 맞게 변형해서 적용해야 한다. 설립자가 개교 초기에 말한 '20년 후에 너희들이 말하라'는 것의 답은, 민사고가 언제나 하나의 유기체로 변화하며 발전해 왔다는 것을 말할 것이라는 점에서, 또 다른 20년에도, 그리고 그 이후에도 늘 다른 것이고 달라야 할 것이다.

민사고 20년의 영광과 업적을 자랑스러워하며 기록하는 일은 쉽다. 그것에 연연하지 않는 것은 쉽지 않다. 그것을 발판으로 삼아 미래를 대비하는 일은 어려운 일이다. 그러나 반드시 해야 하는 일이다. 그것이 민사고의 또 다른 20년을 가져다 줄 것이다. 늘 변하지 않는다면 퇴보하고 쇠락하여 사라질 것이다. 과거의 민사고에 연연하여 앞을 대비하지 않는다면 민사고의 미래는 없다.

지난 민사고의 20년은 살아남기의 투쟁이었다. 살아남아 발전하기 위한 투쟁이었다. 다행스럽게도 아직까지는 살아남았고 발전하고 있다. 앞으로의 일을 장담하기는 어렵지 않다. 민사고는 살아남을 것이고 더욱더 발전할 것이다. 민사고가 살아 있는 유기체라는 면을 저버리지 않는 한, 민사고는 살아남아 발전할 것이다. 20년간 이룬 모든 것을, 현재의 시점에서 미래를 대비하여 고민하고 취사선택하여 적용하지 않으면, 민사고의 수명은 여기까지의 20년이 전부일 것이다. 지난 20년의 경험을 경험으로만 간직하고, 현재와 미래의 환경에 대비할 때 또 다른 20년이 기다릴 것이다. 이런 점에서 스무 살 민사고는 아직도 출발점에 선 갓난아기와 다르지 않다.

나의 민사고에서의 20년은 늘 혼란스럽고, 고민하고, 좌절하는 시간이었다. 항상 변화에 민감하게 반응하고 더 나아져야 하는 역경이었다. 많은 고민을 통해 도입된 제도에 익숙해지기도 전에, 다른 새로운 제도를 구상하고 만들어야 하는 일의 반복이었다. 처음에 만들 때의 고민과 노력에 대한 회의가 끊임없이 머리에 맴돌았다. '하나의 제도를 만들어 그 제도를 숙달하고 반복적으로 적용하면 더 효과적일 수 있지 않을까?'라는 생각에 번민하던 시간이었다. 그래서 민사고에서의 20년은 늘 나의 부족함을 새롭게 깨닫게 되는 시간들이었다. 아마도 다른 사람들처럼 민사고를 떠나지 못한 가장 큰 이유는, 늘 내가 부족하다는 것을 깨달았기 때문이리라. 많은 것이 부족해서 떠날 수 없는 나에게, 민사고는 늘 또 다른 기회를 주고 있었다고 할 수 있다. 그러나 이 글을 쓰는 지금도 나는 여전히 내 부족함을 절실하게 느끼고 있다.

설립자의 "나는 장사꾼입니다"에 감동받아 민사고에서 20년을 생활하면서 많은 일을 맡아 보았다. 설립준비위원으로 시작해서, 개교 직후에는 영어교사와 학생부장의 업무를 맡았다. 이후 교무부장, 입학관리실장, 국제 어드바이저, 교감, 운영위원회 위원, 평생교육원 부원장, 기획부교장을

맡았다. 그리고 지금은 다시 처음으로 돌아와 영어교사로 학생들과 함께 공부하고 있다. 돌이켜보면 학생들을 직접 지도하는 일보다 더 많은 시간을, 학교 행정 업무를 보는 데 보냈다. 다시 학생을 지도하는 본연의 일로 돌아와 뒤돌아보는 나의 민사고에서의 20년은, 늘 부족하고 아쉬움이 많이 남는 시간이다. 학교와 관련된 거의 모든 분야의 일을 해 보았다. 그러나 부끄럽게도 어느 것 하나 잘했다고 말할 수 있는 게 없다. 다만 그때마다 최선을 다해 잘하려고 노력했다는 것은 말할 수 있다.

'장사꾼'의 생각을 기억하는 사람은 이제 많이 남지 않았다. 그러나 '장사꾼'의 생각에 따라, '교육에만 전념'하고, '평생 변화를 꿈꾸고 실천'하는 많은 선생님들이 민사고를 지키고 있다. 교육에 전념하는 선생님들이 있기에, 민사고는 살아 꿈틀대며 꾸준히 미래를 향해 나갈 것이라고 굳게 믿는다. 하나 바라는 것은, 또 다른 20년 후에도, 여전히 많은 것이 부족한 내가 민사고에서 아이들과 함께 공부하고 있는 것이다. 따져보면 이것은 그저 바람으로 그칠 수밖에 없을 것 같다. 그러나 그때 내가 아닌 또 다른 '평생 변화를 꿈꾸고 실천'하는 선생님들이, '평생 변화를 꿈꾸고 실천'하는 아이들과 함께할 것을 믿는다.

두 번째 이야기 우리는 끊임없이 진화한다

대체 어떤 존재가 '민족이라는 단어를 가슴에 안고' 살아갈까?

02

불모지에서 이룩한 영재교육의 보루(堡壘)

김형섭
초대 교감, 수학

영재란 무엇인가?

민족사관고등학교는 '영재교육'을 표방하여 시작한 학교이다. 그러나 불행하게도 '영재가 무엇일까?'에 대한 의문은 그때나 지금이나 아직도 적절하게 정의되어 사용되지 못하고 있다. 그저 '평균 이상의 지능을 가진…' 운운하는 정도에 그치고 있는 것이다. 그러나 이것은 어물어물 넘어갈 문제가 아니다. '영재'의 개념이 무엇이냐 하는 것은 민족사관고등학교의 정체성과 관련된 중요한 문제이기 때문이다.

대체 어떤 존재가 '민족이라는 단어를 가슴에 안고' 살아갈까?

쉽게 답하기 어려운 주제였다. 민족이라는 단어가 체득되는 시간도 있고 공간도 있기 때문에 한마디로 정의하기가 어려운 탓이다. 구체적으로 살

펴보자. 안중근은 역사의 인물일 뿐인가? 조금 더 정확하게 그는 우리의 영웅인가? 이런 의문을 내놓는 것 자체가 불경스러운 일인가? 그래도 우리는 정의를 해야 하고 의문은 감추지 말아야 한다. 한 발 더 내닫기 위해서다.

민족사관고등학교 교육의 본령은 '민족주체성 교육'에 있다. 여기서 '민족이란 무엇인가?' 말할 것도 없이 한국인으로서의 정체성을 말한다. '단군 할아버지의 육과 영을 동시에 이어받은, 그러나 배타적이지 않은 민족성'을 말한다.

이 땅에서 살아왔고, 또 앞으로도 이 땅에서 살아갈 사람들의 영육 속에 연면하게 이어져 온 그 세계를 동의하는 사람이라면 더불어 '민족'의 테두리에 넣어도 될 것이다. 그런 의미에서 '민족정신'을 가장 극명하게 드러낸 두 사람이 있었으니 충무공(忠武公) 이순신(李舜臣)과 다산(茶山) 정약용(丁若鏞) 선생이 그분들이다. 민족사관고등학교가 교문에 두 사람의 전신상을 세우고 아래에 그분들의 공적을 적어 기린 것도 그 때문이다. 말하자면 충무공 이순신과 다산 정약용은 대한민국 사람들의 민족정신의 표상인 동시에 민족사관고등학교가 교육을 통해 길러내고자 하는 이상적 인간의 유형인 셈이다.

이제 목표는 세워졌고 그 목표에 근접한 사실적 인간상도 찾아냈다. 그럼 이상을 어디다 어떻게 담아낼까? 즉 '정신을 담는 그릇이 무엇인가' 하는 문제인데 이는 교육학적으로 많은 논란을 빚은 심리학적, 존재론적 문제에 해당한다.

전통적으로 정신은 뇌수(腦髓)의 작용이라고 알려져 왔다. 뇌와 정신의 관계에 대해서는 아직도 관련 학문 영역의 연구가 진행 중이어서 단정적으로 말하기는 어려우나 필자의 좁은 소견으로는 정신작용을 뇌수의 고유영역으로 한정하는 것은 무리가 있다고 생각된다. 뇌수만이 정신을 담는 그릇이 아닐지도 모른다는 얘기다. 오히려 가슴을 비롯하여 인간의 모든 육신이 그릇이 아니겠는가. 두뇌작용을 통해 민족정신을 이해하고 논리적으로 저장하는 것도 중요하지만 후각을 통해 된장과 김치 맛에 익숙해지고 시각과 촉각을 통해 고유한 한복에 길들여지는 것도 그에 못지않게 중요한 까닭이 여기 있다. 민족사관고등학교가 개교식에서 첫 신입생 30명에게 한복을 개량하여 입힌 교복과 교모가 우리 사회에 담론의 소재를 던져주고 나아가 비판의 제목을 주었다.

그 소식(입학식)을 전하는 언론의 보도경향을 보면 문화적 충격을 애써 감추고 '우리 것'에 대한 무한한 경탄을 나열한 경우도 있었고, 반대로 '국수주의적이고 시대착오적인 복고취미(?)'에 당혹해하는 경우도 있었다. 그 어느 경우이거나 문화를 온몸에 스며들게 하겠다는 교육적 의도를 제대로 간파하는 언론은 없었다(아직도 우리 사회는 제대로 알지 못하고 있다). 한복과 전통 음악의 교습 이외에도 전체 한옥으로 만든 민족교육관 건물과 국궁, 태권도, 선(禪) 수행 등의 과목을 이수케 한 것도 민족 사랑의 마음을 자연스럽게 스며들게 하겠다는 교육적 배려였다.

그중에서도 한복 두루마기를 펄럭이며 다니는 학생들의 모습은 그 자체가 우리 사회에 던지는 신선한 충격이었다. '한복을 학교의 교복으로 지정하는 것이 좋을까, 아닐까?' 하는 의제를 도마 위에 올려놓고 많은 논란이 있었다. 우리 고유의 의복문화는 서양 의복에 밀려 이미 다 사라졌는데… 새삼스럽다는 의견도 있었고, 우리 것을 복원한다고 해도 그 기준점이 어디인지 모호하다는 의견도 있었다. 고구려? 고려? 조선? 참으로 어려운 문제였다. 우리 것이라 해도 시대에 따라 변화가 있었기 때문이었다.

학생들이 학교에 모인 목적은 공부하기 위해서이다. 교복이 공부하는 데 불편을 주어서는 안 되므로 (공부하기에) 편한 복장이어야 한다는 제약

이 따른다. 한복을 입되 정장에 이어서 생활복의 도입은 당연히 필요한 일이었다. 이 같은 발상으로 초기 교복과 교모가 구상되었으나 이것은 그 자체로 완성되거나 고정된 것은 아니므로 학교의 구성원들이 지혜를 모아 개선할 사안이다.

우리가 '공부'라고 함은 국어, 영어, 수학 등의 과목을 교과서를 통해 선생님에게 배우는 것을 말하는데 그것만으로 충분하지는 않으며, 특히 전국에서 영재를 모아 민족주체성 교육을 목표로 설립, 운영되고 있는 민사고의 교육 목표로는 미흡하다 하겠다. 민사고의 99간 한옥인 민족교육관 대문에는 '온고지신가위사(溫故知新可謂事) 법고창신가위학(法古創新可謂學)'이라는 문구가 적혀 있는데 이 구절은 가히 이 학교에서 가르치고 배우는 행위의 규범이 되는 명구다. 온고지신하고 법고창신하기 위해서 우리는 무엇을 배우고 가르쳐야 하는지 분명하기 때문이다. 옛것을 배우는 이유는 더 밝은 미래를 열기 위함이다. 옛것에 함몰되기 위해 옛것을 배우는 것은 결코 아니다. 한복을 입고 국궁 사대(射臺)에서 시위를 당기는 민사고 아이들이 응시하는 것은 '과거' 지향의 퇴행이 아니라 미래이자 세계이다. 따라서 "민족교육을 한다는 학교가 영어상용을 실행하는 것은 모순 아니냐"는 것은 공연한 시비에 지나지 않는다. '선행학습'의 문제도 영재들에게는 문제가 아니다. 굳이 말하자면 평등 이데올로기의 늪에 갇히어 어떤 것은 가르치고 어떤 것은 가르치지 말아야 한다고 밑줄 그어 만들어 놓은 어른들의 노파심이 만든 각종 규제와 가이드라인들은 영재들에게는 불필요한 것일 뿐이다. 그런 규제들을 넘어서는 지점에서 영재교육은 출발한다. 그러므로 기존 학교의 관행에 젖어 "전에 근무하던 학교에서는 이렇게 했다"고 주장하는 선생님들에게 설립자는 답답한 가슴으로 "그럼 그 학교로 돌아가시오!"라고 했을 뿐이었다.

이제 첫 질문에 대한 대답을 마련할 때가 되었다. 영재란 무엇인가? 하는 질문에 대해서다. 지금까지 살펴본 바로는 영재란 '옛것을 배워 미래를 창조할 능력이 있는 사람'이다. 공부만 잘한다고 영재라고 할 수 없다. 시험 성적과 영재가 반드시 일치하는 것도 아니다.

좀 더 구체적으로 말하면 영재란 전 세계를 상대로 하여 부를 창출하고 그 창출한 부를 조국 대한민국에 쏟아부음에 의해 완성되는 존재이다. 학생들 중에는 남들보다 더 우수한 영재의 싹을 가진 아이들이 있는 것은 분명하다. 하지만 그 아이들이 충무공이나 다산 선생처럼 조국과 민족에 유익한 사람이었나 하는 평가는 아이들의 생전에 판명되지 않는 차원의 문제이다. 역사의 문제라는 뜻이다.

우민화(愚民化) 정책과 영재교육

이 학교를 세울 때 고뇌한 문제는 이보다 깊고도 넓었다. 그럼 우리 국가는 영재교육에 어떤 생각을 가지고 어떤 정책을 폈을까? 그 정책들이 민사고에 어떤 영향을 주었으며 우리 사회에는 무엇을 주었나? 하는 문제를 놓고 살펴보는 것도 우리 공동체가 지향하는 가치를 밝히는 데 유익할 것이다. 굳이 말하자면 영재교육은 자본주의의 산물이다. '선택'과 '경쟁'은 이 제도의 중요한 덕목이다. 공산주의와 같은 전체주의 사회에서는 그 나름으로 '선택'하는 방법이 있겠지만 시장의 경쟁을 통한 창조에 있어 자본주의를 능가하지 못한다는 것은 지난 세기의 실험을 통해 밝혀진 바와 같다. 우리는 민족사관고등학교의 역사를 돌아보면서 이 학교가 가장 자본주의적인 체제의 산물이라는 것을 부정할 필요는 없다. 다만 이 학교에서 배우고 자란 청년들(영재들)이 자본주의적인 인물이 될 것인지 아닌지는 별개의 문제이다.

　　여기서 필자가 초기에 전국을 순회하며 학교를 설명하는 가운데 했던 말 중에서 결론 부분을 여기 소개한다.

　　"우리 민족사관고등학교는 귀중한 여러분의 자녀를 받아 전 세계의 많은 사람이 원하는 일을 제대로 할 수 있도록 그들의 재능과 품성을 키우는 데 최선을 다하는 학교입니다."

　　민족의 지도자는 세계인의 지도자가 되어야 한다는 선언이었고 이 학교에서는 그런 인물을 길러내겠다는 약속이었다. 그러나 누구나 알고 있는 바와 같이 민족사관고등학교의 지난 20년은 평탄한 외길이 아니었다. 설립자 최명재 이사장 스스로가 지닌 한계가 가장 컸다. 그는 민족주의자였으나 세간에서 말하는 '수구꼴통'은 아니었으며, 맨손으로 기업을 일군 입지전적인 인물이었으나 재벌급의 대기업 소유자가 아니라 바람이 불면 쓰러질 듯한 중소기업으로 사방이 적으로부터 포위되어 있던 파스퇴르유업(주)의 경영자였다. 그리고 그는 교육의 전문가가 아니라 교육에 문외한인 '장사꾼'이었다. 최 이사장의 삶을 규정하고 있던 이상의 조건들이 그가 지닌 장점이기도 했으나 그가 세상에 없던 학교를 세우고 전문가임을 자처하는 사람들을 자극하기 시작하자 사방에서 돌팔매가 되어 날아왔다. 이는 그가 파스퇴르유업을 설립하여 국내에서 처음으로 저온살균우유를 생산하면서 '진짜우유' 논쟁을 유발하자 기존의 대형 유가공업체와 언론사, 그리고 정부기관까지 합세하여 이 신생기업을 죽이기 위하여 벌이던 전면전쟁을 방불케 하는 것이었다.

　　대한민국을 포함하여 전 세계적으로 전례(前例)가 없는 학교를 만들었으므로 교육과정을 비롯한 모든 영역에서 앞서간 사람들의 경험이 비축되어 있지 못했다. 때문에 민사고는 첫 1년 동안 22번이나 시간표를 바꾸는 등 많은 시행착오를 겪어야 했는데 학부모를 비롯한 언론과 교육계는 "그

것 봐라. 교육 전문가 아닌 사람이 학교를 만들어 운영하면 그 꼴이 된다"고 고소해 하였다. 이 신생 학교를 우리 모두 힘을 합하여 함께 길러야 할 소중한 가치의 실현으로 보지는 않았다. 최명재 이사장은 자신의 핸디캡을 잘 이기고 있었다. 그는 겸허하게 마음을 열고 교육 전문가들에게 자문을 구하였고, 당시로서는 상상할 수도 없는 거금을 투자하여 교사들의 해외 순방을 기획하고 실천하였다. 스펀지처럼 무엇이든 흡수하겠다는 강한 의지의 소유자였다. 그러면서도 충무공 이순신과 다산 정약용 선생을 전범(典範)으로 하는 민족 지도자를 길러내는 학교를 만들겠다는 초지(初志)는 변하지 않았다. 조선조 이래 지금까지 우리의 교육은 '신분 유지 또는 상승을 위한 사다리'였다. 제아무리 한국의 교육열이 높다 하더라도 교육자나 피교육자가 모두 이런 정도의 상식에 머물러 있다면 그 사회는 발전할까? 아니라는 것이 최명재 이사장의 생각이었다. 교육은 더 나은 공동체를 만들기 위해 재능과 의지를 최대한 발휘할 수 있도록 물을 주고 길러내는 기관이어야 한다. 이런 기준으로 보았을 때 당시 한국의 교육은 교육이 아니라 '훈련'에 머물고 있었다. '진짜우유'를 위해 보여주었던 최명재 이사장의 투지가 '한국식 교육'을 향하여 정조준되었다.

설립 준비

1993년 5월 교육법 시행령이 개정되었다. 주요 내용은 일반 고등학교의 수월성 속진 교육을 제도적으로 도입한 것이었다. 성진목장의 70만 평 부지 중 절반을 파스퇴르유업이 사용하고 남아 있는 절반의 땅(강원도 횡성군 안흥면 소사리 덕고산 산록)에 일반 계열 영재학교를 설립하겠다는 원대한 포부를 지니고 구체적인 실현 계획을 다듬어 오고 있던 최명재 회장(파스퇴르유업의 회장이었으므로 사람들은 그를 '최 회장'으로 불렀다)은 법률적인

토대가 마련되었으므로 곧 학교 설립 준비를 시작했다. 학교를 설립하기 이전에 그는 횡성읍내에 있는 공립고등학교인 횡성고등학교에 '명재학사'라는 학교 내의 학교를 설립, 운영함으로써 영재교육의 가능성을 시험해 본 일이 있었다. 명재학사는 전국에서 가난한 집안의 수재들을 가려 뽑아 횡성고등학교 내에 설립한 기숙사에 머물게 하면서 낮에는 횡성고등학교 학생들과 동일한 교육을 받고 일반 학생들이 퇴교한 이후에는 영재들을 위해 마련한 특수 교과를 집중 가르치는 방식으로 운영하였다. 그러나 설립자인 파스퇴르유업의 최명재 회장과 이 학사의 교육을 담당한 강원도 교육청 및 횡성군 교육지원청의 요구사항이 다르고 기대 목표 및 교육에 임하는 자세와 준용하는 원칙이 상이하여 이 학사는 설립한 지 3년이 못 되어 문을 닫고 말았다. '명재학사' 실패의 교훈은 최명재 회장의 교육에 대한 열정을 식히지 못했고, 본격적인 학교 설립의 꿈을 길러내는 도화선이 되었다. 1993년 5월에 교육법 시행령을 개정하여 일반 고등학교에서의 수월성 속진 교육의 문을 열게 한 것도 최명재 회장의 노력이 주효했고, 우리 사회가 영재교육에 대한 필요성을 절감하게 된 탓이 컸다.

최명재 회장은 우리나라가 경제뿐만 아니라 문화적으로도 대국의 반열에 오르기 위해서는 국민적 자각이 선행되어야 하고 그 힘은 교육에서 나온다는 사실을 알고 있었고, 그 사실을 아는 것에 멈추지 아니하고 전 재산(私財)과 자신이 경영하는 기업(파스퇴르유업)의 이윤 및 삶의 무게 전체를 투입하여 교육입국의 대도를 개척했던 것이다.

교장 및 교사 초빙, 최명재식 광고

1994년 12월, 어느 날 조선일보 지면에는 낯익은 광고가 실렸다. 파스퇴르유업이 '진짜우유' 논쟁을 유발했을 때 이미 대한민국 소비자들에게 낯이

익었던 '최명재식 광고'였다. 내용은 달랐다. '저온살균 우유'를 알리는 계몽주의식 광고가 아니라 민족사관고등학교의 초대 교장을 모집하는 광고였다. 이 광고를 보고 지원한 200명의 교장 후보들 중에 부산에서 올라온 이규철 씨가 최종 낙점됐다. 이 교장은 10대에 한국전쟁이 발발하자 자원 입대하여 사선을 넘었고, 30대 중반에 교장 자격을 획득한 이래 부산과 경남 일대의 신설 고등학교의 초대 교장을 두루 역임한 '초대 교장 전문'인 인물이었다. 갓 출범하는 민족사관고등학교의 조타수로서 그의 현장 장악능력을 높이 샀기 때문이라는 추측도 있었다. 초대 교장의 선임 이후 학교의 설립준비는 가일층 박차를 가하게 되었다. 우선 이규철 교장은 민족사관고등학교 설립준비위원회를 구성하기 위하여 교사진 확보에 나섰다. 그러는 한편 영재교육에 대한 국내 최고 전문가들로 구성된 자문단은 이영덕(전 국무총리) 명지대 총장이 맡았고, 법률적·제도적 측면의 업무는 전 문교부차관을 역임한 장기옥 씨가 맡았다. 그 외의 1기생 선발과 홍보, 개교식 준비 등 현장 업무는 교사진으로 구성된 개교준비위원회에서 맡아 수행하였다. 개교준비위원으로 선발, 영입된 교사진은 오연중, 성헌제(체육), 황형주(한문), 최관영(국어), 임성찬(영어), 김형섭(수학), 박혜선(지학), 엄세용(영어) 등 9명(교장 포함)이었다. 필자는 서울 압구정동 소재 현대고등학교 교사를 거쳐 민사고에 왔고, 수학을 담당하는 한편으로 초대 교감으로 발탁되어 이 학교 설립 초기의 온갖 풍상의 한가운데 있었으므로 기억의 창고를 뒤져 그 산고(産苦)를 기록해 두고자 한다.

 이처럼 학교의 소프트웨어를 만들어가는 한편으로 덕고산 기슭에서는 밤낮을 가리지 않는 건설 인부와 중장비의 숨결이 거칠었다. 당초에는 1995년 3월 1일을 기하여 개교한다는 계획이었으나 정부의 교육법 시행령 개정 이후 본격적인 학교 설립 준비가 진행되었으므로 1996년에 가서야 개

교한다는 목표를 설정하게 되었다. 개교일자 1996년 3월 1일은 움직일 수 없는 숫자이자 목표였다. 모든 작업은 그 날짜를 기준으로 역산(逆算)하여 진행을 서둘렀다. 1996년 3월 1일, 그간의 준비 끝에 민족사관고등학교(民族史觀高等學校) 개교식 및 제1기생 입학식이 거행되었다. 장소는 학교 내의 높은 지대에 건축한 99간 한옥 건물인 민족교육관(民族敎育館) 마당이었다.

이날 행사에는 특별 초대 손님으로 횡성군 안흥면에 거주하는 노인들과 소년소녀 가장들이 참석했다. 학교 측에서는 행사 후 노인들과 소년소녀 가장들에게 푸짐한 식사를 대접한 것은 물론이고 노인들에게 일상 생활복으로 점퍼를 기증하였다. 노인과 소년소녀 가장을 초대한 것은 지역 주민들과의 유대를 강화하려는 것 이상으로 이 학교의 정체성을 안팎에 알리는 상징성을 띠고 있었다. 효(孝)가 만행(萬行)의 근원이기 때문에 교육의 골간을 이루는 것도 효를 선양하는 내용이 될 것임을 표방한 것이었고, 소년소녀 가장에게 선물과 장학금을 증정하여 격려한 것은 가난과 불행을 극복하는 강인한 정신이야말로 우리 민족의 앞길을 밝히는 횃불이 될 것임을 알리는 일이었다. 오전 11시에 시작하여 12시까지 진행된 개교식 및 제1기 입학식은 개회사, 국민의례, 설립 및 개교 연혁, 설립자 인사, 입학허가 선언, 학교장 환영사, 교사 소개, 입학생 선서, 교가 제창, 소년소녀 가장에게 선물 및 장학금 증정, 폐식사의 순서로 진행되었다. 그중 학교장 이규철 선생은 환영사에서 다음과 같이 말했다.

"온 겨레의 만세소리가 하늘높이 울려 퍼진 기미년 3월, 그때의 민족혼을 되살리는 3.1절을 맞이하여, 세계적 지도자를 양성하는 민족사관고등학교가 그 육중한 문을 열어 온누리에 광명의 빛을 바야흐로 비추기 시작하였습니다.

우리 민족사관고등학교는 설립자 최명재 회장님의 오랜 구상과 강인한 집념으로 창립되면서 그동안 180억 원의 막대한 자본을 동원하였고, 금년에 150억 원을 들여 우리 조상들이 예견했던 이곳, 덕고산 자락의 소사 명지에 배움의 전당을 세움으로써 오늘 전국의 영재라 자부하는 신입생 제군을 맞이하게 되었습니다. 신입생 제군은 우리 조국을 부강하게 만들고 우리 민족을 다 같이 잘살게 하는 민족사관 교육과 수월성 영재교육을 지도 받아 참다운 인간, 유능한 인재로 성장함으로써 장래 조국을 위해 공헌하는 민족의 위대한 지도자가 될 것입니다. 이러한 창학이념을 구현하기 위하여 제군은 그 누구보다도 웅대한 포부와 고결한 꿈을 가슴에 품고 용기와 기백, 끈기와 도량을 반드시 겸비해야 합니다. 더욱이 무한경쟁의 21세기에 우리 민족을 책임지는 지도자가 되기 위해서는 학문을 연찬하고 심신을 수련함에 있어 피나는 노력과 뼈를 깎는 인내와 다양한 체험과 온갖 시련을 극복하면서 하늘 아래 한 점 부끄러움이 없는 당당한 인물이 되어야 할 것입니다. (후략)"

왜 3월 1일이었나?

이규철 교장은 신입생에 대한 환영의 인사말에서 이 학교의 문을 여는 날이 하필이면 3월 1일이라는 역사적 사실에 주목할 것을 요구했다. 이어서 21세기를 '무한경쟁의 시대'라고 규정하고, 이러한 시대를 맞아 이 학교의 신입생들이 민족 공동체를 앞에서 이끌어 갈 지도자로 성장해 달라고 주문했다. 이 학교의 설립 취지와 교육의 방향을 암시하는 환영사였다. 이날의 입학식과 개교식은 그 전경이 대부분의 신문을 통해 소상하게 알려졌다. 특히 대중의 관심사를 대변하는 신문의 보도 경향을 보고 필자는 '이 나라에서 영재교육을 온전하게 실현하기가 아직은 시기상조구나' 하는 사실을 절감

했다. 대부분의 신문들은 한복 두루마기에 사각모(일제시대의 대학생을 연상케 하는)를 쓴 신입생 30명이 민족교육관 뜰에 도열해 있는 모습을 사진으로 내보내고, 이어 일반교육관인 충무관과 기숙사인 생활교육관, 전통교육의 장인 민족교육관 및 세계적인 기준에 부합하는 체육시설들을 차례로 소개하면서 학교 규모 및 현대적 시설에 대한 감탄과 전원 장학생으로 선발된 30명 신입생이 전국 시도에서 고루 선발된 영재들이라는 점에 초점을 맞추어 보도하고 있었다. 이 학교의 출범이 갖는 민족사적 의미에 과녁을 두고 진지하게 성찰한 기사는 보이지 않았다. 그것이 우리 사회가 가지고 있는 교육에 대한 생각의 깊이였고, 기대치의 한계였다.

'수월성 속진 교육'이 필요한 까닭은 무엇일까? '고교평준화'를 실시한 까닭은 인간이 모두 평등하다는 것, 교육은 기회이며 기회는 민주사회의 누구나 균등하게 향유해야 한다는 '평등 이데올로기'와 상충하는 것이 아닐까? 민족사관고등학교가 출범할 당시부터 지금까지 우리 사회의 진보세력을 자처하는 좌파들이 지치지도 않고 주장해 온 위의 이론에 대한 대답은 다음과 같다.

"프랑스의 파스퇴르연구소 소장은 '에이즈 백신을 개발하기만 한다면 프랑스 정부 1년 치 예산에 맞먹는 외화를 벌어들일 수 있다'고 하면서 고급 두뇌가 국가의 주요 자원임을 강조했으며, 한 명의 창의적인 과학자가 200만 명을 능히 먹여 살릴 수 있다고 했다. 미국의 콕스는 '세계적으로 유명한 위인들 중 14세에 대학에 조기 입학하여 20세 전후에 박사가 된 경우가 상당수 된다'는 사실을 확인하였다."

위에 예를 든 두 경우는 모두 수월성 속진 교육의 효율성을 강조하는 사례이다. 그것은 단순히 '창의적 과학자' 개인의 영예에 그치지 아니하고 국가 민족의 자산이라는 점도 확인된다. 우리나라처럼 자원빈국이면서 인재

외에는 자원이 없는 나라인 경우 우수한 인적자원의 계발이야말로 미래를 위한 사회적 투자의 의미를 갖는다. 고급 두뇌의 집중 양성, 이것이 민족사관고등학교 설립이 갖는 주요 이유였고 교육의 방향타였다. 민족사관고등학교의 개교 당시 주요 투자 내용과 시설 개요는 다음과 같다.

(1) 학교 부지

강원도 횡성군 안흥면 소사리 덕고산 산록의 학교 부지는 총 38만 5천 평이다. 여기에 일반교육관(충무관), 민족교육관, 생활교육관, 가정교육관 등의 건물이 개교 이전에 완공되었으며 위의 시설 건설에 투입된 자금은 150억 원, 그 외에 각종 교구재 구입비 30억 원을 합하여 180억 원이 투입되었고, 개교 이후 2차로 특별교육관, 여학생 생활교육관, 체육교육관, 가정교육관 잔여동 건축, 인도어 골프연습장, 추가 교원주택 구입, 운동장 시설, 학교 전역 녹지시설 등에 150억 원이 추가로 투자되어 1997년 5월까지는 모든 공사를 완공한다는 계획이었다(이 중 일부, 특히 여학생 생활관은 IMF 사태로 인하여 공사가 중단되어 학교재단의 숙원사업이 되었다가 2014년에야 중간 마무리가 되었다). 학교 건립에 소요된 총 투자액은 현금 약 500억 원, 학교 부지의 환산 금액 500억 원을 합하여 줄잡아 1000억 원으로 추산되었다.

(2) 특별교육관

기존의 일반교육관과 똑같은 양식으로 1996년 3월 말까지 설계를 완료하고 4월 하순 경쟁입찰에 부쳐 1997년 5월까지 완공했다. 이 건물에는 세계 유수의 도서관을 비롯하여 과학관, 시청각실, 소강당 등을 갖추었다. 완공 후 일반교육관은 주로 인문계열의 강의실로 활용될 충무관(忠武館)으로

명명되었고, 자연과학 계열의 강의실로 활용될 특별교육관은 다산관(茶山館)으로 명명되었다. 두 건물 모두 영재교육방법이 시시각각 변하는 세계적 추세에 맞추어 필요한 교육시설 및 교구재를 보완하기 위하여 2층을 공실(空室)로 비워 두었다.

(3) 여학생 생활교육관

민족사관고등학교는 개교 첫해인 1996년에는 남자 학생만 받아들였다. 여자는 사임당여자고등학교를 신설하여 수용한다는 계획이었다. 그러나 개교 이듬해인 1997년 대한민국 경제에 치명타를 가한 IMF 사태가 왔다. 덕고산의 광활한 부지에 여자고등학교와 과학 기술 전문대학을 각각 설립하여 MIT와 하버드대학이 있는 보스턴 이상의 학원가로 육성하려던 최 회장의 원대한 꿈도 꺾일 수밖에 없었다.

여자고등학교 신설의 꿈을 접게 되자, 민사고는 개교 이듬해인 1997년 2기생부터 남자고등학교에서 남녀공학으로 얼굴을 바꾸었다. 교육 대상을 남자고등학교에서 남녀공학으로 확대, 변경 실시한 첫해인 1997년에는 여학생이 4명 입학했고, 이어 해마다 그 수가 증가하여 3년 뒤인 2000년에는 남녀의 수가 대등하여 1대 1이 되었다. 이 비중은 학교 측이 일부러 염두에 두고 선발하지 않았는데도 신생아의 남녀비율이 대등한 것처럼 자연스럽게 대등한 비율을 나타내며 지금까지 지켜져 오고 있어 학교 당국과 법인 측이 그 경이로움에 놀라고 있다.

이에 따라 여학생 생활교육관(기숙사)의 신축은 선택사항이 아닌 필수사항으로 대두되었다. 1996년 11월 제2기 신입생 선발을 확정 지은 학교 측은 '남녀공학'의 실시에 따른 필요에 의하여 여학생 생활교육관의 설계, 발주를 서둘러 1997년 중에는 전체 8개 층의 골조공사를 끝내고 이듬해인

1998년에는 완공하여 여학생을 입주시킨다는 계획이었다. 그러나 여학생 기숙사 신축공사는 설립자의 뜻대로 되지 못했다. IMF 사태, 즉 국가 부도 사태가 급습하면서 중산층이 몰락하자 상대적으로 고가인 저온살균우유의 소비자가 떨어져 나가고, 회사의 자본 축적이 빈약한 상태에서 유동성이 경직되면서 민족사관고등학교의 모체인 파스퇴르유업이 1998년 1월에 부도 처리되자, 여학생 기숙사 신축공사도 골조 공사를 마친 시점에서 중단되고 만 것이었다.

이후 미완의 이 건물은 민족사관고등학교와 학교 재단(학교법인 민족사관학원)의 아픔을 상징하듯 을씨년스럽게 서 있던 것을 제6대 교장인 윤정일 현 교장이 취임하면서 '여학생 기숙사의 완공'을 중점사업으로 채택, 행정력을 동원하여 강원도 교육청과 교육인적자원부, 그리고 여야 정계를 설득한 결과 2014년에 이르러서야 교육인적자원부로부터 21억 원의 특별교부금을 지원받아 건물 일부를 완공하기에 이르렀다. 그때까지 약 10년 가까이 여학생들은 남학생 전용으로 건설된 기숙사에 입주해 있었는데, 학교 당국은 학생들의 나이가 연부역강한 청년기임을 감안하여 풍기문제 등으로 인한 사고에 대비하여 조바심을 가지고 있었으나 민족사관고등학교 재학생들은 뛰어난 지적능력과 함께 도덕적으로 강한 인재들임을 입증하듯 지금까지 불미한 사고는 발생하지 않았다.

(4) 가정교육관 추가시설

기존의 가정교육관은 1동 8세대분으로 건축하였으나 여기에 후속 입학생들을 위하여 추가로 2개동 32세대분을 건설하기로 하고 1996년 3월 말까지 설계를 끝내고 1997년 3월까지 완공하였다. 가정교육관은 현재 A, B, C의 3개동 총 40세대분을 활용하고 있다.

(5) 체육교육관

전문시공업체와 계약하여 1996년 가을에 완공했다. 이로써 태권도장과 각종 실내 구기 경기장을 완비하였다.

(6) 운동장 시설

국제 2종경기가 가능한 400m 우레탄 트랙을 시설하였다. 트랙 내부에 천연잔디 구장을 마련하였고, 천연잔디 구장과 트랙의 완벽한 배수를 위하여 지하 80cm 깊이로 파서 잡석, 모래, 숯 등으로 채우고 스프링클러 설비를 갖추었다.

(7) 인도어 골프시설

국제화 교육의 일환으로 4층 건물 70여 명이 동시에 사용할 수 있는 설비를 갖추었다. 1996년 가을에 완공되었다.

(8) 국궁장 시설

가정교육관 앞에 전통양식의 국궁 정자와 사대를 설치하고 과녁을 5개로 시설했다. 민사고 학생들은 국궁을 통해 고도의 정신집중력과 강인한 체력을 연마하게 되었다.

(9) 무궁화 화단 설치

운동장 남단의 녹지에 국내외 모든 종류의 무궁화를 심고 그중에서 병충해에 강하고 아름다운 무궁화를 선별하고 개량하여 전국에 보급키로 했다.

(10) 교지 전역의 녹지화

교육관 주변 22,000평을 중심으로 전체 교정에 사철 잔디를 심어 학교를 드넓은 공원으로 조성하고 식목일마다 학생 개인별로 나무를 심고 명패를 부착하여 안전한 성장을 책임지게 하는 동시에 가로수 조성 등으로 학생들의 정서를 순화케 했다.

영재교육에 대한 전문가도 없는 나라

학교의 시설은 필요한 요소이기는 하지만 그것으로 충분한 것은 아니다. 학교가 학교인 까닭은 훌륭한 교육 목표가 있고, 그 목표를 실현하기 위한 시스템(교육과정 포함)과 인력을 보유하고 있기 때문이다. 민사고는 교육 목표를 설정하기 위하여 다가올 21세기의 대한민국과 세계의 상황을 다음과 같이 파악했다.

먼저 21세기의 세계는 과학기술의 발달로 급격하게 글로벌화하여 국제화·정보화가 급진전될 것이며, 경제적으로는 UR 타결 및 WTO 체제의 재편으로 무역장벽이 무너지고 전방위 개방시대가 올 것이며, 지구상에서 유일하게 남은 제2차 세계대전의 전후 유산인 남북한의 분단과 대결이 종식되고 한반도가 통일되어 동북아 및 세계사의 전환점을 이루게 될 것이다. 낡은 이념전쟁은 끝나고 정보 및 지식의 첨단화·고품질화를 겨루는 무한 전쟁, 전방위 전쟁의 시대로 돌입할 것이며, 개성과 창의성이 존중되고 다양한 가치가 혼재하는 세상이 될 것이다.

이러한 세기를 눈앞에 둔 대한민국은 어떠한가. 국토는 좁고 천연자원은 거의 없는데다 창의적 지식의 바로미터인 노벨상 수상자를 배출하지 못한 나라이다. 급격한 서구화와 산업화 과정에서 세계 10위권의 경제적 성장을 이루었으나 작은 성공에 도취하여 물질만능의 사고가 횡행하고 환경 파

괴 등 문명의 부작용에 둔감하며 이를 교정해야 할 교육은 입시 위주의 이상열기를 '교육열'로 착각하는 무지 속에 빠져 있다. 다행히도 출범 당시부터 영재교육을 표방한 민사고는 전국에서 상위 1% 이내의 무한한 가능성을 지닌 학생들을 선발하여 이들에게 본인이 지니고 있는 가능의 세계를 열어주고 민족적, 시대적 소명을 깨닫게 하여 다음 세기의 세계를 이끌어갈 지도자로 육성한다는 목표를 가지고 있었다. 이러한 목표가 설립자 최명재 회장이 필생의 사업으로 교육을 선택하게 만든 원인이기도 했다.

교육의 목표가 있으면 그 목표를 실현하기 위한 구현 과제가 있어야 한다. 교육목표가 '확고한 민족사관의 확립과 수월성 영재교육을 통한 진정한 민족 및 세계의 지도자로 육성한다'는 것이었으므로 당연히 민족교육과 수월성 영재교육이 그 방법이어야 했다. 먼저 민족사관고등학교의 민족 전통교육은 캠퍼스 상단, 생활교육관과 같은 위치에 99간의 한옥으로 세워둔 민족교육관이 상징하고 있었다. 바른 역사관 확립과 충효정신 및 정신 수양을 목표로 설립한 이 교육관에서는 전통 음악과 다도회 등 예절교육의 중심이 됐고, 훗날 충무관과 다산관 등 일반교육관에 있던 국어, 국사 등 과목의 연구실이 이전해 왔다. 민족교육관은 단순히 전통 한옥이라는 외양의 특수성에 그치지 않고 이곳을 중심으로 민족교육연구회를 발족시키고, 본교에서 시행하는 민족사관교육의 내용과 방법을 집대성하여 그 결과를 우리 교육계에 널리 제공하기로 했다.

생활교육관은 단순한 기숙사의 개념을 넘어서서 연구실(학생 입장에서 보면 교실)의 연장이라는 개념으로 마련되었다. 학생들이 원한다면 24시간 공부와 연구에 매진할 수 있는 각종 편의를 모두 설치한다는 개념으로 만들어진 공간이었다. 이러한 목표에 어울리게 도구 과목인 국, 영, 수 교사들이 3일에 한 번씩 돌아가며 교사실에 자정까지 남아 영재 학생들의 공부를 도왔고, 이때 잔류한 선생님은 취침과 기상을 지도하여 혼정신성(昏定晨省)을 지도하였다. 그러나 후일 생활교육관에서의 밤늦은 공부 지도가 폐지되면서 혼정신성 또한 사감선생이 지도를 맡아 오게 되었다.

학교의 주인은 학생이다. 이들에게 무엇을 어떻게 가르쳐 어떤 인재를 만들어 내보내느냐 하는 것이 학교가 존재하는 궁극적인 이유이다. 그러므로 교육기관, 즉 학교는 가르치고자 하는 대상으로서의 학생을 선발하는 데서부터 교육을 시작해야 한다. 우리나라의 교육제도는 이 학생선발권을 정부 또는 지방자치단체가 가지고 있어 교육의 출발점부터 왜곡되어 있는 셈이다. 영재들을 대상으로 교육을 실시하기 위해서는 영재가 무엇이라는 개념 정립과 함께 어떻게 선발해야 하는지에 대한 방안을 가지고 있어야 한다. 그러나 민족사관고등학교가 출범할 당시의 우리나라에서는 일반 계열의 영재교육에 대한 사회적 경험이 전무했다. 사정은 교육대학이나 사범대학 등 연구기관에서도 마찬가지였다. 따라서 민족사관고등학교는 한국교육개발원 영재교육 특임본부의 연구협력학교로 결정되어 본교 교사들과 한국교육개발원의 영재교육 전문가들이 협력하여 개교 첫해인 1996년과 이듬해인 1997년의 제1기 및 제2기생의 학생 선발방법을 연구하고 그 결과를 수용했다. 특히 1996년에 입학한 제1기생의 선발방법은 설립자가 교육전문가들의 자문을 받고 자신이 설립 당시 구상해 온 내용에 따라 선발했으나 1997년의 제2기생부터는 한국교육개발원 전문가들의 의견을 적극 수용했다. 한국교육개발원 특임본부와 민사고가 공동으로 연구하여 마련한 제2기 학생 선발방법은 다음과 같았다.

1997년 여름방학(기간 약 30일)을 3기로 나누어 1기에 5박 6일씩 입학 예비후보들(각 중학교에서 성적 상위 1% 내에 드는 학생 중 학교장의 추천

을 받은 학생들) 중에서 자연과정 대상 학생 200명(2기), 인문과정 대상 학생 100명 도합 300명을 선발한다. 이 기준에 미치지 못하더라도 인문과정의 경우 어문과 사회 계통의 성적, 자연과정의 경우 수학과 과학 성적이 각각 상위 1% 내에 드는 학생과 동등 이상의 실력을 가진 학생은 참가 자격을 주도록 했다. 이른바 신입생 선발을 위한 여름캠프(영재캠프)는 민사고의 모든 교육 시설을 이용하여 참가하는 학생들을 대상으로 여러 가지 실험실습, 분임토의와 강의, 정의적 영역평가 등 소정의 테스트 과정에 참여시켜 그 결과를 가지고 영재성이 있는 학생을 제2기 신입생으로 선발했다. 이처럼 민사고가 영재 선발방식을 나름대로 연구하고 적용하여 신입생 선발에 적용하기 시작한 본격적인 시기는 설립 이듬해인 1997년, 제2기생 선발 때부터였다. 이런 노력을 통해 신입생 선발방법을 연구하여 수용하는 한편으로 교육의 내용, 즉 교육과정에 대한 연구도 집중적으로 시행되었다.

앞서도 밝힌 바와 같이 대한민국에서는 그때까지 영재교육에 관한 전문적인 연구가 행해지지 않아 이 분야에서의 사회적 경험이 축적되어 있지 않았으므로 영재들을 위한 교과, 교육학을 전공한 교사도 전무한 형편이었다. 다만 초창기에는 전국의 고등학교에서 근무 중인 교사들이나 갓 대학을 졸업한 예비교사들 중에서 영재교육에 관한 소신과 의지가 뚜렷하고 능력이 있는 교사들을 선별하여 영입했을 뿐이었다. 필자도 그중의 한 사람이었다. 국내에서 그나마 영재교육에 대한 연구 실적이 있는 전문가 집단은 한국교육개발원 영재교육 특임본부였다. 따라서 민사고는 이들에게 영재교육에 필요한 실천 중심의 연구 프로젝트를 맡겨 준비토록 하고, 그 연구를 바탕으로 민사고의 전체 교사들이 지도를 받아 교육 현장에 적용한 후 그 성과를 검증하고 피드백(feedback)시켜 수업의 질을 높이는 한편 영재교육 방법을 확립하도록 했다. 이를 위하여 수시로 영재교육에 대한 특강과 세미나, 워크숍이 실시되었고, 매년 해외 각국에서 영재교육을 실시하는 국가와 학교를 선정하여 그 학교에서 15일 내지 20일간에 걸쳐 영재교육법을 집중적으로 익히고 오게 했다.

세계는 교육 개혁에 국운을 걸었으나

필자도 최관영, 임성찬 등 선생님들과 한국교육개발원의 조석희 박사, 소설가 이청, 그리고 한국일보 권혁범 기자와 경향신문 이기수 기자, 조선일보 박기연 기자 등과 함께 1996년 3월 2일부터 3월 10일까지 미국, 중국, 대만 등지의 영재교육기관을 방문하여 영재교육 현황을 파악하고 노하우를 전수 받기 위하여 영재교육현장조사단을 이끌고 나갔다 온 일이 있었다. 미국에서는 동부에서 코네티컷대학의 란즐리 교수를 예방, 면담하고 Stuyvesant 고등학교와 Choat Rosemary Hall 고등학교, Kingswood Oxford 고등학교를 돌아보고 서부로 옮겨 샌디에이고의 San Diego Point Loma 고등학교 등을 둘러보고 미국이 인재 양성에 국운을 걸었다는 사실을 확인하였고, 이제 막 긴 잠에서 깨어나 세계를 향하여 웅비하기 전에 도광양회(韜光養晦) 중인 중국대륙(중화인민공화국)에서는 인민대학 부속중학교와 중국과학원 심리연구소에서 주관하고 있는 북경 제8실험중학교를 방문했다. 그리고 바다 건너 타이완에서는 건국고등학교와 구랑초등학교, 국립실험고등학교, 광화중학교, 국립청화대학교를 각각 방문, 이들 아시아의 국가들이 인재 양성에 심혈을 기울이는 현장을 보았다. 이들 국가에서는 영재교육을 해야 한다느니 말아야 한다느니 하는 따위의 소모적인 논쟁을 일삼는 나라는 없었다. '어떻게 가르쳐야 하느냐'에 온 힘을 다하여 연구하고 있을 뿐이었다.

학생을 가르치기는 쉽다. 교사와 부모를 가르치기가 어렵다

이처럼 민사고와 설립자 최명재 이사장은 영재교육에 대한 사회적 경험이 전무한 불모지의 대한민국에서 영재교육기관을 설립하여 교육을 실시하면서 가능한 모든 힘을 다하여 연구하고 그 결과를 과감하게 현장에 수용하였다. 설립자 이사장은 그가 지닌 독특한 카리스마와 지도력으로 황무지 같은 영재교육의 지평을 열어가면서 초기의 기틀을 다져나갔다. 그는 입버릇처럼 "학생을 가르치기는 쉽다. 그러나 부모와 교사들을 가르치고 그들의 고정관념을 깨는 것은 정말 어렵다. 우리나라의 영재교육은 이들의 고정관념을 깨는 데서 출발해야 한다"고 했다. 그것은 사실이었다. 영재교육 초기에 드러난 사실을 종합해 볼 때 영재교육을 막는 최대의 장애물은 아이러니하게도 교사와 학부모들이었다. 이 중 교사들은 국내 전문기관(교육개발원)과의 협력으로 짧은 기간에 많은 양의 지식과 의지를 함양하고 이를 교육현장에 적용할 수 있었으나 학부모의 경우는 달랐다.

제1기생은 전국의 시도별로 골고루 선발하여 지역적 편중 현상이 틈입할 수 없었는데 다만 학부모들의 직업적 성향이 편중하는 데는 어쩔 도리가 없었다. 학부모들의 직업적 성향이란 계층별로는 중산층을 자임하고 직업군별로는 의사, 변호사, 판사, 교수, 언론인 등 전문직이 다수를 차지했다. 자영업자와 농민은 보이지 않았다. 전문직, 테크노라트를 자임하는 이들은 그들이 당대에 성취한 사회적 지위를 유지, 향상시키는 사다리로 자녀들의 학업적 성공을 기대하는 경향이 있었다. 당연히 고등학교는 대학 진학을 위한 준비기간에 지나지 않았다. 전국 각지의 중학교에서 수위급이었던 민사고 지망생들이 기대하는 대학은 서울대학이었고 그중에서도 출세의 디딤돌로 인식되어 온 법대와 의대가 선호하는 양대 학과였다. 당시 대학 입시는 중앙 정부의 권력 구도가 바뀔 때마다 구색처럼 변화를 겪어 국가의 '백년대계'는 소멸하고 '조령모개'식이었다. 대통령은 김영삼이었고 집권여당은 신한국당이었다. 그리고 대학입시는 내신성적으로 판가름하는 제도였다. 당연히 내신등급에 따라 대학입시 성적이 좌우되었는데 재학생 3천 명 중에서 1등 하는 것하고 재학생 30명 중 5등 하는 것하고는 내신등급에서 판이하게 차이가 있었다. 따라서 학부모들은 아들의 내신등급과 점수의 불리를 극복하기 위하여 영재학교인 민족사관고등학교에서 본고사의 점수가 좋게 나오도록 죽기 살기로 공부시켜 주기를 기대하고 있었다. 그러나 민사고는 정반대로 나갔다. 전국에서 상위 1% 이내의 뛰어난 학생들을 모아놓고 기(氣)와 선(禪) 수련을 시켰고, 국궁으로 아까운(?) 시간을 낭비하는 데다 대학입시와는 상관없는 전통 되살리기에 공을 들였다. 게다가 교육과정도 정해진 것이 없어 들쭉날쭉 시간표가 1996년 한 해 동안 무려 스물두 번이나 바뀌었다. 시간표는 교육과정의 실질적인 운영지침이다. 그 지침이 걸핏하면 바뀌는지라 학부모들 중 일부는 "학교가 교육에 대한 준비 없이 문을 열었다"고 불만을 토로했다. 학교와 학부모 사이에는 건너지 못할 입장의 차이가 확인됐고 이에 따라 갈등도 심화됐다. 학부모들과 설립자를 중심으로 하는 학교의 연석 토의는 밤을 새워 아침까지 이어지는 경우가 빈발했고, 급기야 교실이 무너지기 시작했다. 일부 학부모들이 "이런 학교에 아까운 내 아들을 보낼 수 없다"는 이유로 일반 고등학교(내신성적이 유리한)로 전학시키는 바람이 불어닥친 것이었다. 1996년 여름방학이 끝나자 제1기생 30명 중 절반 이상인 17명이 전학 가고 가을이 되자 2명이 또 떠나버렸다. 남은 학생은 11명이었다. 당시 교사진은 강사를 포함하여 25명으로 학생 0.5명당 교사 1인이라는, 전 세계를 통틀어 전무후무한 학교가 돼 있었다.

1996년의 교원 일람

연번	직급	성명	성별	교육경력	전근무교	담당 CA부서	담당 업무
1	교장	이규철	남	39년	경혜여고		
2	교사	이유성	남	26년	New-Town HS		연수계
3	연구주임	오연중	남	16년	휘경여고	멀티미디어	
4	교사	박관수	남	15년			독서 논술계
5	교사	주호식	남	12년	광양제철고		고사계
6	교사	김인환	남	11년	세화고	시사	수업계
7	교무주임	김형섭	남	11년	현대고	마인드 맵	
8	교사	문상영	남	10년	구로고	수학 올림피아드	교무기획
9	학생주임	박혜선	여	10년	대진고	천체관측	
10	교사	엄세용	남	8년	서인천고	우리꽃 연구	연구기획
11	교사	임성찬	남	8년	구일고	사진	연구자료계
12	교사	황형주	남	7년	경신중	고전연구	학적계
13	임시교사	김선주	여	5년	국립국악학교	악기연주	정서계
14	교사	성헌제	남	4년		체육	학생기획
15	교사	최관영	남	2년	경혜여고	연극	행사계
16	교사	김창환	남			pc통신 연구	전산계
17	강사	안현덕	남	15년			
18	강사	고석로	남	14년			
19	강사	고진목	남	14년			
20	강사	노웅희	남	13년			
21	강사	하미선	여	5년			
22	강사	이성영	남	4년			
23	강사	김두순	남				
24	강사	송세영	남	16년			
25	강사	고태잠	남	12년			

다른 사람이었으면 이 정도에서 학교 문을 닫았을 것이다. 학교에서 아들들을 빼내어 전학시킨 부모들 중에도 학교가 문을 닫기를 기대했던(?) 사람들도 있었을 것이다. 그러나 설립자인 최명재 회장은 여기서 굴하지 않았다. 그리고 민족사관고등학교는 곧 닥쳐온 IMF 사태로 지원기업인 파스퇴르유업이 부도를 내고 설립자 최명재 회장이 경영 일선에서 물러나는 최악의 사태를 맞았다. 그런 최악의 터널을 뚫고 나와 오늘의 민족사관고등학교가 존재하게 된 것이다. 참고로 이 무렵 학부모와 학교(교사진 포함)의 갈등이 얼마나 심각했는지를 알려주는 증거로 1기 부모 중 J군의 어머니가 필자에게 보낸 힐난의 편지에 대한 답신 중 일부를 여기 소개한다(글 중에 고유명사는 영어 이니셜로 처리했다).

"편지를 읽어보니 어머니의 자식에 대한 세심한 관심과 애정이 넘치흐르는 글귀에 제 자신이 숙연해졌습니다. 다섯 가지의 세심한 주의를 기울이는 충고를 감사하게 받아들입니다. 제 성격이 너무 급하다 보니 교육자로서 부적당한 점이라고 생각합니다. 실은 그날 회의가 시작되면서부터 제 심기를 몹시 자극하는 일이 있었습니다. 뒷줄에 앉아 있던 K군 아버지의 태도 때문이었습니다. 남이 열심히 이야기를 하고 있는데, 정장 차림으로 예의를 갖추어 선생님이 이야기를 하고 있는데 그분은 양손을 주머니에 넣고 마치 저의 말을 희롱이라도 하듯 피득피득 웃으면서 고개를 좌우 앞뒤로 흔들어가면서 앉아 있는 태도가 제 마음을 심하게 자극하였습니다. 어머니께서 지적하신 중에 학부형 회의가 너무 길었다는 지적에 대해서는 옳은 말씀으로 받아들이고 시정하겠습니다. 제가 나이를 먹다보니 어느새 한 얘기를 또 하는 습관이 생겼던가 봅니다. …(중략)… 학부형 중에서도 내 자식이 영재이니

마땅히 특권을 받아야 할 권리가 있다고 생각하는 학부형이 한둘이 아닙니다. 이런 학부형들이 학생의 특권의식을 부채질하고 있습니다. 우리가 특권을 가진 지도자를 양산해 낸다면 이 학교는 후세에 이완용을 배출했다는 비난으로부터 자유롭지 못할 것이며 우리 학교는 존재하지 말아야 할 학교로 기록될 것입니다. 자기 아들이 입는 옷, 자기 아들이 사용하는 교재, 이것조차 내가 부담해야 하느냐고 노골적으로 불평하는 학부형이 있습니다. …(중략)… 우리가 학교비용을 자세히 설명한 이유는 어느 모로 보아도 학생이나 학부형보다 살림이 넉넉지 못한 파스퇴르유업의 근로자들이 땀을 흘려 그 비용을 대고 있기 때문입니다. 그렇다고 해서 그 근로자들이나 선생인 우리는 학생들에게 개인적으로 어떤 대가를 바라는 것은 아닙니다. 다만 혈관 속에 흐르는 피가 같은 조국을 가진 인간이라는 이유로 땀 흘려 번 돈을 교육에 대주고 있는 것입니다. (후략)"

이 편지의 내용을 음미해 보면 당시 학교와 학부형의 관계가 극명하게 드러나고 있다. 교육에 대한 견해의 차이, 그리고 '영재학교'에 대한 기대감이 너무 달랐던 것이다. 이런 넘기 어려운 선입관과 사회적 감성을 뚫고 민족사관고등학교는 출범했고 자칫했으면 단명했을지도 모르는 위기를 뚫고 튼튼한 뿌리를 내리게 된 것이다.

뿌리내리는 영재교육

민족사관고등학교의 발상이 최초 언제 어디서 비롯되었는지 알지 못한다. 다만 설립자 이사장인 최명재 회장이 가끔 회고하는 이야기를 종합해 볼 때 운수업으로 이란의 테헤란에 가 있을 무렵 유럽의 관광객들과 함께 영국 런

던으로 여행을 갔다가 이튼스쿨에 들렀을 때 마침 대서양에서 나폴레옹과 스페인의 연합함대를 무찔러 승기를 잡게 만든 넬슨 제독의 전승기념 행사를 하는 것을 보고 '영국에는 넬슨이 있으나 우리에게는 그보다 더 훌륭했던 충무공 이순신이 있다. 넬슨의 후예인 영국은 해가 지지 않는 나라가 되었으나 충무공의 후예인 한국은 개발도상국에 머물러 있다. 이는 영국이 이튼스쿨을 가지고 있으나 한국에는 그런 교육기관이 없는 탓이다' 하고 뼈저리게 통감한 것이 계기가 되었다고 한다. 그에 앞서 일제가 김제군 만경면에 보통학교를 설립하여 일본인 자제와 조선인 부호들의 자제들을 교육시키는 것을 보고 최 회장의 부친인 최현묵(崔賢黙) 옹이 향리에 조선인 자제를 위해 소학교를 설립한 것을 보고 자라면서 '장차 돈을 벌면 학교를 설립하겠다'는 교육입국의 포부를 지니게 되었다는 설도 있다.

어느 경우이거나 설립자 최명재의 민사고 설립의 꿈이 즉흥적이거나 재벌의 재산 은닉수단으로 교육기관을 만들었던 우리 사회의 일반적인 풍습과는 다른 동기였음을 짐작할 수 있다. 그것은 조국 대한민국의 미래가 오로지 교육에 있다고 예견한 선각자의 대담한 결단이었다. 우리 사회의 모든 면이 그러하듯 민족사관고등학교의 출범과 수월성 영재교육에도 부정적으로 보는 시각이 있었다. 일부 언론은 말할 것 없고 '고교평준화의 미신'에 젖어 있는 교육행정가들 중에도 그런 경향을 가진 사람들이 있었다. 민사고를 '귀족학교'라는 닉네임을 붙여 평등주의를 바탕으로 하는 정치적 운동에 활용하는 부류도 있었다.

그러나 21세기가 열리면서 사정은 달라졌다. 먼저 세계 최강국인 미국이 달라지기 시작했다. 미국을 강한 나라로 만들어야 한다는 소명을 가지고 출범한 오바마의 정부는 그 해법을 교육에서 찾았다. 교육개혁은 미국의 21세기를 여는 주제가 되었다. 일본도 뒤를 따르고 프랑스도 교육개혁에

운명을 걸었다. 한국만은 딜랐다. 평준화를 더욱 확대시켜야 하고 고등학생들을 경쟁의 구도로 내모는 것은 야만이라는 근거 없는 패배주의가 판을 쳤다. 경쟁 없는 학교, 경쟁 없는 사회가 어떤 모습으로 귀착될지 불을 보듯 뻔한데도 우리 사회는 이 전근대적 낡은 논쟁의 늪에서 헤어 나오지 못하고 있다. 최명재 설립자는 자주 "나는 장사꾼이다"라는 말을 했다. 그것은 "나는 교육에는 문외한이다. 그러나 교육의 중요성은 누구보다 잘 알고 있어 학교를 설립하니 교육은 교육 전문가 여러분이 해 달라"는 뜻이 들어 있었다. 그러나 설립자는 단순한 장사꾼의 사명감만으로 학교를 설립한 것은 아니었다. '교육의 문외한'임을 자처한 그는 누구보다 열심히 온 세상을 돌면서 '다른 나라는 어떻게 하고 있는가' 하는 탐구심을 버린 적이 없었다. 그는 국내 최고의 교육 전문가들로 자문위원회를 만들어 세계를 돌아보게 하고 그 결과에 귀를 기울였다. 여기에 그치지 아니하고 선생들과 기자들도 내보냈다. '우물 안에서 떠들지 말고 나가서 눈으로 보고 오라'는 뜻이었다. 자문위원들이 세계를 돌아보고 와서 예상 밖의 건의를 내놓았다. "당신이 생각하는 그런 학교는 지구상에 존재하지 않는다. 낡은 국수주의적인 교육으로 오인 받기 쉬우므로 그런 구상을 집어치웠으면 좋겠다"는 것이었다. 이 보고를 받고 최명재 회장은 "당신들이나 그만두라"는 일갈과 함께 자문단을 해산시켜 버렸다. 그리고 학교 설립은 계속 추진되었다.

이런 최 회장의 행보는 일부 사람들로부터 의혹을 자아내는 원인이 되었다. 먼저 학부모 중 일부는 "이사장이 교육 전문가도 아닌 기업인이면서 학교를 설립했다는 이유만으로 교육을 전횡하는 것은 잘못"이라고 부정적인 세력을 형성했다. 일부 언론도 가세하여 민사고의 부정적인 면을 부각시켰고 교육 전문가들 중에서도 평준화를 해치는 원흉으로 민사고를 지목하는 경우도 있었다. 사회 일각의 이 같은 부정적 흐름에 아랑곳하지 않고 이

사장은 '외로운 학교 세우기'에 전념했다. 교사들을 외국 영재교육기관에 보내어 참관케 했고 국내의 전문가들에게 연구 과제를 주어 끊임없이 연찬케 했다. 민사고의 초기 교육과정을 모두 열거할 수는 없으나 교육을 실시하기 위해 수립한 원칙 몇 가지를 들면 다음과 같다.

(1) 감시, 감독 아래에서만 움직이는 피동적 지도자가 아닌 자율, 자유, 양심의 원리로 살아가는 지도자를 양성하기 위하여 선생님의 지시, 감독 방식이 아니라 학생 스스로 자율적, 양심에 따라 행동하게 하고 경쟁적이면서도 자유스럽게 탐구하도록 교육하며 교과시간 운영에 있어서도 자유스러운 탐구시간을 많이 배정한다. 청소 등 생활습관도 자율적으로 하도록 가르친다.

(2) 50분 단위의 수업시간만 고집하지 않고 과목의 특성에 따라 (100분 등으로) 조정한다.

(3) 발표식 수업, 토론수업, 프로젝트형 수업 등 다양한 수업 모델을 적용한다.

(4) 2주를 1주기로 하여 짜인 수업시간표에 의해 실시되는 모든 수업을 학교장은 매시간 참관하고 소견을 기록하며, 교사마다 월 1회씩 공개수업을 갖고 해당교사가 실시한 교수법의 장점을 위주로 토론회를 가짐으로써 연구 분위기를 조성하는 등 동료장학을 활성화한다.

(5) 다양한 특별활동, 동아리 활동을 통해 취미와 소질을 개발하고 개성적인 인간이 될 수 있도록 한다. 특별활동 분야 중 고도의 지식이나 기술이 필요한 분야는 전문 연구기관과 연계하여 지도한다.

(6) 민사고의 지리적 특성, 교육과정 운영의 특성, 주말의 교통 혼잡(개교 당시 영동고속도로는 왕복 2차선도로였다)을 고려하여 일요일에 정상

일과를 진행하고(일요일을 天日, 토요일을 地日로 명명했다), 매주 수요일에는 학교를 떠나 다양한 현장체험을 실시토록 했다.

첫째 주 수요일은 '학습정보 모듬의 날'로서 전교생이 교복(한복) 차림으로 서울의 대형 서점에 가서 지급한 돈으로 각자 원하는 도서를 구입케 했고, 둘째 주 수요일은 '우리 얼을 찾아서의 날'로서 학생회에서 자치적으로 물색한 사적지, 문화유산, 첨단산업시설 등지를 답사하여 현장교육의 효과를 높이게 했다. 셋째 주 수요일은 '자원 활동의 날'로서 자치적으로 정한 봉사활동 대상을 찾아가 봉사활동을 하게 했으며, 넷째 주 수요일은 '미리내의 길의 날'로서 귀가하여 가족과 함께 정을 나누고 돌아오게 했다. 귀가하지 않은 학생을 위해 학교를 개방하고 가족, 친지, 친구 등을 학교로 불러 함께 지내도록 했다.

(7) 도구교과(국, 영, 수)는 학습능력에 따라 3~4그룹으로 나누어 1그룹당 7~10명씩 묶어 교사 1명이 지도함으로써 개별화 교육이 가능하도록 했다.

(8) 학생통합파일을 통해 종합생활기록부의 기록자료는 물론 학생의 학습태도, 생활태도 등을 세밀하게 관찰, 기록하여 학생들을 입체적으로 이해하게 한다.

(9) 학생의 소질, 적성, 관심 진로분야, 학생의 통합파일의 관찰 내용 등을 파악하여 학생마다 생활전담교사를 결연토록 하여 종합적인 생활평가와 신속한 교육적인 조언을 받게 해준다.

(10) 예술적 감수성을 길러주고 창조적 영감을 불러일으키기 위하여 국립국악고등학교 교사를 통해 국악과 양악을 두루 섭렵케 한다.

(11) 매일 정신수양 교과를 시작하기 전에 시조로 교가를 불러 정신수양의 동기를 유발한다.

(12) 미국 애리조나 Cocopah, Mohave Jr Highschool의 학생들과 본교 학생들이 School-Stay 방식의 공동 교육 프로그램을 진행한다.

(13) 정규 대학을 수료하고 영어 구사 능력이 뛰어나며 국제회의 경험이 있는 원주시 주둔 미군 장교를 초빙하여 영어로 회의를 진행하는 법을 익히게 한다.

(14) 모든 학비는 일체 받지 않으나 이 같은 특별 혜택을 당연시하는 특권의식을 불식시키고 국가 민족에 대한 부채의식을 심어주기 위해 매월 말 학생 1인당 소요된 직간접 교육 경비를 학생들에게 공개한다.

(15) 당초 목표는 2년 과정의 속진 심화교육을 할 예정이었으나 현재로는 법적 뒷받침이 되지 않아 3년간의 일반계 고등학교 교육과정을 3학기에 압축 이수토록 하고 나머지 3학기는 심화학습, 유학 대비 학습, 현실문제 해결을 위한 프로젝트 학습 등을 실시한다.

(16) 매주 한 번씩 학식이 풍부하고 바른 사상을 실천하는 데 앞장서 온 인사, 또는 특수 분야의 연구 활동에서 성공한 사람을 초청하여 특강을 실시하고 미래를 향한 목표 설정에 도움이 되도록 한다.

이상의 교육 목표 및 지침을 실현하기 위하여 세부적인 실천계획을 마련하고 실천계획에 따라 최종적으로 시간표를 작성했다. 그러나 앞에서 이미 밝힌 바와 같이 교육과정의 구체적인 실천 목표인 시간표는 개교 첫해인 1996년 한 해 동안 22회나 수정되어 학부모와 학생들을 혼란케 했고, 그로 인해 학생들 절반 이상이 전학 등의 이유로 학교를 떠나는 빌미를 제공했던 것이다. (15)항의 속진교육이 가능하려면 고등학교 과정을 2년에 수료하고 대학으로 올라가야 하는데, 우리나라의 교육 체계는 일률적으로 3년 과정을 거치도록 하고 있었으므로 영재들은 자신의 능력을 마음껏 펼쳐볼 기

회를 사실상 유보해 두고 있는 상태였다. 그러나 서울대학교를 비롯한 우리나라 대학들이 모두 고등학교 3년 수료를 의무화하고 있는 데 비하여 유독 과학기술의 진흥을 위해 국책사업으로 시작한 KAIST(한국과학기술원)만 유일하게 고교 2년 수료생에게도 진학의 길을 열어놓고 있었다. 이에 민사고 제1기생 중 4명이 이 대학에 지원하여 2년 수료 후인 1998학년도에 입학하였다. 이에 따라 1기생은 입학은 30명이었으나 도중에 전학 등으로 학교를 떠난 인원이 19명이었고 남은 11명 중에서 다시 KAIST 진학 4명을 제외한 7명이 정상 졸업하는 파행을 겪었다. 이러한 파행은 학교 운영을 포기할 수도 있는 절체절명의 것이었다. 이같은 고난 속에서 민사고는 설립 초기의 정체성 위기와 IMF 사태의 재난을 극복하고 비 온 뒤에 땅이 굳어지듯 탄탄한 뿌리를 내려 일약 국내 제일의 사립명문고로 발돋움하였고, 나아가 세계가 벤치마킹하는 부러움의 대상이 되었다. "대한민국에 민족사관고등학교가 있는 한 이 나라의 발전은 막을 수 없다"는 인상을 안팎에 널리 각인시켜 준 것이었다.

박혜선 선생님은 부모님을 대신하여 고민을 들어주고 어려움을 함께하겠다는 생각에 상담교사 자격증을 취득하고 상담실을 열었다.

03
'해바라기' 박혜선 선생님

황형주
전 학사부교장, 한문

민족사관고등학교가 어느덧 개교 20주년을 맞았다. 그간 많은 선생님들이 학교와 인연을 맺어 왔다. 그 가운데 특별한 한 분을 회고하고자 한다. 고(故) 박혜선 선생님이시다.

1996년 3월 1일, 민족사관고등학교가 출범하던 날의 오전. 3월에 들어섰지만 날씨는 쌀쌀했고 바람도 불었다. 공휴일인데다 영동고속도로 확포장 공사로 인해 서울에서 내려오는 길이 막혀 개교식이 예정보다 다소 늦게 시작되었다. 장소는 민족교육관 마당. 연기자 박근형 씨의 사회로 진행되었고, 한국교육개발원 이돈희 원장(후에 민족사관고 교장 역임)이 축사를 하였다. 전국에서 선발된 삼십 명의 영재들이 식장 중앙에 자리하였고, 그 왼편에는 열세 분의 선생님들이 앉아 있었다. 교사와 학생 모두 두루마기

차림이었고, 추위와 긴장감이 표정에 나타났다. 그중에 자주색 한복을 입고 단정히 앉아계신 여선생님이 있었으니, 지구과학교사 박혜선 선생님이었다. 학교 설립의 의지를 열변하는 최명재 이사장의 표정과 목소리는 강렬하였다.

"영재교육과 민족주체성 교육으로 한 사람이 수만, 수십만 명을 먹여 살릴 민족의 지도자를 양성하고자 이 학교를 세웠습니다."

이어서 개교를 알리는 대고(大鼓) 소리가 힘차게 울려 퍼졌다.

이제껏 세상에 없던 형태의 학교, 교육의 혁명을 꿈꾸던 학교의 항해는 이후 그리 순탄치만은 않았다. 건학이념을 받쳐줄 교육 프로그램의 설계와 추진이 생각처럼 쉽지 않았거니와, 대학입학의 당락을 좌우할 내신성적산출제도는 학생들에게 크게 불리하였다. 초·중등교육법은 학교운영에 걸림돌이 될 뿐이었다. 게다가 전폭적으로 지원하던 모기업의 부도로 학교 존폐 위기의 재정적 어려움마저 겪게 되었다. 하지만 극복하지 못할 시련은 없었다. 구성원들은 단결된 힘으로 하나하나 난관을 타개해 나갔다. 영재교육과 민족주체성 교육, 대학진학 교육 프로그램들이 자리를 잡아나갔다.

교육혁신의 노력에 대한 세상의 반향은 컸다. 매해 우수한 학생들이 모여들었고, 국내외 대학에서 학생들의 우수성을 높이 평가하였다. 방송과 언론에서 주목하였고, 교육 관련 인사들이 연이어 방문하였다. 선진교육 시스템이 전국의 주요 학교들로 전파되어, 중등교육 전체의 질을 높이는 결과를 가져왔다. 이렇듯 놀라운 교육성과는 구성원들의 노력이 그 밑거름이 되었음은 물론이다. 그중에서도 박혜선 선생님의 헌신은 더욱 두드러진다. 2010년 봄, 박혜선 선생님이 외부 기관에서 주최하는 '훌륭한 교사상' 후보로 추천된 적이 있다. 당시 학교에서 제출한 공적서 내용을 바탕으로 그 노고를 정리해 본다.

첫째, 상담 분야

학생들은 집을 떠나 생활하면서 어려움을 겪으며 성장한다. 박혜선 선생님은 부모를 대신하여 고민을 들어주고 어려움을 함께하겠다는 생각에 상담교사 자격증을 취득하고 상담실을 열었다. 일과시간은 물론 야간과 주말에도 학생들을 찾아갔다. "많이 힘들구나!", "그런 일이 있었구나!" 위로하고 감싸주는 정서적 지지 효과는 컸다.

학업 스트레스로 고심하던 많은 학생들이 안정을 찾았다. 한편으로 상담 시스템을 마련하는 데도 노력을 기울여 멘토링제, 또래상담제 등을 도입 운영하였다.

▶ 멘토링제 도입 운영

2007년도부터 졸업생 희망자와 재학생 희망자를 1:1로 연결해서 학습을 도와주고 상담을 해주는 멘토링제를 도입 운영하였고, 2008년부터는 재학생들끼리의 멘토링제를 운영함

▶ 온라인 상담실 카페 개설 운영

2009년부터 상담실 카페(http://cafe.daum.net/kmlacounselor)를 개설하여 학생과 학부모들에게 필요한 정보를 전달 공유하고, 온라인을 통한 상담을 행함

▶ 어드바이저를 비롯한 교사들에게 상담연수, 상담자료 제공

▶ 어드바이저 상담일지 작성 제도

▶ 또래상담제 도입 운영

둘째, 진로 지도 분야

학생들이 재능과 적성, 흥미에 맞는 진로를 찾는 데 도움을 주고자 진로지도 프로그램들을 개설, 운영하였다.

- ▶ 진로탐색 프로그램 도입 운영
- ▶ 진로적성검사 시행
- ▶ 전문성 높은 학부모와의 만남시간 운영
- ▶ 졸업생 선배와의 만남시간 운영
- ▶ 진로상담 과목 운영
- ▶ 학부모와 연계하여 방학 중 인턴활동 시행

셋째, 동아리 지도 분야

학생들이 동아리 활동을 통해 다양한 경험을 쌓을 수 있도록 다수의 동아리 결성을 지원하고 지도하였다.

▶ 기쁨공부방

2005년 미탄중학교 학생이 보충수업비가 없어서 힘들어한다는 소식을 접하고 동아리를 결성하여 학습 도우미 봉사를 시작, 매주 일요일 활동함. 이후 면온초등학교로 옮겨 시행. 2005년 면온초등학교는 폐교 위기였으나 기쁨공부방 활동이 계기가 되어 다양한 방과후활동으로 전국에서 유명한 학교로 부상함. 2009년도부터는 교학초등학교도 추가함. 강원도 지원 대상 우수 동아리로 여러 차례 선정됨

▶ 뮤네스코

유네스코 산하의 학교 동아리 조직으로 2005년에 결성. 몽골학교와의 자매결연 이후 다양한 활동을 함. 2008년부터 ASPnet 현장 연구 우수 프로젝트로 선정. 2009년 아태지역 우수사례로 선정. 유네스코 협동학교 총회, 일본 ESD 포럼 등에서 여러 차례 사례를 발표함

▶ 애플파이

천문관측 동아리로 1998년에 결성함. 전국 및 강원도 지원 대상 동아리 선

정. 전국학생천체관측대회 은상. 국토정중앙천문대 학생천체관측대회 대상

▶ 속삭임

또래상담 동아리로 2003년에 시작. 강원도청소년상담센터 선정 최우수 또래상담 동아리로 선정. 2005년 전국 또래상담 우수학교로 선정되어 표창장 수상

▶ 또래오래

횡성지역 장애학생 돌봄 동아리로 2007년부터 시작됨. 2010년 이래 매주 2회 8명을 돌보고 있음

▶ 그 외 NAB(발라드 음악 동아리), 시너지(노래 동아리), KREEN(에너지 절약 환경 동아리), 안흥찐빵(안흥지역 학생들을 위한 학습 도움 동아리), 둔내중학교(둔내중학교 학생들을 위한 학습 도움 동아리) 등의 동아리 결성을 지원하고 지도하여 왔음

넷째, 학습 도움 분야

동료나 선후배가 학습과 생활에서 상부상조하는 프로그램을 개설, 운영하였다.

▶ 또래학습도우미제 운영

2003년도부터 특정 분야에 재능이 있는 학생이 다른 학생들의 학업을 도와주는 Minjok Peer Tutoring 제도를 도입 운영함. 매회 200~300명 이상, 수십 개의 소그룹 형태로 운영되어 학습 향상 효과를 보고 있음

▶ 〈KNOW HOW DO HOW〉 발행

재학생 선배가 신입생들에게 학습 및 생활 노하우를 소개하는 책자인 〈KNOW HOW DO HOW〉(신입생 학교생활 길라잡이)를 발행. 2003년부터 시작, 매년 1회 발간함

다섯째, 졸업생 지도 분야

졸업생들이 학교와의 유대를 계속 유지하게 하고자 졸업생 홈커밍데이를 마련하였고 졸업 이후의 활동 자료를 축적하였다.

▶ 홈커밍데이 행사 시행

2002년부터 졸업생들이 1년에 1회 이상 모교를 방문하여 선생님 및 후배들과 함께하는 시간을 가짐

▶ 졸업생 진출 자료 축적

졸업생들의 대학 및 사회 진출 상황을 파악하고 자료로 축적하여, 학교와 졸업생 간의 긴밀한 관계를 유지하는 데 활용함

이처럼 박혜선 선생님의 노고를 살펴보면 하나같이 사생활을 줄여 헌신한 자취이며, 학교 발전을 꾀하고 학생들을 돕겠다는 의지에서 비롯된 일들이다. 본디 주관이 강하고 자발성을 좋아하는 성품이어서, 학교가 하라고 명해서 한 것이 아니라 대개 자발적으로 행한 활동들이었다. 창의적으로 문제 해결의 답을 찾았고 계획한 일은 꾸준히 실천하여 성취하였다. 박 선생님은 스스로를 '해바라기'라고 일컬었다. 오로지 해를 향하는 해바라기처럼 학생들만 바라보고 사랑하겠다는 의지를 담았던 것이다. 학생들을 향한 자신의 마음을 이렇게 고백하였다.

> 2009년 1월 16일
> 동아리 공지를 위해 싸이월드에 들러
> 여기저기 기웃기웃하다가
> 가슴이 아렸습니다.
> 상담교사로서

내 사랑하는 제자의 아픔을 보듬어주지 못했다는 반성으로 아팠습니다.
그 학생의 아픔과 좌절과 갈등이 그대로 전해 왔습니다.

미안합니다.
한 사람 한 사람
보듬어 줄 수 있었으면
사랑 그득한 선생님이었으면…

올해는 더욱 노력하렵니다.
가슴 따뜻한 이가 되기 위해서!

(※ 상담실 카페 상담일기에서 발췌함)

하지만 해바라기 선생님의 사랑은 지속되지 못하였다. 그리고 예기치 못한 슬픈 소식을 우리에게 전해 주었다. 2014년 4월 3일, 박혜선 선생님이 운영하던 상담실 카페에 "선생님, 편안히 가십시오"라는 제목의 글이 올라왔다. 그날 선생님의 별세 소식을 접한 학부모 한 분의 애도문이었다.

선생님께서 홀연히 떠나셨다는 소식을 듣고
뒤늦게 답글을 씁니다.
선생님께서 전해주시는 소식으로
아이가 잘 크는 줄
선생님들께서 잘 보살펴주시는 줄
어머님들이 관심이 많으신 줄

선배들이 후배들을 위해 애쓰는 줄
알 수 있었습니다.

감사하다고 말씀드리고 싶었지만
답글 달기가 쑥스러워
해바라기 선물에 미소 한 번 보내드리지 못했습니다.

주저거리다 기회가 영 가버릴 줄도 모르고
주저주저하기만 했습니다.
뒤늦게, 선생님의 자취를 찾다가
상담실에, 상담란에, '모두들 안녕~'이라는 글에 들어왔네요.
늦어서, 답글이 늦어서 너무 죄송합니다.

선생님, 사랑합니다!
사랑합니다!
사랑합니다!

부음(訃音)을 접한 동료교사 한 분도 조문(弔文)을 올렸다.

오늘 아침 느닷없이 슬픈 소식 남기시고
어디를 그리 급히 가셨습니까?
병마를 물리치시고
건강한 모습으로 돌아오시리라 믿었는데
어찌 이리 급히 가셨습니까?

1996년 소사리에 오신 이래로
학생들의 어머니 역할 자처하시고
늦은 밤 학생들의 고민 들어주시더니
무엇이 그리 급해
서둘러 가셨습니까?

쉰다섯 짧은 인생
멋지게 사셨습니다.
최선을 다하셨습니다.
좋은 선생님이셨습니다.
훌륭한 동료였습니다.

아쉬운 마음
슬픈 마음 모두 접고
보내드립니다.
하늘나라에서 편히 계십시오.

박혜선 선생님이 모셔진 강남성모병원 장례식장은 그 마지막 가시는 길을 애도하는 교사와 제자, 학부모들로 가득하였다. 선생님이 홀연 세상을 떠났다는 사실을 믿으려 하지 않았다. 기실 처음 발병을 확인한 것은 2012년 10월이었다. 이후 수개월간 대수술과 항암치료를 받고 병세가 꽤 호전되어 2013년 3월에 복직하여 근무하였다. 하지만 그해 겨울 들어 다시 악화되어 입원치료에 들어갔고 끝내 영면(永眠)하여 학교로 돌아오지 못하였다.

　선생님은 쉰다섯 살로 다게하실 때까지 학교와 결혼하여 학생들과 동고동락하는 것을 삶의 의미로 삼았다. 학생들에게는 원칙을 지키면서도 따뜻하고 좋은 선생님이었고 교사들에게는 훌륭한 동료였다. 천수를 다하지 못하였지만 교사로서 아름다운 자취를 남기었다. 이제 우리 곁에 계시지 않지만 '민족사관고등학교의 해바라기 선생님'으로서 오래도록 기억될 것이다. 끝으로 선생님의 상담일기 한 구절을 되새겨 본다.

"이 아이들의 선생님이어서 행복한 오늘입니다."

1996년 매월 1회. 전교생이 서울 교보문고로 도서구입 활동을 하러 갔음.
학생 : 1기생 30명
교사 : 왼쪽부터 오연중 수학교사, 박혜선 지구과학교사, 이규철 교장, 황형주 한문교사

1996년 3월 31일(일) 교보문고 '도서구입의 날 행사' 기념촬영

이제 민사고는 다시 한 번 재도약을 할 시점에 와 있다.
제2기 10년 변천사를 시작으로 향후 30년간의 장기발전의 비전을 제시할 때이다

04
진화하는 영재교육 프로그램

전동성
교사, 물리

민족사관고등학교(이하 민사고)는 창학이념인 "민족의 번영을 위해 기여할 각계각층의 지도자 양성"이라는 목표를 실현하기 위하여 과학 영재교육 프로그램의 개발에 온힘을 기울여 왔다.

민사고의 첫 10년이 과학 영재교육 프로그램의 기초를 닦는 기간이었다면 그 다음 2기 10년은 그 같은 기초 위에 영재교육 프로그램이 완벽하게 자리 잡은 기간이었다. 이 기간 동안의 학교 프로그램 운영을 이해하려면 우선 그 바탕이 된 제1기 10년 동안의 학교교육 프로그램 변천을 알 필요가 있다.

초기 10년간의 영재교육은 한국교육개발연구원(영재교육연구팀)이나 영재교육 전문가(당시 대학별 교수자문위원)들이 제시한 영재교육 프로그

램을 현장에 접목시켜 학생들의 영재성을 키우는 방식이었다. 이러한 영재교육 프로그램이 성공하기 위해서는 전제조건으로서 다양한 학업역량을 가진 학생들을 선발해야 했다. 당시 자문위원들의 자문을 받아 만들어진 입학전형은 전교 석차 5% 이내(대도시)에 드는 학생들을 대상으로 서류전형으로 1차 선발한 후 그들을 대상으로 국어, 영어, 수학 및 사회, 과학의 선택과목 중 영재학업능력평가시험을 실시하고 여름방학 때 2박 3일 영재캠프 성적, 인성면접을 통해 선발하는 다단계 방식을 취하였다. 심지어는 과학고 입학전형보다 먼저 전형을 시작함으로써 과학고로 진학하고자 하는 우수학생들을 우선 선발하는 특별전형까지 실시하기도 하였다.

파스퇴르유업 부도 이후 찾아온 민사고의 위기

그러나 2002학년도 고교입학전형부터 전국 모집단위를 없애고 시도단위지역에서 선발하라는 정부지침이 내려옴으로써 전국 규모로 우선 선발하는 전형에 제동이 걸렸다. 민사고의 설립목적을 구현하는데 모기업인 파스퇴르유업의 부도 이후 첫 위기를 맞이하게 된 것이다. 대도시가 아닌 강원도에서 공부한 학생들만 대상으로 선발하게 되면 영재교육 프로그램을 통한 과학영재 배출은 물론 학교 존립 자체가 의미가 없게 되는 것이다. 그러나 당시 고등학교 평준화의 문제점이 사회적으로 크게 부각되면서 이를 개선하기 위해 건학이념이 분명하고 재정결함 보조를 받지 않으며, 특성화 프로그램을 운영하기를 원하는 학교를 시도교육청의 추천을 받아 자립형 사립고등학교라는 이름으로 2002년부터 시범 운영한다는 방침이 세워졌다.

정말 다행하게도 민사고로서는 학교재정 지원 회사인 파스퇴르유업(주) 회사가 부도나면서(1998년) 맞았던 1차 폐교 위기 이후에 또 한 차례 맞은 교육정책 및 제도상의 위기를 넘기는 순간이었다. 7기생부터 자립형 사립고등학교 시범운영지정학교로서 교육법시행령 제3조에 의한 법적인 지위를 부여받아 다시 전국단위의 모집이 가능하게 되었다. 단 선발방식에 있어서 제한을 받았는데 사교육을 조장하는 필기시험을 금지시킨 것이 그것이다. 그래서 영재교육기관으로서의 특성화학교라는 이점을 최대한 활용하여 (교육정책상 금기사항인) 필기시험 대신 영재판별력검사라는 전형방식을 최초로 도입하게 되었다.

영재판별검사는 학생들의 사고의 다양성과 창의성을 검증하기 위하여 정답 없는 문제형식으로 출제하였다. 노무현 참여정부가 들어서면서 교과부의 교육정책은 고교평준화를 보완하면서 수월성교육을 추진하기 위해 사립고등학교의 자율성을 더욱 공고히 해주는 방향으로 추진되어 민사고의 영재교육 프로그램 운영에 큰 힘을 실어 주었다. 2007년에 공통교육과정을 폐지하고 선택중심 교육과정으로 개편되었는데 이때 민사고만의 독특한 교육과정을 마련하는 계기가 되었다. 교과부 지정 교육과정만 이수하면 나머지는 학교 재량으로 운영할 수 있게 된 것이다. 이를 위해 학생들의 능력에 따라 난이도가 어려운 여러 과목들을 수준별로 이수할 수 있도록 다양한 적성과 진로에 의한 선택모듈이 만들어졌다. 어느 학교에서도 흉내 낼 수 없는 이러한 맞춤식 선택중심 교육과정의 성공비결은 민사고만이 보유하고 있는 최고의 교사진과 능력이 출중한 학생들, 진작부터 실시한 교과교실제의 특별한 수업방식이 있었기 때문이었다. 물론 이외에 교사 대 학생비율이 1:6이라는 세계 최고의 학교 시스템을 구축하고 있었다는 점도 성공비결이었다.

세 번째 위기와 극복

그러나 또 한 차례 위기가 다가오고 있었다. 2008년 이명박 정부가 들어서면서 '고교다양화 300 프로젝트'의 하나로 전국에 100개의 자율형 사립고등

학교를 만든다는 '정치적 교육정책'이 마련되어 추진되었다. 구체적으로는 참여정부에서 만들어 놓은 많은 특성화 고교들을 자율형 사립고등학교 하나로 통합시키는 방향으로 진행되었다. 민사고로서는 지난 8년 10개월간의 자립형 사립학교 시범운영기간이 끝나고 교과부 평가를 거쳐 자립형 고등학교로서의 법적인 지위를 받으려고 하는 시점이었다. 그러나 교과부의 통폐합방침은 확고하였다. 대신 지필고사 이외에는 학교장이 자율적으로 학생을 선발할 수 있는 권한을 보장받는 조건으로 2011년 6월 30일 자립형 사립고등학교에서 자율형 사립고등학교로 전환되었다.

2012년 17기생부터 걱정과 우려 속에서 학교내신과 면접만으로 선발하게 되었다. 학교는 우수한 과학영재를 가려 뽑으려고 애를 썼으나 지역별 내신편차가 워낙 커서 좋은 학생들을 뽑는 데는 한계가 있었다. 게다가 그 다음 해부터 과학영재고등학교가 속속 개교하면서 우수한 과학영재들을 전국에서 우선 선발하게 되고 또 과학고와 전형시기가 같게 됨으로써 그나마 남은 우수한 영재선발도 어렵게 되었다. 이러한 영향으로 계열도 인문계열 쪽이 학생들의 수가 많아지게 되면서 자연계열이 위축되었다. 이러한 위기상황 속에서도 자연계열로 진학하기를 희망하면서 면접을 과학 쪽으로 할 경우에 선발 시 가산점을 부여하는 전형 아이디어를 내놓았다. 때마침 정부방침도 자연계열로 진학하는 학생들을 우대하는 정책으로 기울어지면서 취업이 잘 되는 자연계열 학생들의 수도 차츰 증가하게 되었다.

자율형 사립고 전환 후 학생들의 학업능력에 이상 징후가 보이다

자율형 사립고로 전환된 후 17기부터 19기생까지 3년간의 학업능력을 분석해본 결과 학업능력의 양극화현상을 보여주는 이상 징후가 나타났다. 즉 중간계층의 학생들이 눈에 띄게 줄어든 것이다. 잘하는 학생과 못하는 학생들

사이의 경계가 생기면서 교과운영에도 비상이 걸렸다. 특히 그동안 수정을 거듭하면서 완성해 온 선택중심 교육과정이 빛을 잃게 되었다. 원래 수준별로 다양하게 펼쳐진 선택 교과목들을 신청하는 과목수가 줄어들었다. 결국 3년 동안 거의 선택하지 않는 전문 교과목들을 1차 정리했으나 남은 과목들도 상위권 학생들만 신청하거나 신청자 수가 줄어들면서 폐강되는 과목이 생겨났다. 이러한 고급 과목의 기피현상은 선발방식에서 내신비중은 커졌으나 지역편차를 고려하지 않고 영어실력이 비교적 우수한 학생들이 유입되면서 기초학력이 떨어지는 학생들이 상당수 선발되었기 때문이었다.

이러한 결과는 고스란히 교과 지도교사의 부담으로 이어졌다. 한 클래스 속에 능력차가 있는 학생들을 어떻게 지도하느냐가 고민이었다. 한 주 40시간의 타이트한 수업에서 따로 보충해 줄 수 있는 시간을 만들기가 어렵기 때문이었다. 중하위권 학생들 대부분은 물리 한 과목만 힘든 것이 아니라 대부분의 과목들을 다 힘들어하기 때문에 별도로 한 과목만 집중해서 지도해 봐야 학생에게는 큰 도움이 되지 않았다. 결국 중하위권 학생들을 위해 수능교육과정을 새로 신설하게 된 것이 바로 최근의 일이다. 그래도 소인수 클래스로 등급이 불리함에도 불구하고 수시전형으로만 진학을 많이 할 수 있었던 것은 2013년 13기생부터 무학년 통합계열을 과감히 도입하면서 국내과정 학생들이 국제 프로그램을 마음껏 들을 수 있게 한 민사고식 교육과정의 덕택이었다. 이것은 타 학교와 경쟁구도에서 능력우위를 점하게 되어 수시전형에 큰 힘을 발휘했던 것으로 보인다.

열악한 과학실 환경

개교 20주년을 앞두고 있는 민사고의 시급한 현안 중의 하나는 과학관 신축이다. 2009년 영어교육관(14교실)이 개관되면서 원래 과학관 목적으로 지

어진 다산관에서 더부살이하던 영어과 오피스가 전부 영어교육관으로 이전함으로써 그 자리를 과학실로 리모델링하게 되었다. 그러나 따로 기자재실 공간을 확보하지 못해 실험실 내에 기자재를 구비함으로써 15명 이상의 실험클래스인 경우 실험 운영하기에는 좁은 공간이었다. 게다가 환풍시설이 미흡하여 실내 공기가 제대로 순환이 되지 않아 늘 환경오염에 노출되었다. 학급 규모에 비해 과학실 수도 턱없이 부족하여 제때에 실험할 수 있는 실험계획을 세우기도 수월하지 않은 것이 현실이다. 또 실별로 관리조교도 없어서 실험 후 정리와 실험 사전준비가 실험 운영하는 교사의 부담으로 작용되었다.

이를 해결하기 위해 2014년 1월 전격적으로 실험조교 형태의 관리교사를 채용했으나 실제 실험 운영에는 크게 도움을 주지 못하였다. 관리교사 혼자서 물화생지 전 실험실의 기자재 관리와 실험 진행의 도우미 역할을 하는 것은 사실 불가능한 일이었다. 제대로 된 실험실 운영은 관리교사가 그 실험실에 상주하면서 실험실 정비 및 기자재 구입과 관리에 이르기까지 진행해 주어야 효과적이다. 지금처럼 그냥 기자재를 구입하는 서류작성과 청소하는 정도로는 별로 도움을 주지 못한다.

낙후한 과학 기자재들

요즈음 시대는 하루가 다르게 실험 장치들이 정밀화되어지고 있다. 현재 민사고 과학실에 비치되어 있는 기자재의 대부분은 개교 당시 학교 인가를 받기 위해 기본적으로 비치했던 낡은 장치들이 아직도 대부분 남아 있다. 일반 학교에서도 실험측정을 실험자가 직접 측정하는 수동측정은 하지 않는다. 센서를 이용한 정밀측정으로 자동으로 PC에 데이터가 저장되는 방식으로 전환되고 있으나, 이러한 장치들은 대부분 고가여서 구입하는 것이 여의치 않다. 게다가 그냥 일반학교에서처럼 기존 장치를 이용하여 실험을 한다면 과학영재학교로서의 선도적인 역할과는 거리가 멀어진다. 적어도 기존 장치를 좀 더 개선된 장치로 주문 제작하여 전혀 새로운 실험으로 이끌어 나가야 학생들의 창의성을 부각시킬 수 있을 것이다.

일반실험실 확보와 고급 기자재 구비도 시급하지만 과제연구 시간에 논문실험을 하기 위한 공간과 정밀 측정장치가 턱없이 부족한 것이 문제이다. 교육과정에서 좋은 과목 개설을 위해 많은 고민을 해야 하지만 그것에 걸맞게 교실환경도 같이 개선해야 교육효과가 증대한다는 것은 원론적인 이야기다. 물론 최근 학교에서 과학관 신축을 위해 밑그림을 그리고 예비설계를 하는 등 움직임을 보이고 있으나, 문제는 장차 1,000명 규모의 학교로 발전할 것으로 감안한다면 8층 정도의 과학관이 건립되어야 하는데, 대략 100억 원 정도로 예상되는 건축비 재원 마련이 난감하다. 따라서 체계적인 기금 마련 계획을 세워야 하고 적극적인 기부 시스템을 구축해야 한다. 또한 연간 기자재 구입 예산도 별도로 마련하거나 외부기관의 측정장치를 빌려 쓸 수 있도록 기관끼리의 MOU 체결도 진행시켜야 한다. 이를 위해 최근 학교와 1시간 거리에 있는 서울대학교 평창 캠퍼스의 바이오그린연구원과 MOU 체결을 추진하고 있어 학생들의 이용이 기대된다. 그러나 타 시설기관의 비싼 장치를 이용한다는 것은 실험자 자신에게 큰 부담이 될 수밖에 없다. 학교를 벗어나 이동해야 하고 타 시설을 이용하는 데는 많은 제한이 뒤따르기 때문이다. 그쪽 연구기관에서 연구하는 사람들의 눈치를 봐야 하므로 마음 놓고 실험을 진행하기가 어렵다는 뜻이다.

교사들의 과중한 수업시수

영재교육 프로그램 운영에 걸림돌이 되고 있는 또 다른 문제는 교사들의

수업시수가 과중하다는 것이다. 영재고등학교 교사들에 비해 2배 이상의 수업을 하고 있는 민사고 교사는 개인연구나 교재연구를 할 시간이 별로 없다. 단적인 예로 학급 수가 민사고보다 적은 영재학교에 있는 물리교사 수는 우리보다 3배나 많다. 이런 조건 아래에서 경쟁을 한다면 무조건 질 수밖에 없다. 그래도 지금까지는 민사고 교사들의 사명감과 영재교육에 대한 열정으로 이 열세를 만회해 왔으나 향후의 경쟁력은 확언하기 어려운 것이 사실이다. 전국의 자사고에서 민사고의 시스템을 벤치마킹하기 위해 방문하고 돌아가지만 자신의 학교에 적용시키는 것이 어려운 이유가 바로 민사고 교사들의 열정과 학문적 능력, 소인수 클래스가 아니면 현장적용이 불가능한 점들 때문인 것으로 판명되고 있다. 실험실 확보와 최신 기자재 구입 등은 어쩔 수 없으나 그 중에서도 교사들의 수업 부담은 언젠가는 반드시 해결해야 할 문제로 떠오르고 있다. 가능하다면 초창기 설립자님이 고집했던 것처럼 교사는 수업에만 책임을 다하게 하고 무거운 보직 업무나 잡무에서 벗어나게 해주어야 한다.

2050년을 지향한 민사고 장기발전계획

고교평준화가 대세로 자리 잡으면서 사립명문고의 건학이념은 퇴색되어 버렸고 교육의 특색이 없는 준공립화가 되어버린 것이 현재의 실정이다. 영재교육에 대한 국가의 시스템 구축은 퇴보를 거듭해 온 것이다. 국가의 교육시스템 구축이 어쩔 수 없는 일이라면 이런 상황에서 민사고가 나아가야 할 방향은 현 교육 시스템 안에서 자유로운 학교로 탈바꿈해야 할 것이다.

깨어 있는 일부 영재학자들은 미래의 과학영재교육의 방향은 융합영재교육으로 진행되어야 한다고 주장한다. 여기에는 과학영재들만으로는 미래 국가의 발전을 책임질 수 없다는 인식이 깔려 있다. 차세대 영재교육은 인문과 과학이 만나는 융합종합영재교육으로 대전환이 일어나야 한다는 것이다. 이런 생각을 교육현장에 구현하려면 법적인 제도부터 정비해야 한다. 민사고는 이러한 융합영재교육을 충족시킬 수 있는 교육환경을 보유하고 있다. 국가의 미래를 책임질 수 있는 융합종합영재학교로서의 지위를 확보하겠다는 의지를 가지고 숭실대학교 영재교육연구팀과 본교의 TFT팀과 공동으로 2014년부터 3년간 융합종합영재학교 프로젝트를 운영하고 있는 것이 그것이다. 이 프로젝트가 제대로 자리 잡게 된다면 융합종합영재 프로그램들을 현장에 적용하게 될 것이며, 그 성과에 따라 융합종합영재교육법이 제정될 수 있는 밑거름이 될 것으로 기대된다.

이제 민사고는 다시 한 번 재도약을 할 시점에 와 있다. 제2기 10년 변천사를 시작으로 향후 30년간의 장기발전의 비전을 제시할 때이다. 학교에서는 현재 서울대학교 연구팀에 의뢰하여 2050년을 겨냥한 장기 발전 프로젝트를 추진하고 있으며 개교 20주년 기념일에 맞춰 공개할 예정이다. 이러한 미래의 학교발전계획은 학교와 교사, 재학생, 졸업생 및 학부형들 간의 유기적이고 강력한 협조가 없으면 무용지물이다. 앞으로 제3기 10년 동안에 학교는 학교 시스템의 미래지향적이고 효율적인 재정비로 학교 구성원들 간에 야기되는 에너지 손실을 막아야 하고 교사는 주어진 여건 속에서 최선의 교육효과를 낼 수 있도록 지속적인 수업연구와 융합영재교육의 기초를 다져야 한다. 학생들은 출세지향적인 공부에서 완전 탈피하고 자신이 속한 분야에서 최고의 전문가가 되도록 자신의 한 몸을 촛불처럼 불태워야 한다. 학부형들도 십시일반으로 능력껏 학교를 후원하는 민사고의 영원한 수호천사가 된다면 언젠가 또 직면하게 될지도 모르는 민사고의 존립 위기에서 외부 지원 없이도 자생력을 가지고 극복하면서 세계적인 명품학교로 우뚝 설 수 있을 것이다.

민사고에 합격하여 입학하는 것보다는 민사고에서 슬기롭게 탈출하는 것이 더 중요하다.

05 민사고에서의 3년

나종욱
학사담당 부교장, 생물

민사고의 교육목표

교육법 제104조에 따르면 고등학교 교육의 목적은 '중학교에서 받은 교육의 기초 위에 고등보통교육(高等普通教育)과 전문교육(專門教育)을 하는 것'이고, 제105조에 따르면 고등학교의 교육목표는 '① 중학교 교육의 성과를 더욱 발전·확충시켜 중견국민으로서 필요한 품성과 기능을 기른다. ② 국가사회에 대한 이해와 건전한 비판력을 기른다. ③ 민족의 사명을 자각하고, 체위(體位)의 향상을 도모하며, 개성에 맞는 장래의 진로를 결정케 하며, 일반적 교양을 높이고 전문적 기술을 기른다'이다.

민사고의 교육목적은 '중학교에서 받은 교육의 기초 위에 민족주체성 교육과 영재교육을 하는 것'이고, 교육목표는 '민족정신과 세계적 안목을

지닌 세계화되고 창의적이며 헌신적인 각계각층의 지도자(Global Creative Servant Leader) 양성'이다. 이를 구현하기 위한 민족주체성 교육과 영재교육 및 지도자 양성 교육의 구체적인 방법은 학교교육계획서에 잘 소개되어 있다.

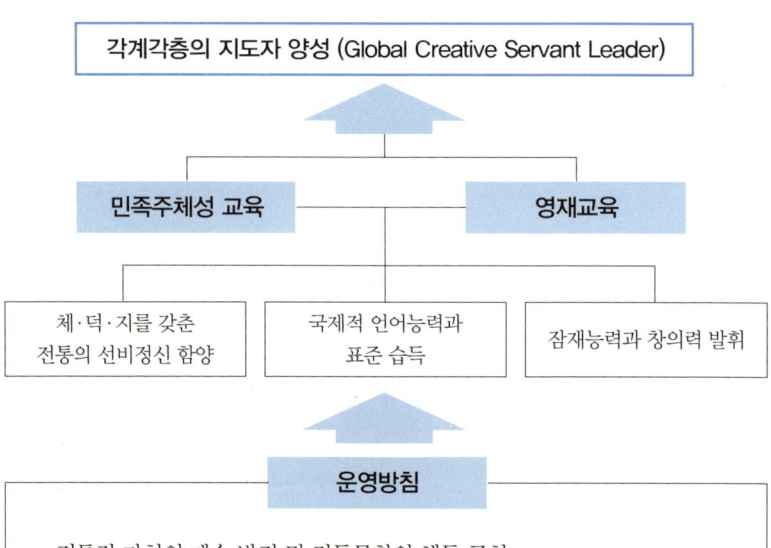

민사고의 가족이 되기까지

1) 민사고 입학을 위한 준비

민사고는 교육인적자원부의 "자립형 사립고 시범운영지침"에 의거하여 2002년부터 2010년 2월까지 8년 6개월간 자립형 사립고등학교를 성공적으로 시범운영했으며, 시범운영 기간의 만료와 초·중등교육법시행령 개정에 따라 2010년 6월 30일 자율형 사립고등학교로 전환하였다. 민사고는 자립형 사립고등학교에서 자율형 사립고등학교로 전환하면서 초·중등교육법 시행령 부칙5조(자립형 사립고등학교 시범운영 기간 종료에 따른 경과 조치)에 의하여 학교장이 필기고사 외의 방법으로 학생을 자율적으로 선발할 수 있도록 학생 선발에 대하여 포괄적인 자율권을 보장받았다. 이와 같은 법적 근거를 가지고 민사고는 전국을 모집단위로 하여, 전기에 남녀 구분 없이 165명(11개 학급)을 선발하되 시도별 학생 분포를 고려하여 지역균형 선발을 실행하고 있다.

입학전형은 3단계로 실시하는데, 1단계에서는 내신성적으로 지역균형을 고려하여 입학정원의 3배수를 선발하고, 2단계에서는 1단계의 내신점수와 서류심사 점수로 입학정원의 2배수를 선발하고, 3단계에서는 학습능력 및 영재성에 대한 면접과 체력검사 결과를 종합하여 최종 합격자를 결정한다.

신입생 선발에서는 계열(인문사회계열과 자연계열, 국내계열과 국제계열) 구분 없이 무계열로 통합적으로 선발한다. 학생들이 학교에 입학하여 2년 정도 자신이 공부하고 싶은 과목들을 선택하여 공부하면서 자신의 특기와 진로를 자유롭게 탐색하고, 3학년이 되면서 자연스럽게 인문사회계열이나 자연계열로 확실히 구분이 되고, 국내대학으로 진학할 것이냐 해외대학으로 진학할 것이냐를 결정하게 된다. 즉 학생들이 학교에 입학하여 이것저것을 공부해 보고 나서 자기주도적으로 학문 계열과 국내 및 국제계열을 선택하게 된다.

2) 어떤 학생들이 성공할 수 있는가?

지금까지 민사고는 지적 능력(IQ), 창의성(글쓰기), 과제 집착력(끈기, 불굴의 의지)을 영재의 특성으로 소개했지만, 고등학교 과정에서 이들을

효과적으로 선발할 수 있는 방법은 거의 개발되어 있지 않기 때문에, 이런 능력을 갖춘 학생들을 선발하는 것은 이론상 쉬워 보이지만, 현실적으로는 어렵다. 다만 민사고로서는 그와 같은 특성을 갖추어서 장차 발전 가능성이 크다고 믿어지는 학생을 선발하기 위해 노력하고 있다.

민사고는 영재의 특성에 더하여 확고한 목표의식(꿈)과 자신감을 가지고 있고, 끊임없는 자기성찰(반성)로 자기 나름의 공부방법(기술)을 터득한 학생과 지도력을 갖춘 학생을 기본적으로 찾고자 하고 있다. 즉 모든 교과의 성적이 고르게 우수한 학생을 선호하지만, 그 중에서도 특히 영어, 수학, 과학을 중심으로 하는 내신성적(교과석차)이 상위권이고, 7차 교육과정의 정신에 맞게 과학의 한 분야에서 특수한 재능(지적 능력 또는 탐구력)을 갖춘, 체력이 강한 학생을 본교의 민족계열 자연반에서 요구하는 이상형으로 생각하고 있다. 이는 지금까지 5회의 졸업생을 배출하며 학교에서 다각도로 연구 검토한 결과를 바탕으로 도출한 것이다.

모든 교과의 성적이 우수한 학업영재는 언제 어디서든 자기의 학업에 충실하기 때문에 본교뿐만 아니라 다른 학교에서도 성공할 가능성이 있다. 따라서 이과 과목을 전공으로 택할 학생이라면 영어, 수학, 과학 성적이 우수하고, 이들을 제외한 다른 교과의 성적이 평균 이상이라면 본교에서 교육받을 자격이 충분히 있다고 보는 것이다. 여기에 더하여 과학 과목의 한 분야에서 중학생끼리 겨루는 경시대회나 각종 탐구대회에서 상위권의 성적을 거둔 학생이라면 본교에서 집중적인 교육을 받고 나면, 더 나은 상을 수상할 가능성이 높아질 것이다. 여기에 뚜렷한 인생의 목표가 있어 계획적인 삶을 설계할 수 있고, 학원이나 과외교사의 도움을 받지 않고 자력으로 문제를 해결할 능력이 있는 학생이라면 더할 나위 없이 성공 가능성이 증가될 것이다.

마지막으로 필요한 것이 체력인데, 본교에서 제공하는 모든 프로그램을 제대로 소화하기 위해서는 막강한 체력이 필요하다. 왜 그러냐 하면 일단 교내에서 기숙사, 교실, 체육관, 골프장, 운동장, 민족교육관 등을 오가는데 기본적으로 에너지가 많이 소모되고, 그곳에서 활동하는데 형식적으로 시간 때우기 식으로 하는 것이 아니라, 제대로 훈련하고 제대로 공부하기 때문에 기본 체력이 약한 사람이 본교의 모든 프로그램을 소화하기에는 무리가 올 수 있기 때문이다. 물론 이러한 과정을 거치면서 체력이 길러질 수는 있지만, 신체가 적응하기까지 상당한 시간이 필요하고, 자칫 무릎이나 허리, 발목 등에 무리가 올 수 있다. 그래서 위에서 제시한 조건들을 갖춘 학생이 바로 민사고가 찾고자 하는 학생인 것이다.

3) 어떻게 공부해야 입학할 수 있는가?

앞에서는 민사고 입시를 분석했으므로 당연히 각 항목에 맞는 자격을 구비해야 입학할 수 있다.

첫째, 내신관리는 학업 영재들이 어떻게 자신의 성적을 관리하는가에 대한 일반적인 문제이므로 언급할 필요가 없겠다. 다만 영어, 수학, 과학 분야의 내신을 중점적으로 보기 때문에 이들 과목에서 성적이 나쁘면 안 될 것이다. 그리고도 아직 여력이 있다면, 영어 성적을 올리는 방법을 강구하는 것이 현명할 것이다.

둘째, 면접은 자신이 가장 자신 있는 과목으로 고르되, 앞으로 전공하고 싶은 분야와 맞는다면 금상첨화겠지만, 그래도 경시대회를 준비했으면 그것을 중심으로 예상문제를 만들어 그에 대하여 답변하는 방식으로 준비하면 되겠고, 논술은 국어 영역이므로 책이나 칼럼을 많이 읽고 그에 대한 비판 글이나 분석하는 글을 다른 사람하고 토론하고 많이 써보면 써볼수록 그

에 대한 준비는 충분할 것이다. 그 중에서도 가장 효과적인 것은 주제를 정하여 일기를 적어보는 것이다. 초등학교 이후에는 일기를 쓰지 않는 것이 보편화되고 있는데, 대학 입시에서 논술을 준비하는 데 있어 독서와 일기 쓰기만큼 좋은 대비책은 없다고 본다. 평소에 훈련하지 않고 있다가 입시에 닥쳐서 글쓰기 실력이 갑자기 향상되기를 바라는 것은 무리다.

민사고에서의 교육

민사고에서의 교육은 《Know How Do How》라는 책자에 상세하게 소개되어 있지만, 여기서는 거기에 소개되지 않은 필자의 개인적이고 주관적인 것들을 나열해 보고자 한다.

1) 민사고에서의 나는 누구인가?

민사고에서 학생은 배추(독립영양생물) 모종이고, 학교는 배추밭이고, 선생님은 농사꾼이며, 대학은 김치 장사꾼, 사회는 김치 소비자라고 비유할 수 있다. MPT(Minjok Peer Tutoring) 관계자는 콩&뿌리혹세균에 해당하고, 오락중독자, 벌점과다자, 징계자는 대장균&바이러스에 감염된 자이며, 이런 식으로 굳이 정의하자면 선생님과 교직원은 종속영양생물(인간)이라고 비유할 수 있다.

민사고는 좋은 배추를 키우기 위해 밭에 거름과 비료를 뿌리고, 제초작업과 물을 주게 될 것이다. 아무리 좋은 밭을 가지고 있더라도 종자가 좋지 않다면, 이런 조치는 무용지물이 될 수 있으므로 최선을 다해 종자 선별 작업에 나서는 것이다. 아무리 좋은 종자라도 운이 나빠 돌밭에 식재되면 좋은 배추가 될 수 없으므로 본인의 운도 일부 작용할 수 있다.

2) 민사고에서 성공적인 학창시절을 보내려면 어떻게 해야 할까?

민사고에서의 3년간은 날짜로 약 1,120일이다. 민사고 생활의 개요는 주간생활(자기주도학습, 각종 시험, 실험, 예체능, IR, 기타(축제, 파티…)), 야간생활(자기주도학습, 컴퓨터 / 스마트폰, 동아리활동, BBQ, 각종 모임…), 주말생활(자기주도학습, 신앙생활, 창체, 휴게소, 도회지 배회…), 방학생활(자기주도학습, 계절학기, 봉사, 인턴, 기타)로 간단히 정리할 수 있다.

민사고에서 성공적인 학창시절을 보내려면 기본적으로 학생으로서 우수한 학과 성적, 어학 능력, 교내외 경시대회(논술대회, 학술제, 수학, 과학, 독후감… ; 올림피아드, 과학전, 발명전, 철학, 경제, 지리, 법, 토론…) 성적, 예술적 또는 체육적 능력, 기타 등이 필요하다.

3) 어떻게 하면 행복해질까?

민사고 구성원이 각각 생각하는 행복은 아래와 같다고 요약할 수 있다.

본인 = 꿈과 희망, 적성에 맞는 공부를 하고 의약계 / 경영, 법과 계통의 대학에 들어가기

부모님 = 말썽 없이 건강하게 민사고 졸업만 해라.

선생님 = 내가 알고 있고, 줄 수 있는 것은 다 주었다. 소화는 각자 능력 껏! (속마음 = 내가 학창시절로 돌아가 민사고에서 공부한다면 나는 미쳐버렸을 것이다.)

은사님 = 타인과의 경쟁에서 살아남아 승전보를 알려다오.

지인 = 그랬냐! 그랬구나! 무조건 행복해야 한다.

방문객 = 꿈의 학교에 다니는 학생이니 아무 걱정 없이 행복하게 살고 있을 것이다.

4) 성공적으로 민사고 생활에 적응하기 위해 지켜야 할 사항들

성공적으로 민사고 생활에 적응하려면 자기 통제에 해당하는 민사고 생활리듬으로의 빠른 적응(수면, 식사, 청소, 공부, 지각, 벌점 관리), 사회성 배양을 위한 원만한 교우관계 유지(기숙사 생활, 동아리, 봉사, 공부, 운동), 자신을 지지해 줄 응원군 확보를 위한 선생님과의 원만한 관계(어드바이저 선생님, 수업담당 선생님, 학생부 선생님, 사감 선생님 등), 본인의 능력을 보여줄 실력 함양과 발휘(영어(제2외국어) 점수, 경시대회, 발명전, 글쓰기 등) 및 성적을 갉아먹게 하는 지뢰(게임, 잡담, 드라마 시청, 휴대폰, 과도한 스트레스(집착))를 밟지 않고, 체력에 넘치는 과다한 운동을 하지 않는 것이 좋다.

5) 과제연구 지도법

민사고에서의 과제연구 지도계획은 학교교육계획서에 잘 소개되어 있다. 필자는 이런 계획 하에 진행되고 있는 생물 과제연구를 효율적으로 지도하기 위해 수많은 시행착오를 거듭하여 몇 년 전부터 아래와 같은 절차와 방법을 적용하고 있다. 이와 같은 절차와 방법을 적용하면 실험실의 수용능력이 허용하는 범위에서 한 학기에 20~40여 명의 학생도 지도할 수 있었다.

(1) 지도 계획 수립

1단계는 조편성 및 주제 선정이다. 이 단계에서는 2~3명으로 조를 편성한 다음, 조원 각자가 관심 있어 하는 대주제 중에서 조원들의 브레인스토밍과 합의를 통하여 소주제를 선정하도록 지도한다.

2단계는 탐구 계획 수립이다. 이 단계에서는 조원의 협동을 통하여 탐구 내용, 역할 분담, 탐구 방법, 발표 방법 등에 관한 상세 계획을 작품제작계획서 양식에 따라 작성하도록 지도한다.

3단계는 탐구 수행 및 중간 점검이다. 이 단계에서는 탐구 실행 단계로, 정보 수집, 탐구 결과 분석 및 결론 도출을 통하여 조별로 중간 진행사항을 발표하도록 유도하고, 이를 통해 학생들은 서로의 장단점을 보고 도움을 받을 수 있도록 지도한다.

4단계는 최종 보고서 작성이다. 이 단계에서는 주어진 보고서 양식에 따라 간결한 어투로 작성하도록 지도한다.

5단계는 보고서 발표 및 평가이다. 이 단계에서는 발표는 간결하고 명료하게 하되, 강의 형태는 지양하도록 지도한다.

(2) 탐구 주제 선정

활동 1은 인터넷에서 탐구 주제 찾기이다. 식물, 동물, 미생물의 대주제 중에서 조원들의 브레인스토밍을 통하여 조원 각자가 관심 있는 소주제를 먼저 제시하도록 한다.

활동 2는 마인드맵과 파워포인트 등을 이용하여 탐구 질문 만들기이다. 제시된 소주제를 충분히 논의한 다음, 조원들의 합의를 통하여 최종적으로 선정한다.

(3) 탐구 과정 설계

1. 탐구 문제를 도출한다. 선정된 소주제에서 몇 가지 가설을 만들어낼 수 있도록 소제목을 작성한다.
2. 가설을 설정한다.

1) 독립 변인과 종속 변인을 설정한다.

2) 종속 변인에 영향을 주는 다른 변인(통제 변인)을 찾는다.

3) 탐구 문제를 해결하기 위해 검증 가능한 가설을 세운다.

3. 실험 방법을 수립한다. 설정된 가설을 증명할 수 있도록 다른 사람이 그것대로 실험할 수 있을 정도로 자세하고 상세하게 표준 방법을 찾아 적는다.

4. 실험 절차를 확립한다. 수립된 실험 방법을 바탕으로 실험의 우선순위를 정한다.

(4) 탐구 계획서 작성

탐구 계획서에는 작품명, 부문(동물, 식물, 농림수산, 산업 및 에너지, 환경에서 택1) 및 다음 내용을 포함한다. 즉 탐구의 동기, 목적, 탐구 내용, 탐구과정, 결론, 기대효과 및 활용성, 참고문헌 등을 체계적이고 창의적으로 구성하도록 지도한다.

(5) 탐구 과정 실행

매번 실험 때마다 적는 탐구활동 일지에는 탐구 주제, 제목, 탐구 목표, 준비물, 역할분담 및 아래의 내용을 포함한다. 즉 예측, 실험·관찰, 실험하기, 실험결과 기록, 설명·해석, 내용 정리 등을 창의적으로 구성하게 한다.

(6) 보고서 작성

탐구 보고서에는 작품명, 부문을 머리말에 적고 다음의 내용을 체계적이고 창의적으로 재구성하게 한다.

1. 탐구 동기에는 실험을 시작하게 된 계기와 간략한 실험의 목표 및 가

설 등을 적는다.

2. 작품 요약은 간략하게 실험에서 얻은 결과로부터 도출한 결론을 적는다.

3. 작품 내용은 실험 가설에 대한 결과를 실험 재료와 방법, 실험 과정 등과 함께 적는다.

4. 제작 결과는 실험에서 얻은 결과나 결론을 활용하여 얻을 수 있는 전망, 효과 및 활용성을 적는다.

(7) 결과 발표 및 공유

결과 발표에는 가장 과학적인 탐구를 진행한 팀과 이유, 가장 창의적인 탐구를 진행한 팀과 이유, 가장 재미있는 탐구를 진행한 팀과 이유를 차례로 발표하고, 다음의 자체활동평가를 거친다.

1. 내가 생각하기에 우리 팀의 과제연구는 (상, 중, 하)이다.
 1) 그렇게 생각한 이유는?
 2) 다음에 탐구를 다시 한다면?
2. 과제연구 수업을 통해 배운 점, 느낀 점, 개선할 점 등을 자유롭게 서술한다.
3. 과제연구 수업 절차 중 바꾸고 싶거나 추가하거나 삭제했으면 하는 과정을 건의한다.

민사고에서의 과제연구 지도를 지원하기 위해 2015년부터 가칭 '민사고 R&E 프로그램'을 시작하였다. 지금까지 학부모가 비공식적으로 주제와 시설 사용을 지원하는 경우가 매년 몇 건씩 있어 상대적으로 소외감을 느끼는 학생과 학부모가 있었는데, 이를 학교에서 등록을 받아 MPT처럼 매칭해

주는 제도이다. 즉 멘토(학부모, 교사)와 멘티(학생)의 수요와 공급의 요구를 학교 프로그램으로 등록을 받아 매칭해 주는 것이다. 이를 원활하게 추진하기 위해 학부모의 재능 기부를 받는 한편, 학교 주변의 대학교와 접촉하여 협정서 체결을 통해 상호 협력할 수 있는 방안을 논의하고 있다.

멘토가 작성하는 화면은 연구분야, 멘토(연구책임자) 인적사항, 연구과제명, 연구 요약, 멘티 인적사항, 지도가능 기간 등으로 구성되어 있고, 멘티가 작성하는 화면은 연구분야, 멘티 인적사항, 연구과제명, 연구 목적, 멘토 관련 사항, 공동 지도교사, 연구기간 및 서약으로 구성되어 있다. 자세한 것은 민사고 홈페이지를 참고하기 바란다. 이렇게 서로 별도로 등록한 신청서를 바탕으로 매니저는 상호간에 서로 맞는 짝을 중개하고, 연락하는 단순한 체계로 구성되어 있다. 이를 구현하기 위해 학교에서는 그동안 이에 맞는 프로그램을 개발하여 학교 서버에서 대상자들의 등록을 기다리고 있다. 그러는 한편으로는 가정통신문을 통하여 멘토로 재능을 기부할 학부모의 동참을 호소하였고, 멘티로 활약할 학생들에게는 애국조회 등을 통하여 프로그램을 홍보하였고, '수요가 있어야 공급이 원활해질 수 있으니 학교를 믿고 여러분이 요구하면 도와주겠다'는 약속도 하면서 동참을 촉구하였다.

이 프로그램은 또한 과제연구를 효과적으로 관리하는 기능도 내포하고 있다. 그동안 과제연구가 학교의 대표적인 교육과정으로 소개되고 있지만, 내면으로는 어떻게 진행되고 있는지 알 수 있는 효율적인 방법이 없었는데, 지도교사들도 모두 멘토로 등록하게 함으로써 밖에서 투명하게 들여다볼 수 있는 장치로 작동할 것이다. 최소한 지도 학생에게 부여한 연구과제가 무엇인지 추적 가능하고, 교내 학술제에 참가하기 위해서는 이 프로그램에 등록된 것에 국한함으로써, 외부에서 대필하여 발표하는 것도 간혹 있다는 항간의 의혹도 장차는 해소되리라 생각한다.

민사고에서의 졸업

1) 민사고에 합격하여 입학하는 것보다는 민사고에서 슬기롭게 탈출하는 것이 더 중요하다

다음은 17기 학부모회의에서 강조했던 내용이다.

"합격 여부가 불투명했는데, 어떻게 해서 내가 합격했는지 모르겠다고 생각하는 학생일수록 그 기쁨이 더 클 것이라고 생각한다. 하지만 이 시점에서 합격이 중요한 것이 아니라, 들어와서 잘하고 슬기롭게 탈출하는 것이 더 중요하다. 입학 후 간혹 불성실해서, 혹은 게임에 빠져서 학업이 부진한 학생들이 있다. 이런 학생들은 크게 걱정하지 않는다. 언젠가 하면 된다.

하지만 기본 역량이 부족해서 성실함에도 불구하고 학업을 따라잡지 못하는 학생들이 종종 있다. 많이 걱정된다. 부단히 노력해야 한다. 이런 점에 유의하여 일단 객관적으로 학업 역량을 판단해 본 후, 넘친다고 생각되면 도전적인 과제를, 부족하다고 생각되면 절대적인 역량을 끌어올리기 위해 기본적인 과제를 수행하면, 성공적인 소사리 생활을 마치고 3년 후에 다시 좋은 결과를 얻을 수 있을 것이다. 특히 진로와 진학을 미리미리 결정하고 3년간의 교육과정을 선택한다면 좋겠다."

2) 민사고에서 공부하는 것이 대학에서 어떤 도움이 되나?

민사고에서 공부하는 것은 편한 환경과 정든 부모님과 헤어져 3년간 낯선 친구들과 기숙사에서 생활해야 하는 것을 각오해야 한다. 낯선 친구들과 낮에만 만나고 헤어져 아침저녁이면 부모님과 만나는 일반 학교생활과 차별화 되는 대목이다. 사실은 부모님으로부터 독립된 생활을 익히게 되는 여기서부터 대학생활 적응을 위한 출발점이 된다. 2008년 통계(한겨레, 2008.

10. 3)를 보면 미국 명문대에 입학하는 한국 학생의 44%가 '중도하차(drop out)'하는 데 비해 지금까지 민사고 졸업생 중 외국으로 유학을 떠난 760여 명 중에서 졸업하지 못하는 경우는 건강상의 이유로 중도하차한 몇 명밖에 없다는 것은 매우 중요한 사실을 말해 준다. 그것도 국제계열이 자리를 잡기 전인, 지금에 비해 상대적으로 허둥지둥(?) 유학을 떠났던 초창기의 경우이다. 한겨레(2008. 10. 3) 기사 및 이와 관련된 최근의 관련 분석 기사(블로그, The Huffington post)를 인용하면 다음과 같다.

'한인 학생들은 대학에 입학하기 위해 대부분(75%) 공부에만 투자했고 나머지 25%를 봉사·특별활동에 시간을 할애했다. 반면 일반 학생들은 공부와 과외활동을 반반씩 투자했다. 그러나 미국사회는 희생정신과 리더십을 요구하기 때문에 학문적으로 뛰어나지만 사회생활에는 서툴고 편협한 학생은 성공할 수 없다는 것이다. 논문을 쓴 새뮤얼 김(김승기) 박사는 "한인 학생들의 중퇴율이 높은 이유는 근본적으로 '공부만을 강요하는' 한인 학부모들의 교육관 때문"이라면서 "이 같은 교육방식은 자녀들의 학교생활 적응력을 떨어뜨리는 결과를 초래하고 있다"고 지적했다.'

'미국 동부의 명문대학에 입학한 한국 학생들 중에도 입학시험인 SAT에서는 우수한 성적을 거두었지만, 막상 입학 후에는 성적이 크게 하락하거나 중도 포기하는 학생이 많다고 한다. 이 문제를 조사한 하버드대학교 교육위원회는 한국 학생들의 적성과 진로를 고려하지 않은 진학 결정에 그 원인이 있다고 지적했다. 즉 자신의 꿈과 진로, 적성에 대한 신중한 고민 없이 오로지 '대학 진학'만을 목표로 했기 때문에 막상 대학에 입학한 후에는 나침반을 잃은 배가 바다를 표류하듯

목표를 잃고 방황하게 된다는 것이다.'

'영어로 읽고 쓰는 일이 자유롭지 못한 우리 한인 학생들은 미국 대학에서 중도탈락뿐만 아니라 '표절행위' 때문에도 어려움에 빠지는 경우가 흔하다. 한국의 대학들과 비교했을 때, 미국 대학 학부과정의 교육방식이 보여주는 가장 큰 차이점은 읽고 쓰는 과제물이 특히 많다는 것인데, 독서광으로 성장한 학생들도 이로 인해 벅찰 정도의 스트레스를 받을 정도이다. 분량뿐만 아니라 난이도도 높은 이 과제물들을 처리하려면, 입학하기 전에 이미 1분당 600~1,000단어를 읽어내는 스피드를 갖춰야 하고 또 그것을 신속히 요약 정리해서 써 내려가는 능력도 있어야 하는데, 문제풀이 훈련이나 부정유출문제 이용이라는 편법으로 입학한 학생들은 이 난제를 감당하기가 사실상 불가능하다.'

여기에서 당연하게 의문이 드는 것은 '다른 학교에서도 기숙사 생활을 하는데 똑같은 환경에 있는 것이 아닌가' 하는 것이다. 이때 이야기하는 섯이 '외국 대학 입학을 목표로 공부를 시키는 다른 학교와 달리 민사고는 대학에서 학업을 지속할 수 있도록 공부를 시키기 때문'이라는 것과 '민사고의 교육 프로그램이 미국 대학들과 마찬가지로 조사와 토론, 논문 작성 등으로 이뤄지기 때문에 해외 유명대학에 진학해도 생존율이 높을 수밖에 없다. 민사고의 교육 방침이 미국의 고교 교육과 비슷하게 학생들의 과목 선택권을 최대한 존중하기 때문이다'라는 것이다. 얼마 전의 조사에 따르면 졸업생들이 외국 대학에 다니면서 스스로 부족하다고 느끼는 것으로 토론 능력, 외국어 능력, 인문학적 소양을 꼽았다. 민사고는 이 문제를 보완하기 위해 심화과정, 사사과정을 통하여 얻은 지식을 seminar 발표, 전문가와의 만남, 전문 잡지나 서적 구독에 활용하여 고급 정보를 획득하는 수단으로

만들 수 있도록 민사고만의 우수한 교육환경을 조성하기 위해 노력해 왔다.

민사고를 졸업하기 위해서는 필수적으로 학기마다 다양하게 열리는 선택과목 중에서 자신이 원하는 과목을 어느 때 선택하는 것이 유리한가를 학교에서 제시한 교육과정을 참고하여 자신만의 교육과정을 미리 입학 전 오리엔테이션 교육기간 중에 정해야 하고, 이를 제때 수강하기 위해서는 치열한 정보전을 통한 신청 과정을 거쳐야 하며, 수강을 하면서 필요한 공부를 독하게 해야 하고, 각종 퀴즈를 거치면서 정기고사를 보아 학점을 취득하는 과정을 거쳐야 한다. 대학에서나 맛보는 수강신청 과정을 미리 경험하는 셈이다. 이것은 빙산의 일각이고 다양한 선택과목을 통해 다양한 방법으로 원서를 학습하니, 대학에 가서도 낯선 환경이 되는 것이 아니라, 오히려 친숙한 환경이 되는 것이리라. 또 한 가지는 중학교까지는 내가 그래도 손꼽히는 우등생이었는데 전국에서 모인 우수한 학생들 틈에서 경쟁하다 보면 서열이 생기고, 그 서열이 고착화되면서 자신의 한계를 느끼고, 나보다 우수한 친구가 있다는 것을 인정하면서 자신의 인생 목표를 수정하는 과정을 거쳐, 자신의 진로를 정해 나가는 것을 볼 때 빠른 진화과정을 거쳐 적자생존의 비결을 학교생활을 통하여 미리 터득하는 것이 아닌가 생각된다. 더 자세한 것은 졸업생들이 적은 경험담을 통하여 확인할 수 있을 것이다.

치열한 입시경쟁에서 성장한 자녀들은 남보다 뛰어난 학업능력을 가진 학생으로 성장할 수는 있지만, 대학과 사회가 요구하는 사회성과 리더십을 키우지 못하고 있다는 것을 말해 주고 있으므로, 학부모의 통제와 상관없이 혼자 스스로 공부할 수 있는 학습동기와 사회성 배양이 필요하다는 것을 각종 조사와 보고서를 통하여 알 수 있다. 자율을 중시하는 민사고 풍토에서 대학 입학만이 당면목표가 아닌, 대학에 입학해서 더 잘 적응하는 학생들을 키우려 애쓰고 있고, 학생들에겐 모든 분야를 다 잘하기보다는 자신이 흥미를 느끼고 잘하는 분야에 몰입하라고 조언하고 있을 뿐만 아니라, 동아리 역시 여러 군데 전전긍긍하기보다는 특정 분야에 신명을 가지라고 지도하고 있다. 즉 목표 대학을 선택하고 진학 방법을 고민하기에 앞서 자신의 적성에 대해 진지하게 고민하고 '꿈'이라는 인생의 이정표를 먼저 찾아, 이것저것 모든 분야를 다 섭렵하려 들기보다는 자신 있고 흥미를 느끼는 분야를 고등학교에서 2~3년간 깊이 있게 공부하고, 대학에서도 전공으로 선택하라고 지도하고 있는 것이다.

3) 학생들을 지도하면서의 일화

지난 10년사(《교육을 바꾸고 세상을 바꾼다》)에서는 학교에서 비교적 순탄한 길을 걸으며 자신이 원하는 대학 진학에 성공한 학생들의 일화를 다루는 데 주력했으나, 이번에는 여러 가지 사정으로 학교생활에서 뜻밖의 어려움을 겪으며 지냈지만 끝내는 이를 잘 극복한 학생들의 사례를 소개한다. 물론 내용이 모두 정확할 수는 없고, 또한 주관적으로 보았을 때 느꼈던 감정이므로 당사자와 기타 주변인은 다른 평가를 할 수도 있을 것이다. 지금까지 필자가 생물과목을 지도한 학생들을 몇 가지 유형으로 나누어 다음과 같이 그룹 지을 수 있었다. 완벽하게 한 그룹의 특징을 가진 학생은 드물고 대부분은 여러 그룹의 특성을 동시에 가지고 있지만, 그래도 그쪽 성향이 강하기 때문에 이처럼 나눈 것임을 미리 밝힌다.

(1) 사회성이 좋은 학생

이 학생은 학교에서 경제적 약자를 위한 장학사업 프로그램으로 입학하는 특혜 아닌 특혜를 누려서 입학하였고, 경제적 어려움 없이 장학금으로 학교를 마치고 결과적으로는 E대에 무사히 진학하였다. 이 학생과는 생명

과학1 수업을 같이 했는데, 낭시 무슨 이유인지는 모르지만 1명만 데리고 수업하는 호사를 누렸다. 원래 소수의 인원으로 수업을 진행하지만, 5명 미만의 학생이라도 학교장님의 특별 허락만 있으면 수업할 수 있는 우리만의 장점을 활용한 것이었다. 그래서 공부를 잘하는 학생이라면 배우는 것이 즐겁고 기대도 크겠지만, 불행하게도 이 학생은 생물에 대한 기본 상식조차도 부족한 학생이라 가르치는데 힘이 들었다. 가르치면서 질문을 하면 곧잘 대답하곤 했는데, 다음 시간에 비슷한 질문을 하면 머뭇거리는 일이 많았다. 평가를 해도 성적이 좋아지지 않기에 "너는 생물에 대한 소질이 없어 보이니, 앞으로 생물 수업은 수강하지 않는 것이 좋겠다"라는 말까지 할 지경에 이르렀고, 어찌어찌하여 성적은 겨우 받을 수 있었다. 그래서 다음에는 나의 생물 수업을 수강하지 못했고, 다른 생물 선생님의 수업을 수강하는 것을 볼 수 있었다.

민사고는 전국의 중학교에서 상위권을 다투던 학생들이 입학하지만, 평가를 하다보면 필연적으로 1등부터 꼴찌까지 서열이 정해지게 된다. 중학교에서 상위권을 다투던 학생들이라 중학교에서는 어깨에 힘 좀 주고 다녔을 텐데, 민사고에서의 하위권 학생들은 일반학교 하위권 학생과 비슷한 언행을 하는 것을 볼 수 있다. 즉 말수가 적어지고, 소심해지고, 친구관계도 멀어지고, 잠이 많고, 혼자 있으려고 한다. 성적을 가르쳐주지 않더라도 본인이 그렇게 행동하려고 하니 표가 나는 것이다. 그런데 문제의 이 학생은 성적이 낮음에도 불구하고 이런 행동이 거의 없고 당당하게 살아가는 모습을 보였다. 토론대회에 나가기도 하고, 연극반에서 배우로 활동하는 등 자신의 처지를 비관하지 않고 너무나도 즐겁고 당당히 사는 것을 볼 수 있었다. 그래서 추천서에도 성적은 비록 지금 낮지만, 주눅 들지 않고 학교에서 당당하게 생활하며 친구들과 잘 어울린다고 적어 주었던 기억이 난다.

지금도 대학에서 홍보대사 활동을 하는 등 자신의 임무에 충실한 것을 가끔 전해오는 소식으로 들으며 학창시절의 성적으로만 학생을 평가하면 안 된다는 교훈과 함께 입가에 미소가 절로 나온다.

(2) 지도력이 뛰어난 학생

이 학생은 좋은 성적으로 입학했지만, 무슨 이유에선가 성적이 계속 하락하고 있어 걱정스러운 상태에서 고3이 되었다. 당시에는 과제연구를 외국대학에 진학하는 학생들이 주로 이수하는 과목이었는데, 어떤 이유에선가 갑자기 고3인데도 국내 대학에 진학하려는 학생들이 몰려오기 시작한 때였다. 그래서 연구주제를 개발하여 분배하는 데도 애를 먹었고, 이를 독려하여 결과를 빨리 얻어야 대학에 진학하는 데 조금이나마 도움을 받을 수 있는 과학전람회에도 출품할 수 있었다. 이 학생과의 면담을 통하여 중학교에서 학생회장을 역임했다는 것을 알게 되었고, 팀을 짜서 열심히 실험하고 있는 상태에서 이 학생이 뒤늦게 합류한 것이라, 우선은 지지부진한 상태에 있던 팀에 편성하여 같이 실험하라고 하였다. 그랬더니 이 팀의 실험 계획이며 진행이 빨라지기 시작하였다. 그러고 나서 얼마 되지 않아 과학전람회에 출품할 수 있는 인원수가 4명에서 3명으로 갑자기 줄어드는 일이 발생하였고, 부득이 이 학생을 다른 팀으로 옮겨야 하는 상황에 이르게 되었다. 시간은 이제 30일 정도만 남았고, 고민 끝에 최고로 지지부진한 상태에 있던 팀에 편성하여 같이 실험하라고 하였다. 그랬더니 이 팀의 실험 계획이며 진행이 또한 갑자기 빨라지기 시작하였다. 밤낮의 실험 끝에 겨우 대회에 출품할 수 있었다. 이를 되돌아볼 때 학생의 리더십이라고 하는 것이 학생회나 반 차원에서만 발휘되는 것이 아니라, 이러한 소규모 집단에서도 이루어질 수 있다는 교훈을 얻게 되었고, 이후에는 연구팀을 구성할 때 각별

히 신경 쓰면서 지금도 이 학생의 경우를 에피소드로 들려주곤 한다. 이 학생은 끝까지 성적이 향상되지는 않았지만, 추천서를 써줄 때 '성적이 하락한 이유로 남들보다 심화과목을 더 많이 이수하느라고 그런 것'이라는 주장을 펼쳐 지금은 S대에 진학하여 열심히 생활하고 있다.

(3) 창의성이 뛰어난 학생

이 학생은 화학올림피아드, 과학전람회, 발명경진대회, 화학경시대회를 두루 섭렵할 정도로 실력과 아이디어를 겸비하였다. 화학을 공부하며 생긴 의문을 발명품 제작으로 연결하였다. 예를 들어 가방을 젖지 않게 하는 우비인데, 일반 우비는 입고 있으면 밖에서 가방 속 물건을 꺼낼 수 없다는 단점을 개량하여, 우비를 입은 채 밖에서도 가방 속 물건을 꺼낼 수 있게 우비를 개조하였다. 또한 티셔츠를 옷걸이에 걸 때 목 부분이 늘어지게 만드는 불편함을 개량하여, 옷걸이가 접혀질 수 있게 집 근처 철공소에서 시제품을 제작하여 가져오기까지 하였다.

발명 하면 또 생각나는 학생은 여학생인데 "무엇을 발명하면 좋을까요?" 하고 몇 번씩 내게 물어보아, 사무실 안을 둘러보니 전에 만들어 사무실에 걸어 두었던 제목이 보여서, "저거 하면 어떨까!" 하고 이야기하니 "좋은데요!" 하면서 작업을 시작하게 되었다. 걸어 두었던 제목은 '젓가락 길라잡이'였고, 새로 생각한 것은 '과일 깎기 길라잡이'였다. 내 방에 그동안 거쳐 간 학생이 수백 명인데 아무도 주목하지 않고 걸어 두어 먼지만 쌓이던 것을 보고 자신의 생각을 보태어 새로운 것을 찾아내는 것을 보고 '물건도 함부로 치우면 안 되겠다'라는 생각을 굳히게 되었다. 그런 생각 때문에 내 방은 언제나 지저분해 보이고 난잡해 보이지만, 학생들이 보고 만지고 느끼면서 새로운 주제를 찾고, 발명의 단초를 제공받는다는 것에 만족하고 있다.

(4) 정리를 잘하는 학생

이 학생은 더러운 실험실을 정리하는 데 공헌하여 인상에 남아 있다. 보통은 실험실에서 자기 실험에만 몰두하여 필요한 것을 모두 꺼내놓고 실험하다 그대로 가거나, 싱크대에 넣어놓고 가기 때문에 생물 실험실은 항상 쓰레기장을 방불케 하는 어지러운 상태다. 그래서 벌점청소나 지도 학생을 동원하여 날을 잡아 청소하곤 했는데 이 학생은 자진해서 청소를 하겠다고 하여 그냥 그러려니 했는데, 청소 범위나 깨끗함의 정도가 다른 학생들이랑 달라서 인상에 남는 학생이었다. 그래서 이 학생에게는 추천서에 '지난 학기에는 여러모로 실내 환경이 더러운 생물 실험실을 깨끗이 청소하여 쾌적한 환경 개선에 힘썼습니다. 그동안 실험실 청소를 여러 사람들이 도와주었었지만, 지원자만큼 애정과 정성을 가지고 도와주진 못했습니다'라고 적어 준 기억이 있다. 실험실에서는 항상 사용하고 나서 원위치를 생활화해야 하는데, 나 혼자 편하겠다는 이기적인 마음이 있어 지저분하고 더러운 상태가 계속되는 것이므로 실험실 사용자들이 반드시 지켜야 할 첫 번째 덕목이다.

(5) 수업에 집중하는 학생

수업에 집중하는 학생은 예습과 복습을 잘하는 성실한 학생이다. 새벽에 일어나 운동하느라 피곤하여 졸릴 텐데도 좀체 졸지 않고 버티면서 선생님의 말씀을 잘 듣는 학생이다. 수업을 하면서 교과서의 내용을 모두 중요시하지 않고 경중을 따져 강의하는데, 수업에 집중하지 않고 있다면 나중에 교과서를 모두 암기해야 하는 우를 범할 수 있다. 수업에 집중한 학생은 교과서에서 이미 중요한 부분을 체크해 놓은 상태이니 시험 준비가 수월하고

시간도 절약할 수 있게 되어 계속 좋은 성적을 받을 수 있게 되는 것이다. 반면에 수업 중에 졸거나 자는 학생은 체력이 약해 그런 경우도 있지만, 예습하지 않고 수업에 들어와 앉아만 있으니 따분하고, 선생님 말씀을 알아듣지 못하겠으니 부족한 잠이나 보충하겠다는 심산이 강하기 때문이리라.

(6) 생물지식이 풍부한 학생

이 학생들은 그동안 너무 많아서 일일이 거명하자면 이 한 권으로도 부족할 지경이지만, 족보반(생물경시반의 별칭)의 이름하에 주경야독하며 꿈을 이룬 학생들을 보며 보람을 느낀다. 남보다 일찍 생물 공부에 흥미를 느끼고 시작한 학생부터, 학교에 입학하고 나서 뒤늦게 시작하여 허겁지겁 따라가서 역전하는 학생에 이르기까지 다양하지만 한 가지 공통된 특성은 모르는 것에 대한 호기심이 강하고, 생물 이외의 성적도 남보다 결코 뒤지지 않을 정도로 자기 관리가 철저하며, 평상시는 바보처럼 보일 정도로 자기 관심 분야 이외에는 별로 흥미가 없다는 것이다. 거기에 여러 가지 생물 서적을 두루 섭렵하여 교과서 이외의 지식도 넓고 풍부하였다. 요즘의 학생들은 너무 일찍부터 공부하는 일에 내몰려서인지는 몰라도, 예전의 학생들보다 호기심은 많아졌을지 몰라도 좀체 외우려고 노력하지 않는 것 같다. 교육과정이 변하여 학교에서 배우는 내용도 대폭 줄어들어 여가 시간이 늘었는데, 이를 창의성 개발이나 휴식 등에 사용하지 못하고, 스마트폰이나 컴퓨터에 대한 의존도가 늘어서인지 남는 시간을 인간관계 맺기에 열중하는 것 같다.

이제는 전통적인 강의식 수업에서 탈피하여 어떻게 자신이 필요로 하는 지식을 효율적으로 찾을 수 있는지 알려주는 교육 패러다임의 전환이 필요한 시기가 도래한 것 같다. 가령 생각하는 방법을 스스로 터득하도록 도와

주거나, 암기력과 약간의 사고력, 이해력의 계발에 중점을 두는 교육에서 탈피하여, 미국의 학생들처럼 창의력, 상상력, 사회성 등을 키워나갈 수 있도록 도와주는 것이 필요한 시대가 도래한 것이다. 문제는 어떤 방법으로 이를 구현하느냐이다. 이 중의 하나로 접근할 수 있는 것이 사제동행독서이고, 다른 하나는 과제연구지도일 것이다. 그 외의 것은 계속 주시하고 공부하며 적극적으로 수용하는 전향적인 자세가 필요하다.

(7) 생물 과제연구지도

과제의 개발은 초창기에는 필자가 평소 궁금하게 생각하고, 일상생활에서 알고자 했던 궁금한 내용들에서 탐구 주제를 찾아 이루어졌지만, 지도하는 학생의 수가 부쩍 늘면서 한계에 부딪히고 말았다. 그래서 학생들과 면담하며 앞에서 기술한 지도 방법에 따라 팀을 짜고, 과제를 스스로 찾도록 전략을 변경하였다. 그리고 되도록 1회성에 그치는 것이 아니라, 계속 후배들에게 주제를 물려주며 과제를 발전시키도록 노력하였다. 그중에 극히 일부를 아래에 소개해 본다.

① 초파리 행동 : 어느 날 신문에서 아프리카의 얼룩말이 무늬를 갖게 된 것이 파리를 쫓기 위한 방편이었다는 내용의 기사를 읽게 되었다. 그래서 미물인 파리도 좋아하는 색깔과 무늬가 있겠다는 생각이 들어 여학생에게 내용을 알려주고 탐구하라고 했는데, 꼼지락거리면서 시간만 보내더니 정작 발표하는 것을 보니 '이렇게 하여 실패했다'는 실패보고서를 작성해서, 실망하고 그대로 주제를 접는가 생각하였다. 그런데 2년 후에 탐구 과제가 없다고 칭얼대는 여학생들이 있어, 이런 실패한 주제가 있는데 한번 도전해 보겠는가 하고 물어보니 좋다고 하여 다시 시작하게 되었고, 이 친구들은 방학에도 놀지 않고 각자의 집에서 실험하여 굉장히 많은 데이터를 가지고

　강원도 과학전에 도전하게 되었고, 전국 과학전에 가서도 수상하는 영광을 안게 되었다. 그래서 이것이 끝인가 했는데 '세이브 더 칠드런'이라는 단체에 자기들의 탐구 성과를 보내어, 아프리카 신생아용 모자를 파리가 싫어하는 패턴의 무늬가 있으니 그것으로 떠서 보내자고 제안하는 대담성까지 보여주었다. 그렇게 시작된 이 주제는 올해도 후배들이 물려받아 아직도 실험이 계속되고 있다.

　② 항미생물, 항균 효과 : 이 주제는 탐구 과제가 없다고 칭얼대던 어떤 여학생이 인터넷에서 '메밀껍질을 베개에 넣으면 머리를 시원하게 해준다'는 내용의 기사를 보고 '베개엔 땀도 많이 묻을 텐데 베개를 자주 빨아주지 않아도 괜찮겠느냐'는 의문에서 시작되었다. 그래서 메밀껍질에 항미생물 효과가 있을 것이라는 가정 하에 탐구를 시작하게 되어 강원도 과학전에 도전하게 되었고, 불행하게도 전국 과학전에는 출전하지 못하였다. 그 후 남녀 혼성팀의 후배가 주제를 이어받아 한국식품연구원의 전폭적인 도움을 받아서 주로 방학 동안에 성분 분석을 비롯하여 본격적인 미생물 실험에 도전하였고, 강원도 과학전을 거쳐 전국 과학전에서 수상하는 영광을 안게 되었다. 그리고 다시 여학생 팀이 주제를 이어받아 이번에는 이를 응용하여 꽃꽂이용 절화를 장기간 보존할 수 있는 방안을 찾는 데 적용하였고, 전국 과학전에서도 수상하였다. 이렇게 시작된 이 주제는 올해도 후배들이 물려받아 항미생물, 항균 효과가 있는 물질을 대상으로 실험을 계속하고 있다.

　③ 음식물 쓰레기 : 500여 명의 인원이 세 끼를 해결하는 학교에서 음식물 쓰레기 처리는 매우 골치 아픈 주제이다. 처음에는 근처의 돼지 농가에서 수거해 가기도 했지만, 인원이 늘면서 늘어난 쓰레기를 처리하기 힘들어 1차로 수분을 제거하고 부피를 줄여 처리하는 방식으로 바뀌었다. 그래서 처음에는 '염분 때문에 지렁이를 키워 염분의 농도를 낮추어 준 다음, 만

들어진 분변토를 퇴비로 활용하면 되지 않을까' 생각하고 있었는데, 어느 날 느긋한 성격의 학생을 만나 실험 주제를 논의하다 '이것을 하면 어떻겠냐' 했더니, 지렁이보다는 식물을 키워 보겠다고 하여 시작된 것이다. 주제를 받아 가고는 실험 진척이 어떻게 되고 있느냐고 물어보면 열심히 하고 있다고만 할 뿐, 실체를 보여주지 않아 얼마나 진행되었는지 전혀 짐작할 수 없었다. 그런 후 시간이 흘러 강원도 과학전에 출품하게 되었고, 역시나 잔뜩 지적만 받고 돌아왔다. 그 충격이 얼마나 컸던지, "이 주제는 그만 하렵니다" 하고는 새로운 주제를 찾아서 나에게 보여주었지만, 계속 먼젓번 것만 못하였다. 그렇게 시간을 보내던 어느 날, 새로운 것보다는 옛날 주제를 좀 더 발전시키는 것이 좋겠다고 하여, 그때서야 지적 받은 내용이 무엇인지 알게 되었다. '결국은 염분을 머금고 있는 쓰레기에 물을 주면 염분이 녹아나와 주변 토양을 오염시키지 않겠느냐'는 것이 주요 지적사항이었다. 이 문제의 해결을 위해 염분을 머금을 수 있는 부재료를 같이 섞어주어 물을 주어도 염분이 녹아나오지 않는다는 것을 보여주고, 식물도 이 조건에서 잘 자란다는 것을 보여주면 되는 것이었다. 다시 한 번 정신을 가다듬고 도전하여 강원도 과학전을 가볍게 통과하고, 전국 과학전을 위해 오늘도 열심히 구슬땀을 흘리고 있다.

지금까지 첨단장비를 동원하여 어마어마하게 시작했지만 중도에서 흐지부지 끝나는 것도 무수히 보았고, 별다른 장비 없이 학교에 있는 장비만으로도 뛰어난 아이디어로 얻은 자료들을 잘 엮어서 훌륭한 보고서로 작성하여 각종 교외 대회에서 수상하는 사례도 무수히 보았다. 결국 지금까지 지도하며 살펴본 과제연구에서의 성패는 주제의 접근성 및 수월성, 팀원들의 팀워크, 집중도, 성실성 등에 의해 주로 판가름 났으며, 아무리 하찮은

과제라도 문제의식을 가지고 주어신 환경에서 얼마나 끈기 있게 부족한 자신의 시간을 쪼개어 매달리느냐에 의해 결정되었다. 이외에도 무수히 많은 미담 사례가 있지만 지면이 모자라 여기에서 소개를 그치는 것이 안타까울 뿐이며, 소개되지 못한 사례들은 언젠가 다른 지면을 통해 소개하기로 약속하며, 때로는 사비를 들여 밤낮으로 열심히 노력한 학생들에게 미안하고 빚지고 송구스런 마음으로 이 글을 마친다.

학생들에게 장차 각계각층의 지도자로 성장하는 데 필요한 의식과 능력을 함양하도록 하는 것이 자치공화국이 지닌 교육적 의미일 것이다.

06
학생자치위원회에서 무엇을 배우나

김명순
학생부장, 체육

본교는 '학생자치공화국'이라 불릴 정도로 학생자치가 활발하게 이루어지고 있다. 이 학생자치의 이념을 실현하는 데 있어 가장 핵심적인 역할을 하는 이들이 바로 학생자치위원회(학생회)이다. 학생회는 그 명칭이 개교 초기에는 명예위원회였으나 이후 학생위원회를 거쳐 입법·사법·행정위원회로 그 이름이 바뀌면서 명칭뿐만 아니라 역할과 기능도 발전하고 변모하였다. 민사고의 변화를 이끌어온 이 학생들의 면면은 20년사 본책의 자료편에 밝혀진 바와 같거니와 사실은 이 지면에 거명되지 않은 전교 학생들이 모두 학생자치의 주역들이었다. 학생자치공화국의 실태를 제대로 알기 위해서는 학교 규정 중 학생자치위원회 규정을 근거로 현행 학생자치위원회의 각 위원회와 부서별 책무 및 권한을 간단하게 요약하여 살펴보는 것이

선행되어야 할 것 같다.

학생자치위원회를 통해 학생들은 견제와 균형을 추구하는 삼권분립의 정치형태와 대표를 선출하여 의견·이익을 대변하게 하는 대의민주적 공화정을 학교 교육과정에서 경험하게 된다. 이를 통해 학생들에게 장차 각계각층의 민주적이고 창조적인 지도자로 성장하는 데 필요한 의식과 능력을 함양하도록 하는 것이 자치공화국이 지닌 교육적 의미일 것이다. 민주시민으로서의 자질을 체득케 한다는 고도의 교육적 장치인 셈이다.

선거

학생자치위원회의 임기는 한 학기로 하며, 1학기 학생회는 2월의 취임식부터 9월의 이임식까지, 2학기 학생회는 9월의 취임식부터 익년 2월의 이임식까지로 한다. 매 학기 초에 학생자치위원회 선거를 실시하는데, 이를 위해 선거 1개월 전에 선거관리위원회를 설치한다. 선거관리위원회는 직전 학기 입법위원회, 사법위원회, 행정위원회 임원으로 구성하며 입법위원장, 사법위원장, 행정위원장이 공동위원장이 된다. 선거관리위원회는 선거공고, 입후보자 등록접수, 입후보자 자격심사, 투표 및 개표, 부정선거운동 감시 등 선거 전반에 관한 사항들을 주관한다. 학생부는 선거관리위원회에서 검증한 입후보자들에 대한 자격 여부를 최종 검토한다.

입후보 등록절차 과정은 다음과 같다. 선거관리위원회에서는 선거 10일 이전에 선거공고를 하고 입후보등록원서를 교부한다. 입후보 희망자는 학년별로 5명의 추천인(印)과 선생님 세 분의 추천인을 첨부하여 선거관리위원회에 등록한다. 선거관리위원회에서는 선거 5일 전까지 입후보자 명단을 확정 공고한다. 선거관리위원회에서는 직전 학기의 벌점 누계를 비롯하여 후보자의 객관적인 정보 및 인적사항이 포함된 프로필을 공개한다. 이때 공개의 내용과 범위는 선거관리위원회에서 정한다.

선서

학생자치위원회 임원들은 학생지도자로서의 임무와 자세를 명심하고 이를 이행한다. 학생지도자로서 모든 일에 성실한 자세로 솔선수범해야 하는 것은 물론이다. 학생자치위원회 임원이 학생법정에 피의자 신분으로 설 경우에 벌점 부과 항목마다 1점의 가중 벌점을 받는다. 학생자치위원회 임원들이 학생선도위원회에 피의자 신분으로 설 경우 다른 학생들에 비해 무거운 징계를 받으며, 임기 중에 교내·외 봉사 이상의 징계를 받거나 벌점 누계가 25점 이상이면 자동으로 직위가 박탈된다. 이런 경우에 1개월 이내에 보궐선거를 시행한다. 학생자치위원회는 취임식에서 "나는 자랑스러운 민족사관고 학생자치위원회 임원으로서 타의 모범이 되고 맡은 바 책임을 다하여 장차 훌륭한 지도자로 성장하는 데 필요한 리더십을 함양할 것을 엄숙히 선서합니다"라고 선서한다.

1. 입법위원회

입법위원회의 역할은 크게 학교생활규정과 학생자율규칙의 제·개정, 다양한 학교 내 이슈에 관한 학생 의견 수렴 및 데이터베이스 구축, 학생자치회비 예산안 심의로 나눌 수 있다. 먼저 학교생활규정과 학생자율규칙의 제·개정에 대해 알아보자. 민사고 학생들은 학교생활규정과 학생자율규칙, 이 두 개의 규정을 지키며 살아간다. 학교생활규정은 학생들이 기숙사 생활 시 반드시 지켜야 할 규칙들을 명시해 놓은 규범이고, 학생자율규칙은 학교생활규정을 보다 세세하게 풀어 설명한 구체적인 규칙이다. 일례로 학

교생활규정이 학생자치위원회의 대략적인 구성만을 제시하는 반면, 학생자율규칙은 학생자치위원회의 선출방법, 선거절차, 업무의 목적과 그 내용에 대해 구체적으로 설명하고 있다.

입법위원회는 산하의 소위원회들을 거쳐 의결된 사안을 토대로 학교생활의 핵심 규정인 학교생활규정과 학생자율규칙을 제·개정하는 역할을 담당한다. 또한 입법위원회는 학교의 현안에 대한 학생들의 의견을 수렴하는 역할을 진행한다. 입법위원회는 학생들 간에 토의와 의결이 필요한 주제, 또는 학교의 정책과 관련된 사항들에 대해 학생들의 찬성, 반대 의사와 개별 의견을 모두 조사한다. 이를 수합하여 학교 측에 전달하는데, 이때 수합한 결과는 입법위원회가 정책을 만들고 집행할 때 활용하기도 한다.

마지막으로, 입법위원회는 학생자치회비의 예산을 관리한다. 학생자치위원회와 그 산하부서들, 그리고 대외홍보단 등은 각각의 업무를 수행하기 위해 예산을 필요로 한다. 이 필요한 예산은 입법위원회의 심사를 거쳐서 지급되는데, 이때 각 부서의 담당자는 예산안에 관한 입법위원회의 질문에 모두 답할 수 있어야 한다. 이는 예산을 낭비 없이 효율적으로 사용하도록 하기 위해서다. 위의 과정을 거쳐 예산을 지급받은 부서들은 예산 사용을 마친 이후에 결산안을 작성해서 입법위원회에 제출해야 하고, 결산안 또한 입법위원회의 검토를 받아야 한다.

입법위원회는 민주적이면서도 효율적인 업무 처리를 위해 산하에 여러 회의(위원회)를 두어 운영한다. 가장 기본적인 회의로는 학급회의가 있다. 필요에 따라 1~2주에 한 번 개최되는 학급회의는 반별로 학생들이 모여 입법위원회가 준비한 사안에 대해 토의하고 의결하는 회의이다. 이 회의는 각 학급의 반장들이 진행하며, 모든 학생들이 회의에 참여한다. 학급회의의 상위 회의로 대의원회의가 존재한다. 대의원회의에서는 학교생활규정 및 학생자율규칙의 제·개정을 의결하고, 학급회의에서 제시된 의견들에 대해 논의한다. 학급 반장들이 각 반을 대표해 모인 회의이기 때문에 대표성을 띤다. 그 외에 임시적으로 구성·개최되는 특별소위원회가 있다. 특별소위원회는 입법위원회가 필요에 따라 산하에 둘 수 있는 위원회며, 소위원회의 목적 역시 입법위원회가 재량적으로 설정할 수 있다.

2. 사법위원회

사법위원회는 학생들의 명예심, 준법정신, 반듯한 의식과 생활태도를 함양하기 위한 제반 활동을 한다. 이를 위해 자율시험의 성공적 운영, 남의 물건 탐하지 않기, 거짓말하지 않기, 폭력행위 예방 등을 위한 활동을 하며, 학생들의 생활규정 위반 행위를 적발·조사한다. 또한 사법위원회는 학교생활규정의 제·개정이 필요하다고 판단되면 규정안을 만들어 입법위원회에 제출할 수 있다.

사법위원회가 하는 가장 핵심적인 역할은 학생법정의 운영이다. 학생법정은 매주 목요일 1자습시간에 다산관 소강당 또는 체육관에서 열리는데, 장소는 인원에 따라 조정된다. 법정에 기소된 학생 수가 180명 이하일 경우 소강당에서, 그 이상일 경우 체육관에서 법정이 개최된다. 따라서 사법위원회의 일정은 주 단위로 진행된다. 매주 월요일, 사법위원회 산하부서인 법무부에서는 그 주 법정리스트를 만들어 학생들에게 공지한다. 법정리스트에 올라오는 사항은 그 전 주 월요일부터 일요일까지 기소된 사실을 바탕으로 한다. 법정리스트에 오류가 있을 경우, 해당 학생은 취하장 제출을 통해 오류사항에 대한 취하를 받을 수 있다. 기한은 수요일 자정이며, 취하장에는 기소하신 선생님의 확인 사인이 반드시 포함되어 있어야 한다. 이를

법무부장 또는 차장에게 제출하면 법정리스트가 수정된다.

기소된 사실에 대해 자신의 억울함을 호소하고 싶은 학생은 최후변론서를 작성해 사법위원회에 제출할 수 있다. 최후변론서 작성 기한은 화요일 오후 9시이며, 1분 내외의 분량을 영어로 작성해야 한다. 최후변론서에는 재판용과 법정용이 있는데, 제출을 희망하는 학생은 둘 모두를 작성해 사법위원회에 제출해야 한다. 재판용 최후변론서에는 피고의 이름을 명기하지 않으며, 이는 수요일 2자습시간에 진행되는 학생참여재판에서 배심원들에게 배부된다. 법정용 최후변론서는 사법위원회에서 보관한다. 화요일 9시에 최후변론서가 모두 수합되면, 그날 2자습시간에 사법위원회는 제출된 최후변론서에 대한 증거 조사 과정을 거친다. 자습시간에 확인할 수 없는 사실 관계는 다음 날인 수요일 일과 시간을 이용해 확인한다. 이렇게 제출된 최후변론서에 대한 사실 확인 및 추가 증거 조사가 끝나고 나면 수요일 2자습시간에 10층 공동강의실에서 학생참여재판이 열린다.

학생참여재판에 배심원으로 참석하기 위해서는 사법위원회의 무작위 추첨 프로그램에 의해 선정되어야 한다. 학년 및 성별 비율을 맞추기 위해 배심원은 1학년 남자 2명과 여자 2명, 2학년 남자 2명과 여자 2명 등 총 8명으로 구성한다. 그 주에 최후변론서를 제출한 당사자나 증인은 배심원으로 선정될 수 없다. 배심원 명단은 법정이 끝난 이후에도 공개되지 않으며, 투표 역시 눈을 감은 채 비밀로 진행한다. 유·무죄, 감형에 대한 배심원들의 평결은 거수의 방식을 따른다.

사법위원회는 배심원들의 평결을 참고하여 최종 판결을 내린다. 단, 만장일치 평결이 나온 사건의 경우 사법위원회는 반드시 배심원단의 의견을 따라야 한다. 배심원단의 만장일치 평결을 거스르기 위해선 해당 사건에 대해 Delay 판결을 내려야 하며, 다음 주 학생참여재판에서 새로운 배심원단을 구성해 의견을 다시 물을 수 있다. 그러나 또다시 만장일치 평결이 나올 경우, 사법위원회는 반드시 배심원단의 의견을 따라야 하며 더 이상 거스를 수 없다. 이 모든 과정을 거친 뒤 목요일 1자습시간에 학생법정이 개최된다. 법정에서는 최후변론서를 제출한 학생들에 대한 최종 판결이 내려지며, 그 주 법정에 기소된 학생들에 대한 벌점 선고가 이루어진다. 법정의 심리, 평결 등 모든 절차는 사법위원장에 의해 영어로 진행된다. 법정이 끝나고 나면 사법위원회는 그 주 법정리스트 판결용을 완성해 학생 및 선생님들께 공지한다. 이와 함께 학생참여재판 회의록, 최후변론서에 대한 판결문, 사법위원회 판례집을 게시한다. 이후 법무부를 통해 그 주 법정 결과를 반영한 상벌점 누계가 완성되고, 이 역시 학생들에게 공지된다. 최후변론서를 제출한 학생이 그 주 법정에서 내려진 판결에 불복할 경우, 1회에 한하여 사법위원회에 항소할 수 있다. 항소를 원할 경우 항소장을 영어로 작성해 사법위원회에 제출해야 한다.

3. 행정위원회

행정위원회는 학생 행사를 기획·주관하고 학교 행사에서 주도적인 역할을 수행한다. 학생들의 의견을 수렴하여 학교행정에 반영되도록 건의하며, 학교의 교육정책과 교육계획을 학생들에게 효과적으로 전달한다. 또한 학생 총회를 열어 활동계획을 알리고 의사를 전달하고 의견을 수렴하며, 산하부서를 지원·관리·감독한다.

행정위원회의 가장 기초적인 업무는 애국조회 및 혼정(昏定)의 진행이다. 매주 월요일 1교시에는 모든 교사와 전교생이 체육관에 모여 애국조회 시간을 갖는다. 애국조회는 행정위원장이 영어로 진행하며, 보통 (1)국

기에 대한 경례와 애국가 및 교훈 제창, (2)상장 수여식, (3)선생님 훈화, (4)학생 훈화의 순서로 진행된다. 경우에 따라 학생회 임원 이·취임식, 부서장 이·취임식 등의 행사들을 애국조회 때 추가로 진행하기도 한다. 애국조회를 시작하기 전에 체육부원들은 선생님들이 앉으실 의자를 설치하고, 환경부원들은 체육관 바깥에 학생들이 벗어놓은 신발들을 가지런히 정리한다. 상장 수여식이 있는 날이면 행정위원들은 상장들을 담당 선생님으로부터 전달받아 시상 순서에 맞게 배치한다. 행정위원장은 애국조회 시작을 위한 준비가 모두 되어 있는지 확인한 후에 조회를 진행한다.

혼정은 매일 저녁 학생들이 사감 선생님께 필요한 공지를 전달받고 안녕을 여쭙는 시간이다. 3학년 혼정과 1·2학년 혼정이 따로 진행되며, 남학생들은 2층 혼정실, 여학생들은 지하 1층 혼정실에서 혼정을 진행한다. 혼정은 보통 (1)학생들 간의 공지사항 전달, (2)사감 선생님의 공지사항 전달, (3)행정위원회의 공지사항 전달의 순서로 진행된다. 혼정 진행자들은 전교생이 알아야 할 필수적인 공지사항들을 학생들에게 전달하고, 공지를 하고자 하는 학생들에게 발언권을 부여한다.

이러한 기초적인 업무들 외에도 행정위원회는 학교의 주요 행사 진행을 담당한다. 학교 행사는 크게 학생들이 주관하는 행사와 학교가 주관하는 행사로 나눌 수 있다. 신입생 환영파티, 홈커밍 파티, 크리스마스 파티 등의 학생 주관 행사는 행정위원회가 문화기획부와 연계하여 진행한다. 민족제, 3세대 체육대회, 민족사관고등학교 음악회, 민족 화합의 날 등의 학교 주관 행사는 행정위원회가 행사 담당 선생님들과 수시로 연락을 주고받으며 계획하고 준비한다. 이 중에서 가장 핵심이 되는 행사들은 민족제와 민족사관고등학교 음악회다. 민족제는 학생들과 선생님들이 한데 어우러져 즐기는 민사인들 최대의 축제로, 매년 7월 말에 열린다. 민족제의 가장 큰 특징은 여러 동아리와 부서들이 각자 부스를 설치해 공연을 하거나 음식을 판매하는 등의 다양한 활동들을 할 수 있다는 점이다. 이를 위해 행정위원회는 6월 말경, 부스 설치를 희망하는 동아리 및 부서들의 신청을 받아 학교 행정실과 상의하여 부스를 설치한다. 행정위원회는 그 밖에도 민족제 때 쓰일 화폐를 유통하고 관리하며, 환경부와의 협조를 통해 행사 뒷정리를 담당한다.

민족사관고등학교 음악회는 학생들과 선생님들이 오케스트라 연주, 락밴드 공연, 치어리딩 등의 다양한 예술공연들을 선보이는 행사이다. 매년 1천 명 이상의 관객들을 동원할 정도로 규모가 큰 행사이며, 공연의 수준 또한 매우 뛰어나다. 2학기가 시작되면 행정위원회는 음악회에 참가하기를 원하는 공연 동아리들 및 팀들의 신청을 받아 그 명단을 음악회 담당 선생님께 전달한다. 이후 2~3차례에 걸친 오디션을 통해 음악회에 참가할 팀들을 최종 확정하는데, 오디션의 일정 공지 및 진행을 행정위원회에서 담당한다. 본격적인 음악회 준비는 10월부터 시작된다. 행정위원회는 음악회에 참여하는 인원들을 최종 확정하여 학교 측에 전달하고, 공연을 하는 학생들의 연습 환경 조성을 위해 해당 학생들의 자습 공결을 학교로부터 재가 받는다. 민족사관고등학교 음악회는 외부 시설을 대관하여 진행하는데, 이 때문에 많은 인원들이 학교에서 공연장으로 이동해야 한다. 행정위원회는 이 인원들을 통솔하여 음악회가 원활하게 진행될 수 있도록 하며, 리허설 및 본 공연을 진행하는 와중에도 음악회가 정상적으로 진행될 수 있도록 각종 업무들을 맡는다. 특히 행정위원장과 행정부위원장(행정위원장이 남자일 경우에는 여자 행정부위원장 / 행정위원장이 여자일 경우에는 남자 행정부위원장)은 음악회의 사회를 맡아 진행한다.

　행정위원회는 학교생활규정의 입법 절차에도 부분적으로 참여할 수 있다. 만약 행정위원회가 학교생활규정의 제·개정이 필요하다고 판단될 경우 규정안을 만들어 입법위원회에 제출한다. 입법위원회에서는 이를 심의하여 의결하고 1개월 이내에 그 결과를 제출한다. 또한 행정위원회는 입법위원회나 사법위원회의 활동에 문제가 있다고 판단되면 해당 위원회에 그 개선을 요구할 수 있다. 단, 사법위원회의 학생법정 선고 내용에 관해서는 관여할 수 없다. 이때 해당 위원회에서는 그 결과를 1개월 이내에 통지해야 한다.

　학생 총회의 운영 역시 행정위원회가 주관한다. 행정위원회가 필요로 할 때에는 입법위원회, 사법위원회와 공동으로 학생 총회를 운영한다. 매 학기 1회 이상 총회를 열 수 있다. 학생 총회의 주제는 행정위원회가 입법위원회와 사법위원회와의 논의를 통해 정한다. 학생 총회에서 학생회 활동 보고, 의견 수렴, 현안 논의 등을 할 수 있다. 의사 결정이 필요할 경우, 재적수 3분의 2의 출석과 출석수 3분의 2의 찬성으로 결정한다.

4. 학생자치부서

　본교에서는 학생자치 이념의 실현을 위해 총 14개의 학생자치부서를 설립하여 운영하고 있다. 이 중 법무부와 선도부, 자치감사부를 제외한 11개 부서는 행정위원회 산하부서이다. 선도부와 법무부는 사법위원회의 산하에 있고, 자치감사부는 감사의 공정성을 위하여 입법·사법·행정위원회와는 독립적으로 운영된다. 모든 학생들은 이 14개의 부서 중 한 곳에 소속되어 활동한다.

　공공정보부(Department of Public Information)는 매 학기 초 학생회 선

거를 위한 투표용지를 준비하고, 민족제에 쓰이는 화폐를 제조·발행하는 부서이다.

도서부(Department of Library Management)는 사서 선생님의 직속 부서로, 도서관 사용 및 캠퍼스 내 독서 습관의 증진을 위해 노력하는 부서이다. 주요 활동으로는 도서관 소식지의 작성, 사제동행의 신청·관리, 도서관의 서가 정리, 도서관의 청결 유지 등이다.

문화기획부(Department of School Event Management)는 학교의 크고 작은 행사를 준비하는 부서로 각종 파티(신입생 환영 파티, 민족제, 수능파티, 크리스마스 파티 등)와 전야제, 스승의 날 행사, 수험생 응원 행사 등 여러 가지 학생 주최 행사를 주관한다.

방송부(Department of School Broadcasting)는 학교방송을 전담하며, 입학식, 졸업식, 애국조회 등 각종 학교 행사의 원활한 진행을 위해 방송장비를 설치·관리한다. 댄스파티 같은 축제 때에는 화려한 조명과 음향 시설로 재학생의 마음을 사로잡기도 한다.

법무부(Department of Justice)는 사법위원회의 법정 운영에 가장 핵심적인 도움을 주는 역할을 한다. 매주 학생법정 운영에 필요한 법정리스트를 만들고, 법정이 끝난 뒤 상벌점 누계를 정리하는 것이 법무부의 주된 업무이다. 상벌점 누계는 학생 추천 및 장학생 심사 자료로 쓰이며, 스페셜 트레이닝 대상자를 선정하는 데에도 쓰인다. 스페셜 트레이닝을 관리하는 것 역시 법무부의 일이다. 법무부장과 차장의 경우, 매주 목요일 사법위원회를 도와 학생법정을 운영하기도 한다.

선도부(Department of Student Guidance)는 매년 2월 신입생 선도 교육을 시작으로 학생들의 전반적인 생활을 선도하는 역할을 한다. 매일 아침·점심 등교 시간에 생활지도 및 지각 체크를 하며, 규정을 위반한 학생들을

법정에 기소한다.

식품영양부(Department of Food and Nutrition)는 학교 내에서 학생들의 바람직한 식생활을 위해 잔반을 검사하거나, 학교에서 제공하는 학생들의 기호식품(치킨, 우유, 요플레 등등)의 공급을 담당하는 부서이다. 매일 점심과 저녁 시간 동안 잔반을 검사하며, 매월 치킨데이 때마다 기숙사 호별로 수요조사를 실시하고 배달과 뒷정리를 한다. 그 밖에도 매주 수요일마다 혼정빵 대신 나오는 특별 간식이나 유색 우유를 배급한다. 민족제 행사 때에는 식품 코너 부스를 설치하여 운영하기도 한다.

역사기록부(Department of School History)는 크리스마스 파티, 전야제, 신입생 환영파티, 락 페스티벌 등 학교의 주요 행사들을 촬영하고 이를 인터넷에 게시하여 많은 사람들이 공유할 수 있도록 학교 소식을 전달하는 부서이다. 학교 행사들을 촬영하고, 동영상을 인코딩한 후에 역사기록부 카페에 업로드한다.

영어상용화부(Department of English Only Policy)는 학생들이 학교의 영어상용정책(English Only Policy, 이하 EOP)을 일상생활 속에서 실천할 수 있도록 돕는 부서이다. EOP를 지키지 않는 사람들을 계도하고, 잘 지킬 수 있도록 도움을 준다. 매년 1학기에 EOP Speech Contest를 개최하여 영어상용을 독려하고 있으며, 점심시간에는 식당에 패트롤을 서서 학생들이 EOP를 잘 지킬 수 있도록 선도한다. 또한 2주에 한 번씩 자습시간에 모여 EOP를 장려할 수 있는 여러 제도들을 논의한다. 영어상용정책을 늘 앞장서서 모범적으로 실천하는 부서이다.

자치감사부(Department of Audit and Inspection)는 입법·사법·행정위원회가 각자의 역할을 잘 수행하고 있는지 감사하는 부서이다. 자치감사부는 매 학기 중에 중간평가를 실시해 각 위원회가 학기 초에 내세운 공약을 얼마나 잘 실천했는지 조사하여 학생들에게 공지한다. 감사의 공정성을 위해 입법·사법·행정위원회와는 독립적으로 운영되는 부서이다.

재정관리부(Department of Financial Management)는 매 학기 초, 학생회와 산하부서들의 활동에 필요한 자치회비를 걷는다. 각 부서와 위원회는 자치회비 예산안을 제출하게 되는데, 재정관리부는 이러한 예산안들을 심의하는 역할을 주로 수행한다. 그 외에도 재정관리부는 민족제에 쓰이는 화폐를 유통·관리하는 역할을 담당한다.

체육부(Department of Physical Education and Welfare)는 학교의 전반적인 체육행사 및 스포츠클럽 활동을 기획하고 관리한다. 애국조회 때 단상 위에 선생님들께서 앉으실 의자를 배치하고, 3세대 민속체육대회 등의 체육행사를 준비 및 진행한다. 민족제 행사 때는 물총싸움 등 소규모 체육대회 부스를 설치하여 운영함으로써 감초 역할을 하는 부서이다.

학습부(Department of Education)는 학생들이 최고의 학습환경에서 공부할 수 있도록 면학실 분위기를 관리·감독하며 항상 면학실을 청결하게 관리하는 부서이다. 매달 초 면학실의 남녀 위치를 바꿔줌으로써 면학 분위기를 유지시킨다. 또한 행정업무 도중 종이 복사나 스캔이 필요할 때 이를 돕는 일을 담당한다.

환경부(Department of School Environment)는 청결한 교내 환경의 유지를 위한 각종 업무들을 수행하는 부서이다. 주로 벌점 청소를 검사 및 관리하며, 애국조회 시 학생들이 벗어놓은 신발과 가방들을 정리정돈하거나 학기 초에 신발장에 이름을 붙이는 일을 담당한다. 항상 기숙사 내의 전반적인 청결 유지를 위해 노력하는 부서이다.

그냥 민사고에 다니는 학생이 아니라 조국에 자신을 바칠 수 있는 학생이라야
민사고의 주인이 될 수 있다.

07 민사고에서 있었던 일들(開校 前後의 自畵像)

최관영
기획부교장, 국어

민족사관고등학교가 개교한 지 20년이 되어 《민사고 20년사》에 들어갈 원고를 쓰게 되었다. 지난 10년사(《교육을 바꾸고 세상을 바꾼다》)에서 필자는 입학전형, 국어교육, 언론사 보도 등을 중심으로 10년의 기억을 더듬은 바 있었다. 당시에는 이 세 가지에 대한 원고 청탁을 받았기에 그 외의 것에 대해서는 생각할 겨를이 없었다. 그러나 《민사고 20년사》에서는 주제가 자유로워졌기 때문에 어떤 내용이 적당할까를 고민하다가 더 기억이 희미해지기 전에 민사고 개교를 전후하여 '최초였던 것'에 대한 기록을 남기는 것이 중요하겠다는 데에 생각이 미치게 되었다. 특히 개교 전의 상황에 대해서 기억하고 있는 사람들이 거의 없는 점을 고려하여 가급적이면 개교 직전과 직후의 최초의 장면들을 중심으로 기록을 남기는 것이 필요하다고

생각하게 되었다.

민사고의 개교준비위원들이 개교 업무를 시작한 시점은 1995년 2월이지만, 필자가 개교준비위원으로 민사고에서 근무하기 시작한 시점은 민사고 개교 두 달 전인 1996년 1월 3일이었기 때문에 필자가 기술하게 될 최초의 장면들은 1996년 1월 3일이 그 시작점임을 밝히는 바이며, 아울러 이 글은 최초의 장면을 소개하는 것을 넘어 개교 당시의 창학정신과 그것을 바탕으로 면면히 흘러온 발전의 역사도 동시에 더듬게 될 것이다.

일반교육관(지금의 충무관)에 입성하던 날

민족사관고등학교가 개교하기 두 달 전이다. 겨울바람이 맹위를 떨치던 1996년 1월 3일 수요일 아침 5시. 필자는 본가인 서울을 출발하여 횡성군에 위치한 파스퇴르유업 본사로 향하였다. 1995년 12월 30일도 잠시 출근을 하기는 했으나, 공식적인 첫 출근은 1996년 1월 3일이었다. 동시에 그날은 파스퇴르유업 본사 2층에 자리하고 있던 본교 개교 준비 사무실을 일반교육관으로 옮기던 날이기도 하였다.

일반교육관이란 지금의 충무관을 의미한다. 당시 충무관 옆은 경사면이었고, 그 아래는 공사 후 남은 흙으로 뒤덮여 있었으며, 교육관 주변은 전혀 포장되어 있지 않았다. 지금의 충무관을 일반교육관이라 명명한 것은 그 옆에 과학 교육을 위한 특별교육관을 새로 짓겠다는 의미였다. 충무관 옆의 경사면은 1996년 여름 첫 평탄작업을 시작하여 1997년 여름, 특별교육관(지금의 다산관)으로 재탄생하게 되었다. 당시 다산관은 1996년 8월부터 근무를 시작한 전동성 물리 교사의 자문을 구하여 설립자께서 직접 설계를 하셨다. 전동성 교사는 민사고 최초의 외국 박사학위 출신 교사이자 민사고 교사 중 유일하게 노벨상 수상자에게 직접 지도 받은 경력을 가지고 있다.

1996년 1월 3일 오전 9시. 파스퇴르유업 본사 2층 실험실 한편에 위치한 개교준비위원회 사무실에서는 설립자님의 주도로 시무식이 열리고 있었다. 아직 개교 전인데다가 시무식 후 바로 이삿짐을 옮겨야 하는 상황이었기 때문에 필자를 포함한 8명의 개교준비위원들의 복장은 대부분 캐주얼한 양복 차림이었다. 5평 남짓한 사무실 바닥과 입구에는 이삿짐용 박스로 가득했고, 네 개씩 마주 댄 사무용 책상 위에는 그동안 개교 준비를 하면서 생겨난 다양한 서류철들이 차곡차곡 쌓여 있었다.

　바로 그 순간을 함께했던 교사 중에서 지금까지 민사고를 지키고 있는 교사는 엄세용 영어 교사와 성헌제 체육 교사, 그리고 국어 교사인 필자 등 단 세 명뿐이다. 설립자님으로부터 가장 멀리 떨어진 자리에 앉아 있었던 엄 교사는 다른 교사들에게 가려 잘 보이지 않았으나 살짝 미소 띤 얼굴로 서류철들을 응시하면서 설립자님의 말씀을 듣고 있었고, 이지적인 외모의 성 교사는 매우 열심히 뭔가를 적고 있었다.

　설립자님은 시무식 자리에서 학교 설립의 정신과 속진교육의 의미를 말씀하시면서 교사들에게 열성적인 업무 태도를 주문하셨다. 설립자님은 "그동안의 삶을 반추해 보건대 자신이 맡은 일에 대해 얼마나 많은 열정을 가지고 있는가에 따라 그 능력의 차이가 발생한다"고 말씀하시고, "사생활의 즐거움을 학생 지도에 쏟아 붓는 교사만이 진정한 민족사관고등학교 교사"라고 역설하시면서 일반교육관으로의 사무실 이전에 만전을 기하라고 당부하셨다.

　시무식이 끝나고 8명의 교사들은 아직 정리가 덜 된 사무실의 서류들을 정리하고 그것을 이삿짐용 박스에 담기 시작하였다. 첫 출근을 했던 필자는 아직 서류와 집기들에 익숙지 않았기 때문에 다른 교사들이 정리하는 일을 옆에서 거들었고, 포장이 다 된 상자들을 아래층으로 옮기는 일을 도

맡아 히였다. 아래층에서는 파스퇴르유업이라는 진한 글씨가 새겨져 있는 커다란 트럭이 우리의 짐들을 기다리고 있었다. 짐칸에 짐을 싣고 짐칸 한 편에 올라앉기가 무섭게 트럭은 일반교육관으로 향했는데, 아직 포장도 되지 않은데다가 얼어붙기까지 한 노면을 달리다보니 사람이며 짐들이 중심을 잡지 못하고 이리저리 흔들렸다. 짐을 실은 차가 일반교육관 측면 입구에(지금의 도서관 외국서적 서가 자리. 개교 당시에 그 자리는 밖으로 통하는 출구였다.) 도착하자마자 짐칸의 모든 짐을 지금의 도서관 자리로 옮기는 작업이 시작되었고, 그러한 운송 과정이 서너 번 반복되었다. 지금의 도서관 자리는 당시에는 개교준비위원의 사무실로 사용되었고 그것을 교무실이라 불렀다. 이 교무실은 1996년 1학기 동안 사용되다가 2학기에 교사연구실 체제로 바뀌면서 지금의 법인사무국 자리로 옮겨지게 되었고, 명칭도 교무부로 바뀌게 되었다.

그날은 사무실 책상과 각종 집기들이 아직 들어와 있지 않아서 짐을 옮기는 일과 사무실 청소를 하는 일만 하였고, 다음 날인 1월 4일 사무실용 책상과 각종 집기들이 들어오면서 서서히 사무실의 모습을 갖추기 시작하였다. 1월 4일부터는 일반교육관에서 사용하게 될 각종 가구와 사무실용 책상, 그리고 학생들이 사용하게 될 교실 책상 및 의자, 그리고 각종 교구들이 업체에서 배송되었는데 그것을 각 실에 옮겨 배치하는 일은 모두 교사들의 몫이었다. 1월 3일부터 1기 예비교육(지금의 입학 전 오리엔테이션)이 시작되는 1월 11일까지 교사들은 낮에는 집기를 나르고 청소하는 일을 했으며, 밤에는 예비교육을 위한 연구와 회의가 이루어졌다. 당시 개교준비위원들은 양복과 한복을 혼용하고 있었는데, 그날부터 거의 3개월 동안 그들의 옷은 성할 날이 없었다.

최초의 예비교육

애초의 계획대로라면 1기생의 예비교육은 1월 4일 목요일부터 시작할 예정이었다. 예비교육을 위한 교육 프로그램은 거의 완성되어 예비교육을 진행하는 데는 문제가 없었지만, 생활교육관(지금의 창의관. 기숙사를 생활교육관이라 명명한 것은 일상적인 생활 그 자체도 교육이라는 설립자님의 의도가 깔려 있었다.) 공사가 완전히 마무리되지 않아서 학생들이 생활하는 데 필요한 가구와 집기들도 들어올 수 없는 상황이었기 때문이다. 1월 8일인 월요일에 각 호실의 개인 붙박이장 공사를 끝으로 생활교육관 공사가 거의 마무리되었고, 다음 날부터 2층과 3층 각 호실에 개인 책상, 의자, 개인당 하나씩 무상으로 지급되는 펜티엄급 컴퓨터가 설치되었으며, 1층의 심화학습실을 위한 책상, 의자, 컴퓨터, 그리고 프린터도 속속 들어오게 되었다. 물론 각종 집기들을 나르고 배치하는 것은 온전히 교사들의 몫이었다.

당시에는 교사들의 업무를 지원하는 행정실 직원들이 서무과장을 포함하여 4명(이들 중 지금까지도 학교 시설을 지키고 있는 직원들이 있다. 김주민 주임과 김상덕 주임이 바로 그들이다.) 있었고, 일부 파스퇴르유업 직원들이 지원을 해 주었으나, 그들도 외부 시설 관리 및 점검 등으로 눈코 뜰 새가 없었기 때문에 결국 내부 집기를 나르고 정리하는 것은 온전히 교사들의 몫이었다. 사무실 내에서도 예비교육이 연기되었다는 것을 학부모들에게 알리고 그에 따라 예비교육 전 과정의 일정을 조정하고 정리하는 회의가 끊임없이 이어졌다. 당시에 예비교육이 연기되었음을 전화로 일일이 알리는 역할을 했던 교원은 성헌제 교사였다. 성 교사는 사무실 입구에 비치된 유선전화 앞에서 일일이 1기생 부모들에게 전화를 걸어 예비교육이 연기되었음을 알리고, 죄송하다는 사과의 말을 전함과 동시에 전화기에 대고 연거

푸 고개를 꾸벅거렸다.

1월 10일 수요일은 일반교육관과 생활교육관의 대청소가 진행되었는데, 필자는 일반교육관(지금의 충무관) 대청소에 참여하였다. 1층과 2층 각 실 및 복도 바닥의 먼지를 제거하기 위해 비질을 하고 대걸레를 빨아서 바닥을 닦고, 창틀과 벽면의 먼지를 제거하기 위해 진공청소기를 들고 다녔던 기억, 그리고 1월 11일 있을 예비교육 입소식 행사를 위하여 일반교육관 로비에 덧마루로 단을 설치하고 지금의 체육관에 있는 연설대를 단 위에 올려놓고, 교사들이 앉을 의자와 학생들이 앉을 의자를 배치했던 기억 등이 지금도 눈에 선하다. 1월 10일은 학생들에게 생활관 각 방을 배정하고 학생들이 입소하는 일도 병행되었다. 학교 버스를 타고 온 학생들이 개인 짐을 들고 생활교육관 로비로 들어오면 기다리고 있던 교사들이 각 학생의 호실로 안내하고, 각 호실의 내부 구조에 대해서도 설명을 해 주었다.

드디어 1월 11일, 예비교육이 시작되는 날이었다. 학생들은 대부분 한복 두루마기 정장 차림을 하고 생활교육관에서 내려와 예비교육 입소식에(당시 정식 명칭은 '생활교육관 입소식'이었다.) 참가하였다. 국민의례 직후 이규철 초대교장의 인사말과 교사 소개가 이어졌고, 이어서 당시 설립자님과 전주북중 시절부터 절친인 것으로 알려진 김윤철 명재학원(학교법인의 명칭은 추후 학교의 정체성을 고려하여 '민족사관학원'으로 바뀌었다) 이사장의 격려사가 있었다. 입소식이 진행되는 그 순간에도 충무관 2층의 인테리어 공사가 진행되고 있었고, 교장과 이사장의 격려사 도중 잠시 공사 소음이 발생하기도 하였다.

이후 설립자님의 격려사가 이어졌는데, 처음에는 학교의 위치인 덕고산 소사리의 의미로 말문을 여시고, 중간에는 "여기 있는 학생들은 원서를 들고 다니면서 취직 좀 시켜주쇼 하고 구걸하는 사람이 되어서는 아니 됩니다. 여기 있는 학생들은 우리를 도와주십쇼 하고 여기저기서 모셔가는 그런 사람이 되어야 합니다. 그러면 어떤 사람이 되어야 하느냐? 바로 조국에 헌신할 수 있는 지도자가 되어야 한단 말입니다"라는 말씀으로 이어졌다. 그런데 말미에 가서 "민족사관고등학교의 주인은 설립자도 이사장도 교사들도 학생들도 아닙니다"라고 다소 이상한 발언을 하셨다. 모두들 '그럼 누가 주인이지?'라는 의문으로 설립자님을 바라보았다. 그 의심은 바로 풀렸다. 설립자님께서는 이 발언 직후에 바로 "그럼 누가 주인이냐? 바로 민족의식이 투철하고 수월성 영재교육을 잘 받을 수 있으면서 조국에 헌신하고자 하는 정신이 있는 학생들입니다. 그냥 민사고에 다니는 학생이 아니라 조국에 자신을 바칠 수 있는 학생이라야 민사고의 주인이 될 수 있다는 말입니다"라는 말씀으로 학교 설립의 진정한 의미를 역설하시었다. 끝으로 '교사의 사명 선서'라는 것을 하게 되었는데, 이 선서는 당시 학교 설립 초기 교사들의 사명이 무엇인지를 밝히는 매우 중요한 것이었다. 그 내용은 다음과 같다.

[교사의 사명 선언]
1. 우리는 교육자로서의 소임을 다하기 위해 항상 사표가 될 품성과 자질의 함양에 힘쓰고 학문의 연찬과 교육의 원리와 방법을 탐구·연마한다.
2. 우리는 계급사관, 식민주의사관, 사대주의사관을 배제하고 확고한 민족주체사관을 확립한다.
3. 우리는 사생활의 즐거움을 학생지도의 즐거움으로 바꾸겠다는 결연한 각오로 학생 지도를 위해 진심으로 고민하고 헌신적으로 봉사한다.
4. 우리는 학생지도에서 삶의 의미를 찾고 학생지도의 성패에 의해 인생의 성패를 평가받겠다는 태도를 지닌다.

5. 우리는 탁월한 전문적 지식과 훌륭한 교수법을 지니기 위해 끊임없이 노력한다.
6. 우리는 전통문화를 올바르게 이해하고 민족문화의 우수성과 그 가치를 재인식하여 문화적 정체성을 확립한다.
7. 우리는 영재교육이야말로 21세기 우리 한민족의 최선의 생존전략이라는 신념을 지니며, 영재교육의 본질을 명확하게 이해하고, 지식의 권위자가 아니라 탐구하는 방법의 권위자가 되어야 하고, 감독자·통제자가 아니라 친절한 안내자가 되어야 한다는 교사관을 확립한다.
8. 우리는 영재아의 특성을 이해하고 영재들의 고통을 나누어 가질 수 있는 진정한 애정과 뜨거운 열정을 지닌다.
9. 우리는 영재아들의 다양한 관심을 주의 깊게 관찰하고, 이들의 다양한 질문을 거부감 없이 받아들여 이에 적절하게 반응한다.

　엄숙하게 진행된 입소식이 끝나고 학생들과 교사들은 입소식에 참가한 학부모님들을 위해 생활교육관을 안내하는 시간을 가졌다. 내 자식이 어디서 어떤 환경에서 자고 먹고 공부하는지 안내하여 학부모들이 안심하고 돌아갈 수 있도록 하기 위함이었다. 대부분의 학부모들은 최신식 기숙사 시설과 2인 1실의 공부방 그리고 침실, 개인에게 무상으로 지급되는 컴퓨터 등을 직접 확인하고는 "우리 아들, 열심히 공부하더니 이런 좋은 곳에서 생활하게 되었구나. 둘째도 공부 열심히 해서 이곳에 보내야겠다"며 기쁜 마음을 감추지 못하였다. 그렇게 그날 입소식은 성황리에 막을 내렸다.

최초의 교복과 최초의 교가
민사고 하면 떠오르는 것 중 하나가 교복과 교가이다. 현재의 교복은 예복과 생활복으로 구성되며, 교가는 같은 가사에 시조창과 민요창으로 구분되어 불린다. 교복이 한복이고, 교가가 전통음악인 것은 민사고가 추구하는 민족주체성 교육이 강의를 통한 이론 습득에 의한 방식으로 진행되는 것보다는 생활 속에서 자연스럽게 이루어지도록 하려는 의도에서 나온 것이기 때문이다. 한옥 인프라, 혼정신성, 예절교육, 성년례, 전통무예 교육, 전통음악 교육 등이 모두 그러한 발상에서 나온 것이었다.

민사고 최초의 교복이 양복과 한복 혼용이라는 것에 대해 아는 사람이 더러 있다. 왜냐하면 1970년대 중고등학교 교복 스타일의 군청색 양복을 입고 군인 정모 스타일의 모자를 쓴 개교 초기 학생들의 모습이 담긴 사진들이 아직 여기저기 남아 있기 때문이다. 학생들은 의식 행사에서는 한복 정장을 입었지만, 평상시에는 양복 교복을 입고 다녔다. 혼용을 한 기간은 1월 11일 예비교육 입소 직후부터 5월 중간고사 직전까지였다. 그 이후에는 양복은 사라졌고 오로지 한복만이 민사고 교복으로 남게 되었다. 설립자께서 양복 교복을 잠시 혼용토록 하셨던 이유는 학생들이 한복에 적응하려면 일정한 시간이 필요하다고 판단하셨기 때문이었다. 아무튼 양복 스타일의 교복은 그때 이후로는 더 이상 부활되지 않았다. 1996년 2학기에는 팔에 토시를 차고 발목에는 행전을 하고 다니는 방식의 교복 스타일이 잠시 도입되기도 하였다.

한복 정장에도 군인 정모 스타일의 교모는 반드시 썼다. 그것을 두고 국적 불명의 패션이라고 비아냥거리는 사람들도 많았다. 일반인이 보기에는 당연히 그렇게 보일 수밖에 없었다. 그러나 설립자께서는 "지도자가 될 사람들은 격식을 갖추어 옷을 입는 연습을 해야 한다"고 역설하시며, 의관정제(衣冠整齊)의 중요성을 대전제로 하시어 정모 착용 정책을 소신 있게 추진하였다. 다만 서양 스타일의 군인 정모를 학생들에게 착용토록 했던 것은

양복 교복을 잠시 혼용했던 의도와 같았다. 한복 스타일의 관을 쓰세 하려면 일정한 시간이 필요했기 때문이었다. 군인 정모 스타일의 모자는 1996년까지만 시행되었고, 1997년부터 남녀공학으로 학교 성격이 바뀌면서 모자 착용이 잠시 보류되었다가 4기생이 입학하면서 남녀 공히 전통 사모(紗帽)를 착용하는 것으로 발전하게 되었다. 이때부터 2003년까지 교사들은 평상시에는 정자관을, 의식 행사에는 갓을 착용하게 되었다.

한편 민사고 최초의 교가는 시조창이나 민요창이 아닌 양악이었음을 아는 사람은 그리 많지 않다. 교가 가사는 시조창이나 민요창 악보에 기록되어 있는 것처럼 이규철 초대 교장이 작사를 했는데, 예비교육 직전까지 전통음악으로 작곡하는 일이 여의치 않게 되자 이 일을 개교 직전까지 미루고 일단 급한 대로 양악으로 작곡하기로 하였다. 이 일에 필자는 관여하지 않았으나 한양대 음대에서 컴퓨터 음악 프로그램으로 작곡 작업을 하고 그 대학의 한 성악가가 그것을 노래로 불러 녹음 작업을 수행한 것으로 알고 있다.

양악 교가는 행진곡 풍으로 작곡된 것이라서 여느 학교의 교가와 차별화되지는 않았다. 이 양악 교가는 1기생 예비교육 입소식이 있던 1월 11일 오전, 학생들에게 교육되어 입소식 때 불리고 난 직후 민사고 역사의 뒤안길로 사라지게 되었다. 예비교육 입소식 직전 짧은 시간 동안 양악으로 된 독특하지 않은 교가를 배우다보니 입소식 때 교가를 제대로 부르지 못해 쩔쩔매던 1기생들의 모습이 아직도 눈에 어른거린다. 현재까지 양악 교가 음원의 소장 위치는 확인할 수 없으나, 일반 카세트테이프로 복사된 것 하나가 필자의 연구실에 남아 있다.

교훈 제창 후 박수를 치는 이유

매주 월요일 1교시는 애국조회 시간이다. 애국조회의 순서 중 개교 이래 지금까지 남아 있는 것은 국민의례와 교훈 제창, 그리고 교가 제창이다. 그런데 외부 사람들이 애국조회에서 교훈 제창을 하는 모습을 보고 있으면 뭔가 이상한 광경 두 가지를 발견할 수 있다. 첫째는 교훈을 영어로 제창한다는 점이다. 이 광경은 본교가 영어를 상용하는 학교이기 때문에 그렇다고 설명하면 모두 이해한다. 그러나 둘째는 민사고에서 오래 산 사람이 아니면 알 수 없는 광경이다. 그것은 바로 교훈 제창이 끝나면 모두들 박수를 친다는 점이다. 왜, 언제부터 우리는 교훈 제창이 끝나면 박수를 치게 되었는가?

애국조회의 역사는 20년 전으로 거슬러 올라간다. 최초의 애국조회는 개교 직후 1, 3주차 월요일 아침 6시 20분에 민족교육관 근화당 앞마당 국기 게양대 앞에서 시행되었다. 당시 시간표는 2주가 한 사이클이었기 때문에 2주의 첫날을 애국조회로 열었다. 당시 애국조회의 식순을 소개하면 다음과 같다.

개회 : 새벽을 여는 소리(큰북과 함성)

민족의례(조국과 국기에 대한 경례, 애국가 4절 제창, 순국선열에 대한 묵념)

한 주의 다짐(학생의 스피치)

교사 격려사

어머니 은혜 제창

교가 제창(시조창)

폐회(우리의 맹세 제창)

충의사(충무공 사당) 참배

최근의 애국조회와 다른 것은 이 행사가 요즘 학생들 사이에서 아침기라 불리는 아침 정신수양의 일환이었다는 점이며, 그 밖에 새벽을 여는 소

리(큰북과 함성)로 개회를 했다는 점, '어머니 은혜'를 불렀다는 점, 우리의 맹세를 제창하며 폐회를 했다는 점이다. 당시 '낳으실 제 괴로움 다 잊으시고'로 시작하는 '어머니 은혜'라는 노래는 당시 모기업인 파스퇴르유업이 조회 시간에 회사가인 '꽃 중의 꽃'이라는 노래와 함께 부르던 곡이었다. 우리의 맹세는 지금의 교훈이 만들어지기 전 교훈과 동급으로 제창되었던 것이다. 그러나 우리의 맹세는 1996년 2학기에 교훈이 제정되면서 사라지게 되었다. 당시에 일부 학부모들이 민사고의 다양한 교육이 서울대 진학에 방해가 될 것이라며 입시 교육을 시행하지 않는 것에 대해 강한 불만을 품고 학교를 떠난 일이 있었다. 이 때문에 학교가 안팎으로 곤욕을 치르기도 하였다. 이러한 사태를 직면하면서 설립자님은 학교나 학부모들은 자녀들에게 원대하고 다양한 꿈을 꾸게 해야 되며, 욕망만 잔뜩 불어넣어서는 안 된다는 생각을 가지고 '우리의 맹세'를 폐기하고 '출세가 아닌 진리 탐구를 위한 학문의 필요성, 소질과 적성에 맞게 진로를 선택하는 것의 중요성'이 반영된 새로운 교훈을 제정하게 되어 오늘에 이르게 되었다. '우리의 맹세'의 내용은 다음과 같다.

~ 우리의 맹세 ~

우리 대한의 영재들은 나의 두뇌를 조국에!

오늘 하루를 최선을 다하여 후회 없는 인생을!

그 후 다양한 교육 실험과 1998년 2월 폐교 위기(IMF 사태) 등으로 애국조회가 잠정 중단되었다가 1998년 하반기부터 부활하게 되었는데, 그때는 애국조회가 매일 오전 8시에 특별교육관(지금의 다산관) 소강당에서 시행되었으며, '우리의 맹세' 대신 우리말로 교훈을 제창하게 되었으며, 교훈 제창 직후에는 '영어상용의 목적'이라고 하는 것도 제창하게 되었다. 영어상용제도가 시행된 것은 1997년 1월이었다. 당시는 일반교육관(지금의 충무관) 2층에 영어상용 구역(English Zone)을 설치하고 부분적으로 시행되었고, 1998년 하반기에 '영어상용의 목적'이 제정된 이후 1999년부터는 수업과 일상생활에서 영어상용이 전면 시행되었다. 민사고의 영어상용정책 추진은 조국의 발전을 위해서는 영어권 국가의 최첨단 선진 학문을 번역된 텍스트가 아닌 원서를 가지고 즉시 수용하는 것이 필요하다는 판단에서 비롯되었다. 그러나 근본적으로는 학생들에게 영어상용이라는 지극히 불편한 상황을 경험케 함으로써 우리나라가 최선진국이 되려면 영어를 사용하는 국가 중 최강대국인 미국을 극복하지 않으면 안 된다는 의식을 심어주기 위함이었다.

교훈과 영어상용의 목적을 제창하는 방식은 개교 초기의 제창 방식과 다르지 않았다. 교사가 선창하면 학생들이 따라하는 방식이었다. 그러다가 1999년부터는 교훈 및 영어상용을 제창하는 방식을 학생 한 명이 선창하고 전체가 따라하는 것으로 바뀌었는데, 선창하는 학생은 교훈과 영어상용의 목적을 암기한 후 연설대로 나와 교훈이 적힌 종이를 보지 않고 선창을 해야 했다. 많은 학생들뿐만 아니라 설립자님도 지켜보고 있는 상황에서 암기한 것을 선창해야 하는 학생들로서는 당연히 부담이 되지 않을 수 없었다. 학생들이 선창하기 시작한 날이 언제였는지는 기억나지 않지만, 그날 암송 및 선창을 맡은 학생이 연설대로 나와 암기한 교훈을 선창했는데, 완벽하게 암송하지 못하여 약간 더듬거리기는 했으나 임무는 완수했던 것으로 기억된다. 그런데 그 학생이 임무를 완수했던 사실보다 더 강하게 기억되는 것은 이 학생이 임무를 완수하자 학생들 사이에서 박수와 환호가 터져 나왔고, 설립자님도 웃으시며 박수를 쳤다는 점이다. 그것은 짧지 않은 교훈과

영어상용의 목적을 암기하고 한 번도 선창해 보지 않은 상황에서의 부담감을 극복하고 암기 및 선창을 완수한 학생에 대한 격려와 성원의 박수였다. 다음 날도 그 다음 날도 임무 완수와 격려의 박수는 이어졌다. 그해뿐만 아니라 그 다음 해에도 그것은 계속 이어졌다.

오늘날 애국조회에서 교훈과 영어상용의 목적은 과거와 다르게 영어로 제창되며, 그것이 적힌 종이를 보고 선창하는 방식으로 바뀌었다. 그러나 영어든 국어든, 그것을 보고 하든 암기하여 하든지 간에, 과거나 지금이나 애국조회 시간에 학생들은 교훈과 영어상용의 목적을 제창하며 그 의미를 되새기고, 자신이 나아가야 할 바를 생각하는 기회로 삼는다. 그리고 암기하여 선창하든, 보고 선창하든 자신의 친구가 앞에 나와 교훈 선창을 완성하면 어김없이 격려의 박수 소리가 들린다. 교훈 제창 직후 박수를 치는 것은 어쩌면 무의식적으로 흘러온 관습이라고 생각할 수도 있다. 그러나 최초의 교훈 제창과 뒤이어 터져 나온 박수 소리의 유래를 생각한다면 그것은 단순한 과거의 답습이 아니라 교훈에 새겨진 의미를 극대화하고자 하는, 소리 없는 교육 혁명으로의 염원을 담은 민사고 구성원만의 열정적 본능의 발현이 아닐까.

최초의 학교 홍보 비디오

1996년 4월 민사고에 대당 300만 원짜리 고가의 장비가 들어왔다. 그것은 바로 일본 굴지의 전자회사에서 생산된 디지털 캠코더였다. 이 캠코더는 스틸 사진까지 촬영이 가능한, 당시로서는 최첨단 촬영 장비였는데 설립자께서 일본에서 직접 공수하신 것이었다. 그 장비를 들여온 이유는 교사들의 연구 수업 장면을 촬영하고 그것을 심도 있게 분석하기 위함이었다. 그러나 캠코더 촬영이 대중적이지 않았던 시절이라 그것을 다루겠다고 선뜻 나서는 교사가 없었고, 어느 순간 그것은 필자의 몫이 되어 있었다.

사실 필자는 민사고에 오기 전 일반 인문계 고등학교에 근무하면서 저가로 구입한 8mm 아날로그 캠코더와 일반 소형 카메라를 가지고 다니면서 수업에 필요한 여러 가지 장면들을 화면에 담아 수업 자료로 만드는 일을 즐겨 했었다. 사진은 그냥 셔터만 누르는 정도였고, 영상에 대한 지식은 더더욱 없었지만, 아이들에게 교과서에 나온 내용들을 시청각 영상으로 만들어 생생히 보여주고자 했던 마음만으로 그 작업들을 수행했었다.

그러한 이력 덕분인지 영상 촬영 작업은 자연스럽게 내 몫이 되어 있었고, 필자는 몇몇 언론 기관이 지켜보는 가운데 민사고 최초의 연구 수업을 한 직후부터 수업 장면을 촬영하는 업무를 맡게 되었다. 촬영된 수업 장면들은 그날 밤 회의실(지금의 도서관 분류기호 800대 문학도서 서가 자리. 지금도 문학도서 서가 자리 위를 보면 당시 회의를 위해 사용했던 조명기가 천장에 달려 있다.) 한편에 있는 대형 TV에 입력되어 전체 교사들에게 상영되었고, 상영이 끝남과 동시에 그 수업에 대한 다양한 의견들이 쏟아져 나왔다.

한편, 민사고가 개교한 지 약 두 달이 지난 시점에서도 여기저기 공사 구간이 많아서 캠퍼스의 전경은 지금과는 비교가 안 될 정도로 황량한 모습이었다. 건물 내부는 최첨단이었지만, 건물 밖으로 나가면 잔디구장과 400m 우레탄 트랙은 한창 공사 중이었고, 건물 주변도 포장이 되어 있지 않았다. 설립자께서 충무관 앞을 걸으시다가 울퉁불퉁한 노면 때문에 걸려 넘어지신 적이 있을 정도였다. 가정교육관도 A동만 완성되었고, 그 주변은 그냥 흙바닥이었으며, 캠퍼스 곳곳에 사철 잔디가 뿌려지긴 했지만, 그것이 무성해지기 위해서는 많은 시간이 필요함을 알려주는 그러한 모습이었다.

그러한 황량한 모습에도 부분적으로는 캠퍼스의 아름다움을 보여주는 곳도 있었다. 생활교육관(지금의 창의관)에서 일반교육관(지금의 충무관)

으로 내려오는 오솔길, 민족교육관 대문과 그 주변, 민족교육관 뒤의 절벽에 핀 진달래, 충무관 앞 세심교 양쪽에서 내뿜는 아름다운 분수 등은 지금과 비교해도 손색이 없을 정도로 아름다웠다. 필자는 이 캠코더를 가지고 다니면서 학교 곳곳의 그러한 장면들을 촬영하였고, 그 영상을 VHS 비디오테이프에 편집하고 배경음악을 삽입하여 한 편의 영상스크랩을 만들어 학생들과 교사들에게 보여주었다. 그것은 누가 시켜서가 아니라, 그저 개교 초기 거의 24시간을 쉼 없이 달리며 현실에 지쳐 있는 교사와 학생들에게 이곳이 그렇게 황량하고 힘들기만 한 곳은 아니고 더러는 아름답기도 하다는 것을 보여주고 싶은 내적 동기에서 비롯되었다.

문제는 그 다음에 발생하였다. 그 영상스크랩들을 설립자께서 보신 것이다. 설립자께서는 그 장면들을 보신 후 조용히 필자를 불러서 전문적인 기술은 필요 없고, 시간이 걸려도 좋으니 학교의 이모저모를 잘 찍어 놓았다가 학교를 상세하게 소개하는 비디오를 만들어보라고 하신 것이다. 영상 기술이라야 삼각대도 없이 흔들리는 카메라 앵글 안에 피사체를 끄집어 넣다시피 촬영하고 그것을 VHS 테이프로 옮기고 거기에 아날로그 방식으로 음악을 입히는 정도의 기술밖에 없는 필자에게 한 편의 영상 작품을 만드는 일은 중고등학생에게 사법시험을 통과하라는 말처럼 들렸다. 더구나 24시간 중 거의 20시간을 수업과 업무와 회의로 보내야 하는 상황에서 그것은 어쩌면 불가능에 가까웠다. 그러나 필자는 설립자님 앞에서 '할 수 없다'는 말을 할 수 없었다. 왜냐하면 설립자님의 신조 중 하나는 '시도하지도 않고 불가능하다고 말하지 말라'이고 또 하나는 '실패는 있어도 포기는 없다'이기 때문이었다. 필자 역시 되든 안 되든 시도는 해 보자는 마음이었다.

일단 이 일은 파스퇴르유업 견학단과 디자인실의 프로젝트를 돕는 일에서 시작되었다. 그것은 당시 민사고의 모기업이었던 파스퇴르유업의 견학단 비디오 제작을 도와주는 것이었다. 파스퇴르유업은 소비자들에게 공장의 우유 생산 현장을 직접 보여줌으로써 유제품의 신선함과 안전함을 확인케 하여 소비자들에게 신뢰감을 심어주는 방식의 홍보 전략을 펼쳤고, 그것을 위해 파스퇴르유업 공장 내부 전체를 견학하는 견학단 프로그램을 상시 운영했는데, 민사고가 캠퍼스의 모습을 갖춘 1996년 2학기부터는 민사고가 견학단의 코스 중 하나가 되었다. 견학단 손님들은 학교 건물 내부로는 들어오지 않고 버스에 탑승한 상태에서 학교 주변을 한 바퀴 돌면서 외부만 견학을 했는데, 이때 버스 내부에서는 학교 건물을 소개하는 영상을 상영하였다. 견학단 버스에서 상영된 비디오는 교문, 가정교육관, 일반교육관, 민족교육관, 생활교육관, 대학로(지금의 창의관 앞길), 골프장 순으로 그 앞을 지나갈 때마다 그 건물의 위치, 규모, 용도 등에 대한 내용과 그에 따른 교육 프로그램을 설명하는 방식으로 구성되어 있었고, '소비자가 구매한 우유 하나가 철근이 되고, 소비자가 구매한 요구르트 한 병이 벽돌이 되어 세계적인 지도자를 양성하는 학교인 민사고가 탄생하게 되었으며, 조국을 구원하고 세계문화 창달에 기여할 민사고 출신 인재들의 노력이 다시 소비자들에게 돌아올 수 있도록 파스퇴르와 민사고를 성원해 주기 바란다'는 내용이 자연스럽게 스며들도록 제작되었다.

필자의 역할은 가능한 한 학교의 외관과 교육 장면을 많이 촬영하여 영상 소스를 파스퇴르유업 디자인실로 넘기는 일이었다. 이 일을 했던 시기는 1996년 9월 말부터 10월 중순까지였고 이 기간 동안 수업 중간 중간에 학교의 구석구석을 돌며 촬영을 하였다. 촬영을 하는 동안 곳곳에 핀 꽃들, 숲 사이를 누비고 다녔던 야생동물들, 구름을 집어 삼킨 청명한 하늘과 가을 햇빛을 받아 눈부시게 빛나던 청기와 지붕, 그리고 그 안에서 생동하는 사람들의 모습을 보며, 이제 이곳도 제법 캠퍼스다워져 가고 있다는 느낌을

강하게 받았다.

    촬영을 완료한 후 테이프를 파스퇴르유업 디자인실로 넘겼고, 디자인실에서는 그 촬영본을 전문 업체에 넘겨 영상 제작에 들어갔다. 얼마 안 있어 견학단 학교 건물 소개 영상이 완료되었다는 연락을 받고 디자인실에 가서 그 영상을 보게 되었는데, 필자는 그 영상을 관람한 직후 학교를 전면적으로 소개하는 영상에는 학교의 사시사철이 모두 담겨야 하고, 일 년 동안의 학교 교육 장면들이 명확하게 소개되어야 함을 느꼈다. 그래서 설립자께 이 사실을 말씀드리면서 홍보 영상의 제작 시점을 내년 상반기로 잡았으면 좋겠다는 건의를 드렸고, 설립자께서도 그에 동의를 하셨다.

    과거나 지금이나 홍보 영상은 짧고 인상적인 이미지 표현이 대세이지만, 설립자님의 홍보 스타일은 본질적인 내용들을 구체적이고 상세하게 표현하는 것이었다. 따라서 설립자께서 평소에 교사와 학생들, 그리고 대중 연설에서 민사고 교육의 방향과 정신에 대해 말씀하신 내용이 곧 홍보 영상 스크립트의 기초가 되었다. 학교 설립 부지의 의미부터 앞으로의 교육 방향까지 한글 파일에 담은 분량만 해도 거의 20쪽이나 되었다. 20쪽 분량을 모두 홍보 영상에 담게 된다면 2시간 이상이 되기 때문에, 이것을 잘 구현하면서도 최대한도로 압축하고자 매우 고생한 경험이 있다. 설립자님의 사무실(지금의 충무관 교무회의실)과 설립자님의 숙소인 가정관 A동을 오락가락하며, 설립자님과 스크립트에 대한 이야기를 나눈 것만 해도 열 번이 넘었다. 설립자께서 오렌지 껍질을 벗기는 법을 알려주시고 함께 오렌지를 나누어 먹으며, 스크립트 이야기를 했던 적도 있었다. 아무튼 설립자님의 말씀을 잘 정리하여 1997년 3월 중순에 5쪽 분량의 스크립트를 완성하게 되었다.

    그 다음 작업은 스크립트를 바탕으로 영상을 편집하는 일이었다. 설립자께서는 필자가 만드는 영상이 전문적일 필요가 없으며, 기술적으로 엉성하게 만들더라도 학교 교육을 제대로 소개하는 영상을 만드는 것이 더 중요하다고 누차 역설하신 바 있었다. 설립자께서 영상 전문가에게 제작을 맡기지 않은 이유는 영상 업체는 기술적으로 훌륭하게 만들지는 몰라도 학교를 제대로 이해하지 못한다고 생각했기 때문이었다. 당시 필자는 전문 업체에서 하는 편집 기술은 전혀 없었다. 당연히 영상 편집기도 없었다. 필자가 가지고 있었던 것은 녹화가 가능한 가정용 VHS 비디오테이프 레코더 두 대와 어학실습용 카세트테이프 레코더 1대, 그리고 더블데커(Double Decker) 카세트 플레이어 1대가 전부였다. 이 기기를 가지고서는 편집의 가장 기초인 Over Lap은 물론, Fade In, Fade Out도 실현할 수 없었다. 자막 삽입도 불가능했고 그냥 찍어 붙이기가 다였다. 다만 캠코더에는 Fade In, Fade Out 기능이 있었기 때문에 촬영 자체에 Fade In, Fade Out을 하여 그 촬영 소스를 잘라 붙이는 방식은 가능하였다. 아무튼 일주일 정도 집에 들어가지 않고 연구실에서 밤을 새우며 스크립트에 맞는 영상 오려붙이기 작업을 하여 1997년 3월 말에 영상 파트를 완성하고, 스크립트 녹음 작업에 들어갔다. 촬영기기는 최신식이었는데 편집은 아날로그도 이런 아날로그가 없었다.

스크립트 녹음이라고는 해도 그것은 어학실습기에 입을 대고 말하면서 카세트테이프에 녹음하는 게 다였다. 목소리의 주인공은 두 명이었는데, 한 사람은 필자였고, 또 한 사람은 당시 설립자님의 여비서였다. 우선 설립자님의 사무실 옆방인 교장실(지금의 교육정보실)에서 여비서가 맡은 절반 분량을 녹음하고, 나머지 반은 필자가 당시 필자의 연구실(지금의 만경도서관 내 논술실)에서 녹음하였다. 녹음 원본을 더블데커에 넣고 새 카세트테이프에 스크립트 순서대로 다시 녹음을 했는데, 그 작업을 끝내고 나니 영상 소스의 시간과 음성 소스의 시간이 맞지 않았다. 영상 작업을 다시 해야 하는 악몽 같은 상황이 발생한 것이다. 머리가 나쁘면 수족이

고생한다는 말을 실감하면서 결국 연구실에 들어앉아 처음부터 다시 작업을 하였다. 그러나 한번 해본 경험이 있어서 이번에는 일주일까지 걸리지는 않았다. 연구실에서 자고 먹으면서 작업을 했음은 물론이었다. 그것이 1997년 4월 초순 어느 날이었다. 새벽에 작업을 마무리하고 연구실 의자에 앉아 잠시 쉬다가 잠이 들었는데, 그날 아침 6시경에 설립자께서 내 연구실로 찾아오셨다. 비몽사몽이었지만 뭔가 말씀을 하시려는 것 같았는데, 필자의 휴식을 방해하지 않으려고 그러셨는지 작업의 진행 상황만 물어보시곤 바로 떠나셨다.

다음 날 오후였다. 필자는 설립자님의 호출을 받고 사무실로 갔다. 그 자리에서 필자는 청천벽력과도 같은 이야기를 들었다. 미국의 한 학교가 자매결연 등 우리 학교에 관심을 갖고 있는데, 그들을 만나서 학교를 소개하려면 영상이 필요하니 현재 만들고 있는 홍보 영상은 잠시 중단하고 급한 대로 4월 25일 금요일까지 영어 버전의 홍보 영상을 만들라고 지시하신 것이다. 때는 4월 초순이니까 남은 기간은 약 2주였다. 당시 필자는 영어에 문외한이었고, 4월 27일 결혼식을 앞두고 있는 최악의 상황이었다. 그러나 무슨 오기가 발동했는지 필자는 그러겠다고 하고 바로 작업에 들어갔다. 영상은 충분히 확보하였고, 음악과 녹음 입력은 일주일이면 할 수 있다고 판단하였다. 문제는 영문 홍보 영상의 스크립트와 영상 구성 방식에 대한 아이디어였다. 당시 2기 학생 중 한 명이(1998년 전학을 갔기 때문에 학생의 이름은 밝히지 않겠다.) 영어에 능통하여 우선 그 학생에게 통역을 부탁하였다. 기본 스크립트와 내레이션 녹음은 당시 외국인 영어 교사 중 데일 시너에게 부탁을 했고, 통역을 맡은 학생과 영상에 대한 논의를 하다가 일과를 소개하는 내용을 중간에 삽입하는 게 좋겠다는 아이디어가 떠올라, 그 학생을 영상에 등장시켜 일과를 영어로 소개하는 장면들을 삽입하였다. 결혼 준비는 물론 수업 준비도 제대로 못하고 꼬박 2주를 작업하여 마침내 4월 24일 국문판 홍보비디오도 나오지 않은 상황에서 영문판을 만들어내게 되었다. 시쳇말로 '허접하기' 그지없었지만 이것이 민사고 최초의 비공식 홍보 영상이었다.

본격적인 공식 홍보 영상 작업은 필자의 결혼식 이후에 계속되었다. 설립자께서 국문 홍보 영상에 들어갈 내용을 추가로 주문하셔서 그 내용을 추가로 촬영하고 바뀐 스크립트를 재차 녹음하였다. 이번에는 녹음된 스크립트의 시간에 맞게 영상 편집을 하였다. 드디어 필자와 설립자님 여비서의 내레이션이 들어간 민사고 최초의 공식 홍보 비디오가 1997년 6월 16일 탄생하게 되었고, 이 영상은 당시 학부모 간담회 행사에서 상영되었다. 영문판보다는 조금 나아지긴 했지만, 그래도 엉성하기는 마찬가지였다. 그동안 엄청난 고생을 하긴 했지만, 필자가 만든 홍보 영상이 남들 앞에서 상영되는 내내 필자는 고개를 들 수가 없었다.

며칠 후 설립자께서 필자를 부르셨다. 설립자께서는 홍보 영상을 만드느라 애를 많이 썼다고 필자를 격려하시면서 이 영상을 전문 업체에 가지고 가서 자막을 입히는 작업과 브리지를 제작하는 작업, 그리고 배경음악과 내레이션 작업 등을 하여 홍보 영상을 보완하라고 지시하셨다. 그리하여 필자는 1997년 6월 29일 일요일, 서울 을지로 메디컬센터 맞은편에 위치한 영상 전문 업체에서 전문가의 도움을 얻어 설립자께서 지시하신 내용을 이행하였다. 당시 필자를 도와 이 일을 전담했던 전문가는 1970년대 신성일, 윤정희 주연의 멜로 영화 〈의형〉을 제작했던 서성조 감독이었다. 그리고 내레이션 목소리의 주인공은 〈TV는 사랑을 싣고〉에서 목소리로 활약을 했고 후에 영화배우 한석규 씨와 동서지간이 된 김종환 성우였다. 이 두 사람은 민

사고의 모기업이었던 파스퇴르유업의 홍보 영상 제작으로 인하여 설립자님과 인연이 있었다.

하루라고 하는 짧은 시간에 몇 가지 사항을 보완한 것에 불과했지만, 6월 16일 버전보다는 정말로 많이 개선되었음을 확인할 수 있었다. 당시 서성조 감독은 필자의 촬영 소스에 대해 많은 것을 지적하였고, 촬영상의 유의점 등을 조언해 주기도 하였다. 더불어 기업 같으면 홍보 영상 만드는 데 기본 2,000만 원 정도는 들었을 것인데, 이렇게 긴 홍보 영상을 단돈 100만 원에 끝냈으니 학교 재정에 크게 기여한 것이라고 말하기도 하였다. 아무튼 이렇게 해서 민사고 최초의 공식 홍보 동영상 제작은 1997년 6월 29일 완전히 마무리되었고, 다량 복사되어 전국에 뿌려졌다. 거의 1년 반 동안의 노고를 인정받아 필자는 민사고 역사상 최초의 이사장상을 받기도 하였다. 다음의 글은 이사장상에 담긴 설립자님만의 독특한 상장 문구인데 혼자 보기 아까워서 여기에 소개한다.

상 장

국어과 최 관 영 선생님

위 선생님은 학생 지도의 여가를 틈타서 학교 홍보 비디오를 만들었을 뿐만 아니라 그 내용에 있어서 전문가가 만든 것과 비교하여 촬영 기술은 다소 미흡하나 본교 교육 내용 표현에 있어서는 직접 본교 교육을 담당하는 선생님이 아니고는 표현할 수 없는 상세하고도 정확한 표현을 하여 본교 홍보에 크게 기여될 것임은 물론이고 타 선생님의 모범이 되므로 금일봉을 시상하고 이를 표창함.

1997년 7월 8일
민족사관학원 이사장 최 명 재

초창기 민사고의 교육목표와 방법 등을 알기 위하여 앞서 말한 민사고 홍보용 비디오테이프의 스크립트를 여기에 옮겨 놓는다.

[자료 : 민사고 최초의 홍보 비디오 스크립트]

민족사관 교육, 수월성 영재교육 – 민족사관고등학교

민족사관고등학교의 교육목표는 민족주체성 확립 교육과 수월성 영재교육입니다. 청명한 산수를 자랑하는 강원도 횡성군 안흥면 소사리 덕고산 기슭에 위치한 본교는 약 18만 평의 거대한 숲 속에서 소리 없는 교육 혁명을 이룩하고자 합니다. 본교가 위치한 소사리, 덕고산 기슭은 백두산에서 시작된 옛 고구려인의 슬기와 기상의 맥이 뻗어 있는 곳입니다. 덕고산의 덕고는 '덕을 높인다'는 뜻이며, 소사리의 소사는 '생각하는 곳'이라는 뜻입니다. 즉 본교가 위치한 덕고산 소사리는 '학문 연마와 인격 도야의 전당'이라는 의미이며, 옛 선현들이 이와 같이 명명한 것은 이 땅에 명문고가 생길 것을 예견한 역사적 필연이라 할 수 있습니다. 이와 같이 유서 깊은 배움의 터전에서 생활하는 본교 학생들은 청명한 자연의 정기를 받으며, 조국의 미래를 이끌어갈 각계각층의 지도자로 성장하기 위하여 각고의 노력을 거듭하고 있습니다.

본교는 "민족주체성 교육으로 내일의 밝은 조국을…. 출세하기 위한 공부를 하지 말고 학문을 위한 공부를 하자. 출세하기 위한 진로를 택하지 말고 소질과 적성에 맞는 진로를 택하자. 이것이 나의 진정한 행복이고 내일의 밝은 조국이다"라는 실질적인 교훈 아래 민족주체성 교육과 수월성 영재교육을 기필코 완성할 것입니다.

1. 선발 과정

본교에서 생활하고 있는 학생들은 세 차례에 걸친 엄격한 전형(銓衡)을 통해 선발된 영재들입니다. 본교의 선발 과정은 개개인의 단순한 지적 능력만을 간단히 테스트하는 것이 아니라, 문제 해결력과 창의성, 그리고 그 학생의 가치관과 생활태도 등을 다양한 방식으로 평가하는 형태로 이루어져 있습니다. 1차 시험에서는 학생들이 습득한 지식량을 필기시험을 통해 테스트합니다. 1차 시험에 합격한 학생들은 본교에 입소하여 다양한 실험과 실습, 그리고 기숙사 생활 등을 하면서 2차 선발 과정에 임하게 됩니다. 이 과정은 지필시험으로는 평가하기 어려운 학생의 생활태도, 과제 집착력, 그리고 창의적 문제 해결력 등을 본교 교사가 실제 생활과 실험 실습을 지도하고 관찰하는 과정 속에서 평가하는 국내 최초의 다중 선발 방식입니다. 3차 시험에서는 다양하고 기발한 풀이과정을 중시하는 정답을 요하지 않는 문제를 가지고, 학생의 창의성 및 문제 해결능력 등을 테스트합니다.

2. 예비교육

선발 과정에서 합격한 학생은 1월 초에 본교에 예비 입교하여 2월 말까지 본교에서 개발한 프로그램에 따라 교육을 받습니다. 이것은 고등학교에 입학하기 전까지 시간적인 공백을 최대한으로 활용하여 본교에 입학할 학생들의 자질을 극대화시키기 위한 준비 기간입니다. 이 기간에는 본교 학생들이 세계무대에서 활약하는 데 필요한 영어 구사 능력을 키우기 위해, 영어 말하기 / 듣기 능력 향상에 초점을 맞추어 가입교한 학생들을 교육하는 한편, 학생들의 기초 사고 능력을 신장시키기 위해 수학 탐구 프로그램을 운영합니다.

3. 일과표

이렇게 해서 선발되고 교육된 학생들을 강한 민족주체성으로 무장된 각계각층의 지도자로 양성하기 위하여 본교에서는 다음과 같은 일과표를 제작·시행하고 있습니다.

1) 아침 정신수양

본교 학생들이 기상하는 시각은 아침 6시입니다. 학생들은 기상과 함께 동터오는 아침 기운을 온몸에 받으며 체육교육관에 모여 사감 선생님과 숙직 선생님께 아침 문안인사를 올립니다. 우리 조상들은 이러한 문안인사를 혼정신성이라 했습니다. 학생들은 이러한 문안인사를 통해 한국의 충효정신을 가다듭습니다. 문안인사가 끝난 학생들은 곧이어 신체적 능력을 극대화하고 정신의 집중도를 높이는 단전호흡 훈련을 하게 됩니다.

2) 조식 및 영어상용

정신수양 시간이 끝나면 학생들은 본교 생활교육관에서 아침식사를 하게 됩니다. 본교의 식단은 성장기에 있는 학생들에게 충분한 영양 공급을 위해 전문 영양사에 의해 특별하게 짜여졌으며, 우리나라 상류 가정 수준 이상의 식사를 하게 됩니다.

아침식사 때부터 저녁식사 때까지 학생들은 각 교과 수업시간 외의 시간에 영어로 대화를 해야 합니다. 학생들이 영어로 대화를 하는 것은 영어를 극복해야만 영어권의 선진 학문을 받아들일 수 있으며, 학생들이 장차 한국의 지도자가 되어 국제무대에서 당당히 자신의 의사를 발표할 수 있기 때문입니다. 이러한 영어상용은 학생자치회에서 학생들 스스로 결정했으며, 자치적으로 서로를 감독해 나가고 있습니다.

3) 오전 교과 학습

오전 4시간 동안, 본교 학생들은 일반 고등학교에서와 마찬가지로 교육부에서 정한 204단위의 수업을 받습니다. 비록 하루 4시간 동안 이루어지는 교과 수업이지만, 영재성을 지닌 동질의 학생 3명 내지 5명의 소수 인원이 한 반으로 편성되기 때문에, 1시간을 공부하더라도 3배 이상의 효과를 낸다고 자부하고 있습니다. 또한 일반 고등학교에서는 1년간 실수업일수 190일 정도의 수업을 하지만, 본교는 여름방학과 겨울방학이 각각 10일간씩이기 때문에 실제 수업일수는 1년간 300여 일이나 되어, 일반 고등학교보다 실질적으로 훨씬 더 많은 수업을 받게 됩니다. 따라서 학부모의 현실적인 욕구인, 학생들의 서울대학교 상위권 입학을 충족시킬 수 있을 것입니다.

이러한 수업 방향과 동시에 그 수업 형태나 교과 운영 방식은 기존의 방식과는 전혀 다른 민족사관고등학교 특유의 방식으로 이루어집니다. 우선 학생들은 자신들이 원하는 선생님께 수강 신청을 합니다. 학생들은 각 교과별로 제1지망, 제2지망, 제3지망까지 선생님을 지망하여, 성적에 따라 자신이 원하는 선생님에게 배당되면, 그 선생님의 연구실을 찾아다니며 공부하게 됩니다. 이러한 체제는 학생들에게는 해당 과목 공부에 더욱 흥미를 갖게 할 수 있고, 선생님들에게는 끊임없는 수업 연구로 심도 있는 수업을 하게 함으로써, 학생들의 수준을 더욱 상향으로 평준화할 수 있게 하는 결과를 가져옵니다.

이를 위해서 선생님들은 개인 연구실에서 연구를 합니다. 본교에는 교무실이 없으며, 대신 그 공간을 연구실로 활용합니다. 선생님들은 그러한 개인 연구 공간에서 각기 교과 연구를 하게 되며, 수업시간이 되어 학생들이 자신의 연구실로 찾아오면 바로 그 연구실에서 수업을 하게 되는 것입니다. 본교의 오전 수업은 선생님들마다 자신들이 개발한 수업 방식에 따라 이루어집니다. 그렇지만 본교 학생들은 스스로 학습하고 사고할 수 있는 매우 우수한 학생들이기 때문에 대체로 학생들이 수업을 이끌어나가는 학생 중심의 수업이 이루어지며, 결론에 집착하기보다는 과정을 중시하는 토의 토론식 수업, 실험 실습 위주의 수업이 이루어집니다.

4) 오수(午睡)

오전 일과를 마치고, 즐겁게 점심식사를 하고 나면 학생들은 40분간의 낮잠을 잡니다. 이 시간을 본교에서는 오수라고 합니다. 이는 오전에 쌓인 피로를 풀고 오후 수업의 효과를 최대한으로 향상시키고자 하는 목적에서 실시되고 있는 본교의 특색입니다.

5) 탐구학습

오수 후에 학생들은 다시 일반교육관에서 2시간 동안 탐구·보충 수업을 하게 되는데, 하루는 탐구학습의 형태로, 하루는 보충수업의 형태로 수업이 진행됩니다. 오전의 교과 중심의 수업이 우리나라 교육의 현실적 요구를 충족시키기 위한 수업이라면, 오후 탐구학습은 민족사관고등학교가 추구하는 교육의 이상을 실현시키기 위해 새로운 교육의 지평을 열어가는 수업입니다. 학생들은 선생님들이 일주일 전에 게시한 탐구 주제와 방법을 검토하여, 자신이 원하는 탐구 주제와 방법을 게시한 선생님께 수업을 신청하며, 그 주제는 오전에 배운 내용을 더욱 심화시키는 내용입니다. 이러한 방식을 택한 것은 학생들이 원하는 내용을 깊이 있게 공부하게 함으로써 학문에 대한 열정을 갖게 함과 동시에 학생들의 창의력을 신장토록 하기 위함입

니다.

그러나 두 과목의 모든 선생님들이 제시한 탐구학습의 주제와 방법이 자신이 원하는 것이 아니면, 본교 일반교육관 3층에 있는 자습실에서 자율학습을 합니다. 이때에도 선생님들의 적절한 지도와 조언 아래 자율학습을 하고 있습니다.

보충수업에서도 학생들이 자율적으로 수업을 받을 교과와 선생님을 결정합니다. 이 보충수업은 국내 대학 진학을 위한 수업으로, 학생과 학부형들의 현실적인 욕구인 서울대 상위권 학과에 진학하는 목표를 달성시켜 주기 위한 것입니다. 학생들의 이러한 기대에 부응하기 위해 선생님들은 밤늦게까지 연구에 몰두하고 있습니다.

6) 전통음악, 체육

오후 탐구·보충 학습이 끝나면 1시간 동안은 전통음악을 배우고, 1시간은 체육을 합니다. 전통음악 시간에는 본교 민족교육관 99간의 한옥에서 사물놀이, 가야금, 대금, 시조, 판소리 등의 수업이 이루어지며, 학생들은 이러한 전통음악 교과를 통해, 우리 몸에 배어 있는 고유한 리듬을 찾아내고, 우리 민족 고유의 정서를 느껴가고 있습니다.

본교에는 인도어 골프장, 체육관, 테니스장, 잔디구장, 궁도장, 수영장, 헬스장, 사우나 시설 등 다양한 체육 시설이 갖추어져 있으며, 학생들은 이러한 시설을 활용하여 자신이 원하는 운동 종목을 선택하여 체육활동을 하고 있습니다. 본교에서 체육을 가르치는 목적은 학생들에게 협동정신과 준법정신을 함양하는 데 있습니다. 체육은 준법과 협동 없이는 이루어지지 않는 과목이기 때문입니다. 아울러 이러한 목적은 자기가 좋아하는 운동 종목을 통해서 달성하는 방법이 보다 효과적입니다. 그렇기 때문에 본교에서는 모든 학생들이 동일한 종목으로 운동을 하는 일반 학교의 체육 시간과는 달리, 다양한 체육 시설을 바탕으로, 자신이 좋아하는 운동 종목을 선택하여 매일 50분씩 수업을 합니다. 이러한 체육활동은 본교 학생들이 미래의 조국을 이끌어갈 건전한 지도자 정신을 수양하는 데 매우 필요한 교육 과정이기 때문에, 정신수양 교과인 단전호흡 시간과 함께 학생들의 참가가 의무화되어 있습니다.

7) 저녁 및 석수(夕睡)

전통음악과 체육이 끝나면 학생들은 저녁식사를 한 다음, 잠을 자게 됩니다. 본교에서는 이것을 석수라 부릅니다. 학생들은 이 잠을 통해서 오후의 피로를 풀고 저녁 학습에 활기를 불어넣게 됩니다.

8) 학생 주도형 자율 탐구학습

석수 후 학생들은 다시 일반교육관에 내려와 8시 반부터 3시간 반 동안 학생 주도에 의한 탐구학습이 이루어집니다. 이 시간에는 학생들 서너 명이 그룹을 지어 스스로 특정 분야의 탐구 주제를 정한 다음, 자신들이 원하는 선생님께 탐구수업을 신청합니다. 그러면 선생님들은 이에 의무적으로 호응하여 학생들이 스스로 주어진 과제를 해결할 수 있도록 보조적인 역할을 해 주어야 합니다.

9) 올림피아드 반

본교에서는 엄격한 자체 평가를 통하여 수학 올림피아드와 물리 올림피아드에 출전할 학생들을 선발합니다. 여기에 선발된 학생들은 학생 주도형 자율 탐구학습 시간에 본교 올림피아드 담당 선생님과 본교에 초빙된 대학

교수들로부터 특별지도를 받습니다.

10) 야간 자율학습

오후 탐구학습 때와 마찬가지로 자율학습을 원하는 학생들은 일반교육관 3층 학습실에서 자율학습을 하게 됩니다.

11) 저녁 문안인사

야간 탐구학습이 끝나고 밤 12시가 되면, 학생들은 사감 선생님과 숙직 선생님께 저녁 문안인사를 드립니다. 이후 공부할 학생들은 자습실에서 계속 공부를 합니다.

4. 가정통신문

본교에서는 학생들의 학교생활 전반의 향상을 위하여 가정통신문 제도를 실시하고 있습니다. 이는 선생님들이 학생 개개인의 적성과 소질, 수업태도, 생활태도 등 전반적인 학교생활에 관하여 관찰한 사항을 각 가정에 가정통신문 형태로 알려주는 제도입니다. 선생님들은 언제 어느 때라도 이 통신문을 보낼 수 있으며, 이를 받은 학부모는 통신문의 내용을 바탕으로 학생에게 엄격한 가정교육을 실시하게 됩니다. 이는 학교, 학생, 학부모가 일체가 되어 이상적인 교육 형태를 완성하기 위한 본교 나름의 특색 있는 교육적 장치입니다.

5. 학생자치회

본교에서 이루어지고 있는 대부분의 학생 활동은 학생자치회에서 계획·시행합니다. 학생자치회 내에는 학생 활동에 관한 모든 사항을 계획하고, 학생의 학교생활을 자치적으로 지도하는 학생지도부가 있습니다. 학생지도부는 학생 활동에 관한 모든 계획을 세우고, 학생 총회에서 결정된 사항을 집행하게 됩니다. 현재 본교에서 시행되고 있는 영어상용, 현장학습, 자율판매점 운영, 학생 생활수칙 등에 관한 계획과 세부 내용들은 모두 이와 같은 과정을 거쳐 시행되고 있는 것들입니다. 학생들이라 시행하는 과정에 착오도 있었지만, 선생님들은 큰 문제가 발생하지 않는 한 절대 개입하지 않습니다. 그러한 시행착오를 겪어 보면서 스스로 자신들의 행동을 결정하고 그 결정을 준수하며 활동하는 것은 그들이 장래 우리 조국을 이끌어가는 지도자로서의 올바른 역량을 키우는 데 크게 기여할 것입니다.

현장학습은 학생자치회 주관으로 이루어지며, 전통 문화유산 답사, 봉사활동, 각종 학술·문화 행사 참여, 등산, 야영 등 다채로운 프로그램으로 진행됩니다. 귀가 행사는 단순히 자신의 집에 돌아가는 것이 아니라, 학교에서 배운 효 정신을 실천하는 교육의 연장입니다. 이날, 학생들은 두루마기 정장을 차려입고 집으로 돌아가 부모님께 큰절로 문안인사를 드리고, 부모님의 가사를 도와드리면서 효의 진정한 의미를 되새기는 기회를 갖게 됩니다.

6. 맺음말

이상에서와 같은 방법을 통해, 본교는 3대 교육목표를 달성코자 합니다. 이는 미국의 일류 사립고등학교에서 실시하는 교육목표와도 일치합니다. 첫째, 학생의 창의력과 문제 해결능력 배양입니다. 둘째, 심신 단련입니다. 셋째, 서클 활동을 통한 준법·협동·봉사 정신 등의 함양입니다. 본교는 이와 같은 목표를 통해 학생들에게 전인교육을 완성하게 해줄 뿐만 아니라 각계각층의 지도자로서의 소양을 길러줍니다.

　　본교에서 시행하고 있는 오후 탐구학습과 학생 주도형 자율 탐구학습, 그리고 현장학습과 전통교육 및 체육활동 등은 바로 이러한 3대 교육목표를 달성하기 위해서 창안된 것입니다. 그러나 학부모의 현실적인 욕구인 자녀의 서울대학 입학이라는 한국 교육의 현실적인 상황이 있기 때문에, 이와 적절히 조화를 이루면서 3대 교육목표를 실현하고자 함이 본교의 교육 방침입니다. 본교는 우리 조국을 부강하게 만들 각계각층의 유능한 지도자를 양성하기 위해 최선을 다하고 있습니다. 그러기 위해 학생들의 자율적 능력을 최대한으로 신장시켜 주며, 단순히 정답 찾는 능력을 키워주는 것이 아니라 공부하는 데 즐거움을 가지고 창의력 및 문제 해결능력을 길러주기 위해 노력할 것입니다. 학생들은 지금도 조국을 올바른 방향으로 이끌어가고 부강하게 만드는 꿈을 꾸고 있습니다.

양방향으로 소통하는 학문 연구의 방식이 민사고 졸업생에게는 생소한 것이 아니거든요.

08

졸업생 좌담회
우리는 정신의 귀족이다

때 : 2014년 1월 26일 오후 2시

곳 : 송파구 잠실동 장미A상가 〈의지와 열정〉 학원 회의실

참석자(기수순) :

    박대식(1기. 삼성전자 SLSI사업부 책임연구원)

    한승준(4기. 원광대학 한의학과 졸. 현 단국대학의료원 부설 NGC 의원장)

    전재연(5기. 베이징대 졸업. G.E 근무)

    정유석(5기. 카이스트 졸업. 법무법인 김&장 근무)

    김진서(7기. 예일대 졸업. 현 법무법인 광장 변호사)

    장원준(8기. 조지타운대 졸업)

사 회 : 이 청(전 법인사무국장)

평생토록 학문하는 태도를 길러준 곳

사회 : 여러분의 나이나 직장 또는 학교에서의 위상으로 보아 한창 바쁠 나이이고 바쁜 시간일 텐데 이렇게 참석해 주셔서 감사합니다. 지금부터 10여 년 전 민족사관고등학교 설립자 이사장인 최명재 회장님께서는《20년 후 너희들이 말하라》는 표제의 책을 쓰신 일이 있습니다. 그 무렵《민사고 10년사》도 비슷한 시기에 출판되었고요. 그로부터 다시 10년이 지났습니다. 최 이사장님께서 "20년 후 너희들이 말하라"고 했던 그 '20년 후'가

지금입니다. 내가 좌담회를 하려고 여기저기 연락하나가 느낀 건데 아직은 '말할 때'가 이른 것 같기도 하고, 지금이 적기라고 생각되기도 합니다. 고등학교 졸업 후 20년은 인생에서나 사회적으로나 굉장히 중요한 때이거든요. 이제 터놓고 얘기 좀 해 봅시다. 민족사관고등학교의 교육은 여러분의 삶에 어떤 의미였습니까? 이런 막연한 물음은 관두고 구체적으로 말하지요. 민사고 교육이 대학이나 사회에 나간 후에도 유효했습니까?

김진서 : 민사고에 다닐 때는 몰랐는데 막상 대학에 진학하여 미국에 가서 보니 대학이라는 낯선 학문 풍토와 미국 문화라는 이질적 문화에 적응하기가 정말 어려운 일인데 저 자신이 많은 준비가 돼 있었다는 것을 깨달았어요. 예를 들면 소수 중심으로 운영되는 수업이라든가 교수님에게 어떤 것을 끌어내느냐 하는 문제, 그리고 기숙사에서 혼자 살면서 모든 결정을 스스로 해야 하는 환경이라든가 덕고산 기슭에서 고등학교 시절 많이 훈련되어 있던 것들이었거든요. 수업도 선생님이 가르치고 학생은 받아 적는 일방통행의 수업이 아니라 양방향으로 소통하는 학문 연구의 방식이 민사고 졸업생에게는 생소한 것이 아니거든요. 평생토록 학문하는 태도를 길러준 것, 이것이 민사고 교육이 제게 남겨준 것이었습니다.

전재연 : 저는 고등학교를 졸업하고 곧장 베이징(北京)대학에 진학했습니다. 중국은 그 자체로 천하(天下)라고 할 정도로 작은 세계를 이루고 있는 광대한 지역입니다. 그런 광대한 지역에서 내로라하는 아이들이 베이징대학에 모여들어 세계의 미래를 걸머쥔다는 각오로 공부하고 있는 학교였습니다. 그러나 나는 두렵지 않았고, 주눅 들지도 않았습니다. 그 정도는 민사고 입학 초기에 다 극복한 일이었거든요. 민사고에 처음 들어가 보니 모두 잘난 아이들 같아서 이들 중에서 내가 내 자리를 차지할 수 있을까, 두려움을 느꼈으나 같이 어울려 살아보니 인간은 각자의 자리가 있고 각자 다른

소양과 능력이 있다는 것을 알게 되었습니다. 물론 나 자신의 설 자리도 찾았고요. 그런 경험이 있었기 때문에 중국 천하에서 모였다는 수재들이 조금도 두렵지 않았습니다. 위축되려 할 때마다 저는 '민사고에서도 극복했는데' 하고 자기 암시를 되풀이했는데 효과가 아주 좋았습니다.

김진서 : 민사고를 똑똑한 아이들, 준비된 아이들이 모여 있는 학교 정도로 알고 계신 분들도 있던데 이는 민사고를 전혀 모르고 하는 이야기입니다. 민사고가 민사고인 이유는 수업방식에 있습니다. 처음 1~2년 동안은 민사고에 적응하기가 어려웠던 것이 사실입니다. 그러나 기숙사에 살고 토론식 수업을 하고 자신이 연구하고 싶은 과제를 선택하여 집중적으로 공부하는 습관을 들이는 것, 이러한 경험은 집에서 학교 다니며 부모님과 선생님들이 시키는 대로 공부만 하고 있었으면 절대로 경험할 수 없는 귀중한 자산이었습니다. 학문이나 행위에 대한 자립심을 기르고 자신의 인생에 자신이 책임을 지는 훈련을 일찍부터 할 수 있었던 것이 민사고를 다니면서 얻은 가장 큰 소득이었습니다.

한국사를 더 배웠으면

정유석 : 저는 자연반에서 퀸덱스 클럽에 들어간 것이 가장 큰 소득이었습니다. 자연과학의 물리, 화학, 생물 중에서 택일하여 국제 올림피아드 참가 준비를 하는 동아리였는데 어느 한 분야에 대해 깊이 공부하는 자세와 즐거움을 배웠습니다. '지금 후배들도 그렇게 공부하고 있을까' 가끔 걱정이 되기도 합니다만 좋은 전통은 살려서 꾸준히 했으면 좋겠습니다. 사물에 대하여 깊이 있게 연구하여 느끼는 즐거움은 이 세상 그 무엇과도 바꿀 수 없는 것이거든요.

장원준 : 저는 대학에서 국제정치를 전공했습니다. 미국의 대학에 들어가니 인종 전시장이라 할 정도로 다양한 민족, 다양한 입장과 생각을 가진 젊은이들이 모여 있었습니다. 그들이 저에게 가끔 아시아와 대한민국의 역사 및 문화에 대해 물을 때가 많았습니다. 제가 아는 대로 열심히 설명을 했습니다만 설명을 하고 나서도 '좀 더 잘할 수 있었을 텐데' 하고 아쉬움을 느낄 때가 많았습니다. 고등학교 때 역사, 특히 한국사를 더 열심히 해 둘걸, 하고 후회를 했으나 소용없는 일이었지요. 국내반은 말할 것 없고 유학을 목표로 하는 학생들은 한국사를 더 열심히 배우라고 권하고 싶습니다.

김진서 : 동감입니다. 민사고에서 국사를 거의 배우지 않았거든요. 당시 대학입시에서 한국사가 배제되었기 때문으로 압니다만. 시험에 나오느냐 아니냐 하는 것이 중요한 것 아니고 인간으로서의 정체성을 바로 세우는 것, 모든 학문의 기초 중에서도 기초가 되는 것이 문화적 정체성인데 그것은 한국사를 바로 아는 데서 출발하는 것이거든요. 민족주의자가 되자는 얘기는 아닙니다. 그것과 관계없이 자기정체성 확립을 위해 한국사에 대한 관심과 지식은 모든 학문과 행위의 기본 바탕이니까요.

미국 대학에서 사물놀이를 공연하니

전재연 : 미국의 대학에 가 보니 요행히도 민사고 졸업생이 선후배 중에 몇 사람 있었습니다. 대학의 축제 때 우리는 모여서 고등학교 시절 배우고 익힌 사물놀이 공연을 하기로 했습니다. 검도와 기체조도 선을 보였습니다. 전 세계에서 온 아이들이 그렇게 열광할 수 없었습니다. 정작 우리 자신이 놀랐습니다. 내가 누구이며, 어디서 무엇을 하러 여기 와 있는지 절감하는 순간이었습니다.

장원준 : 미국 가서 대학 다닐 때 저도 몇 번 그런 공연을 한 일이 있었습니다. 그런데 우리 선배들이 이미 그런 공연을 했기 때문인지, 아니면 어디서 들었는지 미국에서도 민사고 출신에 대한 기대가 있었어요. 부담스러울 정도로. 귀국 후 취직을 하러 인터뷰를 당해보니 인터뷰하는 분들이 서울대나 연세대 등 최고라 일컬어지는 대학들은 젖혀놓고 민사고 출신에 대한 관심을 뜨겁게 보이더군요. 민사고에 대한 호기심은 곧 기대감과 비례한다는 것을 알았습니다. 어쨌든 사물놀이건 뭐건 최소한 이름값을 할 정도는 해야 한다는 강박관념으로 열심히 했습니다. 후배들은 명심하시기 바랍니다. 사물놀이 하나라도 제대로 익혀 놓으면 나중에 크게 쓰인다는 것을요.

김진서 : 저도 미국의 대학에 입학하여 적어도 한 달 동안은 민사고에 대한 질문에 답해야 했습니다. 전 세계의 아이들이 민사고를 알고 있었고, 그곳 출신에 대한 막연한 외경심과 기대감을 지니고 있었습니다.

장원준 : 한 번은 주미 한국대사관에 아르바이트를 하러 갔는데 대사님을 비롯한 직원들이 민사고에 대한 강한 호기심을 보였습니다. 그런 호기심은 한편으로 두려움을 주기도 했어요. 민사고 출신이 워낙 소수이니 졸업생 한 사람에 대한 평가가 곧 민사고 전체에 대한 이미지를 형성하게 되거든요. '거기 나온 애들은 성격이 이상하다는데?' 하는 괴담도 떠돌고 있었습니다. 우리 사회에는 서울대학 출신에 대한 편견에 가까운 괴담이 그럴듯하게 포장되어 떠돌고 있는데 민사고에 대한 괴담은 더 지독하고 뿌리가 견고한 괴담입니다. 우리 모두가 원만한 인격의 소유자임을 증명해 보여야지요.

사회 : 오늘 모인 여러분들은 비교적 민사고의 초기에 해당하는 기간에 학교를 다녔던 사람들입니다. 자연스럽게 후배들의 경향이나 학교에 대해서도 관심을 가지고 지켜보았을 텐데, 그래서 대개의 선배들은 '요즘 것들은' 하고 불만스러워하지요. 여러분 생각은 어떻습니까?

장원준 : 먼저 외형의 변화가 있었습니다. 저희가 학교 다닐 때만 해도 전교생이 150명 정도로 일반 고등학교나 특목고의 한 학년 수에도 미치지 못했는데 지금은 전교생이 450명으로 숫자에서 옛날에 비해 3배나 됩니다. 더구나 우리나라는 정권이 바뀌면 교육정책의 근간이 확 바뀐다고 알고 있습니다. 특히 민사고 같은 자립형 사립고등학교는 평준화 이데올로기의 공격 대상이 되어 정권에 따라 '개혁'의 도마 위에 올려놓고 싶은 유혹에 빠지게 마련인데 앞선 이명박 정권은 자립형을 자율형에 넣어 묶어버렸고, 지금 박근혜 정권은 자율형 고교마저 앞선 정권에게서 나온 것이니까 버리고 싶은 유혹에서 자유롭지 못할 것입니다. 이런 외부적 환경 변화가 민사고의 변화를 가져온다고 생각합니다. 게다가 초기에는 설립자 최명재 님이 직접 학교 만들기에 나서는 바람에 특유의 교풍이 이때 만들어졌으나 지금은 민사고 특유의 유니크함이 많이 변질된 것이 아닌가 생각합니다.

7기까지는 모르겠으나 저희가 다니던 8기까지만 하더라도 매일 체육을 했습니다. 그야말로 '체력은 국력'이었고 '건강한 신체에 건강한 정신이 깃든다'는 진리를 의심해 본 일이 없었습니다. 나아가 인생이라는 장거리경주에서 이기는 자는 체력이 좋아야 한다는 신념을 선생님들이나 학생들 모두 가지고 있었거든요. 그런데 지금은 어째 입시제도에 묻혀가는 느낌입니다. 왜소해지고 있다는 느낌이 듭니다. 지난날에는 전국에 산재한 특목고들이 상상도 하지 못한 교육 시스템을 가지고 있었는데 지금은 그 수많은 특목고들 중의 하나가 돼버린 것이 아닌가 걱정이 앞섭니다. 방학도 우리 때는 여름이건 겨울이건 10일이면 끝났습니다. 시간이 아까운데 방학이라고 집에서 한가하게 놀고 있을 틈이 없었어요. 한데 지금은 방학도 일반 고등학교와 같이 시행하고 학생들도 해방 만나 놀고….

민사고의 과거와 현재를 가르는 터닝 포인트를 10기 또는 11기로 보는 사람들이 많아요. 10기 이전의 민사고 학생과 11기 이후의 학생들은 판이하게 다르다는 거지요. 전에는 부모님들끼리도 가족처럼 가까웠고 학생과 선생님 사이에도 가족에서나 볼 수 있는 끈끈한 정이 깊었는데 숫자가 많아진 지금은 그런 것이 다 옛 이야기가 되고 말았습니다. 사회자께서 모두에 말씀하신 것처럼 '요즘 것들은' 하는 올드 보이의 습성 때문이기를 바랍니다.

민사고의 유니크함이 없어졌다

정유석: 민사고의 유니크함을 살릴 수 있는 방법은 학생들이 진로를 탐색할 때 학교가 어떤 역할을 할 것인가에 따라 유니크해지기도 하고 그 반대일 수도 있습니다. 교육과정은 자유롭게 개방하고 소질과 적성에 맞는 학문과 진로를 선택하도록 지도하고 이끌어야 합니다. 교육당국이 민사고 같은 학교가 유니크함을 유지 발전시키도록, 그래서 이 나라에 이런 학교가 있다는 것을 세계인들이 부러워할 수 있도록 정책적인 고민을 해야 할 텐데 제가 과문한 탓인지는 몰라도 지금의 교육부나 교육청의 관료들은 행정 편의주의에 따른 지도나 하고 있지 않나 생각됩니다. 대한민국에 이런 학교가 있다는 것 이상으로 이 학교 출신들이 세계와 인류를 위하여 헌신적인 노력을 다해야 할 것이고 학교는 그런 목표에 따른 교육을 실시해야 할 것입니다.

한승준: 저는 아버지가 한의학자라서 어릴 때부터 보고 배운 것이 그것이라 한창 생각이 영글어가던 고등학교 시절 자연스럽게 한의학을 선택하게 됐습니다. 이처럼 고등학교는 한 인간이 평생 나아가야 할 진로를 선택하는 중요한 때입니다. 이럴 때 그 중요성을 알고 모든 가능성을 열어놓고 스스로 선택하게 하는 학교야말로 최상의 학교가 아니겠습니까. 저는 민사고에

서 그런 열린 교육을 받았습니다. (박대식에게) 선배는 꿈 꾸던 대로 살아왔습니까?

박대식 : 우리 세대만 하더라도 초등학교 교실에서 장래의 꿈을 물으면 너도나도 '대통령이 되겠다, 과학자가 되겠다' 하고 꿈을 말했습니다. 요즘 아이들은 텔레비전에서 노래하는 가수의 뒤에서 춤추는 백댄서가 되고 싶다는 꿈을 거침없이 말하여 부모와 선생님을 기절케 했다고 합니다만 우리 때만 하더라도 대통령 또는 과학자였습니다. 저도 과학자가 되는 것이 꿈이었고요. 그런데 우리 1기생은 모두 30명이 입학했는데 1학년 때 19명이 나가고 11명만 남았어요. 그중에서 다시 4명이 2학년 수료 후 조기졸업하여 카이스트로 진학했으니 실제 3년 동안 학교 다닌 학생은 7명이었습니다. 1학년 때 전학 간 학생이나 2년 뒤 조기졸업하고 떠난 아이나 모두 지금까지 형제처럼 서로 연락하며 지내고 있습니다. 해병처럼 한 번 민사고 학생은 영원한 민사고 학생이더군요. 한데 1학년 때 다른 학교로 떠나버린 친구들도 아무 스스럼없이 만나고 있습니다. 그들 중에는 민사고에 대한 강한 불만을 지금도 가지고 있는 친구들도 있고, 반대로 학교와 학교의 교육에 대해 아주 긍정적으로 말하는 친구도 있습니다. 학교든 사람이든 모두를 만족시킬 수는 없지 않습니까. 짧은 기간 동안 민사고에 있었던 때를 '시간 낭비'였다고 말하는 경우도 있고 설립자님의 가르침으로 꿈과 용기를 얻었다고 말하는 경우도 있으니까요. 한편 2년 수료 후 카이스트로 진학한 친구들은 정말 잘했다고 생각합니다. 그들 대부분은 과학도의 길을 바르게 걷고 있기 때문입니다.

저는 직장생활 5년차인 사회초년병입니다. 세상 사람들이 다 부러워하는 삼성전자에서 휴대폰에 들어가는 통신 칩을 설계하는 부서에서 일하고 있습니다. 과학 지식을 실제 현장에서 적용하고 있는 셈이지요. 그런데도 아직은 대학에 가서 더 배우고 싶은 마음이 있습니다. 학교 다닐 때 최 이사장님의 "학문을 위한 진로를 선택하라"는 말씀이 가슴에 살아 있기 때문입니다.

한승준 : 우리도 눈으로 보고 귀로 들은 것이 있습니다. 특히 1기생 선배들의 고충에 대해서는 많은 이야기를 들어서 저 자신의 일처럼 알고 있는 편입니다. 여러 고충들 중에서 가장 힘들었던 것이 교육 내용이 정해져 있지 않은 데서 오는 불안이 컸으리라 생각됩니다. 자고 나면 시간표가 바뀌었다고 하더군요. 시간표가 자주 바뀐다는 것은 커리큘럼이 정해져 있지 않다는 사실을 뜻합니다. 즉 민사고의 첫해는 정형(定形)이 없는 물체와 같은 것이었지요. 그래도 저는 아쉬움을 느낍니다. 선배들과 부모, 그리고 설립자님이 함께 머리를 맞대고 '세상에 없는 학교'를 어떻게 만들어 갈 것인가 의논했더라면, 그러면서 30명 전원이 무서운 인내심과 용기를 가지고 공부했더라면 오늘의 민사고는 많이 달라졌을 거라고 확신하기 때문입니다.

박대식 : 친구들이 민사고를 버리고 떠난 가장 큰 이유는 내신이었습니다. 간단하게 생각해 보지요. 민사고에 들어온 친구들은 민사고 아닌 다른 일반 고등학교에 갔을 경우 단연 전교 1등을 무난하게 할 수 있는 실력의 소유자들이었습니다. 일반 고등학교에 갔으면 특1급의 내신성적을 쥐었을 아이들이 민사고에서는 제아무리 잘해봐야 30명 중 몇 등이어서 내신등급에서 상대적으로 불리했거든요. 게다가 대학들은 평준화 이데올로기에 갇혀 고등학교의 등급화를 가장 두려워하고 기피하는 경향이었으니 내신을 잘 받을 수 있는 학교로 옮겨 간 것이지요. 따지고 보면 우리나라의 교육제도(대학입시제도)가 민사고 첫해를 혼란 속으로 밀어 넣은 셈이지요. 교육과정이 어떠니, 시간표가 어떠니 하는 것은 학교를 떠나기 위해 찾아낸 핑계거리였습니다.

한승준 : 5기 때는 갑자기 오전에만 수업을 하고 오후에는 자율적으로 공부하게 하는 파격적인 실험이 있었지요.

정유석 : 갑자기 교육과정이 바뀔 때는 당황했어요. 어떤 때는 오전 내내 영어만 공부했으니까요. 설립자님의 생각에 따라 무엇을 가르칠지 정해지는 것이니 불안한 마음을 버릴 수 없었지요.

설립자님의 애정 있는 통찰력

전재연 : 대학에 가고 사회에 나와 보니 영어가 얼마나 중요한지 알겠습디다. 영어라는 도구를 자유자재로 구사하여 학문을 하거나 뭘 하더라도 국제적인 리더가 되라는 설립자님의 정확한 통찰력과 원모심려를 알겠더군요. 그걸 깨닫고 혼자 부끄러워한 일도 있습니다. 설립자님의 애정 있는 통찰력을 우리가 살려내지 못한 것이 죄스럽고, 한편으로 아깝습니다.

사회 : 고등학교 때는 선생님보다 친구들에게서 자극 받고 배우는 것이 더 많은 경우가 있습니다. 민사고에 다니면서 좋은 친구를 사귈 수 있었습니까?

한승준 : 민사고를 다닌 3년 동안 얻은 것 중 최고를 꼽으라면 좋은 친구를 만난 일을 들겠습니다. 정말 좋은, 최고의 친구들이었습니다.

김진서 : 전원 기숙사에서 살아야 하지 않습니까. 3년 동안 기숙사에서 함께 살다보면 가족 그 이상의 관계가 됩니다. 물론 한창 자라는 아이들, 나름대로 자존심이 강한 아이들이 한 울타리에서 살다보니 문제도 더러 있었어요. 그 문제들을 슬기롭게 극복하고 함께 서로를 고양시켜 나가는 분위기를 만들어준 친구들에게 고마운 마음 전합니다.

한승준 : 학교 측에서는 지역편중 현상과 계층편중 현상을 걱정하던데 실제

학생인 우리가 보기에는 그런 걱정 불식해도 좋을 만치 다양한 계층, 다양한 지역 출신의 친구들을 만나게 됩니다. 서울 강남 출신이 많다고 하지만 그들 중 상당수는 교육환경 때문에 맹모삼천(孟母三遷)하듯 강남으로 이사 온 지방 출신 학생들이 다수 섞여 있는 겁니다. 계층 또한 매우 다양하고 부모의 직업 성향이 전문가 집단이라는 것은 그만큼 그분들의 직업 세계가 다양하다는 증좌일 겁니다. 대부분 입지전적(立志傳的)인 경력에다 불굴의 의지를 가진 분들이기 때문에 부모님이 일일교사로 오는 날에는 얻는 것이 많았고 그 아들딸 역시 친구들에게 주는 것이 많으니 이보다 좋은 인적 구성을 찾을 데가 없다고 봅니다.

강원도민체전에 횡성군 대표로 참가했다

전재연 : 일반 고등학교에 다니는 친구들이 학교와 학원을 쳇바퀴 돌듯이 왕복하는 동안 우리는 기숙사에서 고전을 보거나 깊은 연구과제를 들고 씨름하니 그 결과는 뻔한 것 아닙니까. 소년체전에 강원도를 대표하여 참가하고, 강원도민체전에서는 횡성군 대표로 참가하는 등 체육대회 참가 기회도 많았고, 용평스키장에서 국제대회를 개최할 때면 대회 본부가 우리 학교 학생들을 통역 요원으로 채용해 주기도 했습니다. 전교생의 수가 500명이 안 되는 학교에 동아리가 100개를 넘습니다. 방과 후에도 동아리 활동을 통해 사실상 창조적인 활동을 하고 있는 셈이어서 밖에서 모르는 사람들이 속단하듯 '고급 입시전문 학교'라는 평가는 천부당만부당한 얘깁니다. 우리는 트레킹을 계획하여 실행에 옮기기도 하고 무리를 지어 선생님 몰래 원주로 나가 피자를 사먹고 돌아오는 일탈도 했습니다. 다만 울타리 없는 학교 경계를 벗어나봤자 기껏 갈 수 있는 데가 건너다보이는 영동고속도로 소사휴

게소밖에 없다는 것이 못내 서운한 일이었지요. 알다시피 고속도로 휴게소에는 주류를 팔지 않기 때문에 우리의 일탈행위는 기껏 라면과 커피로 끝나기는 했지만요. 기숙사 생활은 인간사회인지라 인간사회에서 일어날 수 있는 일은 다 일어났습니다. 시기나 질투 같은 마음의 불길도 있었고 터무니없는 경쟁심으로 몸을 망치는 친구도 있었고요. 그러나 그 어떤 일도 자제하고 인내하는 친구들의 성숙한 태도 때문에 밖의 세상과는 달리 조용하게 지내는 것같이 보였을 뿐입니다. 지금 와서 새삼스러운 얘기지만 저는 제 친구들의 인내심과 절제심을 존경하고 한편으로 두려워했습니다. 우리는 서로의 인격을 존중했습니다.

정유석 : 매일 아침 암송하던 〈교훈〉에 "출세를 위한 공부를 하지 말고 학문을 위한 공부를 하자"는 대목이 있었습니다. 그 대목이 나중에 진로를 정할 때 나도 모르는 사이에 마음속에서 작용하고 있는 것을 보고 놀란 일이 있습니다. 지금도 현실적 욕구와 학문적 욕구 사이에서 갈등하고 있는데 이 갈등은 생명이 있는 한 지속될 것으로, 근저에는 민사고 교훈이 주는 영향이 크다고 하겠습니다.

전재연 : 우리가 민사고에 재학 중일 때는 10대 후반이었습니다. 사람은 살아가면서 여러 번에 걸쳐 진로 수정도 하고 어떤 계기로 감동과 충격을 받아 가던 길을 바꾸기도 하는데 10대 후반이야말로 가장 민감하게 평생의 진로를 모색한 때라고 생각됩니다. 그런 시기에 한솥밥을 먹으며 자그마치 3년이나 함께 뒹굴어 온 친구들에게는 그 어떤 것도 무너뜨릴 수 없는 견고한 성벽에 둘러싸인 느낌을 받습니다. 그게 우정이라 해도 좋고, 다른 이름이 생각나지 않지만 하여튼 평생 가지고 갈 소중한 무엇을 얻은 것 같습니다. 학교가 그 울타리를 만들어준 것이지요.

한승준 : 국궁을 매일 두 시간씩 했는데, 국궁을 좋아하여 즐거워하는 아이

들도 간혹 있었으나 대개는 힘들어했습니다. 서로 취미가 맞는 친구를 발견하면 좋았어요. 예를 들어 축구를 좋아하거나 오케스트라를 만들고 싶어 하거나 비슷한 취향을 가진 또래가 있거든요.

정유석 : 국궁은 아주 좋은 스포츠였습니다. 단순한 운동 이상이었지요. 지난해이던가, 극장가에 〈최종병기 활〉이라는 낯선 이름의 영화가 걸렸기에 가서 보았습니다. 우리 전통의 활이 양궁처럼 정밀한 조준 장치를 갖지 못한 반면에 사수의 육감과 운동신경에 좌우되는 영역이 크니까 그만큼 집중력과 수련이 필요한 운동이었거든요. 저는 국궁부에 들어 대회에 출전할 준비를 했습니다. 정해 놓은 체육시간에만 훈련해서는 어림도 없는지라 다른 학과 공부를 조금 빼먹으면서 운동을 했어요. 시뮬레이션을 통한 집중훈련이 고되기는 했으나 정신이 맑아질 정도로 집중력을 기르는 데 유효한 운동이었습니다.

시중(市中)에 회자되는 민사고 괴담

전재연 : 민사고 학생들이 공부를 얼마나 열심히 하는지는 세상에 널리 알려져 있는 사실입니다. 입학식에 참석하기 위해 오는 학생들의 짐 보따리에 반드시 들어 있는 것이 전기 충전용 랜턴입니다. 국산 제품이 못 미더워 미제, 독일제를 구하여 가지고 오는 극성파도 있었어요. 기숙사에서는 12시에 잠을 자도록 규정을 두고 있고, 새벽 2시면 기숙사의 전기를 모두 내려버립니다. 학생들 잠을 재우려는 학교 나름의 고육책이지요. 그에 대비하여 새벽까지 잠자지 않고 공부하려면 개인용 랜턴이 필요한데 그걸 필수품으로 가지고 오는 겁니다. 이렇게 하고 싶은 공부는 그날 밤을 새워서라도 해야 직성이 풀리는 것은 이 학교 재학생 모든 이들의 공통점이었습

니다. 그런데 문제가 생겼습니다. 밤을 새워 공부하다 보니 다음 날 수업시간에 조는 아이들이 많아진 것입니다. 민사고 아이들이라고 졸음이 오지 않겠어요? 저들도 사람인데 당연히 자야지요. 어느 외부 강사가 초청 받아 와서 강당에 아이들 모아놓고 특강을 하는데 아이들 절반이 꾸벅거리다가 아예 늘어지게 자는 거라. 당황한 강사가 선생님에게 하소하기를 "내 강의를 듣고 조는 학생은 여기 와서 처음 봅니다. 이 학교 학생들 수준이 너무 높아서 그런가요?" 하고 물었답니다. 담당 선생님이 "그게 아니고 아이들이 밤새워 공부하느라 생리적 현상으로 조는 겁니다." 하니 그 강사가 웃고 말았다고 합니다. 이건 민사고 아이들이 공부에 얼마나 매달리는지를 말해 주는 상징적 일화이고 민사고 아이들의 수준을 말해 주는 일화도 있습니다.

선생님 중 어느 분이 국내 어느 대학의 부름을 받고 옮겨갔습니다. 고등학교 선생님이 대학 교수가 되었으니 개인으로 볼 때는 분명 출세이고 영전인데 그게 간단한 문제가 아니었던가 봅니다. 몇 달 후 민사고를 찾아온 그 교수님은 "민사고로 다시 오고 싶다"고 하소연했다고 합니다. 이유인즉 대학에 가서 강의를 해 보니 학생들이 대부분 알아듣지도 못하는 것을 보고 억장이 무너졌다고 합니다. 민사고에서는 가끔 조는 아이들은 있으나 개념 자체를 이해도 못하는 그런 멍청한 아이는 한 명도 없거든요. 지금까지 제가 한 이야기는 모두 학교 주변에 떠도는 이야기일 뿐입니다. 그러니 여기서는 공부 얘기는 일단 접어두고 공부 외의 일상에 대한 얘기를 계속하지요. 저는 민사고의 교복이 멋있어서 지원했습니다.

한승준 : 그런 친구가 의외로 많은데 놀랐습니다. 교복이야말로 전근대적 병영국가의 교육관이 낳은 시대착오적 유물이라고 없애자는 주장도 있었거든요. 최명재 4대 교장선생님이 불의의 사고를 당하여 물러나고 뒤를 이어 제5대 이돈희 교장선생님이 부임하자마자 교복을 입을 것인가 폐기할

것인가를 학생들 스스로 결정하도록 투표에 부친 일이 있었습니다. 그때 결과는 '교복은 현행대로 유지한다'가 '철폐(자율화)'를 누르고 압도적인 지지를 받았습니다. 그러나 출처가 분명치 않은 모자(정자관)는 폐지하는 쪽으로 의견이 모아졌고요. 민사고의 교복은 어느새 거추장스럽고 부끄러운 옷이 아니라 자랑스러운 민사고의 상징으로 자리매김했던 것입니다. 대학 입시 때 면접을 볼 때 면접하는 교수님들이 민사고 교복을 입고 등장하면 다른 눈으로 봐주기도 했거든요. 이런 경향은 외국에서도 통용되었습니다. 민사고 교복 자체에 각별한 의미가 있어서라기보다 그동안 민사고가 나라 안팎에 쌓아놓은 교육적 성과가 인정받은 결과였습니다.

교복 – 처음에는 부끄러웠으나 나중에는 자랑스러웠다

박대식 : 초기에는 우리가 교복을 입고 서울 시내를 활보하면 사람들이 "청학동에서 왔나" 하고 수군거렸습니다. 그래도 설립자님께서는 우리들이 창피해하는 모습을 보고 "마음이 허해서 그렇다"고 질책하셨습니다. 그 결과 얼마 안 가 학생들은 그 교복을 자랑스럽게 생각하기 시작한 겁니다.

정유석 : 대학에서도 출신 고등학교의 교복을 입고 가는 날이 있었습니다. 그때 민사고의 교복은 단연 사람들의 이목을 집중시켰습니다.

전재연 : 이돈희 교장선생님이 오셔서 토요일에는 사복을 입도록 교복 착용과 관련한 규정을 다소 완화하셨는데. 그때 우리는 넥타이 매는 방법을 몰라 웅성거렸고, 넥타이를 단체로 구매하여 매는 법을 따로 배우기도 했습니다.

김진서 : 여학생들은 좀 복잡했습니다. 민사고 3년 동안 여학생들이 살이 쪄서 뚱뚱해진다는 말이 있었어요. 원인이 교복 때문이라는 말도 돌았고

요. 이유인즉 개량한복이 펑퍼짐해서 몸매가 거의 드러나지 않거든요. 몸매가 드러나지 않으니 여학생들이 다이어트로 몸매를 돌볼 생각은 않고 마구 먹어서(민사고 식당의 식단은 영양이 좋기로 소문나 있었거든요) 뚱뚱해진다는 설명이었습니다. 실제로 그랬는지는 확인할 수 없으나 우리는 그 말을 그럴듯하게 여겼어요. 저는 처음 한동안 옷을 어떻게 입어야 할지 몰라 당황했던 기억이 납니다.

사회 : 학비는 좀 비싼 편이었는데 가정에서 학비 대느라 어렵지 않았습니까?

김진서 : 중산층 가정에서도 자녀를 민사고에 보내기가 조금 버거울 정도였어요. 미국의 명문 사립고등학교와 비교하면 상대가 안 되지만 우리 현실에서는 '학비가 비싼 학교'로 알려져 왔습니다. 미국의 명문 사립고등학교는 연간 회비(기숙사비 포함)가 약 4만 달러에 달하지만 민사고는 1만 달러 안팎입니다. 이 액수는 국내 외국인학교에 비해서도 저렴한 편이고요. 자립형 사립고는 월 회비를 같은 지역 일반 고등학교의 3배를 징수할 수 있도록 규정해 놓았는데 민사고가 위치한 강원도 오지의 고등학교 월 회비의 3배를 받아봤자 학교 운영에 도움이 되지 않을 뿐 아니라 양질의 많은 교육 프로그램을 운영하기도 어려우니 결국 수익자 부담 원칙에 따라 비싼 학교가 된 것이라고 봅니다.

박대식 : 학비가 싸다 비싸다 하는 얘기는 상대적인 것이어서 비싼 학비만큼 양질의 교육이 이루어지고 있느냐 아니냐를 따져야 할 것 같습니다. 단순히 액수만 가지고 비교하여 '비싼 학교'로 매도하는 것은 옳지 않다고 생각합니다.

사회 : 선배들이 볼 때 후배들의 하는 꼴이 성에 차지 않는 것이 정상이라고 합니다. 여러분들 보기에 민사고의 오늘과 내일은 어떤 모습입니까?

한승준 : 설립자님의 창학정신이 많이 퇴색하고 마모된 것 같습니다. '이건 이래서 안 되고 저건 저래서 고쳐야 한다' 하고 모서리를 깎아내다가 보니 두루뭉술한 보통학교로 닮아가고 있는 것 같아 안타깝습니다. 원래의 창학 정신으로 되돌아가려는 노력이 아쉽습니다.

교육의 이상과 현실의 괴리(乖離)

박대식 : 설립자님은 학생들에게 개인과 가족의 행복에 앞서 더 큰 공동체, 예를 들어 국가 또는 민족의 행복을 위해 헌신하기를 강요했습니다. 이런 자세는 교육적 아젠다로서는 훌륭하나 사회 현실과는 괴리가 있어 왔습니다. 학생들은 여전히 서울대 의대와 서울대 법대 진학을 제일순위로 정해놓고 있습니다. 이게 무엇을 뜻하는지 우리는 다 알고 있습니다. 여기서 놓쳐서는 안 될 진실이 있습니다. 법조인이 되거나 당장 수입이 좋은 의사가 된다고 미래에도 행복할 것이라는 보장은 없습니다. 알다시피 직업이라는 것은 시대와 공간의 산물, 즉 역사의 산물입니다 그리고 역사는 유동적입니다. 오늘날 북한에서 의사는 트럭 운전수보다 못한 사회적 지위를 가지고 있으나 북한 사회의 변동에 따라 앞으로는 어떻게 변할지 누구도 예측하지 못합니다. 사회 통념이나 트렌드를 좇지 말고 학문적 요구에 충실하게 따르면 결국 현실적 보상과 명예를 아울러 얻게 될 것입니다. 결국 학교도 그런 방향으로 가르쳐야 할 것이고 학생 개개인도 그런 자세로 진로를 정해야 할 것입니다. 민사고의 미래는 그 학교 출신인 우리들이 무엇을 선택하여 어떻게 헤쳐 나가느냐에 달려 있는 셈입니다. 설립자님께서는 10년 전에 쓴 책자의 제목을《20년 후 너희들이 말하라》고 정하셨지만 지금도 우리가 말할 수 있는 것은 극히 제한적이라는 사실을 느낍니다.

한승준 : 선배님 말씀과 민사고의 교훈은 내용이 상통합니다. 출세를 위한 공부를 하지 말고 소질과 적성에 맞는 공부를 하다보면 궁극적으로 현실적 행복도 아울러 따라온다는 얘기지요? 맞습니다. 좀 어렵겠지만 그것이 진실입니다.

김진서 : 매우 중요하지만 자칫 공론(空論)으로 흘러버릴 가능성이 있어 경계해야 할 이야기입니다. 가치관의 문제인데 가치관이 형성되는 고등학교에서 아이들을 잘 인도해야 할 것입니다. 민사고 선생님이나 학생들이 대충 할 것이 아니라 생각 자체를 역사 위에서 하도록 정체성 있는 교육의 장을 만들어야 하리라 봅니다.

박대식 : 저는 이 학교가 결국은 국민이 참여 경영하는 학교로 나아가야 할 것이라고 봅니다. 왜냐하면 대한민국은 민사고 같은 학교를 가질 자격이 있기 때문입니다. 이 학교의 설립은 한 개인의 의지와 꿈의 결합으로 시작했으나 국민이 받아 성장시켜야 할 가치가 있는 학교라고 생각합니다.

민사고는 민사고인의 힘으로

정유석 : 선배의 말은 공교육의 개념을 학교 운영 주체의 문제로 확대한 데서 나온 말인데, 지금도 사립학교라는 것이 운영 재단만 사립일 뿐이고 교육의 내용은 공교육의 틀에서 벗어나지 못하도록 틀을 짜놓았습니다. 민사고 같은 우수한 사립학교를 완전 자율, 완전 개방 학교로 만들어 국가 또는 정부가 아닌 국민이 운영하는 학교로 만들어 보았으면 하는 바람이지요? 국민의 학교가 되기 전에 민사고는 민사고인의 힘으로 운영을 뒷받침하는 때가 빨리 왔으면 좋겠습니다. 그러자면 졸업생인 우리가 돈을 많이 벌어 학교에 기부를 많이 해야겠지요. 우리 모교에 '귀족학교'라는 닉네임을 붙

여놓고 시시덕거리는 사람들이 있습니다만 차제에 진짜 '귀족학교'로 만들면 어떻겠습니까? 학비가 비싸서 귀족학교가 아니라 학생과 선생님들의 정신이 고귀한 귀족인 학교, 시대정신을 창출하고 이끌어가는 학교가 되었으면 좋겠습니다.

졸업 후 모교에서 일어나는 모든 일들을 가슴에 두고 달려와 주는 선배들과
졸업생 학부모를 잇고 있는 마음은 '사랑'이었습니다.

09
엄마도 함께 울었다

윤인로
5기 정유석 어머니,
민족고사랑회 제5대 회장, 민족고사랑회 카페지기

　작지만 소통의 길을 여는 사람들이 있습니다. 그들의 작은 마음들이 모여 존재의 의미를 부여해 주었고 서로 손잡고 든든한 울타리가 되어 학교를 바라보는 응원군이 되었습니다. 학교를 구성하는 요소들 중에 부모가 있습니다. 이 부모의 위상은 아이가 졸업하여 학교를 떠나면 흐릿한 기억 속으로 잊히는 경우가 있습니다. 그러나 민족사관고 학부모 모임은 다릅니다. 개교 이후 곧바로 불어닥친 거센 바람 속에서 학교를 지탱하는 기둥으로 출범하여 역할을 다한 '민족고사랑회'가 바로 그것입니다. IMF 사태의 위기 속에서 태동한 학부모 모임은 2003년 7월 정식으로 발족하여 '학교 밖의 학교'로서 그 역할을 다하면서 민족사관고를 형성하는 또 다른 하나의 축으로서 존립해 왔습니다. 이를 모태로 '민족사랑음악회'를 매년 개최해 왔고, 학

교 내 음악 동아리로 오케스트라를 만드는 계기가 되었으며, 성년식 같은 중요 행사를 열게 하여 교육 그 자체에도 깊숙하게 관여해 왔습니다.

대부분의 학부모들이 제 자식이 졸업하고 나면 학부모로서의 책무에서도 졸업해 버리는 것과는 달리 민족고사랑회는 자식들이 졸업을 한 후에도 학교가 발전되어야 한다는 마음 하나로 뭉치고 단결하여 소명을 다해 오고 있는 특별한 학부모 모임이라 하겠습니다. 아이들을 최고학교에 입학시켜 놓은 부모들은 강원도 횡성군 안흥면 덕고산 기슭, 소사리 언덕을 오르내리며 아이들과 함께 꿈을 꾸었고, 함께 울었습니다. 그 마음을 담아 책으로 엮었고, 출간에 따른 인세(印稅)를 학교에 기부하기도 했습니다. 이처럼 민족고사랑회 회원들은 영원히 졸업을 하지 못하는 학생들처럼 학교를 사랑하는 사람들의 모임입니다. 이런 부모들이 있는 한 민족사관고는 원래의 교육 목표인 세계적 지도자를 길러내는 요람으로 발전을 거듭할 것입니다.

민족고사랑회의 출범

2003년 7월 민족고사랑회가 출범했습니다. 출범 당시 뜻을 모았던 회원들은 전국에서 모인 83명의 재학생 및 졸업생 학부모였습니다. 부모들의 마음은 "이 학교는 국내뿐 아니라 세계의 교육을 선도할 학교로서 성장, 발전을 도울 가치가 있다. 그런 역할은 졸업생 동문이 맡는 것이 원칙이나 우리 아이들은 아직 어려서 향후 10년 후에나 제대로 된 역할을 하게 될 것이다. 그때까지는 부모들이 그 역할을 대행하고 아이들이 성장한 후에는 아이들에게 그 역할을 넘겨주자"는 공통된 생각이었습니다. 그렇게 발기한 민족고사랑회는 어느덧 10년의 세월을 보냈고 개교 20년의 역사를 함께하게 되었습니다. 상대적으로 민족사관고 동문회의 활동은 당초 우리 부모들이 기대했던 바와는 달리 만족스러운 상태에 이르지 못한 느낌입니다. 최명재 설립자님도 저서《20년 후 너희들이 말하라》에서 아이들이 졸업 후 20년이 흘러가면 성년이 되어 사회에서 어느 정도 위상을 확보하고 한창 일할 나이이니 그때쯤이면 학교의 주인이 될 것이라고 기대했던 것이 아닐까 추측됩니다. "출세를 위한 공부를 하지 말고 학문을 위한 공부를 하라"는 교훈의 가르침대로 졸업 후 국내외 대학으로 진학한 아이들은 학문에 몰입해 있거나 대학원에서 박사과정을 마친 후 이제 사회에 나와 제 자리를 찾아가는 경우가 많은 시기입니다. 찰나의 시간까지도 치열한 경쟁을 이겨내야 하는 그들에게 모교의 성장과 발전을 돌아보는 기대까지는 아직 이른 듯합니다. 동문회의 활동이 궤도에 진입하여 우리 아이들이 "그동안 수고하신 부모님들 감사합니다. 이제 저희들의 힘으로 학교를 지키겠습니다"라는 정중한 인사를 받는 날이 오기를 기다리며 민족고사랑회는 시작점의 마음으로 변함없이 늘 함께할 것입니다. 민족고사랑회가 출범하기까지 몸소 느끼고 체험해 가는 과정을 적은 글들이 있기에 몇 편을 인용합니다.

먼저 5기 부모님 중 한 분의 회고 글입니다.

> 2000년 여름. 우리 아이가 입학하던 해에 전국 국궁대회가 육군사관학교에서 있었습니다. 아이가 한여름 더위에 대회 차 육사로 온다니 반가움으로 달려갔습니다. 민족사관고 버스가 들어오고 국궁팀을 인솔하신 선생님과 국궁선수들이 종일 땀을 흘리며 전국의 학교와 개인, 단체전을 치렀습니다. 그날 중형 아이스박스에 출전팀이 풍족히 먹을 과일, 음료 등을 가득 담아 오신 1기 선배 어머님이 계셨습니다. 1기 어느 학생의 어머님인지도 감히 물을 수 없었던 어려움은 영원히 지워지지 않는 아름다움으로 각인이 되었습니다. 졸업한 1기 선배 어머님은 이미 대학에 진학하고 없는 아들의 고등학교 국궁대회장에 손수 달

려오셔서 아들의 후배들을 위하여 사랑으로 국궁팀의 갈증과 땀을 식혀 주셨습니다. 1, 2기 졸업생들이 육사로 달려와 응원을 해주던 모습 또한 진한 추억으로 남아 있습니다. 졸업 후 모교에서 일어나는 모든 일들을 가슴에 두고 발 벗고 달려와 주는 선배들과 졸업생 학부모를 잇고 있는 마음은 '사랑'이었습니다.

이러한 '사랑'이 부산에서 익어가는 모습을 다음 글이 전해 주고 있습니다.

> 2001년 다음 해 전국대회(국궁)는 부산에서 열렸습니다.
> 우리 학교 부산지역 학생들 중 출전 연령인 4~5기 중에는 국궁선수가 한 명도 없었습니다. 그런데도 부산지역 어머님들께서는 민족사관고 대형버스가 톨게이트에 들어서는 순간을 기다려서 대회장까지 안내를 하도록 순찰차를 보내어 앞에서 인도를 하게 하셨습니다. 강원도 궁촌에서 귀한 시간을 쪼개 왔으니 부산 지리를 잘 몰라 버리는 시간이 없어야 한다는 5기 김규영 아버님의 배려였습니다. 학생들이 불편하지 않도록 세심한 배려와 정성으로 출전학생들을 자신의 집처럼 편안히 대회를 마치게 하셨습니다. 점심과 저녁에는 연달아 횟집을 예약해 회를 먹이며 내 아이와 함께 있는 듯 즐거워하셨습니다.
> 4기 선배 어머님 한 분은 경주에서 황급히 달려오셔서 귀교 길 간식으로 황남빵을 학교차에 잔뜩 실어주고 떠나셨습니다. 경기가 끝나고 원주로 돌아가는 시간, 국궁부 학생들은 4기 김기현 학생의 구령에 맞추어 부산 바닷가에 일렬로 섰습니다. 부모님들께 큰절을 올리던 모래밭의 풍경은 인솔하신 성헌제 선생님, 부산 어머님들, 서울에서 내려

간 출전 학생들의 부모님들, 모두의 눈시울을 붉게 만들었습니다.

그날 어머니들이 나서서 챙겨 주셨던 이유는 단 하나, 대외적인 행사로 우리 학교가 부산에 출전하는데 이보다 더 기쁜 일이 어디 있으며, 어디서나 누구에게나 내 아들이며 내 딸이라는 부모의 공통된 마음 하나였습니다. 학생들 역시 어느 부모님이나 나의 어머님이시며 나의 아버님이었습니다.

대외적인 행사에 참여해 보면 부모의 마음으로 끈끈한 공감대가 형성되었고 민족사관고 가족만이 가진 특유의 정을 느낄 수 있었습니다. 이 같은 공감대를 통한 가족의식이 민족고사랑회를 낳은 원동력이 된 것입니다. 또한 서로 같은 마음자리를 맴도는 의식은 민족사관고등학교가 지금까지 이 땅에 당당하게 자리매김할 수 있었던 큰 힘이기도 했습니다. 이처럼 크고 작은 행사에서 눈 마주치고 마음 다독이던 부모님들이 지금까지 목마른 갈증으로 사랑회의 깃발 아래에 뭉쳐 민족사관고등학교의 번영과 도약을 기도하며 희망을 쌓아가고 있습니다.

민족고사랑회는 여느 학교의 학부모 모임과는 다르게 시작되었습니다. 모임에 참여한 부모들은 자발적이었고 헌신적이었습니다. 우리 학교가 세상에 없는 '꿈의 학교'였기에 세상에 둘도 없는 부모들의 모임으로 발전해 갔습니다. 일반적으로 학부모들의 심리적인 유대는 가벼운 것이어서 학생이 졸업하여 학교를 떠나고 나면 부모의 마음이나 발길도 멀어지는 것이 인지상정이나 우리 학교의 경우는 이와 달랐으니 학생이 국내에서 대학에 다니거나 외국 유명대학에 다니거나 성장하는 것을 지켜보면서 날로 모교인 민족사관고에 대한 그리움이 깊어진 때문이었습니다. 저마다 자리를 구축해 가는 자식들의 넓은 어깨를 보면서 새삼 민족사관고인의 표상을 보기 때문이기도 했지요. 아이들

의 마음 밭에, 어깨 위에 새겨진 우리 학교교육의 큰 그림이, 세계 속에 하나밖에 없는 유일무이의 존재인 소중한 학교에 대한 그리움이 성장해 가는 특별한 경험을 얻었습니다. 이러한 경험들이 쌓이고 상승하여 민족고사랑회로 발전하였고, 민족고사랑회에 모인 부모들이 더 나은 미래를 위하여 민족고사랑회 출판단, 학부모 합창단, 그리고 민족사관예절 다도회(茶會)를 낳게 된 것입니다.

민족사관고등학교 오케스트라

현재 학교 동아리팀에 KMLA오케스트라, 민족오케스트라가 빛을 내고 있습니다. 지금의 오케스트라로 발전할 수 있었던 계기는 민족사관고등학교에 처음으로 관현악단을 창단하셨던 학부모님이 하나의 씨앗이 되어 스스로 땅에 묻히셨던 결과입니다.

정작 그분의 아드님은 학교를 졸업하여 떠나고 없는데도 5년 동안 쉼 없이 '민족사랑음악회'를 위하여 혼신을 다하셨습니다. 전체 학생들이 출연하는 대회 전날과 당일 아침. 점심을 거르시고 진종일 뒤에서, 앞에서 출연 학생들의 일정과 리허설, 출연 마무리까지 모든 수고를 아끼지 않으셨습니다. 민족사관고등학교 오케스트라단의 기둥을 세워 놓으신 권덕원(8기 권성민 아버지) 교수님이 그 주인공입니다.

음악회를 앞둔 몇 달 전부터 당연한 일처럼 학교까지 달려가셔서 의논을 하고 연습 스케줄을 잡아 수고를 아끼지 않았습니다. 자식과 그 친구들은 이미 졸업하여 대학으로, 군대로, 사회로 떠나고 없는데 그 부모는 KMLA에 마음담은 그릇을 내려놓지 못하고 자신이 재학하는 것 이상으로 심혈을 기울이셨습니다.

민사고의 정체성을 대변하는 성년례

12기 김선이 양의 어머니 이영음 님의 다음 글은 민족사관고등학교에서 성년례를 해마다 거행하게 된 내력을 잘 말해 주고 있습니다.

성년례의 초석이 되어주신 박순민(5기 이상훈 어머니) 님의 오랜 수고와 열정에 감사드립니다.

2008년 5월 17일 3학년들이 성년례를 치릅니다. 5월 17일인 이번 주 토요일에 우리 학교 3학년 학생들과 조기졸업 학생들이 성년례를 치른답니다. 2학년과 1학년 어머님들 몇 분이 그날 도우미를 하기 위한 교육을 받았었습니다.

성년례는 유교에서 혼례, 제례 등에 버금가는 중요한 의식이었다고 합니다. 보통 15세에서 19세 사이의 청년기에 성년례를 치러준다고 합니다.

지금은 민사고의 정체성을 대변하는 중요한 의식으로 자리 잡은 성년례는 5기 어머님 한 분의 끈질긴 노력에 의해 전통으로 자리 잡았다고 합니다. 이 어머님께서 다도를 배우시면서 성년례의 중요성을 알게 되셨고 이러한 행사를 학교에서 치르기 위해 입학한 해부터 끈질기게 설득을 하셨으나 '아이들이 공부해야지 이런 걸 할 시간이 있느냐'는 이유로 관철이 안 되다가 3학년이 되어서야 비로소 이루어졌답니다.

이때는 학교가 성년례의 중요성을 인식하고 행사를 하고자 하였으나 필요한 물품이 하나도 없었고 절차도 알지 못하였습니다. 이에 앞서 밝힌 5기 어머님께서 성균관에서 예법을 강의하시는 교수님의 도움을 받아 자체조달을 하셨습니다. 성균관의 이 교수님께서는 이후

자발적으로 민족사관고등학교 성년례 행사를 기꺼이 도와주고 계십니다. 다기 세트와 방석, 주전자와 꽃 등 행사에 필요한 물품이 종류도 다양하고 물량도 큽니다. 처음에는 이 모든 물건들을 성균관에서 빌려 학교에 가져와 성년식과 민족제의 일부 행사로 치르셨다고 합니다.

이처럼 조촐한 의식이었으나 아이들이 성년으로서의 자세로 살아 가겠다는 다짐을 부모님과 주빈 앞에서 하는 이 의식에 참석하신 부모 님들 대부분이 뜨거운 감격의 눈물을 흘리셨다는군요. 특히 학생 수가 몇 안 되었을 때는 민족교육관에서 식을 거행하고 부모님들도 한 말씀 씩 하셨는데 어느 해 이 의식에 참여하셨던 할아버지께서 "내 80평생 오늘처럼 기쁜 날이 없었다"라고 소회를 밝히기도 했습니다.

저 역시 우리 선이가 제 앞에서 성년례를 치르는 생각만 해도 가슴 이 벅찹니다. 5기가 3학년이 되던 해 처음 치러진 성년례가 워낙 호응 이 좋아 그 이후로는 점차적으로 학교의 주요 행사로 자리 잡았고 이 행사를 위해 필요한 여러 가지 물품들을 그 이후의 어머니회에서 하 나하나 갖추기 시작하였답니다. (오히려 그 이전에 성년례를 못 하신 학부모님들께서 아직까지도 아쉬워하신답니다.) 현재는 모든 소반, 다기세트, 꽃, 방석 등이 학교에 갖추어져 있습니다.

어느 해는 꽃꽂이를 하시는 어떤 어머님께서 모든 학생들을 위해 예쁜 꽃을 소반에 하나씩 놓아주셨고 이것이 전통이 되어 꽃을 하나씩 놓고 행사를 치르다가 작년부터는 난(蘭) 화분으로 대체되었습니다. 학교의 행사들은 이렇게 선배 학부모님들, 또 뜻있는 몇몇 분들의 열 정으로 점점 더 발전하는 것 같습니다.

금년에는 차를 따르는 주전자를 3학년에서 마련하셨고 행사를 주 관할 때 '분위기'를 내어주기 위해 도우미들이 입는 당의(唐衣)를 12기에서 마련했습니다. 앞으로는 행사에 사용할 떡, 차, 그리고 꽃만 마련하면 훌륭하게 행사를 치를 수 있습니다.

작년에는 AP기간 중에 성년례가 있어서 부모님들께서 약간 마음이 불편하시기도 하셨답니다. 하지만 이 행사 자체는 국내의 모든 고등학교 중에서 민족사관고만이 누리는 특권인 양 선배 학부모님들의 정성이 모아져서 치러지고 있습니다. 이 행사를 처음 시작하신 5기 선배 어머님께서는 졸업 이후에도 계속 이 행사 진행을 도와주시고 계십니다. 금년 행사 때에도 주빈이신 교장선생님을 모시는 수석집사 자격으로 참석하셔서 원활한 진행을 위해 양으로 음으로 도와주실 것입니다.

이 행사를 치르는 우리 아이들은 행사를 통해 자신을 되돌아보게 되고 정말 새로운 마음가짐으로 세상을 살아가야겠다는 마음을 먹게 될 것 같습니다. 이렇게 성장한 자녀들을 보는 우리 부모님들의 감격은 말할 것도 없겠지요. 내년, 우리 12기의 성년례가 정말 기다려집니다.

다음 글은 KAIST에서 매년 봄에 거행하는 출신고교 대항 축구대회를 관전한 부모님의 회고입니다.

KAIST에서는 봄이면 축제처럼 출신학교 대항 축구시합을 개최합니다. 이 대학에 재학 중인 민족사관고 출신 학생의 수는 소수였기에 후보 선수를 둘 수가 없어 선후배 할 것 없이 모두 정예부대로 뛰면서 입술이 부르트는 봄을 맞이하곤 했습니다. 고단한 시합에 '나 하나쯤이야' 하는 생각은 엄두도 낼 수 없었겠지요. 누구나 정예 선수라는

것. 그러므로 모두 열심히 뛰어서 내 모교의 자존심을 지킨다는 각오를 가지고 시합에 임하였으며, 구성원 모두가 이른 새벽에도 연습을 하는 진풍경이 벌어지곤 하였습니다.

우리는 자식과 더불어 귀한 사랑을 얻어 부모들까지 소사리 언덕(부모들은 학교를 이렇게 부르기를 좋아합니다)에 인연을 지었습니다. 소사리 언덕의 풍경은 계절마다 색다른 감흥을 주었습니다. 많은 부모들이 이 언덕 위에서 차마 발길을 돌리지 못하고 속울음을 삼켰을 것입니다. 그 때문인지 아이들도 졸업을 한 후에도 민족사관고등학교 이름이 걸린 행사마다 열일을 제치고 달려왔고 부모들도 함께였습니다. '아이들의 마음을 닮아가는 것' 부모가 누릴 수 있는 최대의 행복이었습니다. 우리 아이들이 세상의 중심에 당당하게 서는 날, 그날이 오기까지 재학생과 졸업생, 선생님과 부모들이 함께 손잡고 소사리 넓은 운동장을 함께 뛰고 있는 것이라고 생각합니다.

민족사관고 학부모합창단 창단

민족고사랑회가 발족한 이듬해에 '민족사관고 학부모합창단'이 창단되었습니다. 여기에는 많은 학부모들의 정성어린 노력이 숨어 있었습니다. 민족고사랑회 초대 회장인 최태환 회장(5기 최지현 아버지)의 수고와 이명옥 초대 합창단장(2기 김서하 어머니)의 헌신적인 노력과 합창단원들의 화합으로 민족사관고 학부모합창단은 지금까지도 활동을 계속하고 있습니다. 현재 민족고사랑회 7대 회장인 오순양 회장(5기 전재연 어머니)은 학부모합창단이 창단되어 첫 연습에 돌입하면서 연습 때마다 밥통과 반찬을 실어 날랐고 합창단의 '밥 아줌마'로 수고를 하셨습니다. 민족고사랑회는 이 같은 소수의 몇 사람이 기울인 지극정성을 바탕으로 탄생하였습니다.

출판단의 결실

2005년 여름 출판사 '책이있는마을'에서 출판 제의가 있었습니다. 기획안은 '자녀를 민족사관고에 입학시켜 공부(졸업)하기까지 부모가 어떤 교육을 시켰는지 그 역할과 교육 방침을 기술하여 독자들에게 자녀교육에 새로운 패러다임을 만들자'는 것이었습니다.

민족고사랑회에서는 이 문제를 의논하기 위해 공지(公知)를 냈는데 20여 명의 회원들이 참여하였습니다. 장소는 강원도 원주시 신림면이었습니다. 신림은 중앙선 열차가 지나는 교통의 요지이기도 하고 민족사관고등학교에서 멀지 않은 치악산 자락이기도 했습니다. 이곳에 모인 20여 명의 회원들은 출판 제의가 적절한지 검토하고 민족사관고에 자식들을 보낸 경험이 우리 사회에 어떤 기여를 하게 될 것인지 면밀하게 검토한 결과 1박2일의 난상토론 끝에 출판에 적극 응한다는 방침을 세우고 출판단을 구성, 단장에 박종명(6기 변익주 어머니, 예일여자고등학교 교장) 씨를 선임하였습니다.

민족고사랑회 출판단은 곧 출판사의 요청을 자체적으로 검토한 결과 적절한 주제를 설정하고 원고 청탁을 하였습니다. 몇 달의 유예를 거쳐 수집된 원고를 교열하고 편집하는 과정의 어려움은 이 방면에 문외한이었던 어머니들에게 엄청난 고통과 수고를 안겨 주었습니다. 경기도 고양시 소재 출판사 편집실에서 몇 날 밤을 꼬박 새우기도 했습니다. 민족고사랑회 출판단은 당초 정했던 표제(表題)인 '부모로 산다는 것'을 주장했으나, 출판사 측에서는 책의 마케팅과 독자들의 취향을 고려하여 《민사고 부모들의 특별한 자녀교육법》으로 정하고 출판단의 양해하에 그 표제로 출간했습니다. 2005년 12월에 책이 나오자 서점가에서 스테디셀러로 정착하면서 '민족사관고등학교 교육'을 이해하는 길잡이의 하나가 되었습니다. 민족사관고 교육정신이 특정 고등학교의 울타리 안에 국한된 문제가 아니라 우리 사회 전

체가 영재교육에 목말라하는 현상을 체득하게 되었던 것입니다.

앞서 밝힌 대로 책의 인세(印稅)는 학교와 동문회, 사랑회 등에 지원을 하였으며 현재 충무관에 걸려 있는 대형 백두산 사진(天池)도 기증을 하였습니다.

민족고사랑회 출판단은 2014년 해단식과 함께 사명을 다하였습니다. 해단에 앞서 출판단은 《민사고 부모들의 특별한 자녀교육법》이 당초의 기획 의도와는 달리 민족사관고 교육을 상업화하게 될 우려가 있다는 자체 판단에 따라 앞으로는 출판사의 상업적 제의에 보다 신중하게 대처한다는 결론을 내리게 되었습니다. 작으나마 인세를 학교에 기부할 수 있었고, 그러한 선례를 따라 '민족사랑음악회'를 통하거나 '민사인의 밤' 등 다른 행사를 계기로 학교 발전기금을 모금하여 기부하게 되었던 것은 커다란 성과였습니다. 특히 출판단에 열정을 다하여 수고와 사랑을 쏟아주셨던 6기 변익주 아버지께 깊은 감사의 말씀을 올립니다.

《민사고 부모들의 특별한 자녀교육법》이 출간되자 언론 매체와 독자들이 비상한 관심을 보여주었고, 앞 다투어 우리 책을 소개하기도 했습니다. 다음은 《민사고 부모들의 특별한 자녀교육법》에 대한 일간지의 소개 글과 책의 목차입니다.

▶ 책 소개 (조선일보)

강하고 똑똑하고 바른 인재로 키우기 위해 애써온 민사고 부모들의 감동적 교육 다큐멘터리. 이 책은 인재양성학교인 민사고에 자녀를 보낸 부모들이 들려주는 교육에 관한 에세이로, 생생한 자녀 교육 시행착오와 성공기 등을 생생한 일화로 담아 부모가 된다는 것, 그리고 자녀의 성공이 부모에게 주는 의미 등을 짚어볼 수 있게 해준다.

또한 '아이와 한 편이 되어주어라', '공부 잘한다고 떠받들지 마라', '자식은 뜻으로 키워라', '때로는 회초리 교육도 필요하다' 등 부모가 아이와 함께 호흡하고 성장할 수 있는 바람직한 가정교육법과 아이의 잠재된 가능성을 열어주는 인재교육법 등을 통해 자녀교육에 관한 유익한 메시지를 전하고 있다.

▶ 저자 소개 (동아일보)

민족고사랑회

2003년 7월, 지도자를 양성하는 민족사관고등학교의 울타리가 되고자 만든 학부모들의 모임입니다. 아이들이 민족과 인류를 위하여 스스로 촛불이 되는 리더로 성장하기를 소망하는 그들은 오늘도 텃밭과 디딤돌 역할을 묵묵히 해내고 있습니다. 민족사관고등학교 졸업생들이 사회에 나가 제 몫을 다할 때까지 민족고사랑회의 보이지 않는 응원은 계속될 것입니다.

▶ 목차

1장 _ 부모는 복잡한 춤을 추어야 한다

    1. 부모는 복잡한 춤을 추어야 한다

    2. 자식은 뜻으로 키워라

    3. 의리를 아는 인간으로 키워라

    4. 아이에게는 도구가 필요하다

    5. 아이에게 지적인 자극을 주어라

    6. 사는 게 이런 것인가

2장 _ 아이들은 부모가 보지 않는 사이에도 자란다

    1. 허클베리핀에서 도올까지

    2. 아이들은 믿는 만큼 보답한다

    3. 공부에는 때가 없다

    4. 아이들은 부모가 보지 않는 사이에도 자란다

    5. 자식은 손님이다

    6. 하루 종일 게임만 해라

    7. 스스로 컨트롤할 기회를 주어라

3장 _ 아이와 한 편이 되어주어라

    1. 아이가 나를 키웠다

    2. 공부 잘한다고 떠받들지 마라

    3. 부모가 해줄 수 있는 것은 많지 않다

    4. 가끔은 딴 짓을 하도록 내버려둬라

    5. 아이의 말에 귀를 기울여라

    6. 아이에게 세상을 보여주어라

    7. 문이 없는 울타리는 감옥이다

4장 _ 커다란 질문

    1. 지금이 마지막이라고 생각하라

    2. 잔소리 안하기 게임

    3. 숨겨진 아이들의 세계

    4. 자식을 친구로 받아들여라

    5. 아주 특별한 여름방학

    6. 나 이제 크기로 했어요

5장 _ 넓은 세상으로 보내라

    1. 때로는 회초리 교육도 중요하다

2. 못해도 끝까지 한다

3. 스스로 통제하는 힘을 길러라

4. 넓은 세상으로 보내라

5. 우리가 오르지 못할 산은 없다

6. 자식과 부모는 기나긴 여행의 동반자다

▶ 내 아이 특별히 키우는 방법(칼럼)

[대전일보 2006. 01. 24 19:00:19]

평준화 교육과 수월성(秀越性) 교육은 대척점에 서 있다. 어떤 사람들은 '교육만이라도 평등해야 한다'고 주장하는 반면, 또 어떤 사람들은 '교육만은 평등할 수 없다'고 주장한다. 이 논쟁은 때로 교육철학을 넘어 가치관, 혹은 사상의 문제로 진화한다.

그렇지만 학부모의 입장에서 바라보면 문제 해결이 좀 쉽지 않을까? 평준화든, 수월성이든 아이가 특별한 재능을 발휘하는 분야를 키우고 싶은 욕심은 당연하다. 또 그렇게 할 수 있는 방법을 찾을 수만 있다면 무엇이든 할 준비가 되어 있다.

《평범한 10대, 수재로 키우기》(황금가지 刊)와《민사고 부모들의 특별한 자녀교육법》(책이있는마을 刊)은 자녀의 공부법을 제시한다는 점에서는 공통적이다. 하지만 방법은 다르다.

우선《평범한 10대, 수재로 키우기》의 저자인 옥스퍼드대 정미령 교수는 일반적인 자녀교육 지침서와 달리 아이의 지능과 재능은 오히려 10살 이후에 가장 잘 발달한다고 주장한다. 영재성은 타고나는 것이 아니라 10대 이후의 '시간 관리'가 수재 여부를 결정한다는 것. 이른바 정 교수의 독창적인 교육이론으로 불리는 '시간 관리법'이다.

정 교수의 주장은 이렇다. 교육 효과가 최대한 발휘될 수 있는 10대에는 '시간 관리'가 무엇보다 중요하다. 모두에게 똑같은 '시간 재산'을 그냥 흘려보내는 대신 지속적으로 목표를 향해 지적 활동을 하게 되면 잠재되었던 능력이 현실적이고 구체적인 능력으로 나타나게 된다. 적시에 잘하는 것, 하고 싶은 것을 발견하고 목표를 세워 시간을 조직적으로 관리하는 습관을 들이게 되면 누구나 수재가 될 수 있다.

《민사고 부모들의 특별한 자녀교육법》은 제목 그대로 민족사관고에 자녀를 보낸 부모들이 엮은 책이다. 민사고 부모들이 제시하는 자녀교육의 기본 원칙은 크게 7가지. ▲아이와 한 편이 되어주어라 ▲공부 잘한다고 떠받들지 마라 ▲자식은 뜻으로 키워라 ▲때로는 회초리 교육도 필요하다 ▲다양한 취미활동을 권장하라 ▲아이를 믿고 기다려라 ▲아이에게 세상을 보여주어라

수석 합격한 학생에게 공부하는 비결을 물으면 한결같은 대답이 나온다.

"학교수업과 교과서에 충실하고 충분한 휴식과 수면을 취했다."

언뜻 이런 대답을 연상시키는 원칙이지만 막상 민사고 부모들이 직접 겪은 경험담과 섞이면 얘기가 달라진다. 민사고 부모들에게 자녀교육은 '자기와의 싸움'이었다. 결국 그것은 민사고 부모들만의 경험이 아니라 현대를 살아가는 모든 부모들의 경험이다.

색안경만 끼고 보지 않는다면 이 2권의 책에서 소중한 교훈을 얻을 수도 있다. 벗어야 할 것은 색안경뿐만이 아니다. 혹시 자녀교육 때문에 이렇게 고민하고 전전긍긍하는 것이 '나 혼자뿐'일지도 모른다는 지독한 오해도 벗어야 한다.

▶ 추천사 (崔明在 : 학교법인 민족사관학원 설립자)

— 실증적 지혜와 피땀 어린 노력으로 일구어낸 새 교육의 지침서 —

'영재는 태어나는 것이 아니라 길러지는 것이다.'

이 말은 진실을 담고 있다. 영재는 우선 영재로 태어나야 한다. 인간은 태어날 때부터 똑같은 능력과 재능을 타고나는 것은 아니다. 아무리 수평적 획일적 평등의 가치를 내세우는 사람들도 이렇게 분명한 생물학적인 진실을 외면해서는 안 된다.

그러나 제아무리 훌륭한 재능을 타고났다 하더라도 (그 재능의 씨앗이) 배양되지 않으면 그 영재성은 가뭄에 말라죽는 식물처럼 고사(枯死)하고 만다. 반대로 물을 주고 적시에 영양을 공급하고 환경을 최적의 상태로 유지시켜 주면 탁월한 생명의 씨앗은 자신이 지닌 한계를 뛰어넘어 창조적인 폭발을 하게 된다. 이것이 영재교육을 실시하는 원초적인 이론의 바탕이다.

민족사관고등학교는 전국에서 영재들을 모아 그들의 영재성을 개발하고 증폭시켜 그 에너지를 민족과 국가 발전의 제단에 바치기 위해 만든 창의성교육의 산실이다. 이 학교의 영재교육이 가능하게 된 것은 전적으로 부모님들의 힘이었다. 특히 지난날 영재교육의 불모지였던 우리나라 교육 풍토 속에서 아들딸들의 재능을 갈고 닦아 더 높은 단계로 끌어 올린 부모님들의 놀라운 지혜와 노력이 없었다면 민족사관고등학교라는 매우 특별한 학교도 존재하지 않았을 것이고, 창의성교육이라는 새로운 교육의 지평도 열리지 못했을 것이다.

《민사고 부모들의 특별한 자녀교육법》은 제목 그대로 우리 아이들을 영재로 키우기 위한 아주 특별한 경험들을 진솔하게 엮어놓은 새로운 교육의 지침서이다. 아이와 부모가 고통과 좌절을 넘어 무한한 가능성의 미래를 향

하여 도약하는 모습은 인산 승리의 기록이기도 하다. 대부분 자식 잘 길러 성공한 부모들의 이야기가 제 자랑으로 일관하는 것과는 달리 이 책에서 우리는 소중한 경험과 지혜를 함께 나누려는 겸양과 뜨거운 사랑을 읽는다.

국적도 없고 철학적 바탕이 의심스러운 온갖 종류의 '교육 길잡이' 책들이 홍수처럼 범람하는 요즘 실증적 지혜와 피땀 어린 노력으로 새로운 교육의 방향을 제시한 이 책이야말로 자식 기르는 모든 부모들에게 권장할 가치가 있다고 생각하여 추천의 말을 쓴다.

- 2009년 원단.

지금까지 민족고사랑회 산하 조직인 출판단이 간행한 《민사고 부모들의 특별한 자녀교육법》 제하의 책을 소개하기 위해 목차와 추천사, 신문의 소개글에 이르기까지 많은 지면을 할애하여 인용했습니다. 그 까닭은 간단합니다. 이런 글들이 갖는 자료적 성격에 관심을 둔 것이 아니라 이 글들을 통해 민족사관고등학교 교육의 정체성에 접근할 수 있는 길이 보였기 때문입니다.

민족사관고등학교가 세상에 태어난 까닭은 관련 학자들이 연구할 문제입니다. 그러나 우리 학교를 구성하고 있는 요소들 중에는 여느 학교와는 다른 비중으로 학부모들이 존재해 온 것이 사실입니다. 바로 그 부모들이 민족고사랑회라는 이름으로 단체를 결성하고 학교를 떠받치는 기둥의 하나임을 자처해 왔습니다. 실제로 민족고사랑회는 출범 이후 지금까지 민족사관고를 형성하는 '학교 밖의 학교'로서 기능과 역할을 다해 왔습니다. 초기 결성 때의 취지인 '우리 아이들이 사회적으로 자립할 때까지', 즉 10년이라는 기한을 한정해 두었고 그 시한은 지났으나 '한번 가족은 영원한 KMLA 가족'이라는 취지 아래 우리 학교가 세계적인 위상을 찾을 때까지 관심과 사랑은 멈추지 않을 것입니다.

    필자는 민족고사랑회 발족과 함께 국내외에 흩어져 있는 학부모들의 소통처로 인터넷 온라인 다음카페를 만들어 운영해 왔습니다. 학교, 동문, 회원들 간의 정보와 소식 등을 전하고 있으며 현재까지 내려오는 카페와 밴드 주소는 아래와 같습니다.

카페명 : 민족고사랑회
카페주소 : http://cafe.daum.net/minjoksarang
카페지기 : 옹달샘 (jymy1227@hanmail.net)
밴드명 : 민족고사랑회. KMLA훼밀리
밴드주소 : http://www.band.us/#/band/hqum3ikt_i7f4l

/ 세 번째 이야기 /

민사고만의 아주 특별한
심신수련 소양교육

01 교육의 근간은 체육이다
성헌제 | 전 학생부장, 체육

02 만경도서관과 독서교육
김동명 | 사서교사

민사고에서는 체육 교육이 교육을 떠받치는 솥발처럼 튼튼하게 제자리를 잡아가고 있다.

01
교육의 근간은 체육이다

성헌제
전 학생부장, 체육

바람직한 교사상(教師像)을 찾아서

《민사고 10년사》 원고를 쓰느라 마음고생을 했던 때가 엊그제 같은데 어느새 《민사고 20년사》를 위한 새로운 원고를 쓴다고 생각하니 '민사고의 20년사'와 함께 '성헌제의 인생 20년사'가 오버랩되어 초조한 마음이 앞선다. 벌써 쉰을 바라보고 있는 시점이 되었다는 점이 조금은 우울하고 앞으로 남아있는 시간에 어떠한 삶을 살아야 할지 막막하기도 하고 두렵기도 하기 때문이다.

민사고가 고고의 성을 울리며 세상을 향하여 돛을 올리고 출범하던 때 체육교사로 이 학교에 부임하여 지금까지 살아온 20여 년의 시간을 문득 돌아보니 그저 앞만 보고 달려온 세월이었다. 주어진 업무, 학생, 그리고 성헌

제라는 이름의 삼각형 틀 속에서 고뇌하고 갈등하면서 용케도 버티어 온 시간이었다. 그 무엇이 이 긴 시간을 이 한곳에서 지키게 했는지 나는 잘 모르겠다. 성실, 노력 그리고 열정 이러한 단어들만으로는 교사로서 살아온 지금까지의 시간을 다 설명할 수는 없을 것이다. 길다면 긴 이 시간 동안 나를 잡아둔 그 무엇은 무엇일까 하는 의문이 생긴다. 이 글을 마쳤을 때 내 자신이 이 물음에 대한 조그만 힌트나 답을 찾았으면 하는 바람이 있다.

대학 조교에서 민사고 교사로

대학에서 조교를 하며 임용고시 준비를 하고 있던 1994년 가을쯤 각 신문 1면에 조금은 생소한, 3색 색깔로 조금은 현대적이지 않은 문구와 형태를 갖춘 교사초빙 광고가 나왔다. 고민 끝에 11월 말쯤 지원서를 제출하게 되었다. 예정된 일정에 따라 학교 설명회에도 참석했다. 장소는 서울 서초동에 있는 '예술의 전당' 내에 있는 한 전시실이었던 것으로 생각된다. 학교 설명회는 다분히 '민사고식'이었다. 더 정확하게 말하면 '최명재식'이었다. 저녁 이후 시작한 설명회는 밤 12시 30분경 끝났다. 그 사이에 많은 지원자들이 중간 간식시간 이후에 되돌아갔던 것으로 기억이 난다.

한눈에 봐도 180cm가 훨씬 넘는 키에 그 당시 환갑이 넘은 사람으로는 보기 어려울 정도로 강인한 체격에 부리부리한 눈매를 가진 분이 설명회를 이끌었다. 간식시간에는 설명회에 참석하였던 지원자들에게 그분이 직접 파스퇴르 우유와 햄버거를 나누어 주었다. 그리고 마지막까지 남아 설명회를 들은 사람들은 이름을 적고 가라고 직원들에게 이야기하는 모습이 학교 설립자이자 이사장인 최명재 회장(당시 파스퇴르유업 회장)과의 첫 만남이었다. 아마 그날 설립자님은 일부러 자정을 넘기면서 우리들의 인내심과 열정을 가늠해 보려고 했던 것인지도 몰랐다.

그날 많은 지원자들이 마지막 전철을 놓쳤다. 나 또한 전철을 놓쳐 중간에 택시를 타고 겨우 도봉동 처갓집으로 갔다. 아마 새벽 1시가 넘어 도착한 것으로 생각된다. 일반적으로 교사 모집을 광고로 대신하는 것은 그때나 지금이나 일반적인 일이다. 학교 설명회라고 해봤자 1~2시간이면 충분할 것이라 생각하고 참석한 지원자들에게 하나의 역발상을 제시한 첫 번째 표현이었다. 참석했던 많은 사람들이 "뭐야" "웃긴다"며 자리를 떴기 때문이다. 아마 모르긴 해도 설립자님은 그런 참석자들을 돌려보내고 마지막까지 남은 몇 사람과 흉금을 터놓고 얘기하고 싶었으리라.

원서 접수와 학교 설명회 후 꽤 긴 시간 동안 연락이 없었다. 12월 말까지 연락이 없어 마음속으로 '떨어졌구나' 하고 1995년을 맞이하였다(나중에 안 사실이었지만 이 기간 동안 초대 교장님(이규철)을 선발하였고 이렇게 선발된 교장님에 의해 면접 대상 교사를 선발하느라 시간이 지체되었다고 한다).

1995년 1월도 지나 2월에 구정을 지내고 연휴 지나 하루 늦게 수원 집으로 돌아오니 늦은 시간(오후 9시경)에 한 통의 전화가 걸려 왔다. 이규철 교장님의 전화였다. "내일 당장 면접을 보러 서울 중랑구 파스퇴르 지사로 09시까지 오라"는 내용이었다. 수원에서 서울 중랑구까지는 먼 거리다. 새벽부터 서둘러 준비를 했지만 9시가 조금 넘어서야 도착했다. 09시 30분부터 약 1시간 30분가량 면접을 보았다. 이규철 교장님 외 두 분의 일선학교 교장님들이 배석한 가운데 진행된 1차면담에서는 '태권도 수업의 적용방법'과 '학생지도'의 문제, '수월성 교육의 현장 적용 방법', 그리고 지원서 내용에 쓴 문구 하나 하나를 뜯어보며 일부 내용이 오타냐 아니냐 하는 문제까지 일일이 대답해야 했다. 그리고 2차 면접은 최명재 설립자님의 몫이었다. 나는 잔뜩 긴장하고 있으나 설립자님은 뜻밖에도 부드럽게 웃으시며 일

상적인 인사 말씀과 함께 "잘해 보자"면서 당시 귀했던 파카 만년필과 면접비를 별도로 챙겨 주었다.

면접을 마치고 집으로 돌아오는 3시간 동안 나는 설립자님으로부터 받은 면접비를 가지고 무엇을 할까 하는 생각에 사로잡혀 있었다. 결국 그 돈으로 집사람에게 화장품을 사서 선물했다. 1993년 11월 결혼하여 이듬해 3월까지 월급 한 푼 가져다주지 못했으며 1994년 3월 말 겨우 조교 월급 50만 원을 주었으니 쪼들리는 살림을 지탱하면서 화장품 하나 사 쓰지 못했던 시절이었다. 면접비는 10만 원이었다. 그것으로 국산 화장품 중 제법 고급품으로 한 세트를 사고도 몇 천원이 남았으므로 오랜만에 닭 한 마리와 칼국수를 사 먹었다.

면접 후 합격 통지가 오기까지는 2~3일밖에 걸리지 않았다. 그리고 면접날로부터 열흘 후에는 출근을 하게 됐다. 첫 출근 날짜는 2월 18일경으로 기억된다. 결혼 후 서울에 살다 수원으로 이사를 한 지 1년 만에 다시 서울로 출근을 했지만 그래도 '쥐꼬리 월급'의 대학 조교에서 제대로 된 직장에 출근한다는 자부심으로 한껏 부풀어 있었다. 오래된 학교가 아니라 황무지를 갈아엎어 전혀 새로운 학교를 만든다는 사실이 나를 한껏 고무시켰기 때문에 나는 수원에서 서울까지의 출퇴근이 멀다고 느끼지도 않았다.

1995년 2월 처음으로 모집한 교사는 총 10명이었다. 그중 1명은 첫 미팅 후 그만두었고, 또 한 명은 미팅에는 몇 번 참석했으나 강사(정식 채용 전의 기간제 교사)로 합류하지 않았다. 10명 중 8명의 교사(엄동일, 주호식, 엄세용, 송해영, 김영복, 김인환, 성헌제 그리고 교장님)로 우선 개교 준비작업을 시작했다. 개교 준비는 첫째, 교재 연구, 둘째, 학교의 이념 및 목표 설정, 학교 교육과정 운영에 대한 이해 및 팸플릿 제작 및 발송, 셋째, 신입생 확보를 위한 학교 설명회 개최, 그리고 강원도교육청으로부터 학교 설립 인가를 받기 위한 작업을 동시에 추진하게 되었다. 매일 산더미 같은 서류에 묻혀 살았으나 고달프다는 생각은 들지 않았다.

2월부터 7월 말까지 서울로 출근을 마치고 8월 달 강원도 횡성 파스퇴르 본사로 출근을 하게 되면서 수원에서 원주로 이사를 하게 되었다. 처음 2~3주 정도는 수원에서 횡성으로 매일 출퇴근을 하였다. 이때 여름휴가 기간이라 퇴근 시간이 장난이 아니었던 것으로 생각난다(당시의 영동고속도로는 왕복 2차선이어서 휴가철이나 단풍놀이철에는 주차장을 방불케 했다). 어떤 때는 휴게소에서 잠깐 잔다는 것이 새벽 2~3시까지 잠을 자는 바람에 집(수원)에 갔다가 바로 옷만 갈아입고 다시 출근한 적도 있었다.

이 기간 동안 여러 가지 일이 발생했다. 가장 견디기 어려웠던 것은 아무런 근거도 없이 떠도는 루머와 오해였다. 오해의 대표적인 것 중에는 '民族史觀'에 대한 것이 주종을 이루고 있었다. 대부분 사람들은 '민족사관'의 사관(史觀)을 사관(士官)으로 잘못 생각하여 오해를 일으켰다. '민족주의로 무장한 사관 후보를 양성하는 학교'로 오해한 것이었다. "지금이 어느 때냐. 해방된 지 반세기가 지났고 경제발전과 민주화를 이루었는데 시대착오적으로 극우단체와 같은 민족사관으로 뭘 어쩌자는 거냐" 하는 노골적인 비난도 있었다. 대개는 극우 보수주의자의 민족주의와 민족사관을 구분하지 못한 데서 빚어진 오해였다. "최명재가 통일교 돈으로 파스퇴르유업과 민사고를 지었다"는 루머는 최초 진앙지가 아마도 막연한 추측에서 시작됐겠지만 그것이 눈덩이처럼 굴러 우리 귀에까지 들어올 때는 이미 걷잡을 수 없을 정도로 그럴듯한 외양을 갖추고 있었다. 그 무렵 우리 사회에서는 기존의 상식으로 이해하기 어려울 정도로 '튀는' 사람이 나오면 으레 "저 사람 배후에 통일교가 있다"거나 "이순자(전두환의 부인) 돈으로 운영한다더라"는 루머가 꼬리표처럼 달라붙었다. 지금은 통일교가 도깨비 방망이가 아니

라는 것을 사람들은 안다. 그리나 그때만 해도 우리 사회는 "서놈 죽이자"는 내면적 합의가 이루어지면 어김없이 '통일교 관련설'이 나돌고 "이순자 돈이 들어갔다더라"는 루머로 둔갑했다. 이런 꼬리표가 붙은 개인이나 단체는 결국 망하거나 심하게 넘어졌다. 그러나 '천하의 최명재'는 이런 따위 루머에 굴복하거나 넘어지지 않았다. 그는 루머보다 큰 인물이었다.

신입생 선발

1995년 10월 이후부터는 본격적으로 신입생 선발에 힘을 쏟았다. 1기생 30명을 선발하기 위해 수많은 회의가 열렸다. 회의를 통해 구체적인 선발 계획이 정해졌다. 대표적인 것으로는 지역을 안배하여 균형을 맞춘다는 것이었다. 국, 영, 수 등 주요과목 교사들은 1주일 넘게 격리, 독립된 장소에서 시험출제를 했다. 그 외 과목의 교사들은 시험에 필요한 제반 사항을 담당하게 되었다. 나는 학생들의 원서 접수 및 정리, 그리고 내신성적 산출 및 시험성적 정리 등 신입생의 선발에 관련된 일을 맡게 되었다('96, '97년). 이때 설립자님은 나에게 잊을 수 없는 한마디를 하셨다. 어느 날 입학원서를 담당한 나에게 설립자님은 "입학원서는 밥 먹을 때나 화장실 갈 때도 가지고 다녀라"고 하셨다.

실제로 나는 화장실에 갈 때나, 식사시간, 출퇴근 시간에도 언제든지 입학원서철을 가지고 다녔다. 그리고 매일 저녁 설립자님께 그날의 성과를 보고 드렸다. 아마 전부는 생각나지 않지만 이때 파스퇴르유업의 사훈이 '철저한 확인, 끝없는 독려' 그리고 한 가지 더 있었던 것으로 생각나는데 기억이 잘 나지 않는다. 누군가 나의 이런 모습을 보고했다는 것을 나중에 다른 사람을 통해 이야기를 듣게 되었다. 설립자님은 스스로 강한 성격의 소유자였으나 주변에 함께 믿고 일을 맡길 사람이 필요했던 것 같다. 이렇게 선별

된 30명의 학생들은 이듬해 1월부터 예비교육을 하게 되었다.

1. 아침운동(심신수련)

심신의 균형적인 발전을 위한 아침운동

민족사관고등학교는 '인생은 마라톤 경주처럼 긴 과정이며 특히 학문을 제대로 연구하기 위해서는 체력이 자산'이라는 교육적 이유로 특히 체육 수업을 중요시해 왔다. 하루를 시작하는 아침 첫 시간에 집중력을 기르기 위한 다양한 수련 방법이 실시되었는데, 이로 인하여 민사고의 체육은 아침에 행하는 심신수련 운동과 정규 교육과정인 체육 수업으로 양분하여 실시해 왔다.

'지도자에게 필요한 덕목 중의 하나는 강인한 심신의 발전'이란 모토로 개교와 동시에 시작된 활동이 아침운동이었다. 아침운동은 1996년 개교와 함께 시작되어 현재까지 흔들림 없이 유지되고 있는 민사고의 대표적인 활동이다. 그런데 지난밤 늦게까지 공부하고 새벽녘에 잠이 들었던 일부 학생들에게는 따라 하기 힘든 과정이기도 했다.

아침운동인 심신수련의 목적은 '심신의 균형적인 발전', 그리고 '학습의 집중력 배양'이라는 목표와 더불어 자칫 식욕을 잃고 아침을 거르기 쉬운 학생들에게 아침식사를 제대로 하게 하여 충분한 영양을 공급코자 하는 목적으로 시행되어 왔다.

체육관이 지어지기 전, 즉 개교해인 1996년에는 주로 활동성보다 집중력을 강화하는 종목을 선택하여 실내의 좁은 공간에서 시행 가능한 참선(한영호 선생), 서예(고태잠, 강영구 선생)와 실외활동인 국궁(조석준 선생)을

함께 실시하되 주 5일 중 하루씩 번갈아 하는 형태의 수업이 이루어졌다. 매년 2월에 시작하여 12월까지 11개월에 걸쳐 진행되었으며, 운동시간 또한 아침 6시 30분에서 7시 20분까지 50분간 아주 타이트하게 이루어졌다.

2기생의 입학과 동시에 현재의 체육관이 완공되면서 아침운동의 형태는 활동중심으로 바뀌게 되어 지금까지 유지해 오고 있다. 1997년 2기생이 입학하면서부터 전교 학생 약 50여 명과 전체 교사가 참가(2~4월 약 3개월 정도 의무 참석)하는 기체조를 실시했다. 기체조는 이후 약 10개월 정도 지속되다가 그해(1997년) 말경 단학선원의 원진희 선생이 부임하면서 단학 기수련으로 바뀌었다. 아침운동은 해당 분야의 특수성 때문에 담당교사가 바뀔 경우 수련 종목도 변화하는 것은 불가피한 현상이었다.

1998년부터 1999년 전반기까지 원진희 선생이 전교생을 대상으로 아침운동을 진행했다. 이어서 1999년 후반기부터 2001년까지는 태극기공의 민정암 선생이 학생들을 대상으로 태극기공을 지도했다. 이 시기에는 아침운동에 몇 가지 변화를 가져오게 되었다. 학생 증가로 인한 식사시간의 문제, 체육활동 시간의 증가 등으로 아침운동 시간이 50분에서 30분 정도로 줄어들었다. 2000년부터 종목(검도, 태권도, 태극기공)이 증가하게 되면서 학생들이 아침운동을 선택하여 실시하게 되었다. 또 2000년 중반부터는 열악한 기후조건으로 인하여 아픈 학생들이 늘어나면서 아침운동을 매년 3월부터 11월까지만 실시하게 되었다.

2002년부터 아침운동은 본교의 체육교사가 진행하고 있다. 또 학년별로 선택종목을 달리하여 선택하도록 했다. 예를 들어 1학년은 검도(김명순, 전용일 선생)와 태권도(성헌제 선생) 중 택일토록 했으며(현재까지), 2학년은 명상(곽노재 선생)과 조깅(정미라 선생) 중에서 택일토록 했고 3학년은 간단한 체조(새천년 건강체조 – 사감선생님 지도하에 실시)만 하도록 했다. 2002년부터 2011년까지는 3학년의 경우 아침운동에서 제외시키기도 했다.

아침운동의 종목 변화는 집중적으로 아침운동을 실시하는 학년인 2학년에서 이루어지는 경우가 많았다. 2014년부터 지금까지 2학년을 대상으로 국궁이 아침운동으로 선택되어 2014년 7월까지는 변동규 선생이 지도하였고 그때 이후 지금까지는 이상길 선생이 지도하고 있다.

연도별 아침운동 종목과 담당 교사

연도	종목	담당 교사
1996	국궁	조석준, 강양구, 고태잠, 한영호
1997	기, 단학기공	김진홍, 원진희
1998	단학기공	원진희
1999	단학기공 / 태극기공	원진희, 민정암
2000	태극기공 / 검도, 태권도	민정암, 김명순, 성헌제
2001	기공, 검도, 태권도	민정암, 김명순, 성헌제
2002~2013	검도, 태권도, 조깅	김명순, 전용일, 성헌제, 곽노재, 정미라
2014/1학기	검도, 태권도, 조깅, 국궁	김명순, 전용일, 성헌제, 곽노재, 정미라, 변동규
2004/2학기~	검도, 태권도, 조깅, 국궁	김명순, 전용일, 성헌제, 곽노재, 정미라, 이상길

2015년 5월 현재 실시 중인 아침운동

구분	종목				담당 교사
	검도	태권도	조깅 / 국궁	새천년체조	
1학년	O	O			김명순, 전용일 / 성헌제
2학년			O / O		곽노재, 정미라 / 이상길
3학년			O / O	O	이상길 / 김대기(사감)

2. 체육 수업(정규교과)

1기생 교육(1996년)

대도시, 중소도시, 읍 면 단위 이렇게 구분하여 선발한 30명의 제1기 신입생에 대하여 1996년 1월부터 예비교육을 시작했다. 민족교육관, 기숙사, 충무관이 완공된 상태에서 시작된 예비교육은 새벽부터 밤늦은 시간까지 계속됐다. 밖에는 운동장 공사와 다산관 터 고르기 등 각종 체육시설 공사가 함께 이루어지고 있어 덕고산 산록은 어수선했다. 그러나 그 어수선함은 미래의 청사진을 실현하려는 역동성 속에 묻혔다. 개교식을 겸한 제1기 입학식은 민족교육관에서 이루어졌다. 이 시기에는 매번 시험을 보아 1등한 학생이 학생회장을 맡았다. 앉는 자리(좌석)도 1등부터 30등까지 차등을 두어 앉게 했다. 설립자님의 교육 방식은 철저하게 경쟁을 통한 학업 성취를 유도하는 방식이었다. 이런 교육방식에 불만을 품은 선생님과 학생은 스스로 학교를 떠났으나 결국 인간 사회는 경쟁이 본질이라는 것을 설립자님은 꿰뚫어보고 있었던 것 같다.

이와 더불어 매주 학부모 회의를 하게 되었다. 회의는 토요일에 시작하여 밤을 꼬박 새우고 일요일 새벽까지 진행된 적도 있었다. 아마 1996년도의 수업일수는 365일 중 320일 이상이었던 것 같다. 이때 학교는 모의고사 성적을 문과는 대원외고 상위 30%, 이과는 서울과학고 상위 30% 학생들에게 목표를 두고 비교했다. 그 결과 평균 99.95~99.97 수준의 성적을 얻었으며, 가끔 모의고사 전국 1등 학생들이 나오기도 했다. 이렇게 첫 해의 공부를 시작한 30명의 학생들은 졸업 7명, 수료 4명(카이스트 진학) 등 총 11명이 졸업을 하게 되었고, 나머지 19명은 자퇴 또는 전학을 가게 되었다.

이때의 체육 수업은 공사로 어수선한 주변 환경 때문에 주로 실내나 조

그만 공터에서 이루어졌다. 주로 태권도(충무관 현관, 2층 국기게양대, 관리동)와 축구(다산관 부지)를 했고 나머지 종목들은 가까이 있는 덕천초등학교를 이용하여 수업을 했다. 장소가 여의치 못할 때는 이론수업으로 대체했다. 1996년 겨울 2학기 말쯤에 윤민영 선생이 충원되면서 겨울 스포츠인 스키활동이 시작되었다. 가까운 곳에 용평스키장과 성우리조트가 있어 겨울 스포츠는 학생이나 교직원 모두에게 활력을 불어넣었다. '제1회 이사장배 스키대회'가 성우리조트(현재의 웰리힐리파크)에서 실시되었다.

2기생 교육(1997년)

본교는 처음 남학생만으로 시작했다. 원래 목표 또한 남자 고등학교였다. 여자 고등학교는 필요에 따라 설립하되 교명을 사임당여자고등학교로 지어놓고 있었는데 교육법령과 학부모들의 제안 등으로 계획을 바꾸어 제2기부터 여학생을 선발하게 되었다. 남자학교에서 여학생을 뽑아 남녀공학이 되면 단순히 '여학생을 함께 공부시킨다'는 차원을 넘어 커리큘럼에서 기숙사 문제에 이르기까지 여러 가지 복잡한 문제가 생기게 되어 있었다. 시설과 학습 지도에도 변화가 왔다. 2기생은 38명을 뽑았는데 이 중 4명이 여학생이었다.

이때 체육 수업은 운동장에서 육상 허들과 높이뛰기 그리고 야구와 태권도를 위주로 수업을 진행했다. 이 시기에는 전체 교사와 전체 학생이 이른 아침에 국궁을 배우기 시작했다. 국궁의 지도강사로 횡성 태풍정 사두였던 조석준 선생이 초빙되었다.

2기부터는 신입생 선발 시험에 4km 달리기가 들어 있었다. 체육시설은 하루가 다르게 보완되었고 그에 따라 체육 수업 내용도 다양해졌다. 이때부터 학생들은 본교에서 실시할 수 있는 체육종목 안에서 원하는 종목을 학생

들 스스로 선택할 수 있게 되었다. 상황(날씨, 기온, 교육과정 등등)에 따라 월별, 또는 계절별 수업을 자유롭게 실시하였으며, 때로는 학생들이 동의할 경우 1, 2학년 합반 수업도 추진했다.

체육 수업은 주당 4~5일씩 일정한 시간(주로 오후, 7~8교시)에 실시되었다. 1997년 우리 학교에서 처음으로 외부에서 열리는 국궁대회(태릉 육사에서 시행되었으며 제1회 국방부 장관기 대회 - 이후 육군 참모총장기 국궁대회로 변경됨)에 참가했다. 참가 첫 해에는 성적이 좋지 않았으나 1998년부터 꽤 우수한 성적을 거두게 되었다. 이 대회를 계기로 교내에 국궁 동아리가 만들어져 지금까지 활동해 오고 있다. 이 당시의 각종 체육행사는 아래 표와 같다.

1997년도 1학기 수업

인원 : 49명(1학년 : 38명 / 2학년 : 11명)

시간 일자	제1일차	제2일차	제4일차	제6일차
16:40-18:10	체육활동			
내용	국궁 : 17명, 배드민턴 : 12명, 농구 : 11명, 헬스 : 5명, 탁구 : 4명			

각종 체육행사(교사 체육대회 포함)

순번	항목	실시시기	세부사항
1	체육대회	연중 1회 10월	• 민속경기 (씨름, 국궁, 그네뛰기, 널뛰기, 줄다리기) • 체육대회 (축구, 농구, 배구, 육상, 100m, 4km오래달리기)
2	교사 체육대회	10월	• 배드민턴, 테니스, 바둑

3기생 입학과 파스퇴르유업 부도(1998년)

학교의 모습과 교육과정의 정착화가 이루어지려 할 때 커다란 시련이 닥쳐왔다. 학교의 모든 교사들과 학생들 모두 상상도 하지 못했던 파스퇴르유업의 부도가 일어났던 것이다. 구정 연휴가 지난 직후였던 때로 기억된다. 연휴가 끝나고 학교로 출근하자 교장님으로부터 "파스퇴르유업이 부도났으니 3기생 입학 후 모든 학생들을 전학시켜야 된다"라는 청천벽력 같은 말을 들었다. 이미 모든 학부모들에게는 사태를 알리는 편지가 발송된 후였다. 교사들은 새로운 일터를 찾아 흩어져야 할 신세였다.

이런 절체절명의 상황에서 모두 낙심해 있을 때 학부모님 중 한 분이 사태를 헤쳐 나가기로 작정하고 앞을 섰다. 그분은 서울의 중심인 광화문 거리에서 "학교를 도와 달라"는 호소문을 유인물로 작성하여 시민들에게 나누어 주었다. 이를 본 교사들이 "이 학교는 지킬 가치가 있는 학교이며 우리가 지켜야 한다"는 각오로 뭉쳤다. 교사들은 "학교가 정상화될 때까지 무임금으로 학생을 지도하겠다"고 뜻을 모았다. 또한 학생들은(1, 2, 3기) 앞을 예측하지 못하는 불안한 상황인데도 한 명도 전학을 가지 않고 학교를 지켰다. 학생, 교사, 학부모가 힘을 다하여 '학교를 지키기로' 뜻을 모으니 학교는 쓰러지려야 쓰러질 수 없었다.

한편 학교의 모기업인 파스퇴르유업(주)은 1987년 창업한 이래 국내 최초로 저온살균우유를 생산, 시판하면서 '진짜 우유' 논쟁을 유발하는 등 공격적인 마케팅으로 해마다 2배씩 매출이 신장하여 식품산업에 신선한 충격을 주었으나 설립 10년 만인 1997년 하반기에 밀어닥친 금융위기(IMF 사태)로 나라 경제가 가라앉자 소비층인 중산층의 몰락으로 구매력이 저하되고 민족사관고등학교 설립에 투자된 자금의 경색으로 끝내 부도를 피할 수 없게 되었다. 사태가 여기에 이르자 경영주인 최명재 회장은 살고 있던 아

파트를 비롯한 주식 등 전 재산을 종업원들에게 내놓고 분당의 작은 월세 아파트를 얻어 칩거하였는데 그 와중에도 "기업은 잃어도 학교는 살려야 한다"는 강한 집념을 보였다.

이후 범국가적 차원에서 기업의 연쇄 파산을 막기 위한 노력을 하는 가운데 파스퇴르유업은 춘천지법의 결정에 따라 금융채무를 한시적으로 유보하는 이른바 '화의 결정'을 받아내고 채권단은 최 회장의 경영 복귀를 종용하여 최 회장이 다시 파스퇴르유업의 경영 일선으로 복귀하였다. 그와 함께 민사고도 설립 당초와는 크게 방향을 선회하여 발전의 새로운 기회를 맞게 되었다. 우선 지난 2년 동안 신입생 전원을 장학생으로 모집하여 무료로 공부시켰던 것을 학부모들의 협의에 따라 유료로 전환하였다. 이로써 몇 개월 동안 지급되지 않았던 교사 월급 또한 기초 생활비 명목으로 지급되기 시작하여 2학기에 들어서서는 학교가 완전히 정상화의 길을 걷게 되었다. 한편 체육 수업은 1996년과 1997년의 형식을 벗어나 학교의 건학이념과 잘 갖추어진 체육시설을 최대한 활용할 수 있도록 프로그램화되었다.

'비온 뒤에 땅이 굳어진다'는 속담처럼 모기업의 부도 충격에서 살아남은 학교는 새로운 방법의 모색으로 탈출구를 찾게 되었다. 아마 이 시점이 국내에서 처음으로 미국 대학이나 영국 대학으로 바로 진학할 수 있는 방법을 찾아 학교의 사활이 걸린 모험이 시작된 시기로 기억된다. 학생들은 일단 국내 대학을 목표로 공부를 하면서도 해외 대학 진학을 위한 과목의 시험을 치기 위하여 토플과 SAT 1, 2 준비를 시작했다. 체육 수업 또한 이렇게 변모하는 모습에 맞추어 새로운 형태의 수업조직이 필요하게 되었다. 고등학교 체육 교육과정에 관한 적극적인 이해를 바탕으로 일반학교와 다른 형태의 수업을 모색하게 되었다. '그중 가장 특색 있는 것은 무엇일까?'라는 고민 속에 가장 한국적이면서 선인들의 뜻을 이어받을 수 있는 것을 꼽아본다면 국궁과 같은 민족 고유의 스포츠와 학생들이 앞으로 각계각층의 지도자가 되었을 때 가장 유용하게 사용될 수 있는 종목, 즉 골프를 필수로 선택했다. 장차 해외의 대학으로 진학할 경우 해당 대학과 연관되는 종목을 발굴하여 익히는 한편으로 일반 대회에도 참가할 수 있는 길을 모색하고 그런 점을 적극 활용하여 교육과정을 짰다. 수업시간은 재학생(2, 3학년)의 경우 주 3일, 신입생은 주 6일의 체육 수업을 실시하였다. 종목은 1997년도와 동일하게 운영했다. 이와 더불어 학생들은 여름에는 래프팅 및 해양훈련을, 겨울에는 스키를, 봄가을로는 산행과 캠핑, 래프팅 활동을 시작했으며 봄에는 체육대회, 가을에는 3세대(할아버지와 손자 세대가 함께 참여하는) 민속체육대회가 시작되었다. 이렇게 생활과 체육, 진학과 체육을 일체화시키려는 노력을 게을리 하지 않았다.

1999년의 체육 교육(4기)

학교법인의 중심인 파스퇴르유업의 부도로 인한 학교의 어려움과 변화를 뒤로하고 새로운 형태(무상교육 → 유상교육)의 교육을 시작한 지 2년째에 접어들게 되었다. 학생들의 선발 또한 50명 이내(1, 2, 3기)에서 50명을 넘게 선발하게 되었다. 특기할 만한 것은 교육부로부터 정식으로 국제계열 인가를 받게 되었으며, 국제계열에 관한 교과를 내실 있게 지도할 수 있는 법적인 인정을 받았다는 점이었다. 이와 더불어 영어상용정책(EOP)과 3단계 수업의 기틀을 확립하여 교육과정 속에 적용시켰으며, 학생들의 미국 대학 탐방 형식의 비전트립(vision trip)이 실시되었다. 일반학교의 수학여행을 민사고답게 변화시켜 학생들로 하여금 미국의 유명 대학을 직접 보고 듣고 경험해 볼 수 있도록 한 것이 비전트립이었다.

1999년의 체육 수업은 1997년도 이후 정착된 수업 형태에 맞추어 전 교사가 체육시간에 어느 한 종목을 담당하게 하는 시스템으로 바뀌어졌다. 체육 수업은 매일 7~8교시에 실시되었으며, 국궁과 골프는 체육교사가 담당하고 그 외의 개인 종목 및 단체 종목은 일반교과 교사가 담당하게 하는 시스템이었다. 당시 교과(종목)를 담당해 주신 분은 축구 - 고문수/김창환, 테니스 - 박광렬(고), 배드민턴 - 박관수/오연중, 탁구 - 나종욱/박보경, 농구 - 이주문 선생님들이 협조를 해주셨다. 체육과에는 이와 더불어 근 3년 동안 같이 근무했던 윤민영 선생님이 개인적인 사정으로 사직을 하게 되었으며, 후임으로 곽노재 선생님이 새로 부임하게 되었다.

2000년의 체육 교육(5기)

졸업생 중 몇몇의 학생들이 처음으로 고교 졸업 후 직접 미국 대학에 진학을 하게 되었다. 이를 계기로 학교는 미국 명문대학 진학을 목표로 하여 대부분의 교과에서 영어수업 실시 및 시험을 영어로 출제하도록 권장하는 등 학교 교육의 목표가 글로벌화하는 방향으로 달라지기 시작했다. 이와 더불어 교육과정을 국제계열과 민족계열로 구분하는 두 가지 트랙으로 실시하기 시작했다. 그와 함께 민사고의 교육성과에 대한 한국 사회의 관심이 한층 뜨거워졌고, 학교의 이름도 국내외에 널리 알려지게 되었다.

이해 신입생의 수가 100명에 가까운 99명이나 되었다. 이들은 현재 사용하고 있는 생활교육관이 완공되었기 때문에 처음으로 새 기숙사 건물에 입주하게 되었다. 선생님들 중 원주나 학교에서 사는 분들 중 층마다 맨 끝방을 사용하되 자연스럽게 층별 사감의 역할을 다하도록 했다.

밀레니엄의 시작인 2000년대는 본교 체육의 '제2의 부활'을 꿈꾸는 시기로 설정했다. 학교의 체육시설은 1999년부터 시작된 새로운 체육 시설 공사(인조잔디 야구장, 테니스 코트 8면, 야외 우레탄 농구장 2면, 우레탄 배구장 2면, 족구장)가 완공되었다. 이러한 시설의 완공은 '민족사관 체육고등학교'라 명명되어도 전혀 이상할 것이 없는, 명실공히 우리나라 최고의 시설을 갖추게 되었다. 이와 더불어 수업 형태에서도 이전과는 판이하게 다른 체육 수업이 진행되게 되었다.

첫째, 민족계열과 국제계열의 수업형태가 달라지기 시작했으며, 국제계열 학생들은 민족계열 학생들보다 다양한 체육활동을 하게 되었다.

둘째, 1997년부터 선발된 여학생들은 2000년도에 들어오면서 그 수가 점차 증가하게 되었으며, 여학생들을 위한 체육 교육에 대한 변화를 모색하게 되었다. 이에 5월 학교에서는 체육과 여교사(에어로빅, 댄스스포츠 담당) 충원이 이루어졌으며, 이때 선발된 교사가 정미라 선생님이다. 정미라 선생님의 충원은 여학생들에게 보다 다양한 운동 종목을 선택할 기회가 되었으며, 체육시간에 여학생들의 의견을 보다 자연스럽게 개진할 수 있는 출구가 열리게 되었다.

셋째, 이 시기를 기점으로 전체(1, 2, 3학년) 통합 수업에서 학년별 체육 수업으로 변화되어 실시되었다.

넷째, 김명순 선생님이 아침 기(검도) 강사로 본교에 출강하게 되었다.

2001년의 학교와 체육(6기)

2년 연속 10여 명의 학생들이 미국 아이비리그(Ivy League) 대학의 진학과 함께 영국의 옥스퍼드대학 입학의 성과를 내게 되었다. 이러한 결과는 다시금 본교가 한국 교육을 선두에서 이끄는 학교로 위상을 높이는 계기가 되었다. 따라서 많은 방송과 신문이 경쟁하듯 본교를 취재하여 보도하는 바람에 본교 교육의 특색이 왜곡되는 부작용도 있었다. 일본을 비롯한 외국 언

론들이 관심을 보이고 독려하는 가운데 해외 각국이 본교를 벤치마킹하여 서둘러 수월성 영재교육을 실시하는 아시아 국가도 있었다. 본교의 교육도 외국의 명문대학 진학에 맞도록 교육과정을 변화시킨 결과 국제계열 학생들이 국내계열보다 수적으로 많아지게 되었다. 따라서 본교의 정체성에 관한 내적 고뇌와 함께 국내반 존속의 유무를 고민할 정도로 본교 교육이 글로벌화하는 경향을 보이게 되었다.

학교 밖으로부터의 변화의 바람도 거세게 불었다. 이른바 '제7차 교육과정'이 나왔다. 나는 2001년 1학기 말부터 교무 제1과장(현재의 교무부장)으로 옮겨 2003년 11월까지 교무부장 역할을 하며 제7차 교육과정을 어떻게 운영할 것인지에 대한 전반적인 대책을 수립했다. 그리고 수월성 영재교육의 이론 확립을 위한 노력은 계속 이어졌다. 교육부가 민사고를 자립형 사립고등학교 시범 운영학교로 지정한 것은 당연한 일이기는 했지만 자립형 사립고등학교의 제도화가 오로지 본교에 달렸다는 자부심을 갖게 된 것은 다행한 일이었다. 한편 해외 대학 진학에 대한 관심이 뜨거워짐에 따라 민사고 국제반에 거는 기대도 그만큼 커지고 있는 사실을 반영하여 국제 진학을 담당하는 전문 교사(김명수)를 충원하였다.

체육 수업은 국궁과 골프(1학년 필수), 댄스스포츠(2학년 필수) 그리고 3학년의 경우 테니스와 댄스스포츠 선택으로 이루어졌다. 수업은 2시간 연속으로 진행되었다. 학생들의 활동량을 높이기 위해 운동장 5바퀴(2km) 달리기 후 각 종목으로 흩어져 수업을 진행하였다. 1, 2학년의 경우 주당 1시간씩 학생 자율 선택에 의한 선호 종목의 수업을 실시하였다. 2001년 4월 1일 김명순 선생님이 본교 체육교사로 정식 근무를 시작하게 되었다.

2001년 체육 수업 운영

내용		요일	월	화	수	목	금	토	계
수업시간	1학년	자연		3, 4		4			3
		인문·국제			3, 4			4	3
	2학년	일반	4		7, 8				3
		KAIST	7, 8	7, 8	7, 8	7, 8	7, 8		10
	3학년	전체					8		1
	총시수		3	4	6	3	3	1	20
특별수업		아침 기상 후 태극기공, 검도, 태권도 수업							
지도내용		1학년 종목 및 지도교사 – 국궁, 배드민턴(성헌제) / 탁구(정미라) / 골프, 테니스, 축구(곽노재)							
		2학년 종목 및 지도교사 – 배드민턴, 국궁(성헌제) / 댄스스포츠 (정미라) / 테니스, 축구(곽노재)							
		3학년 종목 및 지도교사 – 테니스(곽노재) / 댄스스포츠(정미라)							

본교의 체육 수업은 순수한 아마추어리즘의 테두리 안에서 이루어졌으나 강원도 도민체전(제36회 횡성군에서 실시됨)에 출전하게 되자 참가 학생들은 물론, 학교 전체가 응원하고 좋은 결과를 기대하는 분위기였다. 도민체전에는 6개 종목 총 40여 명이 처녀 출전하게 되었으며, 여러 종목에서 입상하는 등 실력을 인정받는 쾌거를 이루었다. 당시 참가했던 종목과 참가자의 학년별 인원은 다음과 같다.

학년별 출전 인원

구분	야구	수영 및 수중	검도	여자테니스	여자마라톤	합계
1학년	4	2	1	2		9
2학년	10	3(여 1)	3	3	1	20
3학년	4	3(여 3)	3	1		11
계	18	8	7	6	1	40

여학생 비율

구분	수영 및 수중	여자테니스	여자마라톤	합계
1학년		2		2
2학년	1	3	1	5
3학년	3	1		4
계	4	6	1	11

참가 결과는 야구 고등부 1위, 검도 2위, 여자테니스 단체전 3위, 수구 3위, 수중의 경우 금메달 2개, 은메달 3개, 동메달 6개를 수상하여 횡성군이 강원도 2부(군지역) 1위를 하는 데 중요한 역할을 하게 되었다.

강원도 도민체전은 2001년부터 참가하기 시작하여 회가 거듭할수록 종목도 태권도, 육상, 탁구, 승마, 복싱 등 여러 종목으로 확대되었다. 최근에는 검도, 남·여 농구, 남·여 배구, 승마, 야구, 수영, 수중, 수구 등에 약 100명의 본교 재학생들이 매년 참가하고 있다.

2002~2003년의 체육 교육(7~8기)

이 시기 나는 교무제1과장(교무부장)의 직책을 맡아 제7차 교육과정 운영과 국내, 국제계열의 교과 운영에 대한 연구 및 학교 적용에 힘썼던 시기였다. 교육과정이 현재와 같이 분화를 거듭하게 된 초석을 마련했다. 6차에서 7차로 변모하는 교육과정의 정착과 교사 교육에 많은 노력을 기울였다. 일반학교의 교무부장처럼 직접 시간표를 짜는 수업계의 역할도 맡았다. 그리고 학생법정에서의 판결에 따라 아이들 종아리를 회초리로 때리는 악역을 맡기도 했다. 업무가 과중하여 고달프기는 했으나 학교의 모든 부서의 일을 두루 관장해 보는 좋은 기회였다.

체육교사 본연의 직무도 게을리 하지 않았다. 2003년 9월, 제4대 최명재

(설립자) 교장선생님이 사고로 몸이 불편하여 사임하고 제5대 이돈희 교장선생님이 부임하였다. 이돈희 교장선생님의 부임 이후 민사고 교육은 많은 면에서 변화하였다. 그중에서 두드러진 변화는 2004학년도 신입생부터 통합계열(무계열)로 학생을 모집하고 선발한 점이었다. 그 이전(2003년)부터 사실상 국내계열 인원이 2~3명으로 감축되어 더 이상 계열화하는 것이 무의미해진 탓도 있었다. 어쨌든 이돈희 교장선생님이 민사고 교육의 수장을 맡아 온 것은 민사고 교육이 초기의 정체성 확립 단계를 지나 중기의 발전을 위한 변곡점(變曲點)이 되었다.

체육 수업은 제7차 교육과정에 맞추어 좀 더 학생의 관점에서 체육교과를 운영하는 방법을 모색하고 그 같은 방향에서 개선하였다. 그 결과 현재 실시하고 있는 체육 교육 운영의 기틀이 마련되었다. 또 김명순 선생님이 본교 체육 교사로 정식 충원되면서 본교 체육교사가 4명의 체재로 굳어지게 되었다.

체육과 수업 운영 및 민족·국제계열 학년별 담당과목, 그리고 교육과정 운영 모형은 아래 표와 같다(참고로 이 시기를 기점으로 체육 수업은 학년별 주당 2시간의 수업체재로 운영되었다).

2003학년도 체육과 수업 운영

계열	학년	구분	종목	시수(주당)
민족	1	필수	국궁, 테니스(골프)	2
	2	필수	야구(남), 댄스스포츠(여)	2
	3	선택	배드민턴, 테니스, 탁구, 농구	2
국제	1	선택	국궁, 축구, 검도, 소프트볼	2
	2	선택	태권도, 골프, 검도, 소프트볼(여)	2
	3	필수	댄스스포츠	2
담당교사			성헌제 : 국궁, 태권도, 배드민턴 곽노재 : 테니스, 골프, 축구 정미라 : 댄스스포츠, 탁구, 소프트볼 김명순 : 검도, 야구, 농구	

민족계열 학년별 담당과목

학년	수업 방식
1학년	국궁 / 골프 - 필수
2학년	댄스스포츠(여) - 필수 / 야구(남) - 필수
3학년	배드민턴, 테니스, 탁구, 농구 중 택일

국제계열 학년별 담당과목

학년	수업 방식	방안
1학년	국궁, 검도, 축구, 소프트볼 중 택일	
2학년	태권도, 검도, 골프(테니스), 소프트볼 중 택일	
3학년	댄스스포츠 - 필수	남·여 공히

체육과 교육과정 운영(3단계) 모형

개념설명 및 모델링	-	반복적인 동작의 연습 및 시합	-	동작 또는 시합분석 (비디오)

2004~2007년 체육 교육의 변화와 발전(9~12기)

교육적 측면에서는 이돈희 교장선생님의 교육철학이 구현되어 여러 변화가 일어나고, 학교 조직의 측면에서는 학교의 자립을 위한 구조적 변경이 일어났던 때였다. '화의 상태'에서도 학교를 위한 투자를 지속해 왔던 모기업 파스퇴르유업은 부도의 내상(內傷)을 극복하지 못하고 끝내 유가공기업인 한국야쿠르트에 매각되었다. 이제 학교는 재정적으로도 자립하여 홀로 서는 방향을 모색하지 않을 수 없게 되었다. 재정 자립책의 일환으로 학교는 2004년부터 학생 인원을 150명으로 늘리게 되었고 방학을 이용한 초, 중학생 대상의 영어캠프(GLPS), 토론캠프(GISS)를 시작하게 되었다. 이러한 변화는 학생들에게 방학기간의 증가와 수업일수의 축소를 가져왔고 교사에게는 방학을 이용한 새로운 학생들(초, 중학교 학생들)을 대상으로 하는 프로그램 개발 및 운영이라는 업무가 주어지게 되었다. 이와 더불어 덕고 장학생의 선발 및 교육, 그리고 개교 후 근 10년간 이어져 왔던 오수(午睡 : siesta)가 없어지고 일과표가 조정되었다.

학교의 교육과정은 '제7차 교육과정'에서 '2007 교육과정'으로 변화를 모색했다. 학생법정은 회초리로 체벌을 주던 제도를 없애고 대신 과오를 범할 때마다 벌점(차후에 그린 마일리제로 일선학교에 전파됨)을 매겨 일정량 이상의 벌점을 받게 되면 〈명심보감〉 필사(筆寫), 정학, 최고 퇴학까지 다양한 벌을 가하는 방식으로 변화하였다. 수업 방식도 바뀌었다. 주당 수업시간에서 학생들이 자유롭게 이용할 수 있는 일정시간을 확보하여 IR(Individual Research) 프로그램을 실시하였다. 그리고 중간고사와 기말시험에서 무감독 제도가 실시되었고, 무학년 무계열의 교육과정의 기틀을 마련하는 등 3무(無) 학교가 되었다.

체육 수업은 2003년도에 실시된 프로그램으로 지속되다가 2005년부터 학년별 체육 수업으로 완전히 구분하여 실시했다.

2008~현재(13~18기), 그리고 미래

제5대 이돈희 교장선생님 후임으로 제6대 교장선생님으로 윤정일 교장선생님이 부임하였다.

2008년, 민사고에서 처음으로 일반학교와 같은 담임을 맡아 학생들의 생활기록부를 작성하게 되자 학생 개개인을 더욱 깊이 있게 파악할 수 있게 되어 교사들이 모두 보람을 느꼈다(개교 첫해인 1996년도에도 생활기록부를 작성했으나 그 이후 담임제가 철폐되면서 생활기록부도 없어졌다). 지금도 담임했던 반 학생들 한명, 한명의 모습이 뚜렷하게 생각날 정도이다.

2008년은 나 개인적으로도 희망과 꿈을 가지고 시작(2004년 대학원 입학)했던 박사과정을 마치고 처음으로 3박 5일간의 가족여행을 외국으로 떠났던 해였다.

나는 2009년부터 2011년까지 두 번째 학생부장의 역할을 맡아(2011년까지 3년간) 근무했다. 2012년에는 다시 1학년 담임으로, 그리고 2013년은 2학년 대표 Advisor를 맡았다.

체육과목의 교육은 2009년까지는 7차 교육과정의 연장이었으나 2009년에는 교육과정 개편으로 모든 학년의 학생에게 1학년부터 선택식 수업의 형태로 변경되었다. 특히 2, 3학년 체육은 필수에서 선택(음악, 미술, 체육 중)으로 바뀌어 운영되고 있다. 이와 더불어 민족반 학생들에게 필수로 수강하게 되어 있던 1학년(국궁, 골프), 2학년(댄스스포츠, 야구)의 개념이 없어지고 일반 선택으로 바뀌게 되었으며, 내가 지도하던 태권도가 대신 배구로 바뀌어 운영되고 있다.

계열	학년	구분	종목	시수(주당)
통합	1	필수선택	국궁, 골프, 농구, 소프트볼	2
	2	예체능선택	배드민턴, 축구, 야구, 댄스스포츠	2
	3	예체능선택	배구, 테니스, 탁구	2
담당교사			성헌제 : 국궁, 태권도, 배드민턴 곽노재 : 테니스, 골프, 축구 정미라 : 소프트볼, 댄스스포츠, 탁구 김명순 : 농구, 야구	

지덕체(智德體)에서 체덕지(體德智)로

'민족사관고등학교 20년사'는 나 개인의 20년사와 오버랩된다. 나는 서른한 살에 민사고 개교 준비위원으로 첫 발을 걷기 시작하여 벌써 마흔아홉 살의 나이가 되었기 때문이다. 첫 10년 동안은 새로 만든 학교가 대지 위에 튼튼하게 뿌리내리게 하기 위하여 땀 흘려 일하면서도 어수룩하고 열정만 앞선 나머지 많은 시행착오를 저질렀다. 그럼에도 불구하고 부족한 선생님을 믿고 따라주었던 학생들에게 미안하고 고마운 마음을 전하고 싶다. 그 이후 지금까지 10년은 나 자신을 개발하고 충전하기 위해 노력하는 한편(대학원 박사과정) 교육에 대한 전반적인 이해를 높이고 교수 방법에 대해서도 내적 성찰을 통해 개선해 온 시기였다.

향후 10년은 어떤 모습으로 어떻게 살고 있을까? 학생들 앞에 서 있는 나 자신은 어떤 선생일까? 이런 의문들이 지나온 세월만큼 커다란 짐이 되어 어깨를 누른다. 그러나 이 글을 쓰기 위하여 되짚어 본 지난 시간들은 앞으로의 자화상을 그리게 하는 물감과도 같다.

민족사관고등학교의 체육 공부는 다른 일반학교의 그것처럼 있어도 그만, 없어도 그만인 그런 곁가지 과목으로 그치지 않는다. 현 교장인 윤정일 교장선생님이 종래의 '지덕체(智德體)'라는 현대 교육의 핵심 이념을 체덕지(體德智)로 순서를 바꾸어 부를 정도로 체육 교육의 역할과 위상은 크게 향상되어 본래의 제자리를 잡아가고 있는 중이다. 대한민국의 고등학교들이 대학 입시에 짓눌려 간과(看過)했던 체육 교육이 민사고에서는 교육을 떠받치는 솥발처럼 튼튼하게 제자리를 잡아가고 있는 것이다. 이것만으로도 내가 이 학교에서 근무한 '20년'에 대한 보상이 될 것으로 믿는다.

교육에 있어 가장 중요한 것은 교사, 학생 그리고 학교의 3대 요소가 주체적으로 참여하여 결정하는 교육방침이다. 현대에 들어오면서 학생들의 인격 존중과 학부모의 학사 참여가 늘어나면서 그 모습이 많이 변모한 것은 사실이지만 그래도 아직까지는 교사, 학생, 그리고 학교라는 커다란 구조적인 틀은 크게 변화하지 않고 있다.

　체육 교육의 중요성에 관한 인식이 높아지면서 교사연구자, 반성적 전문인, 비판적 교육학자들이 구성주의적 학습관 등 광범한 주제로 연구를 거듭하고 있으며, 그 결과 교사 자신이 주체적이고 능동적으로 실천하는 교육개혁의 주관자가 되어야 한다는 주장이 나오고 있다. 이와 더불어 체육교사의 실제적인 역할, 수업방법, 수업환경과 활동, 학생과의 의사소통 등 교사의 책무성도 강조되는 경향이다.

　이 같은 체육 교육학계의 연구 성과와는 별도로 민족사관고등학교는 이 학교를 설립하여 이끌어 온 사람의 철학과 이념, 그리고 목표가 있다. 그것은 민족과 국가의 번영된 미래이다. 그러한 미래를 열기 위하여 학교 교육이, 좀 더 범위를 좁혀 보면 민족사관고등학교의 체육 교육이 어떤 모습이어야 하느냐 하는 화두를 들고 나는 내일도 새벽잠을 잊고 교정으로 나아갈 것이다.

더욱 충격적인 사실은 대한민국에서 명문 고등학교라고 알려진 학교의 상당수가 학교도서관이 없다는 것이었다.

02 만경도서관과 독서교육

김동명
사서교사

만경도서관(萬頃圖書館)

본교의 만경도서관은 학교에서 교사와 학생들이 가장 빈번하게, 그리고 오랫동안 이용하는 공간이다. 아이들은 도서관에서 과제를 위한 책을 찾아 읽고, 보고서를 작성한다. 그리고 공부에 지친 몸과 정신의 휴식을 위해 축구, 농구, 패션 관련 잡지를 보며 안식을 찾기도 한다. 선생님들은 학생들의 지도와 연구에 필요한 자료를 이용하고, 아이들과 대화를 나누며 상담을 한다. 만경도서관은 교사와 학생들에게 교수학습의 핵심적인 공간이며, 생활의 일부이다. 만경도서관은 학생들이 꿈을 키워나가는 중심에 있으며, 앞으로도 교사 그리고 학생들과 함께 성장할 것이다.

교육청에서 온 두 번의 전화

민사고 만경도서관은 오늘 아침도 아이들의 밝고 건강한 어수선함이 넘친다. 읽고 싶은 책을 대출하러 온 아이들, 과제를 위해 대출했던 책을 반납하려는 아이들, 그리고 새로 도착한 신문과 잡지를 보는 아이들의 모습이 나를 유쾌하게 만든다. 활기찬 아이들과 얘기를 나누는 사이, 전화벨이 울린다. 도서관에서 울리는 전화벨은 아이들을 방해하기에 급히 수화기를 들었다.

"강원도교육청입니다. 민족사관고등학교 도서관이지요?"

"네. 맞습니다."

"학교정보공시를 위한 보고사항에 이상한 점이 있어 전화를 했습니다. 도서구입 예산이 6,000만 원이 맞습니까?"

"네. 2010년 도서구입 예산이 6,000만 원입니다."

"알겠습니다."

도서구입 예산 6,000만 원이 다시 확인을 해야 할 정도로 이상한 것인가? 가벼운 의문과 함께 곧 잊어버렸다. 그리고 1주일 후 다시 강원도교육청에서 전화가 왔다.

"교육과학기술부에서 확인 요청이 있습니다."

"어떤 확인인가요?"

"민족사관고등학교 도서관의 도서구입비가 6,000만 원이 맞지요?"

"예, 맞습니다. 무슨 문제가 있나요?"

"교육과학기술부에서 도서구입비가 이상하다고 확인전화가 왔습니다."

"예. 우리 도서관은 10년째 계속 도서구입 예산으로 6,000만 원을 집행하고 있습니다."

전화를 끊고 나서 한동안 어이가 없었다. 도서구입비로 6,000만 원을 집행하는 것이 무엇이 이상하다는 것인가? 그리고 이것이 교육과학기술부와 교육청에서 계속 확인을 해야 할 정도로 특이한 일인가? 민족사관고등학교에서는 당연한 것을 외부에서는 이상하게 생각하는 것, 이것이 민족사관고등학교의 힘이라는 생각이 들었다.

나는 민족사관고등학교 사서교사로 1999년부터 근무했다. 교감선생님은 내게 처음 학교도서관을 소개하면서 도서구입 예산으로 1년에 6,000만 원이 책정됐다고 설명했다. 그리고 매달 500만 원씩 책을 구입하기를 바란다고 말했다. 1999년 책 한 권의 가격은 1만 원 남짓이었다. 매달 500권의 책을 구입해야만 했다. 매일매일 교사와 학생들에게 도움이 될 좋은 책을 선정하고, 교사와 학생들에게 필요한 책을 신청하도록 독촉하는 것이 나의 일이었다. 신문과 인터넷을 통해 좋은 책을 찾고, 교사와 학생들에게 필요한 책을 신청하도록 독려하고, 그리고 구입한 책을 정리하는 것으로 전쟁과 같은 하루하루를 보냈다. 하루라도 일을 미루면 정리해야 할 책들이 쌓이고, 도서구입을 소홀히 하면 설립자님의 불호령이 기다렸다. 다른 학교의 경험이 없었던 나는 이것이 학교도서관의 일상적인 모습이라고 생각을 했다.

그러나 대한민국에서 훌륭하다는 학교도서관을 견학하면서 충격을 받았다. 대부분의 학교도서관의 연간 도서구입 예산이 500만 원이 되지 않는 것이었다. 그리고 1,000만 원 남짓의 예산이 많다고 자랑스럽게 설명하는 것이었다. 내가 민족사관고등학교의 도서구입 예산이 6,000만 원이라고 얘기하면 모두 놀라고 충격을 받았다. 더욱 충격적인 사실은 대한민국에서 명문 고등학교라고 알려진 학교의 상당수가 학교도서관이 없다는 것이었다. 이런 상황은 현재까지 이어지고 있다. 2012년 대학입시에서 서울대학교 입

학생을 20명 이상 배출한 고등학교의 대부분은 아직도 학교도서관에 사서교사가 없으며, 도서관의 운영 또한 최소한의 형식적인 것에 불과하다(교육과학기술부가 운영하는 학교알리미서비스를 이용하면 쉽게 확인할 수 있다).

학교에 도서관이 없다면 교사와 학생은 무엇으로 공부를 하며, 무엇을 공부한다는 것인가? 나는 본교 교육이 세상에서 높은 평가를 받는 이유가 다른 학교들과 차별되는 도서관에 있다고 생각한다. 도서관이 학교의 심장이며, 상징이라고들 말한다. 본교 만경도서관은 다른 학교도서관과 차별화된, 튼튼하고 큰 심장을 가지고 있다. 본교의 교육역량이 뛰어난 것은 당연한 이치일 것이다.

만경도서관의 시작과 성장

만경도서관의 시작은 설립자님이 미국과 유럽의 명문학교 견학을 통해 도서관의 교육적 가치를 발견함에서 비롯된다. 세계적인 명문학교인 미국의 Phillips Exeter Academy, Phillips Academy Andover, 영국의 Eton College 등의 견학을 통해 이들 학교에는 모두 훌륭한 도서관이 있으며, 도서관이 학교 교육에서 중요한 역할을 담당함을 확인했다. 그리고 1998년 본교에도 제대로 된 도서관의 설립을 결심하고, 당시로서는 파격적인 지원을 했다. 도서관의 위치는 학교의 1층 중심으로 지정하고, 사서교사를 임용하고, 도서구입 예산으로 연간 6,000만 원을 책정했다. 사서교사인 나에게 최우선으로 요구된 것은 교사와 학생들의 연구와 학습에 필요한 모든 자료를 구입하고 제공하는 것이었다. 그리고 본교에 필요한 국내외의 유용한 도서들에 대한 정보를 수집해 구입하는 것이 추가되었다. 이를 위해 국내의 이름난 학교도서관들을 견학하고, 외국의 명문학교의 소장도서목록을 구하기 위해 많은 노력을 기울였다. 그리고 교사와 학생들과 소통하며, 이용자의 자료요구를 만족시키기 위해 노력했다.

학교도서관으로서 기본적인 환경을 구축한 만경도서관은 학교의 변화, 성장과 운명을 함께했다. 본교는 개교 이후 지금까지 늘 변화하고 있다. 학교의 설립부터 비범했던 본교의 상황은 설립 이후에도 평범함을 허락하지 않았다. 정부지원을 받지 않음을 전제로 한 본교의 운명은 학부모와 학생의 교육적 요구를 충족하지 못하면 생존할 수 없었다. 생존을 위해 차별화된 교육과정을 운영하고, 학부모와 학생들이 요구하는 교육을 제공하기 위해 변화해야만 했다. 만경도서관 또한 이런 교육적 요구와 함께 운영의 중점방향을 적시에 바꾸어야 했다.

국제계열의 운영과 함께 SAT(Scholastic Aptitude Test), AP(Advanced Placement) 수업과 시험을 위한 자료가 필요했다. 당시 국내에는 SAT, AP 시험에 대한 정보조차 제대로 없었다. 인터넷에서 SAT, AP가 무엇인지, 무슨 과목이 있는지 기본부터 공부를 해야 했다. 그리고 Amazon, College Board 사이트를 하나하나 검색하며 필요한 도서들을 구입해야 했다. 그래도 부족한 부분은 외국도서관 사이트에서 최근에 구입한 책들을 조사해 구입목록을 만들었다. 이렇게 구입한 책들은 교사와 학생들에게 수업과 학습의 기본자료로 활용되었다.

SAT와 AP가 자리를 잡은 이후에는 과제연구와 IR(Individual Research)이 새롭게 도입되었다. 과제연구와 IR은 교사와 학생마다 요구하고, 필요로 하는 자료가 모두 달랐다. 그리고 필요한 자료의 수준이 한 단계 더 높았다. 이를 위해 새로운 준비가 필요했다. 대학과 연구도서관의 네트워크인 학술연구정보서비스(RISS)에 고등학교도서관으로는 최초로 회원기관으로 가입했다. RISS는 대한민국 대학도서관과 전문도서관의 협력네트워크

이다. 본교 교사와 학생들이 요청하는 자료를 제공하기 위해서는 RISS의 자료가 필요했다. 또한 사회과학, 자연과학의 전문적인 정보를 제공하기 위해 DBPIA, KRPIA, Britannica Encyclopedia Online 등의 WEB-DB와 Science, PMLA, Crux 등의 저널의 Online 버전을 도입해 교사와 학생들이 이용할 수 있는 환경을 구축했다.

본교의 상징처럼 인식되고 있는 EOP(English Only Policy : 영어상용화정책)를 위해 영어 원서를 구입하고, TOEFL이 강조될 때는 TOEFL을 위한 주제서가를 만들고, TEPS가 요구될 때에는 TEPS를 위한 주제서가를 운영했다. 교사, 학생의 요구를 최대한 만족시키기 위한 이런 노력으로 만경도서관은 문화체육관광부의 전국도서관운영평가에서 2008년부터 2011년까지 4년 연속 대한민국 최고의 학교도서관으로 평가받았으며, 2014년에는 대통령상을 수상하였다. 만경도서관의 성장은 이용자 중심, 그리고 교육과정과 연계한 도서관 운영철학을 기반으로 한다. 그리고 도서관의 교육적 역할에 대한 학교의 믿음과 이용자들의 신뢰가 있는 한 본교의 성장과 함께 지속적으로 발전해나갈 것이다.

쉼 없이 책을 구입 신청하는 선생님들

도서관은 살아 있는 생명체와 같아 끊임없이 새로운 영양분을 공급받아야 한다. 생명체는 생존하기 위해 정기적으로 영양분을 필요로 한다. 영양의 공급이 끊어지면 생명체는 성장을 중단하고, 결국 죽음에 이르게 된다. 도서관에서 영양분은 바로 책이다. 도서관에 새로운 책의 공급이 중단된다면 죽어가는 생명과 다름이 없다. 사람은 매일 새로운 영양분을 공급받아야 활기차게 생활할 수 있다. 도서관은 새로운 책이 계속 공급될 때 살아 있다고 할 수 있다. 민족사관고등학교 도서관은 매달 책을 구입하고 있다. 그리고 구입하는 책의 대부분은 수업지도와 학습을 위해 선생님과 학생들이 구입 신청한 것이다.

처음 만경도서관을 담당하면서 매달 500만 원, 많게는 1,000만 원의 책을 구입했다. 그리고 매일매일 구입할 책의 목록을 작성하면서 이렇게 3, 4년만 지나면 더 이상 구입할 책이 없을 것 같아 걱정을 했다. 특히 과학, 역사, 철학 등 전공과목과 관련된 책이라면 더욱 그러리라 생각했다. 하지만 이런 나의 걱정은 괜한 기우였다. 매달 10권 이상의 전공서적들을 구입 신청하는 선생님들에게 꼭 필요한 책들만 구입하도록 설득하는 것이 중요한 일의 하나가 되었다. 아이들에게 과학에 대한 호기심을 자극하고, 다양한 새로운 지식을 제공하기 위해 생물과의 나종욱 선생님은 매달 수십 권의 과학 분야의 도서를 구입 신청한다. 간제 선생님의 세계사 책에 대한 관심과 집착은 연예인에게 몰입한 광적인 팬을 생각나게 한다. 아시아, 아프리카, 남아메리카는 물론 고대, 중세, 근현대에 이르는 다양한 분야의 세계 각국의 역사서들을 구입 신청한다. 어떤 책들은 국내 대학도서관에도 없는 책들이다. 이번 달에는 수학선생님이 통계학 관련 책을 잔뜩 구입 신청을 했다. 학생들과 통계와 관련된 프로젝트 수업을 계획하고 있다고 한다. 토론을 지도하는 선생님에게서 전화가 왔다. 토론수업을 위한 책을 많이 신청했는데 사회과의 예산이 초과되었다고 예산을 추가로 지원해 달라고 한다. 이런 이런~~~. 예비비로 비축한 예산을 지원해야 하는가, 올해가 끝나가니 전체 도서구입 예산을 계산해야 할 상황이다.

민족사관고등학교 도서관은 항상 뜨겁다. 선생님들의 계속되는 도서 구입 신청과 자료의 요청을 만족시키기 위해 도서관은 쉴 수가 없는 것이다. 매년 1,000권이 넘는 책을 구입하고, 72종의 정기간행물을 구독하고 있다. 책과 정기간행물의 40%는 국외에서 구입하는 해외 자료들이다. 여기에 더

해 자료를 풍부하게 제공하기 위해 원문 데이터베이스를 공급하고, 그래도 부족한 자료는 대학도서관에 복사와 대출을 요청하고 있다. 매달 쉼 없이 책을 신청하는 선생님들이 있어 도서관은 게으름을 피울 수가 없다. 대부분의 교사가 석사 이상의 학위를 가지고 있고, 박사과정을 수료했거나 박사학위를 소지한 교사들도 30여 명이나 된다. 그리고 교사들은 고등학생들을 가르치고 있지만, 끊임없이 연구하고 공부하고 있다. 학생들이 요구하는 새로운 분야를 지도하고, 새로 나온 이론과 학문의 경향을 지속적으로 충전하고 있는 것이다. 교과서와 참고서 한 권으로 민족사관고등학교에서 버틸 수 있는 교사는 없다. 그리고 이런 교사들의 곁에는 도서관이 있다. 참고로 2015년 만경도서관의 도서구입 예산은 6,500여 만 원이다.

도서관에서 만나는 반가운 얼굴들 – 학생

학교의 존재이유가 학생들에게 있듯이, 도서관의 존재하는 이유 또한 학생들에게 있다. 도서관을 찾는 학생들이 없다면, 도서관은 존재하지만 가치 없는 무의미한 존재가 된다. 나는 학생들이 도서관을 더 자주 그리고 편안하게 이용하기를 바란다. 이를 위해 수시로 시간을 내어 도서관을 둘러보며 학생들을 살펴본다. 학생들이 보여주는 모습은 정말 다양하다. 요란하게 발소리를 내며 친구들과 함께 와서는 인터넷만 하고 가는 학생들도 있다. 대부분의 학생들은 조용히 도서관에 와서 나를 보며 아는 척을 하고(인사 ~~) 서가에서 책을 보거나, 신문과 잡지를 본다. 그리고 수업이 없는 시간이면 학생들은 공부할 책들을 가지고 책상에 앉아 각자의 공부를 한다. 정말 공부를 한다. 문제집을 푸는 것이 아니라 자기가 알고 싶은, 그리고 하고 싶은 공부를 한다. 이런 학생들이 내가 좋아하고 사랑할 수밖에 없는 민사고 학생들이다. 좋은 학생은 자기의 목표를 가지고 도서관을 이용하는 학생이다. 도서관에서 꿈을 완성시켜 가는 것이다. 책을 보며, 이야기를 나누며, 생각에 빠지기도 하면서 자신의 꿈을 키워간다. 학생들의 이런 모습이 가장 민사고다운 풍경을 보여준다!!

우진이는 수학이 제일 재미있는 학생이다. 책 제목만 들어도 질려버릴 비싼 원서를 구입 신청해 나를 놀라게 했다(1권의 가격이 무려 $250, 우진이에게 어떤 책인지 불러서 직접 물어보았다. 그리고 구입했다). 도서관에서도 늘 수학문제를 풀고 있다. 수학이 우진이의 꿈인 것이다. 수학문제(수능문제가 아닌 진짜 수학문제. 자기만의 풀이방법을 찾아 고민하는!!)를 보고 있는 우진이의 진지한 모습이 멋지다. 《A Course in Arithmetic》, 《Ramanujan's notebooks》, 《Topics in the theory of numbers》 등이 우진이가 구입 신청한 책들이다. 수학에 낯섦과 두려운 감정을 가지고 있는 나는 이런 우진이가 때때로 괴물같이 생각된다. 너무 귀엽고 순박한 괴물이다. 수학괴물~~~. 대학에도 수학과로 진학했다. 출세를 위한 공부가 아닌, 정말 학문을 위해 수학을 공부한다.

혜인이는 영화감독이 꿈이다. 혜인이는 1학년부터 나와 친해졌다. 좋아하는 영화와 관련된 책과 DVD를 마음껏 보고 대출할 수 있는 곳이 도서관이기 때문이다. 2학년이 되면서는 나에게 영화감독이 되기 위해 대학진학을 포기하는 고민을 진지하게 말하기도 했다. 혜인이는 도서관에서 영화 또는 미술, 사진 분야의 책을 보는 것을 좋아한다. 미국의 단편영화 DVD를 구입 신청하기도 한다. 영화감독을 꿈꾸는 혜인이가 신청한 책으로 만경도서관은 꽤 많은 영화 관련 국내외의 도서를 소장하고 있다. 《How Not to Make a Short Film》, 《Making Short Films(2nd ed.)》, 《Master Shots: 100 Advanced Camera Techniques to...》 등이 혜인이가 신청한 책들이다. 혜인이가 신청한 책 중에서 《Hiroshige, 100 Views of Edo》는 일본의 에도 풍경을 그린

그림들의 화집이다. 혜인이와 같이 보면서 화려하고 아름다운 그림과 세본의 훌륭함에 놀랐다. 혜인이는 어떻게 이런 책을 알고 구입 신청한 것일까? 이런 학생들의 호기심을 통해 사서교사인 나도 견문이 넓어지고 같이 성장하게 된다. 나는 아직 혜인이가 구입 신청해서 소장 중인 외국의 단편영화들을 보지 못하고 있다.

희정이는 작고 귀여운 여고생이었다. 도서관에서 처음 만난 신입생 희정이는 수줍은 미소와 맑음을 가진 여고생 그대로였다. 도서관에서 책을 대출하고 공부하던 희정이와 얘기를 나누면서 해비타트 봉사활동을 실천하고, 히말라야에서 봉사활동을 하는 꿈을 가지고 있다는 것을 알았다. 희미한 미소와 작은 몸을 가진 희정이가 집을 짓는 봉사활동을 하고, 오지에서 나눔을 실천하는 것을 상상하는 것은 쉽지 않았다. 하지만 내가 희정이에게 가장 놀란 것은 장래희망이 나사(NASA)에서 근무하는 물리학자라는 것이다. 부모님이 모두 의사이기에 당연히 의사를 진로로 선택할 것이라 생각했다. 관심을 가지고 희정이가 공부하는 모습을 관찰해 보았다. 《University Physics》, 《Lectures on Physics》, 《Vibrations and Waves》 같은 책을 보고 있었다. 따뜻한 햇살이 비치는 창가의 도서관에서 희정이는 진지한 표정으로 책을 읽고 있었다. 무슨 재미있는 책을 읽고 있기에 저렇게 몰입해 있을까? 나는 조용히 희정이의 옆으로 다가갔다. 보고 있는 책은 《University Physics》였다. 한동안 말없이 희정이의 공부하는 모습을 지켜보았다. 희정이는 내가 옆에 있는 것도 모른 채 메모와 형광색 밑줄을 그으며 책을 보고 있었다. 조용히 희정이에게 질문을 했다.

"희정아, 그 책이 재미있니?"

"네. 재밌어요."

"1000페이지가 넘는 물리책이 재밌다고? 힘들지 않니?"

"처음 볼 때는 힘든 부분도 있었는데 두 번째 보니까 괜찮아요."

"두 번째 보는 거라고?"

희정이는 조용한 미소를 지으며 다시 책 속으로 빠져들어 가고 있었다. 희정이는 본교를 졸업하고, 미국의 Princeton 대학교에서 물리학을 전공하고 대학원에서 계속 학업 중이다. 나는 지금도 물리학 책을 보며 빛나던 희정이의 모습을 기억하고 있다.

책을 통한 소통

아이들이 도서관으로 들어오는 입구에 작은 게시판이 2개 있다. 게시판에는 도서관의 소식들과 새로 구입한 책들에 대한 정보가 공개된다. 도서관은 매월 도서를 구입하고 있다. 구입 신청된 도서들이 도서관 장서로 등록되면, 도서관 입구에 새로 구입한 책들의 정보와 구입 신청한 사람의 이름을 정리하여 공개한다. 선생님과 아이들은 도서관을 오가면서 수시로 신착도서 목록을 살펴본다. 내가 좋아하는 선생님이 신청한 책, 내 수업을 듣는 아이가 신청한 책을 발견하면 서가에서 책을 꺼내 본다. 그리고 서로서로 조용히 이야기를 건넨다. 책은 수업과 관련된 것일 수도 있고, 취미와 관련된 책일 수도 있다.

법학과 사회학에 관심이 많은 효재가 구입 신청한《민주주의와 법의 지배》,《법사회학》,《법과 정치》를 보면서 사회선생님은 3학년인 효재와 상담을 하면서 추천서와 자기소개서에 대해 조언을 한다. 뮤지컬 동아리 활동을 하는 현지는《뮤지컬 드림》,《뮤지컬 배우 20인에게 묻다》,《현대일본희곡집》을 신청했다. 현지가 구입 신청한 책들은 동아리 활동을 하는 친구와 후배들은 물론 뮤지컬에 관심을 가지고 있는 아이들 모두에게 호기심을 불러일으킨다. 그리고 현지와 친하지 않은 아이들도 현지가 뮤지컬을 좋아하

고 관심을 가지고 있음을 알게 해 준다.

윤승길 선생님은 영화와 연극 동아리를 지도한다. 《The Major Film Theories》, 《The Caretaker》, 《Acting One》, 그리고 Shakespeare의 희곡집을 신청해 연극 동아리 아이들과 같이 연극을 공부한다. 물론 전문강사를 초빙해 아이들이 연극 실습을 할 기회를 제공하지만 선생님 스스로가 연극과 관련된 책을 통해 아이들과 소통을 하는 것이다. 아이들도 선생님이 신청한 책을 통해 영화와 연극에 대한 지식을 쌓고 마음을 나누는 기회를 가진다. 영화 이외에도 사진, 여행, 바둑 등의 취미를 통해 선생님과 아이들이 교류하는 모습을 종종 볼 수 있다.

물리 과제연구를 하는 도영이는 《Theoretical Acoustics》, 《Fluid Dynamics for Physicists 》, 《An Introduction to Fluid Dynamics》를 신청했다. 도영이가 신청한 책들은 도영이가 연구보고서를 작성하는 데 필요한 책들이다. 어떤 선생님은 한 명의 학생을 위해 이런 책을 많은 비용을 지불하며 구입할 필요가 있는지를 물어본다. 질문에 대한 나의 답은 다음과 같다.

"도영이가 구입한 책은 다시 후배들이 볼 책들입니다. 다른 친구 또는 후배들은 도서관 서가의 책들을 보며 내가 공부하고 싶지만 알지 못하는 지식을 얻기도 합니다. 또한 완전 무지의 상태에서 새로운 분야를 발견하고 성장하기도 합니다. 책은 단순히 물건이 아니라 친구가, 그리고 선후배가 대화를 나누는 소중한 가치의 대상입니다."

책의 내용이 중요하기도 하지만, 더 본질적인 것은 서로의 생각과 관심을 공유한다는 것이다. 아이가 신청한 라틴아메리카 관련 도서를 보며 선생님은 아이의 관심 분야에 대한 이야기를 건넨다. 아이들은 선생님이 신청한 물리학 교재를 보면서 질문을 한다. 이런저런 이야기들을 통해 서로에 대해 존경과 믿음을 공유하고 키워나간다. 도서관은 책을 통해 교사와 학생의 광장을 만들고 소통의 길을 제공한다.

사제동행 독서교육

독서는 공부의 시작이며 끝이다. 돌이 지나지 않은 아이들은 천과 비닐로 만든 책으로 문자와 사물을 학습한다. 보르헤스 같은 세계적 문인과 빌 게이츠 같은 첨단 IT 업계의 최고경영자들 또한 독서를 통해 지식과 아이디어를 얻고 있다. 문자를 익히는 것도 독서를 통해서이고, 창조적인 지식을 생산하는 것 또한 독서를 통해서 가능하다. 학교교육에서 이러한 독서교육의 중요성은 어떻게 설명해도 중언부언일 뿐이다. 본교는 학교 설립 초기부터 독서의 중요성을 인식하고, 독서교육을 실천해 왔다. 학교 설립 초기에는 교사와 학생들이 단체로 서울의 대형서점을 방문해 연구와 학습에 필요한 책을 고르면 학교에서 구입해 무상으로 제공했다. 독서를 강조하는 이런 분위기는 지금까지도 계승되고 있으며, '사제동행 독서활동'이란 체계적인 독서교육 활동으로 발전하고 있다. 그리고 독서교육은 교육과정과 연계되어 본교의 특색 프로그램으로 운영되고 있다. 독서교육을 강조하는 본교의 노력은 독서가 지도자로서의 인성교육과 영재로서의 창의성 함양의 기본이 됨을 인식하고 있기 때문이다. 본교 교육목표인 '민족주체성을 가진 지도자 교육'과 '영재교육'을 실현하는 가장 현실적이고, 핵심적인 수단이 독서교육이다. 또한 국가와 사회가 요구하는 21세기 지식정보사회에 필요한 자기주도적 학습능력을 가진 창의적 인재육성에 가장 적합한 교육방법이 독서교육이기도 하다. 본교 독서교육의 발전과정과 현황은 다음과 같다.

교육과정과 연계한 '사제동행 독서활동'

10년 이상의 시행착오를 통해 본교가 2011년부터 시행하고 있는 독서교

육 프로그램의 명칭은 '사제동행 독서활동'이다. 스승(師)과 제자(弟)가 함께 책을 읽고 생각을 나누는 것이다. 교사와 학생이 같이 책을 읽고 이야기를 나누는 것은 교육의 가장 기본적인 모습이다. 그러나 교육의 가장 기본이 되는 사제동행 독서활동을 실천하는 것은 결코 쉬운 일이 아니다. 교사와 학생 모두가 공감하는 독서의 방법을 찾고, 같이 읽을 책을 선정하기 위해 여러 해의 시행착오와 노력이 필요했다. '사제동행 독서활동'의 도입배경, 실천을 위한 준비와 시행 내용을 설명하고자 한다.

Ⅰ. 도입

2010년과 2011년 전체 교사 워크숍의 주제를 '독서활동 지도 활성화 방안'으로 정하였다. 본교에서 실천하고 있는 독서교육의 내실을 도모하고, 운영방법의 질적 발전이 필요하다는 교내의 의견을 반영한 것이었다. 전체 교사 워크숍을 통해 본교에서 시행했던 독서교육의 변화과정과 현황을 분석하고, 현실적이고 실천 가능한 독서교육의 방안을 모색하였다. 전체 교사가 참여한 워크숍에서 독서교육에 대한 다양한 의견이 제시되었으며, 독서교육의 필요성에 대해 공감하였다. 그리고 실천을 위한 방안이 구체적으로 제시되었으며, 제시된 방안을 근거로 하여 학교도서관을 담당하는 사서교사가 구체적인 프로그램을 준비하도록 하였다.

Ⅱ. 준비

1. 교육과정과 연계한 독서교육
학생들의 독서활동을 적극적으로 지도하기 위해서는 학교 교육과정과 연계하는 것이 필수적임이 워크숍을 통해 제안되었다. 교사와 학생들이 독서의 필요성을 인정하지만 실천하기가 힘든 것은 독서를 위한 시간적, 정신적 여유를 가지기가 힘들기 때문이다. 독서교육을 교육과정에 포함시킴으로써 교사와 학생들에게 독서교육을 위한 최소한의 시간을 제공하는 것이 필요했다. 이를 위해 독서교육을 교육과정과 연계하기 위한 실천방안을 제시하고, 프로그램의 이름을 '사제동행 독서활동'으로 하였다. 기본 원칙은 다음과 같다.

교사와 학생이 함께 하는 독서교육

1. '사제동행 독서활동'을 위해 매주 1시간의 수업을 운영함.
   (사제동행 독서시간)
   교과목명은 '독서학습'으로 하며, 성적은 P/NC로 부여함.
2. 사제동행 독서시간은 매주 금요일 1교시로 운영함.
   (2013년부터 매주 월요일 2교시)
3. 모든 교사가 사제동행 독서시간을 8주 과정의 프로그램으로 개설함.
   (2012년은 연 5회, 2013년은 연 4회 운영함)
4. 모든 교사는 사제동행 독서시간에 지도할 도서를 선정하고, 강의계획서를 작성함.
   (도서명, 지도방법 및 일정. 예 : 1, 2주 독서, 3주 강의, 4주 토론…)
5. 학생들은 교사들이 작성한 계획서를 보고 일정에 따라 수강을 신청함.
6. 교사는 신청한 학생들의 출석을 점검하고, 강의계획서에 의거 독서시간을 운영함.
7. 독서인증을 받은 학생의 독서활동 사항을 학교생활기록부에 작성하여 등록함.
8. 사제동행 독서시간은 모든 교사와 학생이 의무적으로 참여함.

2. '사제동행 권장도서' 선정

'사제동행 독서활동'의 성공여부는 교사와 학생의 자발적이고 적극적인 참여에 있다. 이를 위해 모든 교사들이 개인별로 4권씩의 권장도서를 추천하도록 하였다. 교사 개개인이 교과의 전문성과 교육자로서의 자질을 갖추고 있기에, 교사가 추천한 책으로 '사제동행 독서활동'을 운영하고자 하였다. 또한 동료 교사가 추천한 책을 통해 교사들이 스스로 독서에 대한 관심을 높이고, 독서교육의 역량을 높이는 계기로 활용하려는 의도를 가지고 있었다. 교사들이 추천한 도서에 대해 '민족사관고등학교 권장도서 선정위원회'를 구성하여 본교 권장도서로서의 적절성에 대한 심사를 하였다. 위원회는 학사부교장, 교무부장, 6개의 교과(국어과, 사회과, 수학과, 과학과, 예술·체육과, 외국어과)에서 각 1인이 참가하였으며, 사서교사가 간사를 맡았다. 위원회에서는 권장도서 선정기준을 다음과 같이 설정하였다.

공통 선정기준

* 최근 5년 이내 출판된 도서 배제 : 검증의 신중함을 도모함
* 독서의 난이도 고려 : 상대적으로 난이도가 낮거나 높은 경우 배제함
* 번역의 적절성 : 외국서의 경우 번역이 적절하지 못한 경우 배제함
* 교재 성격의 책은 배제함
* 도덕적으로 민감한 내용, 성적인 내용이 포함된 책은 배제함

교양권장도서 선정기준

* 본교의 교육목표 및 교육이념의 실현
* 교양인으로서 갖추어야 할 소양 함양(인문, 자연, 예술의 조화)
* 동서양의 사상적 균형

＊ 특정 종교, 사상 성향의 배제

'사제동행 권장도서'는 교사들의 추천과 '권장도서 선정위원회'의 심의를 통해 2011년 최초로 105권이 선정되었다. 이후 지속적인 추천과 수정을 거쳐 2015년 4월 현재 181권의 도서가 '사제동행 권장도서'로 선정되었다.

3. '사제동행 독서활동' 홈페이지 구축

교육과정과 연계하여 '사제동행 독서활동'을 위한 수업시간을 배정하고, 모든 교사가 참여하여 '사제동행 권장도서'를 선정하였다. 다음의 문제는 교사와 학생들이 편안하게 독서활동에 전념할 수 있는 시스템을 구축하는 것이었다. 시스템의 구축을 위해 교사와 학생들의 요구사항을 청취하였다. '사제동행 독서활동'의 단계별 교사와 학생들의 요구사항은 다음과 같았다.

'사제동행 독서활동' 홈페이지 구축에 대한 요구사항 목록

	항목	세부내용
1	강의개설 및 수강 환경설정	- 강의개설 및 수강신청 일정 조정 기능 - 교사별 수강학생 수 설정 기능 - 강의개설 및 학생수강신청 결과 엑셀 저장 기능
2	강의계획서 등록	- 도서명, 저자, 출판사, 강의개요 작성 - 최대 수강신청 인원
3	강의계획서 등록확인 및 미등록 점검	- 강의계획서 승인 기능 - 강의계획서 교사명 순서 정렬 기능
4	수강신청	- 강의계획서 검색 기능(교사명, 도서명) - 선착순 수강신청 등록 - 기한 내 수강신청 변경 기능
5	수강신청 확인 및 미등록자 점검	- 수강신청자 정렬 기능(담당교사순, 학번순) - 출석부 작성 기능
6	이수 및 독서활동사항 작성과 등록	- 독서활동 이수/미이수 등록 기능 - 과목 공통 독서활동 등록 기능 - 학생 개인별 특기사항 등록 기능

　교사와 학생들의 요구를 독서수업과 연계하여 교사가 강의를 개설하고, 학생들이 수강신청을 할 수 있는 홈페이지를 제작하였다. 제작된 홈페이지는 교사의 강의계획서 등록, 학생의 수강신청, 독서활동의 이수승인 그리고 독서활동에 대한 교사의 의견 작성 등 모든 활동이 가능하도록 하였다. 또한 모든 기록들을 엑셀파일로 추출하여, 학교생활기록부에 등록하는 자료로 활용할 수 있도록 하였다. '사제동행 독서활동' 홈페이지의 구성은 아래와 같다.

'사제동행 독서활동' 교사용 페이지

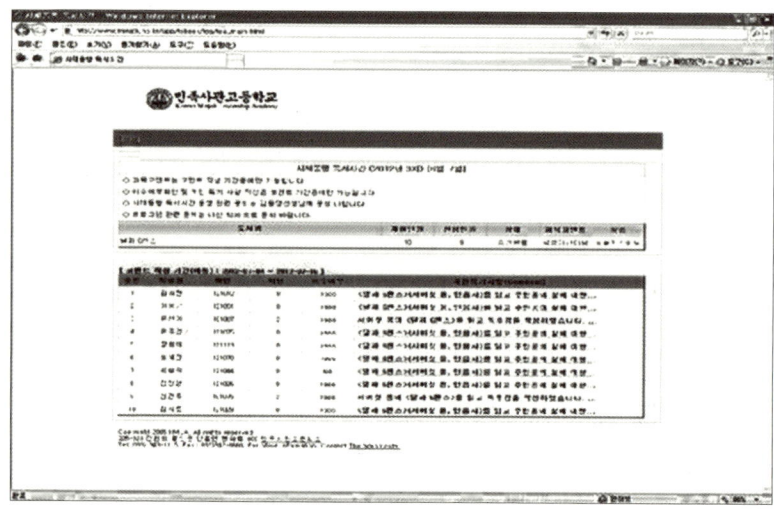

Ⅲ. '사제동행 독서시간'의 운영

1. '사제동행 독서시간'의 실제

2011년 최초의 시행 이후 2012년 '사제동행 독서시간'은 교사와 학생들의 긍정적인 평가를 받으며 안정적으로 운영되었다. 63명의 교사가 독서강의를 개설하였으며, 472명 전교생이 참여하였다. 독서교육의 효율성을 위하여 수강신청 인원을 최소 5명에서 최대 10명으로 제한함으로써 독서수업의 질을 높일 수 있었다.

또한 부수적으로 교사가 학생들의 독서활동에 대한 세부적인 사항을 관찰하고 평가할 수 있었다. 2012년 실제 개설된 '사제동행 독서시간'의 개설강좌 및 수강인원은 아래와 같다.

'사제동행 독서시간'의 개설강좌 및 수강인원

	교과	교사명	사제동행 선정도서	학생수
1	국어과	지광현	국가	10
2		박관수	삼국유사	10
3		강혜숙	토지	5
4		김정환	시골의사의 아름다운 동행	10
5		이원기	Alice's Adventure in Wonderland…	4
6		최권영	데미안	10
7	영어과	강민수	The Prophet	10
8		엄세용	A Farewell to Arms	7
9		우창효	The Prophet	5
10		윤승길	The Merchant of Venice	8
11		전수인	The Grapes of Wrath	8
12		문단일	Pygmalion	3
13		Baumgardner	불참 - 3학년 진학지도	
14		Tweedie	Prided & Prejudice	10
15		Menard	Brave New World	10
16		이순진	불참 - 3학년 진학지도	
17		Garrioch	One Flow over the Cuckoo's Nest	10
18		Tame	The Metamorphosis	15
19	프랑스어	정선희	페스트	7
20	스페인어	김경주	Lazarillo de Tormes	5

	교과	교사명	사제동행 선정도서	학생수
21	수학과	반창수	허수	10
22		박용성	수학의 역사	5
23		전현구	갈매기의 꿈	5
24		하동우	난장이가 쏘아올린 작은 공	6
25		김인석	수학의 역사	5
26		김정수	페르마의 마지막 정리	10
27		정기원	파인만씨, 농담도 잘 하시네	10
28		이준석	학문의 즐거움	10
29		Hinde	Slaughterhouse Five	8
30	윤리	지혜인	미학 오딧세이	10
31	경제	김민주	가난한 사람들을 위한 은행가	6
32		한용희	The World is Flat	10
33	심리학	김여람	죽음의 수용소에서	7
34	정치학	김성우	직업으로서의 학문	10
35	역사	Ganse	Guns, Germs, Steel	6
36		손은주	유한계급론	9
37		오병문	백범일지	9
38	지리	강문근	제국의 바다 식민의 바다	2
39		박윤상	사기열전	9
40	생물	나종욱	이중나선	10
41		한만위	과학과 기술로 본 세계사 강의	10
42		민소정	종의 기원	5
43		조진호	생명이란 무엇인가	8
44	물리	전동성	춤추는 물리	7
45		박형종	과학혁명의 구조	10
46		김연수	부분과 전체	9
47		윤재성	생각의 탄생	10
48	화학	이주문	화학으로 이루어진 세상	5
49		이양숙	내 영혼이 따뜻했던 날들	8
50		류현수	케임브리지 과학사 3 – 화학 이야기	10
51	지구과학	김정무	지구온난화의 비밀	7
52		박혜선	병가	
53	컴퓨터	김창환	iCon, 스티브 잡스	8
54		박홍제	엘러건트 유니버스	7

	교과	교사명	사제동행 선정도서	학생수
55	체육	성헌제	스포츠와 가치	7
56		정미라	우리는 왜 달리는가	7
57		김명순	스포츠와 가치	2
58		곽노재	도덕경	5
59	음악	인수연	내 생애의 아이들	5
60		구준형	청소년을 위한 서양음악사	10
61	미술	안상준	미학 오딧세이 3	5
62	사서	김동명	칼의 노래	10

'사제동행 독서시간'은 8주 과정으로 학기당 2회 운영되었다. 교사들이 선정하는 도서는 가능한 한 학기 단위로 선정할 것을 권장했다. 이것은 수강인원의 제한으로 듣지 못하는 학생들에게 충분한 수강기회를 제공할 수 있으며, 교사들에게도 독서지도의 부담을 덜어준다는 측면을 고려한 것이다. 그러나 수강신청 학생이 적은 경우와 독서지도의 과정에서 예상하지 못한 문제가 발생할 경우 다음 시기부터 변경할 수 있다. 수강신청을 하는 학생들에게도 가능한 한 다양한 교사에게 독서수업을 받을 것을 권고하고 있다. 특히 10학년과 11학년의 경우 다양한 지식과 교양을 축적한다는 측면에서 더욱 강조하고 있다.

수업시간의 활동과 독서인증의 방법은 교사들이 자율적으로 선택할 수 있다. 많은 경우 독후감 작성, 토론, 퀴즈 등의 형태로 독서인증을 실시하고 있다. 8주간의 '사제동행 독서시간'이 종료되면 담당교사는 학생의 독서인증 여부를 확인하고, 학생들의 독서활동에 대한 의견을 작성해 '사제동행 독서활동' 홈페이지에 기록하게 된다. 관리자인 사서교사는 모든 교사들이 담당학생의 독서활동 인증과 의견을 작성했는지를 확인하고, 엑셀파일로 정리한 후 학교생활기록부에 '독서학습' 과목의 과목별 독서활동으로 등록

한다. 독서활동 기록의 실제사례의 일부를 다음과 같이 제시한다.

'사제동행 독서시간' 이수인증 및 의견 예시

순번	학생명	도서명	교사명	이수여부
1	강우송	제국의 바다 식민의 바다	강문근	pass

개인 특기사항

제국의 바다 식민의 바다(주강현, 웅진) - 미리 책을 읽어와 매번 퀴즈로 읽은 내용을 확인했습니다. 그리고 책에 나오는 지역을 답사한 사진과 여행기를 보면서 책의 내용을 시각화하였습니다. 우리 영토의 아픈 역사를 알아봄으로써 우리 국토와 바다에 대해 새롭게 인식하고, 이를 지키기 위해 어떠한 노력을 해야 하는지 생각해 보는 시간을 가졌습니다. 10명의 학생 중 매번 보는 퀴즈에서 총합 1등을 하여, 책을 가장 잘 읽어오는 학생 중 1명으로 선정되었습니다. 슬라이드를 보는 수업 시간에도 누구보다 집중하여 강의를 듣는 열정을 보여줬습니다. 인문학에 대한 깊은 관심이 느껴지는 학생입니다.

순번	학생명	도서명	교사명	이수여부
14	조효림	더불어 숲	강혜숙	pass

개인 특기사항

신영복 님의 '더불어 숲'을 읽고, 발표 및 주어진 논제에 대해 독서토론을 하였습니다. 1, 2학년 후배들과의 독서토론에서 3학년 선배로서의 분위기 리드를 잘 하였고, 자신의 토론부분에서는 설득력 있고, 사고 깊은 면모를 드러내 선배로서의 위상을 잘 드러냈습니다.

순번	학생명	도서명	교사명	이수여부
40	조선우	달과 6펜스	김동명	pass

개인 특기사항

수업을 통해 적극적으로 토론에 참여하며 자신의 생각을 논리적으로 표현하였습니다. 독후감을 통해 스트릭랜드와 부인인 에이미를 통해 행복에 대한 진지한 고민을 보여주었습니다. 행복이란 것이 존재하는 것인지?, 각자가 자신의 행복을 찾는다면 그래서 모두가 행복하다면 행복의 의미가 없는 것이 아닌지 질문을 하고 있습니다. 그리고 본인의 질문에 대해 성급하게 대답하기보다는 시간이 지난 후 다시 책을 읽음으로써 의미를 찾으려는 성숙한 자세를 보여주고 있습니다. 독서를 통한 깊은 사고 및 자신의 성찰이란 측면에서 뛰어난 태도를 보여주었습니다.

순번	학생명	도서명	교사명	이수여부
462	강태욱	The Adventures of Huckleberry Finn	Baumgardner	pass
개인 특기사항				

Kang Taewook performed well in my reading class of the Adventures of Huckleberry Finn. I appreciate the fact that he tried to make the most out of each class in terms of participating by sharing his ideas and responding to those raised by others and myself. Taewook's journal entries were also very detailed and demonstrated a commitment to deeply thinking about the events that took place in each of the assigned chapters.

2. 독서활동을 장려하기 위한 프로그램들

학생의 독서능력을 향상시키기 위해 학교와 교사들이 적극적인 노력을 하고 있다. 그러나 독서에 대한 관심을 가지고, 실천하는 것은 학생 개개인의 몫일 따름이다. 이에 본교에서는 학생들이 독서활동에 관심을 가지고, 독서를 실천할 수 있도록 장려하는 다양한 프로그램을 시행하고 있다. 대표적인 것이 '독서품', '만경독후감대회', '만경독서상'이다.

1) 독서품

'독서품'은 본교의 교육인증제도인 '민족 6품제'의 하나이다. '민족 6품제'는 세계를 무대로 활동할 민족 지도자의 양성이라는 본교의 교육 목표에 부합하는 인재를 육성하기 위하여, 본교를 졸업하기 전까지 갖추어야 할 6개 분야의 능력을 의미한다. '독서품'을 '민족 6품'의 하나로 지정한 것은 독서가 가지고 있는 인성, 창의성, 영재성 교육의 역할을 인정하고 있기 때문이다. '독서품'의 지정과 함께 학생들이 '독서품'을 이수할 수 있도록 학교 차원의 독서교육을 시행하고 있으며, 학생들의 만족도 및 이해도도 향상되고 있다. 독서품 이수의 규정은 다음과 같다.

민족 6품제 규정 중 독서품 규정

제8조 (독서품) ① 자격요건 : 본교 선정 권장도서 200권 중에서 교양권장도서 10권, 교과권장도서 40권을 읽고 독서 인증을 받아야 한다.

② 자격기준 : 졸업 전까지 총 인증 도서 권수가 50권 이상이 되어야 한다. 해당자에 한하여 12학년 1학기 말에 독서품을 인정받을 수 있다. 단, 조기졸업 대상자는 35권 이상을 인증 받아야 독서품을 인정받을 수 있다.

③ 준비방법 :

단 계	독서활동 지도
권장도서	1. 교사들이 추천한 도서들 중 본교에 적합한 도서를 권장도서선정위원회에서 검토하여 민족사관고등학교 권장도서목록을 작성한다. 권장도서는 교양권장도서와 교과권장도서로 구성된다. 2. 선정된 권장도서에 대해 서명, 저자, 출판사, 추천이유, 추천교사 등을 기록한 권장도서해제집을 제작하여 학생들에게 제공한다. 3. 교사들은 교과별 수행평가의 방법으로 권장도서를 활용할 수 있으며, 강의계획서를 통해 학생들이 사전 독서활동을 할 수 있도록 한다.
독서지도	1. 매주 월요일 7교시를 '사제동행 독서시간'으로 지정하여 운영한다. '사제동행 독서시간'에는 모든 학생들이 독서활동을 하며, 교사는 학생들의 독서활동의 인증 및 지도를 한다. 2. 독서활동의 인증은 해당 도서를 추천한 교사가 담당한다. 원서를 읽고 독서인증을 받은 경우 번역서의 독서활동은 인정되지 않는다. (예 : Animal farm과 동물농장) 3. 교과 수업을 통해 독서활동을 할 경우 추천교사가 아닌 교과교사가 독서활동을 인증할 수 있다. 독서활동의 결과는 독후감, 토론, 논문 작성 등을 통해 확인한다. 4. 어드바이저는 학생들의 독서활동이 적절하게 이루어지고 있는지를 점검한다.
독서인증	1. 학생들은 독서활동의 결과물을 창의적 체험활동의 독서활동에 기록하여야 한다. 2. 12학년 1학기 말에 해당자에 한하여 독서품을 인정받을 수 있다. 3. 교과 수업을 통한 독서활동은 권장도서에 포함 여부와 관계없이 독서품 인증도서로 한다.

④ 확인방법 : 교양권장도서 10권, 교과권장도서 40권에 대하여 담당교사가 확인하고, 학생이 독서활동의 결과물을 보관한다. 독서활동의 결과물은 창의적 체험

활동 지원시스템의 독서활동의 기록으로 대신할 수 있다. 자격기준이 되면 학생은 개인별 독서리스트와 해당 독후감을 사서교사에게 제출하여 인증을 받고, 인증내용을 교육정보실에 제출한다.

⑤ 적용대상 : 16기부터 이 규정을 적용한다. 다만 기존의 재학생들은 본인이 희망할 경우, 이전의 독서품 규정에 적용을 받음은 물론 이 규정에 의해서도 독서품을 인정받을 수 있다.

2) 만경독후감대회

2009년부터 연 2회 만경독후감대회를 운영하고 있다. 1학기에는 '만경 고전독후감대회', 2학기에는 '만경 과학독후감대회'가 개최된다. 독후감대회는 본교의 독서교육과 연계하여 본교의 권장도서를 참가대상으로 지정하고 있다. 교내 독후감대회를 통해 학생들의 독서에 대한 관심을 높이고, 독서활동을 성실하게 하고 있는 학생들을 격려하는 효과를 기대할 수 있다. 또한 글쓰기 능력이 상대적으로 낮은 이과 성향의 학생들을 대상으로 '과학독후감대회'를 운영함으로써 이과 성향의 학생들에게도 독서에 대한 관심을 가지도록 동기를 부여하고 있다. 독후감대회의 참가는 자율임에도 불구하고 대회마다 100명 이상의 학생들이 참가하고 있다.

3) 만경독서상

학교도서관을 활용한 독서활동을 장려하고, 독서활동을 통해 학생들이 다양한 분야의 지적 호기심과 교양을 기를 수 있도록 장려함을 목적으로 한다. 매 학기마다 학년별로 학교도서관에서 책을 가장 많이 대출한 학생들 중 5명을 만경독서상 후보자로 선정한다. 후보자들에게 대출한 도서에 대한 독서활동 결과물을 제출하도록 요청하고, 도서관운영위원회에서 결과

물의 양적, 질적 심사를 통해 수상자를 학년별로 2명씩 선정한다. 독서활동 결과물은 독후감은 물론 논문, 보고서 등을 포함함으로써 독서활동의 결과를 폭넓게 인정하고 있다. 또한 상의 명칭 및 수상자의 선정방법은 학생들의 건의를 적극적으로 수용한 결과물이라는 점에서 자부심을 가질 수 있다.

Ⅳ. 맺음말

독서는 누구나 할 수 있다고 생각한다. 그러나 제대로 독서를 한다는 것은 힘들다. 요리를 할 수 있다고 하면 무엇을 만들 수 있냐고 물어본다. 독서를 할 수 있다고 하면 무엇을 질문할 수 있을까? 어떤 책을 읽어 보았느냐? 《데미안》의 주인공이 누구인가? '어린왕자'가 떠나온 별의 이름은? 지식인으로서, 교양인으로 독서는 자신의 생각을 책을 통해 표현할 수 있어야 할 것이다. 《데미안》에 제시되는 '압락사스'의 의미와 인식과 해석을 말할 수 있어야 한다. 《데미안》과 영화 〈매트릭스〉를 비교하여 설명하거나, '데미안'의 카인의 해석을 그들의 오만함으로 비판할 수 있어야 한다. '어린왕자'를 통해 현대 사회를 비판하고, '길들임'과 '책임'에 대해 자신의 생각을 말할 수 있어야 할 것이다. 이런 독서는 '나만의 독서기술'이 있을 때 가능하다.

독서는 단순한 문자읽기가 아니다. 독서는 저자와의 대화이며, 타인과 자신의 가치와 생각이 다름을 인정하는 소통이다. '나만의 독서기술'은 어느 날 저절로 만들어지는 능력이 아니다. 어떤 책을, 어떻게 읽을 것인가에 대한 치열한 고민을 학생과 함께 나누고, 읽음으로써 조금씩 배워나갈 수 있다. 혼자만의 힘으로 '나만의 독서기술'을 습득하는 것은 일부 천재 정도가 가능할 것이다. 학교교육을 통해 교사의 도움을 받아 충분히 좋은 책을 접하고, 책을 읽는 방법을 배워나감으로써 '나만의 독서기술'을 가질 수 있다. 본교의 '사제동행 독서활동'은 이런 고민과 시행착오의 소중한 결실이다. '사제동행 독서활동'이 본교 학생들이 지도자로서 필요한 덕목을 갖추어 나감에 작은 디딤돌이 되기를 희망한다.

/ 네 번째 이야기 /

내 삶의 주인이 되어 더 넓은 세상을 보라

01 하고 싶은 학문과 현실 사이에서
      김지홍 | 3기

02 인생은 도전의 연속이다
      변익주 | 6기

03 민사고 교육의 정체성과 '싸가지' 있는 엘리트
      이상준 | 6기

04 시험지를 들고 운동장에서 울었다
      김해영 | 7기

05 뮤지션이 되고 싶었던 이단아
      최찬영 | 9기

06 민사고의 가장 큰 장점은 '자유'였다
      은빛 | 10기

07 모교의 선생님으로 돌아오다
      황소희 | 10기

08 미답(未踏)의 길을 갈 때 힘이 되어준 모교
      김주원 | 11기

09 기숙사 침대 모서리에 덧댄 판자의 내력
      남우찬 | 13기

귀에 못이 박히도록 들었던 '민족주체성', '조국', '학문을 위한 공부' 등의 어구들이
여전히 저의 삶에 영향을 미치고 있는 것일까요?

01
하고 싶은 학문과 현실 사이에서

김지홍

3기

저는 한국과 아시아지역 건축문화유산과 관련된 연구를 해오다가 올해 가을부터 문화재청에서의 근무를 앞두고 있습니다. 문화재와 관련된 연구를 하는 저에게 누군가가 물어본 적이 있습니다.

"혹시 민족사관고에서 받았던 교육이 지금의 전공을 하게 된 계기가 되신 거예요? 거기 한옥처럼 생긴 건물에다 교복도 한복이라면서요?"

아마 맞을 것입니다. 단순히 한옥이 좋고 한복이 좋아서가 아닙니다. 아마 고등학교 때부터 오늘날의 민족정체성이라는 문제에 대해 고민해 왔기 때문일 것입니다. 저는 박사과정 동안에 '대한민국'에서 전통적 상징이 구축되어 온 과정에 대해 연구했습니다. 예를 들면, 다산관이나 충무관 같은 콘크리트 한옥은 '학교(강의동)'라고 하는 근대적인 대형시설을 한옥의 형

태로 번안한 것입니다. 그 번안방식에서 서양식 콘크리트 구조로 목조의 취약성을 극복하되 민족적인 외관을 강조하고자 했던 동도서기적 사고방식을 읽을 수 있습니다.

고등학교 내내 귀에 못이 박히도록 들었던 '민족주체성', '조국', '학문을 위한 공부' 등의 어구들이 여전히 저의 삶에 영향을 미치고 있는 것일까요? 고등학교 시절에는 순수하게 당연히 엘리트라면 국가나 민족을 위해 기여할 수 있어야 한다고 생각했고, 대학에 와서는 권위적이고 무거운 국가나 민족이 아닌, 좀 더 합리적인 국가와 민족, 국민에 대해 생각해 보고 싶었습니다.

진로를 선택하는 과정에서도 '출세'를 생각하기보다는 좋아하는 일을 선택해 왔습니다. 제가 선택했던 '건축학과'는 공과대학 안에 있지만, 수학이나 공학수업보다는 디자인 실기과목이 주를 이루고, 건축역사나 비평과 같은 과목들이 필수입니다. 저는 디자인 분야에 관심이 많아 건축학과를 선택했지만, 대학에 진학해서는 건축의 지역성 문제에 관심이 생겨 대학원에서 건축역사를 전공했습니다. 미국에서 건축유산의 보존과 관련된 공부를 하고 돌아와 6, 70년대 한국에서의 전통건축 보존과 현대적 계승문제에 대한 논문으로 박사학위를 취득했습니다.

좋아하는 일을 하면서 살아왔다는 점에서 저는 운이 좋습니다. 지난 십년간 이백여 곳이 넘는 국내외의 다양한 유적지를 방문했습니다. 역사를 공부하면서 제 궁금증을 해소할 수 있었고, 현실에 기여할 수 있는 일을 하고 싶어 문화재 보존제도 연구를 시작했습니다.

하지만 고민과 갈등도 많았습니다. 서른을 기점으로 주변 사람들이 부러웠습니다. 출세한 친구들이 부럽고, 연봉이 높은 친구들이 부러웠던 적이 한두 번이 아니었습니다. 최첨단 분야를 연구하는 친구나, 해외에서 활동하는 친구들도 부러웠습니다. 생각 끝에 저의 순진함과 오만함을 깨달았습니다. 내가 좋아하는 것을 한다고 해도, 나에게 사회적 부나 명예가 따라오겠지라고 기대하고 있었던 것입니다. 선택과정에서 현실적인 계산을 하지 않은 대가를 받는 것이겠지요.

인생은 답이 없고, 끝도 없습니다. 자기가 어떤 사람인지 알아가면서 계속해서 자신의 인생을 만들어 나가는 것이라고 생각합니다. 얼마 전에 받았던 성향테스트에서 저는 '즐거움'과 '사회적 성취'가 중요한 사람이라는 평가를 받았습니다. 소소한 생활에서의 즐거움을 중요하게 생각하면서도, 공명심을 갖고 있는 저 자신을 잘 운용하는 방법을 깨달아가고 있는 중입니다.

고등학교까지의 과정은 동등하게 주어진 과제를 잘 수행하고, 정해진 시험을 잘 보는 사람이 좋은 평가를 받는 것 같습니다. 하지만 대학에 진학하면서부터는 선택의 폭이 넓어지고, 자신이 어떤 방향을 설정하느냐에 따라 동기들과 전혀 다른 길을 가게 됩니다. 모든 과목에 시간 분배를 해서 백점을 맞으면 되는 학생 때와는 달리, 나이가 들수록 내가 대상과 우선순위를 정하지 않으면, 돌아오는 것이 적다는 것을 깨닫습니다.

이제 서른넷의 나이에 연구원 생활에서 사무관으로서의 변화를 앞두고 있습니다. 설레고 바쁜 이 시기에 민족사관고등학교의 20주년을 맞이하게 되어 기쁩니다. 나이가 들수록 좋은 조언자가 되어 주는 동문들에게 감사드립니다. 더 생각할 수 있는 사람을 기르는 학교가 되기를 기원합니다.

전 세계에서 아무도 도전해 보지 않았던 과제를 손수 제작한 장비로 실험으로써 증명할 수 있는 기회는 민사고가 아니었다면 가질 수 없었던 기회라고 생각합니다.

02
인생은 도전의 연속이다

변익주
6기

    1996년 여름, 우리 가족은 동해바다로 여름 피서를 떠났습니다. 여느 때와는 달리 우리 가족은 영동고속도로 중간에서 횡성으로 빠졌습니다. 바로 '민족사관고등학교(민사고)'를 방문하기 위함이었습니다. '대한민국을 위한 영재교육'이라는 건학 이념에 푹 빠지신 어머니께서는 자신이 너무나도 가고 싶은 학교라고 하시며, 여름 피서 중 민사고 방문을 계획하셨습니다. 일반 고등학생들이 집, 학교, 학원의 반복되는 일상에 찌들어 있다면, 민사고 학생들은 횡성의 작은 학교 안에서만 생활하는데도 그 생활이 훨씬 자유로워 보였습니다. 아침에는 심신을 단련하고, 밤에는 불철주야 학문을 탐구하는 모습이 너무도 멋있었고, 민사고 학생들은 나의 우상이 되었습니다.
    꿈은 현실로 이루어졌습니다. 어려운 민사고 입시를 통과하여 드디어

민사고생이 된 것입니다. 그러나 막상 영어 수업 및 토론, 그리고 논술형 숙제는 전혀 훈련이 안 되었던 나에게 너무나도 힘들었습니다.

하지만 나에게는 물리 실험 심화반이라는 꿀 같은 시간이 있었습니다. 다른 시간에는 수업을 겨우 따라가는 정도였지만, 물리 실험 심화반에서는 첫 수업에서 단번에 전류의 방향을 바꾸는 스위치를 제작하여 친구들의 부러움을 사기도 했지요. 심화반에서의 실험은 사실 간단했습니다. 철에 자기장을 걸어서 자석을 만든 후, 자기장을 반대방향으로 걸어 철에 남아 있는 잔류 응력을 측정하는 실험이었습니다. 모든 것이 그렇겠지만 매 순간 순간이 문제의 연속이었습니다. 반복 실험을 하기 위해서는 철에 남아 있는 자성을 없애야 하는데 실험실에 있는 장비는 너무 작아서 사용할 수 없었습니다. 대학물리책 어디에도 철의 자성을 제거하는 방법은 나와 있지 않았습니다. 몇 날 며칠을 혼자 낑낑대면서 연구한 결과 코일에 교류를 흘려주면서 철 시료와 코일의 거리를 증가시키면 철 시료의 자성이 0에 수렴한다는 사실을 깨닫고, 바로 실험 장비를 꾸몄습니다. 들뜬 마음에 전원을 켠 순간 '잉~~' 소리를 내면서 철 시료는 심하게 진동했고, 결국 연구실은 정전되었습니다. 정말 어렵게 선생님께 이 사실을 말씀드렸고, 선생님께서는 혼내는 대신에 다치지 않아 참 다행이라며 저를 걱정해 주셨습니다. 1년을 넘게 선생님과 함께 영하 196도에서의 자성과 씨름한 결과, 전국 과학전람회에서 과학기술부 장관상을 수상하였고, 결국 대학교에 입학하면서 대통령과학장학생에 선정되기도 했습니다. 장학금의 일부는 물리 실험실에 기부를 했고, 내 후배들이 지금 그 실험실에서 초전도체를 손수 만들고 있다는 사실에 선배로서 정말 뿌듯합니다.

전 세계에서 아무도 도전해 보지 않았던 과제를 손수 제작한 장비로 실험으로써 증명할 수 있는 기회는 민사고가 아니었다면 가질 수 없었던 기회라고 생각합니다. 민사고에서의 엄격하지만 즐거웠던 트레이닝 과정은 그 이후 나의 성장에 밑바탕이 되었습니다. 고등학교 졸업 이후에는 포스텍에서 학부 최우수 연구발표상을 받고, 석사과정 때는 (직접 만든 장비로) 세계 최초로 반도체 레이저를 이용한 대면적 간섭 리소그래피를 성공하여 국제 저널에 발표했습니다. 도쿄대학교 정밀공학과에서는 한국인 최초로 최우수 논문상(공대학장상)을 받고 박사과정 학생 대표로 졸업을 했습니다.

작년에 저는 '모바일 헬스케어'라는 새로운 도전을 시작했습니다. 매일매일이 문제의 연속이지만, 고등학교 때 선생님의 가르침을 되새기며 차근차근 그 문제들을 풀어나가고 있습니다. 나의 작은 걸음이 우리나라, 더 나아가 인류를 위해 이바지할 수 있다는 생각에 흥분을 가라앉히기 힘들 정도입니다. 사회에 조금이나마 보탬이 될 수 있도록 노력하는 것만이 선생님들의 은혜에 보답하는 길이라 생각하며, 이것이 수많은 어려움을 견딜 수 있는 나의 원동력이 되고 있습니다. 지금도 전 세계 곳곳에서 노력하고 있는 선후배님들께 누가 되지 않도록, 그리고 미래의 졸업생들에게는 귀감이 되는 선배가 될 수 있도록 노력하겠습니다. 마지막으로 나를 이렇게 성장시켜준 민사고와 선생님들께 감사드립니다.

오해하는 분들이 있을까봐 미리 밝혀 두는데 저는 결코 엘리트주의자는 아닙니다.

03 민사고 교육의 정체성과 '싸가지' 있는 엘리트

이상준
6기

내 삶의 가장 뜨거웠던 시절인 고등학교를 졸업한 지 올해로 만 10년이 지났습니다. 민족사관고의 교육 철학과 이념, 가치관이 저에게 무엇을 남겨 주었는가 되돌아보면 크게 세 가지를 생각해 보게 됩니다. 첫째, '민족주체성' 교육. 둘째, 내 삶의 주체성. 셋째, '싸가지' 있는 엘리트. 마지막 포인트에 대해 오해하실 분들이 있을까봐 미리 밝혀 두자면 저는 결코 엘리트주의자는 아닙니다. '싸가지'라는 단어가 담고 있는 인격과 인품의 문제에 대해 초점을 맞춰 이해해 주시면 좋겠습니다.

'민족주체성' 교육은 정체가 뭐냐

민족사관고 교훈의 핵심은 '민족주체성' 교육입니다. 처음 학교가 설립될

　1990년대 후반 당시 '21세기'를 논하는 시점에 '촌스럽게' 민족이란 단어를 학교 이름에 왜 넣느냐는 의견이 많았다고 들었습니다. 그럼에도 불구하고 '민족'이란 단어는 학교 이름의 중요한 한 축으로 남게 되었고 또 지금도 '민사고'라는 약칭으로 불리는 사랑하는 모교의 중요한 정체성 중 하나입니다.

　모교의 재학생, 졸업생, 선생님 등 구성원들 및 우리 사회의 많은 분들이 '민족'이란 단어가 갖는 배타성과 국수주의적 위험성에 대해 지적하는 분들도 많습니다. 몇 년 전 어느 재학생 후배 하나가 이에 대해 지적하는 글을 매체에 기고하여 논란이 되기도 했다고 들었습니다. 물론 중요한 지적으로 저 또한 '민족'이란 말이 잘못 변질되어선 안 된다고 생각하기에, 그리고 고등학교를 졸업하고 사회에 나와 많은 일들을 겪으면서 느꼈기에, 이 또한 새겨들어야 한다고 생각합니다.

　그러나 열심히 공부를 하되 '출세'에 목표를 두지 말라는 모교의 교훈을 되새겨 보면, '민족'이라는 단어가 갖는 본질적인 의미가 더 잘 드러난다고 생각합니다. 졸업 후 종종 모교가 나에게 무엇을 남겨 주었는가 생각해 보면서 나만을 위한 삶이 아니라 다른 이들을 배려하고 함께 가는 삶이 '민족'이란 단어가 갖는 진정한 무게라 느끼게 되었습니다. 물론 모교의 교육 방식이나 시스템에 많은 시행착오가 있었고 민족주체성 교육이라 부를 만한 것을 얼마나 접했는가 하는 의문을 가질 수도 있을 것입니다. 재학생 시절에는 이런 점에 대한 의문이나 갈증이 더 크기도 했습니다. 그러나 졸업 후 시간이 흐르면서 꼭 그렇지는 않다는 것을 많이 느낍니다.

　예를 들어, 단순히 한복을 교복으로 입었던 경험 하나만 가지고도 민족주체성과의 연관성은 매우 크다고 하겠습니다. "우리의 문화유산인 한복이 촌스럽지 않느냐?"고 묻는 이들을 만나면 "활동성도 좋고 아름다운 색감이 뛰어난 한복을 왜 시대에 뒤떨어진 것으로 생각하는가?" 되묻기도 했습니다. 일제 강점기에 일본인들이 조선인을 비하하기 위해 '김치 냄새 나는 동물'로 취급했으나 오늘날 일본인들이 김치를 사기 위해 한국행 비행기에 오르는 것처럼 우리가 촌스럽게 생각했던 한복도 뛰어난 디자이너들이 현대적 감각에 맞게 재해석하여 프랑스 파리의 패션쇼에도 당당히 올리고 있습니다.

어떤 제도와 문화도 빛과 그림자가 존재한다고 생각합니다. 우리가 그 시절 한국의 다른 고등학교에서는 볼 수 없는 최고의 시설과 훌륭한 선생님들로부터 교육 받았다는 것은 사실입니다. 그렇기 때문에 우리는 사회에 큰 빚을 지고 있는 몸입니다. 자신과 가족이라는 좁은 울타리를 챙기는 것도 중요하지만 내 주변을 벗어나 다른 이들을 생각하라는 가르침, 칸트의 정언명령과도 같은 그런 도덕적 나침반이 담겨 있는 교훈의 정신을 끊임없이 되새겨야 하는 이유가 그것입니다. '민족'이란 단어를 단순히 '우리나라 사람'으로만 보라는 것이 학교의 설립 취지는 아니었을 것입니다. 언제 어디서든 내가 속해 있는 공동체와 사회를 생각하라는 의미로 받아들이게 되었습니다. 그런 면에서 민족사관고의 교육 철학과 이념은 저에게 더 넓은 세상을 보라는 가르침이었습니다. 일상에 파묻혀 살다 보면 잊게 되지만, 냉장고에 붙여놓은 마그넷처럼 어느 순간 떠올라 돌아보게 해주는 그런 소중한 것입니다.

내 삶의 주인이 되라는 가르침

'출세'를 위한 공부를 하지 말라는 교훈, 그것이 나의 진정한 행복이라는 교훈의 문구는 삶의 주체성에 대해 생각하게 해주었습니다. 고등학교 졸업 후 성인이 되어 겪은 세상에서 만난 사람들 중에는 오로지 출세를 위한 삶을 사는 이들도 많았습니다. 물론 '을'이 되면 갈수록 살기 힘들어지는 한국 사회에서 어느 정도 그런 이들을 이해하게 되는 측면도 있었지만, 그게 전부

는 아니라는 것을 모교의 교훈은 일깨워 주었습니다.

무엇보다도 많은 이들이 선망하는 욕망의 대상을 쟁취하고 그런 자리에 가는 것보단 내가 언제 어디서 무엇을 할 때 가장 행복한가에 대해 고민하고 치열하게 답을 찾아나가는 것이 중요하다는 것을 나이가 들수록 깨닫게 됩니다.

'네 삶의 주인이 되어라. 그때 진짜 네 행복을 찾을 수 있을 것이다.'

저는 이것이 바로 모교의 교훈이 제게 남긴 가장 큰 가르침이었다고 생각합니다.

'싸가지' 있는 엘리트가 되는 것이 중요하다

마지막으로 엘리트 교육이 한국 사회에서 갖는 의미를 생각해 보게 됩니다. 온라인을 기반으로 한 참여민주주의와 크라우드 펀딩의 시대에 엘리트 교육은 구시대의 유물이라 생각하는 분들도 있을 것입니다. 그러나 분명한 것은 우리 민사고가 민족적인 요구에 의하여 탄생하고 성장해 왔다는 사실입니다.

대학교 1학년 때 룸메이트들과 이런 이야기를 나눈 적이 있습니다.

"인간의 재능이란 것이 정말 다양한데 우리처럼 청소년 시절 학교 공부에서 잠깐 성과를 보였다고 하여 이렇게 좋은 기회와 혜택을 주는 고등교육 기관을 온전히 우리만 누리는 것이 과연 자유와 평등의 가치에 부합하는가? 우리는 과연 어떤 책임감을 가지고 있으며 그런 책임감을 실현하기 위하여 어떻게 살아야 하는가?"

룸메이트들과 이런 대화를 나누면서 모교의 교훈과 교육이 더욱 가슴 깊이 젖어 오는 것을 절감했습니다.

아직까지 세계의 여러 사회들, 특히 한국에서는 좋은 교육을 받은 엘리트들에게 많은 기회가 주어지는 것이 사실입니다. 그렇기 때문에 '싸가지'

있는 엘리트, 다른 이를 존중하고 넓은 마음을 가진 엘리트가 되는 것이 중요하다고 생각하며 이는 외면할 수 없는 시대적 요청으로 민사고의 교훈이 지니고 있는 깊은 뜻도 여기에 있다고 생각합니다.

출세만을 지상 목표로 삼지 말라는 모교의 교훈과 교육 철학은 우리 삶의 지표로서 손색이 없습니다. 물론 모교의 교육이 단순히 일부 재능 있는 아이들만 뽑아서 잘 가르치겠다는 것이 아니라 한국 사회의 많은 아이들 또한 이렇게 좋은 교육을 받을 수 있도록 모델을 제시하고 또 모두 함께 수준 높은 교육을 지향하는 데 한국 사회의 나침반 역할을 해야 한다고 생각합니다. 그러나 적어도 현실 속에서 아직까지는 엘리트들이 할 수 있는 역할이 많다는 것도 숨길 수 없는 사실입니다. 그러므로 사회에 선한 영향력과 좋은 흔적을 남길 수 있는 '싸가지' 있는 엘리트들이 빛과 소금이 되도록 하는 것이 모교의 역할일 것이라 생각합니다. 이런 면에서 한국 사회의 많은 분들이 모교에 대해 갖고 있는 우려나 걱정을 겸허히 받아들이고 동문들과 재학생, 선생님들 및 학교의 스태프 등 많은 분들이 함께 노력해 나갈 필요가 있다는 생각을 종종 합니다.

저 자신뿐만 아니라 공동체와 사회를 먼저 생각하고, 욕망에게 주인 자리를 내어주지 않고 건전한 삶의 주체가 되어 그릇과 능력에 따라 도전하고 노력하며 살아가는 것, 그것이 모교의 교훈이 주는 가치를 마음에 품고 살아가는 것이 아닐까 생각하고 되새겨 봅니다.

묵묵히 진눈깨비를 맞으며 운동장 한 바퀴를 함께 걸어주셨던 기억이, 포기하고 싶었던 그 시절 저의 마음속 깊이 남아 큰 버팀목이 되어 주었음에 감사합니다.

04
시험지를 들고 운동장에서 울었다

김해영
7기

    고등학교를 졸업한 지 딱 10년이 지났습니다. 현재 저는 감사하게도 하고 싶었던 공부를 하며 살아가고 있습니다. 더 큰 세계에서 공부하여 생명공학자가 되어 세상에 이바지하고 싶다는 꿈을 품고 민사고에 입학하였으나, 영어 수업의 절반도 제대로 이해하지 못했던 저는 시험을 볼 때마다 꼴등을 했던 적도 많았습니다.

    고등학교 1학년, 진눈깨비가 날리는 어느 추운 겨울날이었습니다. 오전 수업 후, 맞은 문제보다 틀린 것이 더 많았던 시험지를 붙들고 좌절감에 운동장 잔디밭에 드러누워 엉엉 울고 있었습니다. 학교를 그만두어야 하나… 생각했습니다. 헌데 때마침 점심 식사를 마치고 언덕길을 내려오시던 엄세용 선생님께서 저를 먼발치에서 보시고 다가오시더니, 아무 말 없이 들고

계신 우산을 접고 저의 손을 잡아 일으켜 세우시고서는 같이 걷자 하셨습니다. 왜 우냐고 묻지 않으셨고, 저 또한 왜 우는지 설명하지 않았습니다. 높게만 느껴졌던 선생님께서 그저 다 지나가는 과정이라고, 잘 해낼 수 있을 거라며 묵묵히 진눈깨비를 맞으며 운동장 한 바퀴를 함께 걸어주셨던 기억이, 포기하고 싶었던 그 시절 저의 마음속 깊이 남아 고등학교 3년, 그리고 그 이후의 대학/대학원 생활을 하면서 큰 버팀목이 되어 주었음에 감사할 뿐입니다. 어디 이뿐이겠습니까. 돌이켜보면 3년 동안 참으로 많은 선생님들께 갚지도 못할 은혜를 받았습니다.

고등학교 졸업 후 저는 liberal arts college인 미네소타 주의 칼튼대학교에 입학했습니다. 학부에서는 과학과 인문학 교육을 같이 받고 싶다는 생각에서 한 선택이었습니다. 학생 위주의 수업, 자유로운 토론 중심의 교육을 받으며 다양한 분야의 공부를 할 수 있었습니다. 대학교 때 탄자니아 아루샤 지역의 주민들을 대상으로 에이즈 예방 교육을 하기도 했고, 학교의 지원으로 프랑스 파리에서 "유럽의 국제보건기관 및 정책"에 관한 교환 학생 프로그램에 참여하며, 보건 연구와 정책 변화를 통하여 전염병 예방에 기여하고 싶다는 꿈을 품게 되었습니다. 그 꿈을 좇아 현재 저는 역학 석사를 마치고 전염병역학 박사과정에서 공부하고 있습니다. 남아프리카공화국을 왕래하며 에이즈 감염 산모 내의 결핵 예방을 위한 연구를 진행하고 있고, 어떻게 하면 저개발국에서 조금 더 비용대비 효과적으로 에이즈를 예방하고 결핵을 초기에 진단할 수 있을까를 놓고 고심하고 있습니다. 졸업 후에는 학계에 남아 아프리카 지역의 에이즈 감염자들 및 위험집단의 사람들이 차별 받지 않고 평등하게 예방과 치료의 기회를 얻어 건강한 삶을 영위할 수 있도록 관련 연구를 지속할 계획입니다.

이곳 존스홉킨스 대학원에서 공부하며 느끼는 것이 있습니다. 세계 각국에서 온 학생/의료 종사자들은 물론이고, 보건 분야의 내로라하는 석학들이 끊임없이 스스로 배우고 발전하며 연구와 교육에 열정을 불태운다는 사실입니다. 이러한 연구 결과를 통해서 정책이 변화되고, 직/간접적으로 수많은 사람들의 삶을 보다 풍요롭게 변화시킬 수 있다는 사명감을 품고 매일매일 각고의 노력을 쏟는 모습을 옆에서 보며, 학자의 삶을 몸소 배우고 있습니다. 이것이 설립자님이 말씀하시고자 했던, '학문을 위한 공부를 하자… 이것이 나의 진정한 행복이자 내일의 밝은 조국이지 않을까' 생각합니다. 13년 전의 저에게 막연한 꿈이었던 길을 걸어갈 수 있게 발판을 마련해 준 모교의 가르침에 다시 한 번 감사를 드립니다. 지금도 치열하게 공부하고 있을 후배님들! 한국뿐만 아니라 세상을 보다 풍요롭게 변화시킬 수 있다는 꿈을 품고, 그 꿈을 향해서 힘차게 나아가 주길 기대합니다.

재정적, 시스템적으로 적극적으로 지원이 되던 동아리 활동을 통해 느꼈던 음악적 성취감은 아직도 내 삶의 원동력이 되고 있습니다.

05
뮤지션이 되고 싶었던 이단아

최찬영
9기

　중학교 2학년, 수학을 88점 맞아서 아버지에게 12대의 매를 맞은 적이 있습니다. 그 당시 어린 내가 느끼기에 저득점은 '죄'였습니다. 그리고 고등학교 생활은 그 연장선에 있었습니다. 설령 교육 시스템을 그렇게 디자인하지 않았더라도 모여 있는 학생들의 특성상, 일명 '모범생', '우등생' 집단에서 오는 Peer-pressure. 랩퍼-프로듀서를 꿈꾸던 나에게 주어진 공부를 하지 않는 것에 대한 죄책감은 상당했습니다. 그런 면에서 '각계각층의 지도자 양성'을 위해서는 시스템 개편을 고민해 봐야 하지 않을까 조심스럽게 생각해 봅니다. 부디 후배들이 수업시간에 자고 있는 주변 친구에게 따가운 눈초리를 보내지 말길 바랍니다.

　대학시절 '컴퓨터 공학과'에 진학하여, 매일 똑같은 강의실에 왔다 갔다

하며 실전에서 뛰지 않는 사람들의 이야기를 듣는 것이 지루했습니다. 물론 내게 지루한 전공 탓도 있었지만 난 학교를 그만두고 '학원강사'를 하며 스스로 '가수-작곡가 연습생'의 시간을 부여했고, 동시에 '예비 청년 창업가'로서의 공부를 했습니다. 때문에 대학생활에 대해 나에게 듣는 것은 어떠한 관점에서 실패한 대학생의 이야기를 듣는 것과 같습니다. 하지만 대부분의 동창들이 걱정했었던 것에 반해 개인적인 삶에서 나는 만족하고 있으며 내가 하고 있는 일에 보람을 느낍니다. 대기업 사회공헌팀과 연계된 연 단위 컨필레이션 앨범 제작, 그리고 다수의 드라마와 영화 OST를 내가 운영하고 있는 회사에서 제작하고 있으며, 나를 비롯한 여럿의 가수들이 내 군-전역일에 맞추어 활동을 준비하고 있습니다.

'학원강사' - '랩퍼' - '프로듀서' - '기업의 대표'로서 내가 민사고에서 배운 값진 삶의 습관에 대해서 이야기하고 이 글을 마무리할까 합니다. 내가 활동하는 음악 업계에서 흔히 사람들이 하는 말버릇 중 하나 - "음악으로 밥 먹고 살기는 힘들어!" 내가 보는 관점에서 밥을 먹고자 하는 의지가 없는 사람은 못 먹고 사는 게 당연하고, 먹고자 하는 사람은 본인의 밥그릇을 찾습니다. 민사고에서 보고 자란 Tight한 삶의 습관은 본인이 진정 원하고 목표하는 삶을 찾았을 때 그것을 향해 빠르게 달려가는 법을 배우는 좋은 시간이었던 것 같습니다. 마냥 엄마에게 공부는 하기 싫고 뭔가는 좋아하는데, 그게 음악이라서 '음악'을 업으로 삼고자 했을지 모르는 과거의 나에게 그때 보고 배운 삶의 패턴은 단단한 디딤돌이 되고 있을 것입니다.

학창시절을 떠올리면 유독 비판적이고 Sarcastic해지는 나의 말투는 그 당시 기억이 좋지만은 않음을 반증하나 봅니다. 학업적인 스트레스와 함께 넉넉지 않았던 여유시간에 재정적, 시스템적으로 적극적으로 지원이 되던 동아리 활동을 통해 느꼈던 음악적 성취감은 아직도 내 삶의 원동력이 되고 있습니다. 좋은 뮤지션, 솔직하고 창의적인 기업의 대표로 이 글의 독자들과 지면 외에서 다시 만나길 기대해 봅니다.

저에게 있어서 민사고는 결국 오늘날의 저를 있게 만든 곳입니다.

06
민사고의 가장 큰 장점은 '자유'였다

은 빛
10기

　지금도 주변에서 저보고 괴짜라는 소리를 많이 하고, 또 사실 어째 엮이는 사람들마다 실망시키지 않았던 적이 없었을 정도로(그게 정말 소소한 일이었다 할지라도) 뭐랄까, 글을 쓰면서 자꾸 제가 저질렀던 갖가지 잘못이 떠오르는 터라 이거 내가 투고를 해도 되는 건가 싶을 정도로 고민을 하게 됩니다. 그래도 내년에 20기가 들어오는데, 저 같은 사람도 민사고에 들어와서 과거보다 훨씬 나아졌다(그게 여전히 이 모양이라는 게 조금 우습긴 합니다만)는 선례로서 한마디 해 보는 것도 좋지 않을까, 그렇게 생각하게 되네요.
　저에게 있어서 민사고는 결국 오늘날의 저를 있게 만든 곳입니다. 그게 좋은 측면의 것이건, 나쁜 측면의 것이건, 전부 다 말이죠. 저는 민사고에

3년을 있었고, 그 뒤로 또 캠프에서 활동하면서 여섯 번의 방학을 보냈습니다. 그 과정에서 참 많은 것을 배웠고, 많은 것을 느꼈고, 또 재미있는 생활을 했었죠.

사실 저는 체력도 약하고 또 대단히 게으른 터라, 뭔가를 막 꾸준하게 공부하고 노력하는 그런 일반적인 공부 잘하는 사람들의 이미지와는 거리가 멉니다. 그때그때 상황에 맞춰서 돌파하고, 필요하다고 느끼면 즉시 깊게 파며, 또 그에 맞춰서 답을 내놓거나 도움을 청하고, 필요하면 포기하는, 그런 임기응변에 능한 정도라서, 대단히 컨트롤하기 힘든 부류의 사람이었죠. 주변에서는 군대에 입대하면 많이 바뀌지 않겠느냐고 이야기하기도 합니다만. 여하간 그런 저를 받아들여주고 또 제가 결과적으로 그렇게 해서도 살아남을 수 있도록 한 곳이 민사고였던지라, 제가 민사고에 갖는 감정이라고 해야 할까요? 그건 그래서 특별할 수밖에 없는 것 같습니다.

제가 프로그래밍이라는 데 처음 재미를 붙였던 곳이 바로 민사고였습니다. 그 뒤로 한동안 저는 심심할 때마다 프로그래밍을 하곤 했고, 그렇게 많은 프로그램을 만들어 보고 테스트해 보고 공지도 해보고 하면서 이것저것 손대본 결과를 경험 삼아 사무업무를 볼 때 쏠쏠하게 이용하곤 했죠. 근데 저는 돌아보니 이미 그때부터 학업이라는 것을 즐기는 학생은 아니었던 것 같습니다. 다른 친구들은 틈날 때마다 공부를 했으나 저는 틈날 때마다 프로그래밍을 하고 있었습니다. 그렇게 프로그래밍하는 재미에 푹 빠져 있던 때라, 거의 그것에만 매달려 있었으니 물론 성적은 좋지 않았습니다. 하지만 민사고였기에, 그렇게 학업을 다 제쳐두고 코딩만 하면서도 살아남을 수 있었다고 생각합니다. 여하간 흔히들 생각하는 고등학교 때의 공부와 전혀 관련 없는 것들을 하면서, 하고 싶은 걸 하면서도 충분히 살아남을 수 있는 환경이 민사고라는 것을 보여주는 가장 좋은 예가 제가 아닐까 싶네요.

어떻게 해서 그런 일이 가능할까? 하는 의문에 답하는 것은 저의 본령이 아니라 선생님들이 이 지면을 통해 밝혀 주시겠지요. 저는 다만 저 같은 사람도 민사고에서 꿈의 싹을 틔우고 자랐다는 실증을 보여드리려는 것입니다. 이것이 민사고 교육의 진정한 단면이기를 내심 기대하면서요.

성격적인 면에서 보면, 지금도 성격이 많이 날카로운 편이라는 이야기를 듣고는 합니다만, 민사고 3년을 살고 또 다른 사람들과 여섯 번의 방학을 같이 일하면서 (방학 중 중학생 대상으로 실시하는 영어 캠프에서) 그런 날카로운 면은 많이 나아졌습니다. 이건 저의 일방적인 판단이 아니라 가끔 몇몇 동문들과 만나서 이야기할 때가 있는데, 공통적으로 공감하더군요. 민사고가 성격을 온화시키는 여과지와 같다는 것은 3년 동안의 변화가 말해 주고 있습니다. 전국에서 '수재'라는 자부심을 가진 아이들이 모여서는 첫해에는 당연히(?) 다들 독기를 품고 있어 간혹 싸움도 벌어지지만, 그 다음 해에는 잠잠해지고, 나중에 기면 결과적으로 모두 친해진다는 정도의 이야기입니다. 모두들 그렇게 생각하는데 저도 공감합니다. 기숙사라는 일종의 폐쇄된 공간에서 계속 마주치다 보면 좋든 싫든 결과적으로 둥글둥글해지게 되는 것은 사실인 것 같습니다.

저에게는 그 3년에 추가적인 시간이 좀 더 필요했습니다만, 여하간 제가 민사고 3년이 아니었다면 지금보다 훨씬 더 날카로운 사람이라는 소리를 들었을지도 모르겠네요. 지금도 호불호가 확실하고, 감정이 얼굴에 딱 드러나는 타입이라 많은 사람들이 불편해하고는 하는데, 민사고 3년이 아니었으면 정말 사회에서 살아남기 힘들었을 거라는 생각을 가끔 하고는 합니다.

이런 성격을 버리지 못했지만 각종 학교가 요구하는 규칙이나 법에 어긋나지 않는 선에서 어떤 행동을 해도 좋은 곳이 민사고였습니다. '최소한

의 규칙을 지켜 최대한의 자유를 누리는 곳이 민사고였습니다. 자유시간도 그만큼 많았었죠. 저는 공연 전에는 사물놀이 연습을 하고, 주말에는 체스를 두고(물론 기본적인 말의 움직임만 알고 있는 수준이었습니다만), 가끔씩 수학 동아리 모임이 있으면 가서 수학 문제를 풀고, 관측회가 있을 때는 별도 보고 그랬습니다. 큐브 맞추는 법도 배우고 그랬죠. 제가 어떤 행동을 해도, 제재하거나 간섭하는 일이 없었습니다. 꿈이 있으면 마음껏 펼쳐볼 수 있도록 공간과 기회를 제공해 주었습니다. 사춘기 시절의 역동적인 3년을 한 학교, 한 기숙사에서 평범하게 잘 지내기가 그리 쉬운 일은 아닙니다. 제가 민사고 3년을 잘 넘길 수 있었던 원동력은 이 학교가 지닌 최대의 장점이자 숨겨진 매력 때문이겠지요. 그건 한마디로 '자유'였습니다. 요즘 정치하는 사람들이 입에 올리는 '창조'도 '자유'가 있기에 가능한 것입니다. 그 자유로움 덕분에 지금도 저는 제가 뭔가를 새로 하고자 하는 데 그렇게 거리낌이 없는 편입니다. 목소리를 내는 데 주저함이 별로 없고, 생각한 바를 표현하는 데 거리낌이 없죠. 이 모든 것이 민사고가 저에게 준 선물이라 생각합니다.

민사고 3년이 저에게 준 것이 어찌 이것뿐이겠습니까. 많은 친구들과 뛰어난 동문들을 주었고, 제가 단순히 기계로 찍어낸 것과 같은 사람이 아닌 한 명의 개성 있는 사람으로서 남아 있도록 한 곳이었습니다. 좋은 면이건 나쁜 면이건 제 나름대로의 모습을 그대로 유지할 수 있도록 해준 곳이고, 제가 학업을 하거나 어떤 일을 함에 있어서 뭔가 거리낌이 없이 하고 싶으면 할 수 있도록 하는 행동력도 안겨 주었습니다. 제가 가진 많은 단점을 품어주고 제가 가진 장점을 키워 준 곳이기도 합니다. 말하자면 오늘의 '나'를 만든 곳이 민사고였습니다. 저의 '내일'도 민사고가 만들어 나가겠지요. 저에게 있어서 민사고라는 곳에서 3년을 보냈던 것은 큰 행운이었습니다.

물론 시스템이라는 게 사실 완벽할 수는 없는 거고, 많은 구성원들을 모두 만족시킬 수 있는 제도는 있을 수 없습니다. 민사고는 강원도 산골에 자리 잡은 지리적 여건 때문에 폐쇄적인 곳이다 보니 분명히 드러나는 단점도 많습니다. 작은 사회가 가질 수 있는 각종 위험에 노출되어 있지요. 일방적인 규칙, 그리고 폐쇄적인 곳이라는 점에서 기인하는 스트레스 등이 민사고가 극복해야 할 장애물이라 생각합니다. 그런 장애를 넘어서게 하는 것도 이 학교가 노리고 있는 진정한 '교육'인지도 모르겠습니다. 학교를 떠난 후 날이 갈수록 고마운 마음이 앞서고 그리움이 깊어지는 것이 그 때문인 것 같습니다. 민사고인이었다는 큰 행운에 감사합니다.

각자의 개성과 적성을 존중하고, 우리가 나아가야 할 길이 무엇인지 진지하게 고민할 수 있는 문화가 민사고에는 이미 정착되어 있었습니다.

07
모교의 선생님으로 돌아오다

황소희
10기

딱 10년 전, 저는 민족사관고등학교의 10기 입학생으로 학교에 처음 발을 딛었습니다. 그리고 정확히 10년 후 제가 또 다시 민족사관고등학교의 입학식을 위해 체육관에 들어서게 될 것이라고는 그때는 전혀 예상치 못했습니다. 제가 민족사관고등학교의 정치 선생님이 되어 학교에 다시 돌아오게 될 것이라고 말입니다.

10년 전, 우리나라에서 가장 좋다는 민족사관고등학교로부터 합격 통보를 받았을 때 저는 '좋은 교육'을 받게 될 거라는 기대감에 잔뜩 부풀어 있었습니다. 민족사관고등학교에서 제공하는 '좋은 교육'이 구체적으로 어떤 것인지 구체적으로는 알지 못했지만, 언론 매체들을 통해 접한 민족사관고등학교는 분명 훌륭한 인재들을 키워내는 뭔가 남다른 곳이었기 때문입

니다.

　민사고의 학생이 되어 직접 경험해 본 민사고는 역시 뭔가 남다른 곳이었습니다. 15명의 인원이 선생님들의 연구실을 옮겨 다니며 수업을 들었고, 매 수업마다 벅차다 싶을 정도의 수업 내용과 과제가 부과되었습니다. 모든 학생들은 반드시 한 부서에 소속되어 학생 자치에 적극적으로 참여해야 했습니다. 음악 시간에는 가야금을 배우고 체육 시간에는 국궁을 배웠습니다. 매일 오전 6시에 일어나 아침운동을 했습니다. 입법, 사법, 행정으로 나뉘어 있는 학생회에는 3명의 학생회장이 있었습니다. 그리고 무엇보다도, 감탄할 정도로 역량이 뛰어난 학생들과 열정 있는 선생님들이 계셨고, 그들과 24시간을 함께 보낼 수 있었습니다. 이러한 민사고에서의 생활은 매일매일 새로운 것을 배워가는, 그를 통해 내 자신이 하루가 다르게 성장하는 것이 느껴지는 그런 생활이었습니다.

　그리고 민사고는 확실히 독특한 곳이었습니다. 남을 이기기 위해 공부하는 것이 아니라 배움의 즐거움을 느끼며 학문적 호기심을 갖고 공부하는 학생들이 많았습니다. 모든 시간을 오직 공부만을 위해 쏟는 것이 아니라, 시간을 쪼개어 자신이 좋아하는 일에 나머지 시간을 투자하는 학생들이 많았습니다. 부당한 일에 분노할 줄 아는 학생들이 많았습니다. 남들 앞에서 자신만의 목소리를 내는 것을 두려워하지 않는 학생들이 많았습니다. 일찍이 자신의 꿈을 찾고 꿈을 실현하기 위해 묵묵히 자기 길을 가며 자신만의 소질과 적성을 살리고 있는 학생들이 많았습니다. 각자의 개성과 적성을 존중하고, 우리가 나아가야 할 길이 무엇인지 진지하게 고민할 수 있는 문화가 민사고에는 이미 정착되어 있었습니다.

　이러한 독특한 문화는 민사고가 학생들에게 제공해 준 '좋은 교육' 덕분에 형성될 수 있었을 텐데, 저는 학교를 졸업하고 난 뒤에야 민사고가 학생들에게 제공한 '좋은 교육'의 정체가 무엇이었는지 비로소 이해할 수 있게 되었습니다. 그것의 정체는 바로 민사고의 교훈에 담겨 있었습니다. 민사고에는 교훈으로 대표되는 분명한 교육 철학이 있었고, 그것을 현실화하려는 많은 선생님들의 헌신이 있었기에, 저는 민사고에서 완전히 질적으로 다른 인간으로 성장할 수 있었습니다. "출세하기 위한 공부를 하지 말고 학문을 위한 공부를 하자"는 가르침을 통해 모든 영역의 지식들에 호기심을 갖고 다가갈 수 있었고, "출세하기 위한 진로를 택하지 말고 소질과 적성에 맞는 진로를 택하자"는 가르침을 통해 내 안위만을 걱정하는 것이 아니라 더 높고 넓은 마음을 가질 수 있게 되었습니다.

실제로 제 인생에서 중요한 결정을 내릴 때마다 저에게 가장 큰 영향을 끼친 것은 바로 민사고의 교훈이었습니다. 출세를 위한 공부를 하지 말고 학문을 위한 공부를 하라는 단순한 그 구절이 제 삶의 방향을 이끌어주었습니다. 전공이나 진로를 선택할 때뿐만 아니라, 하다못해 일상에서 친구와 사소한 대화를 나눌 때도 저를 반성하게 하고 진정으로 옳은 길이 무엇인지 고민하게 한 것은 민사고의 교훈이었습니다. 민사고의 교육은 제게 지식만 알려준 것이 아니라, 시키는 일만 잘 해내는 모범생이었던 저를 좋아하는 일에 전념할 수 있는 학생으로, 개인의 안위만을 신경 쓰던 소시민이었던 저를 사회와 국가를 고려할 수 있는 커다란 시야를 가진 사람으로 만들어 주었습니다.

그래서 저는 누구보다도 교육의 힘을 믿지 않을 수 없었습니다. 민족사관고등학교의 교훈을 실현하기 위해 교실에서, 그리고 또 교실 밖에서 헌신해 주신 선생님들 덕분에, 저는 교육이 한 인간을 변화시킬 수 있는 엄청난 힘을 갖고 있다는 것을 알게 되었습니다. 사회가 필요로 하는 곳에서 각자의 자리를 잡은 선후배, 그리고 동기들은 그것을 증명하는 듯했습니다. 민

사고의 교육을 통해 스스로 변화하고 더 나은 어른으로 성장하고 그를 통해 사회를 더 좋은 방향으로 변화시키고자 하는 사람은 저뿐만이 아니었기 때문입니다. 민사고가 제 삶에 있어서 얼마나 중요한 계기가 되었는지 깨닫게 된 이후로, 민사고 교육의 수혜자인 제가 해야 할 일은 제가 받았던 것과 같은 좋은 교육을 또 다른 사람들이 받을 수 있게 하는 것이며, 그것이 제가 할 수 있는 가장 가치 있는 일이라는 믿음을 갖게 되었습니다.

이후로 저는 계속 교육과 관련된 일을 해왔고, 그러던 와중 모교에서 일할 수 있는 귀중한 기회를 얻게 되었습니다. 저를 바꿔 놓았던 민족사관고등학교라는 교육현장에서 후배이자 제자인 학생들과 함께 배움을 나누고, 은사님들과 동료로 일할 수 있다는 것이 매우 영광스럽습니다. 이제 선생님으로 부임한 지 갓 6개월이 지났는데, 학창시절을 떠올리게 하는 공간에서 훌륭한 후배들과 함께 공부를 한다는 것은 상상 이상으로 보람된 일이라는 걸 매일 느끼고 있습니다. 졸업생 출신 선생님으로서 막중한 책임감을 느끼며, 앞으로 민족사관고등학교의 좋은 문화를 계속해서 유지하고 더 많은 학생들에게 좋은 교육을 제공하기 위해 최선의 노력을 다할 것입니다. 저와 같은 경험을 하게 될 학생이 한 명이라도 있길 바라면서 말입니다.

외국인들까지 '민사고 졸업생'이라는 한마디로 필요 이상의 것까지 납득하고
이해하는 모습을 보고 모교인 민사고에 큰 빚을 진 기분입니다.

08

미답(未踏)의 길을 갈 때 힘이 되어준 모교

김주원
11기

　설립자님께서는 회고록에서 "20년 후 너희들이 말하라"고 하셨으나 불행하게도 저는 별로 할 말이 없습니다. '민족사관고등학교 졸업생'이라는 한마디로 모든 것을 설명할 수 있었고, 저에 대한 모든 정보와 가치판단까지 제공할 수 있었기 때문입니다. 저에 대해 아무것도 모르는 사람들, 심지어 외국인들까지 '민사고 졸업생'이라는 한마디로 필요 이상의 것까지 납득하고 이해하는 모습을 보고 모교인 민사고에 큰 빚을 진 기분입니다.

　이처럼 '민사고 졸업생'이라는 말이 나를 설명하게 돼버리자 나는 싫든 좋든 그 말이 지닌 의미를 되새겨보지 않을 수 없었습니다. 이는 곧 '민사고는 나에게 무엇이었나' 하는 의문으로 이어지고 또한 '나는 민사고에서 무엇을 배웠나?' 하는 궁극적인 질문에 대답하지 않을 수 없게 되는 것입

니다.

　내가 민사고를 졸업하고 미국 동부의 세계적인 명성을 지닌 예일대학과 하버드대학에서 머물며 공부하게 되면서 저는 저에 앞서 이 길을 걸어간 많은 민사고 졸업생들을 만났습니다. 동문, 선배들은 저보다 훨씬 어려운 현실적 장벽을 뚫고 세계적인 대학의 문을 열어 당당하게 헤쳐 나가고 있었습니다. 그러므로 '민사고 졸업생'의 이미지는 제가 아니라 동문 선배들이 고난을 무릅쓰고 쌓아놓은 값진 열매였습니다. 그 열매를 제가 향수(享受)한 것이지요.

　덕고산에도 시간은 가고 세월은 흐릅니다. 벌써 20주년을 앞둔 성년의 나이가 된 것이 그 사실을 입증합니다. 시간의 흐름을 종적으로 볼 때 선배들이 길을 열고 후배들이 그 길을 걸은 것처럼 횡적으로 살펴보면 저와 함께 민사고에서 고뇌했던 많은 친구들이 세계에 흩어져 민족의 앞길을 열어가고 있는 것을 발견했습니다. 이것은 민사고의 문제를 떠나 민족적인 문제로 먼 훗날 역사에 기록될 일입니다. 두 번에 걸쳐 폭풍처럼 밀어닥친 오일 쇼크를 중동 러시의 건설 노동자들이 벌어온 오일 달러로 극복했듯이, 그것이 한국 경제의 도약을 예비했듯이 민사고가 전 세계를 향하여 열어젖힌 그 길이 민족사에 중요한 페이지를 장식하게 될 것임을 저는 알고 있습니다. 그런 자랑스러운 친구들과 함께 숨 쉬고 뒹구는 기회를 마련해 준 모교에 깊이 감사합니다.

　20년은 짧은 세월입니다. 멀고 긴 역사에서 볼 때 특히 그렇습니다. 그러나 그 짧은 시간 속에서 민사고가 이루어 놓은 것은 숫자로 계량하기 불가능한 그 무엇입니다. 따라서 저는 해외의 유명 대학에서도 외롭지 않았으며, 어디를 가더라도 '민사고 졸업생'을 보는 따뜻한 시선과 분에 넘치는 기대를 느낄 수 있었습니다. 국내에서는 어색하기만 했던 그 교복이 우리에게 얼마나 큰 자긍심을 주는지 짐작도 못할 것입니다.

이렇듯 제게 있어 민족사관고등학교는, 말하지 않고도 제 능력을 입증할 수 있게 해주고, 남들보다 앞선 출발선상에서 동문들과 함께 달릴 수 있게 해준 고마운 존재였습니다. 이러한 학교 덕분에 저는 늘 쉬운 길을 택하지 않아도 되었습니다. 오히려 학교 덕분에 저는 남들이 가지 않는 어려운 길을 택하여 가고, 그럼에도 불구하고 그 길에서 성공할 수 있을 것이라는 자신감 충만한 삶을 살 수 있었습니다.

각자 자리에서 피나는 노력으로 우리 모두에게 이러한 환경을 만들어준 선배, 동기, 후배님들께 고맙습니다. 또한 그런 저희를 이끌어주신 선생님들께도 감사드립니다. 그리고 마지막으로, 이 모든 것을 가능하게 하신 설립자님께 가장 깊이 감사드리고 싶습니다. 내일의 밝은 조국을 바라보며 각계각층의 지도자가 되자는 무언의 약속, 항상 잊지 않고 살겠습니다.

제가 침대에서 떨어졌다는 사실만 전해 올 뿐이지 정작 그 사건이 지닌 뜻 깊은 뒷이야기는 모르는 것 같아 잠깐 서운한 생각이 들었습니다.

09
기숙사 침대 모서리에 덧댄 판자의 내력

남우찬
13기

    며칠 전, 모교를 다녀온 친구들로부터 제 이름이 아직도 학교에서 오르락내리락한다는 얘기를 전해 들었습니다. 듣자하니, "어느 한 선배가 자다가 침대에서 떨어진 이후로 커다란 나무판자 칸막이가 덧붙여져 불편하다"는 것이었습니다.

    이야기를 전해들은 저는 몹시 서운했습니다. 제가 침대에서 떨어졌다는 사실만 전해 올 뿐이지 정작 그 사건이 지닌 뜻 깊은 뒷이야기는 모르는 것 같아 잠깐 서운한 생각이 들었던 것입니다.

    그날의 정황을 설명하자면 이렇습니다. 저는 당시 살고 있던 원주의 한 대로변을 포복으로 기어가고 있었습니다. 그런데 낮은 울타리 하나가 저를 가로막는 거예요. 그래서 열심히 포복해서 그 울타리를 넘었습니다. 헌데

얼라? 울타리를 넘으면 다시 길이 이어져야 하는데, 바닥이 움푹 꺼져 있는 거예요. 그 다음엔 쾅!! 눈을 떠보니, 마룻바닥 위 널브러진 형형색색의 한복과 희끄무레한 빨래통이 보였고, 광대뼈가 이상하게 얼얼했습니다. 뒤따르는 수순은 뻔합니다. 저의 얼굴에 찌익 그어진 상처를 보신 사감선생님의 입을 타고 소문은 순식간에 퍼져, 며칠 뒤 기숙사 침대에는 볼썽사나운 나무판자가 하나씩 달리게 되었습니다.

예상치 못한 봉변을 당한 저는 '그래도 책상 모서리에 눈을 박았으면 큰일 났을 텐데…' 하며 스스로가 '신의 아들'이라고 자위했습니다. 그런데 제 얘기를 전해들은 메나드 선생님은 이렇게 한마디 해주더군요.

"이 답답한 곳을 벗어나고 싶었나 보군. 어디 주말에 바다나 한번 갔다 오지 그래?"

꿈보다 해몽이라고, 바다는 가지 않았지만, 메나드 선생님의 이 한마디가 제게는 적잖은 위로가 되었던 것 같습니다. 이후로 저는 고민만 생기면 메나드 선생님을 찾아갔고, 졸업 이후에는 술잔을 기울이며 서로의 고민을 터놓을 수 있는 친구가 되었으니까요.

민사고는 제게 그런 곳이었고, 그런 시기였습니다. 친구들은 열심히 대학 입시를 준비할 무렵, 저는 인생을 고민한다며 청소년기의 방황을 핑계로, 주어진 현실에서 열심히 도망쳤습니다. 다행히도, 민사고에는 도망칠 곳이 참 많았습니다. 충무관 3층 밴드 연습실을 시작해서 기숙사 방, 옥상, 뒷산 등등, 그리고 몇몇 선생님들의 사무실. 지금 돌이켜보면 민망하리만치 청승맞은 제 인생철학을 선생님들께서는 참 잘 들어주셨습니다. 제 부모님은 오히려 "선생님들이 왜 애한테 공부하라는 얘기는 안 하고 이상한 짓거리하게 놔두냐"며 불만이 참 많으셨죠.

그런 부모님의 걱정이 들어맞았을까요. 제 대학 입시성적은 우수하지 않았고, 미국에 가서도 방황은 쉬이 가시질 않았습니다. 질릴 만큼 고민했고, 안 해본 것이 없을 정도로 다양한 것들을 시도해 보았지만, 마음은 쉽게 정착하질 않더군요. 그런데 말이죠. 참 신기한 게 모든 걸 내려놓고 생판 인연 없는 군대에 와서 열심히 일하고 있으니, 길고 길었던 어둠의 끝이 슬그머니 보이기 시작하데요(하지만 여기에 말뚝 박겠다는 얘기는 절대 아닙니다).

저 때문에 기숙사 침대에 못생긴 칸막이가 달린 점 참 죄송스럽게 생각합니다. 어떻게 칸막이를 달아도 그렇게 무식하게 달아놨을까요. 그래도 이렇게 해명할 기회가 생겨 참 기쁩니다. 정신 못 차렸던 한 졸업생의 해프닝이었다는 걸 이제는 후배님들도 이해하시겠지요? 젊은 날의 방황은 통과의례처럼 필요한 것이기는 하지만 언젠가 우리의 젊음이 끝나는 것처럼 방황의 끝도 있다는 것을 함께 챙겨주시면 더욱 고맙겠습니다.